DUIWAI HANYU JIAOXUE GAILUN

对外汉语教学概论

（修订本）

赵金铭　主编

商务印书馆
创于1897 The Commercial Press

主　编　赵金铭

编　者（按音序排列）

郭树军　李　泉
马箭飞　毛　悦
王建勤　张旺熹
赵金铭　郑艳群

目 录

第一章　绪　论

第一节　“对外汉语教学”的历史及其发展

对外汉语教学是指对母语非汉语的外国人所进行的汉语教学，是汉语作为第二语言 / 外语教学。对外汉语教学以培养学习者的汉语交际能力为教学目的，以培养学习者汉语听、说、读、写综合语言运用能力为目标。

现代汉语作为第二语言教学的历史，可以追溯至 20 世纪 20 年代。早在 1925 年，上海商务印书馆就出版了赵元任为外国人学习中国语言（国语）而著的《国语留声机教程》（*A Phonograph Course in Course National Language*）。在教程的序中，赵元任指出：“用留声机片教授语言并不新鲜，用留声机片教授中国语言也不是第一次，但是用留声机片教授外国人学习中国国语则确是第一次尝试。”（赵新娜、黄培云，1998）

从 20 世纪 20 年代到 40 年代，中国大批学者在海外从事汉语教学工作。1927 年至 1928 年魏建功曾在朝鲜京城大学以刘鹗《老残游记》为教材，教授现代汉语口语，方法新颖，成绩卓著。此外，还有老舍、萧乾、曹靖华等一批著名作家和学者，分别在英国和苏联从事过对外汉语教学，并且取得了很大的成就。

二战期间，1943 年 8 月到 1944 年 12 月，赵元任在哈佛大学办了两期汉语训练班，每期 10 个月。汉语训练班的教学设计，是采取大班由赵元任用英语讲解，小班（9—10 人）由助教进行语言训练的办法。每天只有 1 小时用英语讲解汉语语言结构，其余时间或小班练习，或听录音，注重口语教学，想方设法让学习者与所学语言多接触。教学效果令人满意。

这一时期，国内的汉语作为第二语言教学也有记载。1947 年，时任北京大学西方语文系教授的王岷源就“兼任训练印度政府派来北大的十一个学生的华语学习事”。这是在国内有关对外汉语教学较早的记载。其实，王岷源也是汉语教学的先驱，“1942—1946 年，他在 Harvard（哈佛）大学及 Yale（耶鲁）大学担任助理教学的工作，侧重用新方法教授中国语言，在 Yale 教授 Dr. George Kennedy（乔治・肯尼迪博士）指导之下，甚有成绩”（吴小如，2002）。

新中国的对外汉语教学肇始于 1950 年对东欧国家留学生进行汉语培训的“清华大学东欧交换生中国语文专修班”。1952 年经调整，该专修班转入北京大学，更名为“北京大学外国留学生中国语文专修班”，留学生的国别随之有所增加。20 世纪 60 年代初，大批非洲和阿拉伯国家学生来华学习汉语，为此在北京外国语学院（今北京外国语大学）成立了非洲留学生办公室，教学规模进一步扩大。1962 年将上述留学生教学单位整合，成立北京外国留学生高等预备学校（后更名为“北京语言学院”，即今北京语言大学的前身），专门从事对外国留学生的汉语预备教育。1973 年后，来华学习汉语的留学生逐年增加，汉语教学类型也更加丰富。此后，随着改革开放政策的实施，我国综合国力日益增强，来华留学人数迅猛发展，至 2016 年，据不完全统计，来华留学人数已达 30 多万人次。

对外汉语教学作为一个学科，是 1978 年 3 月在中国社会科学院召开的北京地区语言学科规划座谈会上提出的，与会学者根据国外第二语言教学学科特点和规律的研究，以及我国对外汉语教学理论研究和教学实践的发展，提出了对外汉语教学是一门学科的意见，这个建议得到与会语言学家的支持，一致认为要把对外国人的汉语教学作为一个专门的学科来研究。与此同时，语言学界的知名学者和业内专家为对外汉语教学学科地位的确立大声疾呼，做出了巨大的努力。语言学大师王力在 1984 年 6 月为《语言教学与研究》创刊五周年题词时写道，“对外汉语教学是一门科学”。著名语言学家朱德熙于 1984 年 11 月在北京语言学院语言教学研究所成立大会上说：“实际上这（对外汉语教学）是一门学问。在国外，已经变成一门学问，这需要研究。”

对外汉语教学界的前辈王还在1984年的一篇文章中说："如果教外语是一门学科，我们教汉语就是作为一种外语来教，自然也是一门学科。"由于众多专家学者的呼吁，以及对外汉语教学事业的蓬勃发展，1984年12月教育部部长何东昌在外国留学生工作会议的报告中明确指出："多年的事实证明，对外汉语教学已发展成为一门新的学科。"这就标志着对外汉语教学作为一门专门的学科，其学科地位及其命名已得到我国政府的正式确认。对外汉语教学是对母语非汉语的外国人进行的汉语作为第二语言教学。

经过几十年的发展，至20世纪90年代初，一些学者提出，在对外汉语教学中倡导大力弘扬中国文化，因此如何对待语言和文化的关系，如何摆正语言教学和文化教学的关系，以及如何正确认识对外汉语教学的学科性质，出现了不同的认识。

1994年12月在北京召开对外汉语教学的定性、定位、定量问题座谈会。这次座谈会经过坦诚的切磋，在学术方向上可说达成共识，从而明确了学科的性质，规定了学科的内涵，维护了"对外汉语教学"这一名称的唯一性、稳定性和严肃性。会议指出："语言教学和文化教学在教学目的、教学内容、教学原则和教学方法等方面都有根本的区别，是两种不同性质的教学，教学规律也没有足够的共同点，所以它们不可能属于同一学科。"（中国对外汉语教学学会等，1995）这样就摆正了语言教学和文化教学的关系。今后，发挥学科优势，突出学科特色，把握住对外汉语教学的学术方向，仍是不容忽视的。

新中国的对外汉语教学在经过55年的发展之后，于2005年7月进入了一个新时期。以首届"世界汉语大会"的召开为契机，汉语正加快走向世界，汉语已成为世界解读中国、走向中国的桥梁。值此转变的关头，已有五十多年的对外汉语教学，也要适应形势，寻求自身的发展，实现跨越与创新。

汉语国际教育大发展的主要标志是：开展汉语教学的国别更加广泛；学汉语的人数大规模增长；汉语教学类型和层次多样化；汉语教学本土化程度不断加深；汉语教学正被越来越多的国家纳入其国民教育体系。其中，世界范围内孔子学院的建立既是汉语国际教育事业大发展的重要标志，也是进一步促进国际汉语教学持续发展的一个重要平台。2004 年全球第一所孔子学院“韩国首尔孔子学院”率先揭牌，十多年来，发展迅速，截至 2017 年底已在全球 146 个国家建立了 525 所孔子学院和 1113 个孔子课堂，吸引了世界各地众多的汉语学习者。

在继续大力开展来华留学生汉语教学的同时，发展战略和工作重点有了重大转变，开启了在世界范围内推广汉语教学的新时代，这在我国对外汉语教学发展史上是一个里程碑式的转变。教育部在 2012 年颁布的《普通高等学校本科专业目录（修订二稿）》，取消以前本科专业目录里的“对外汉语”，设“汉语国际教育”二级学科。学科的名称虽然更迭，但汉语作为第二语言教学的学科本质并未改变。

此后，“汉语国际教育”作为在世界范围内开展汉语作为第二语言 / 外语教学的名称被广泛使用。学科名称的更迭，不仅表明了这种历史性的转变，更表明这一学科内涵的丰富和外延的拓展。国内的对外汉语教学是汉语国际教育的大本营，汉语国际教育承袭并发展了对外汉语教学，是对外汉语教学的延伸，二者本为一体，并共同推动汉语作为第二语言 / 外语教育事业的发展和学科建设的拓展。

对外汉语教学从诞生之日起，既是国家与民族的事业，又是一门语言教学学科。历史表明，事业和学科是一种相互依存、相互促进、相得益彰的关系。在汉语国际教育大发展的今天，更应该加强学科自身的发展与建设，只有高度重视并大力加强学科建设，汉语国际教育事业才可能健康向前发展。汉语作为第二语言 / 外语教学曾经以一个新兴学科而闻名于世，现在该学科的内涵更为丰富，外延也更为广泛，也就更应该重视和加强学科理论思考与建设。在新形势下，探讨海内外汉语教学共性和个性问题是构建汉语国际教育学科的基本着眼点，解决“汉语难学”和“汉字难学”的问题是汉语国际教育学科的核心目标，在此基础上汉语国际教育学科研究体系与研究基本内容得以清楚地呈现。世界汉语教学呈现着丰富多彩的局面，汉语在世界上得到了广泛的传播。对外汉语教学事业必将持续发展，展示出旺盛的生命力，必将在全世界发挥更大的影响，并且有望在新世纪成为世界第二大传媒语言。

思考和练习

1. “对外汉语教学”是一个什么样的学科？是如何发展的？
2. 语言教学和文化教学的关系如何？
3. “汉语国际教育”和“对外汉语教学”是怎样的关系？

第二节　对外汉语教学的学科地位和学科属性

对外汉语教学是一门科学，也是一个学科。当我们衡量一个学科是否具有独立的资格时，首先要看它有无独特的研究对象，其次要看它有无独特的研究方法，再次要看它有无独特的科学体系，最后要看它有无独特的研究成果。综观对外汉语教学的全过程及其历史沿革，人们会发现，对外汉语教学是一门独立的学科的论断绝非主观臆造，是有充足的科学根据的，它确实有其多方面的独特之处。

自 1978 年提出“对外汉语教学”学科名称以来，对外汉语教学的学科地位与学科属性，一直是学界讨论的热门话题。学界对对外汉语教学从各个角度、各个层面对学科的基本属性及学科地位进行了深入的探讨。我们一直认为，对外汉语教学作为学科的基本属性，显而易见地应属于语言学范畴，更确切地说是属于应用语言学范畴。

按照 1993 年 7 月国家教育委员会高等教育司颁布的《普通高等学校本科专业目录和专业简介》的学科门类划分标准，对外汉语教学属于同汉语言并列的、二级类中国语言文学类之下的独立专业。后来经调整中国语言文学为一级学科，下设语言学及应用语言学，其中的应用语言学就是为对外汉语教学找到一个生长点。对外汉语教学隶属于语言学及应用语言学门下，学科归属不言自明。

再看研究对象，顾名思义，对外汉语教学的研究对象就是对外国人的汉语教学，也就是对外汉语教学的全过程以及与此相关的各种内部联系和外部关系。因此应该说，对外汉语教学的学科性质是一种第二语言教学，又是一种外语教学，它与对少数民族的汉语教学一样，都归属于应用语言学。对外汉语教学既是第二语言教学，又是外语教学，这两个概念虽然有差别，但“出于汉语的习惯，我国学者把汉语作为第二语言教学定名为‘对外汉语教学’”（崔永华，1997）。

我们认为，只有延续多年来对对外汉语教学的学科定位，对外汉语教学才能沿着正确的轨道向前发展，对外汉语教学研究也才能显示独立的研究成果。这一学科定位本来是十分清楚的。

然而，对外汉语教学是不是一个独立的学科，以及它的归属问题，即它的上位学科究竟是什么，学界还存在着不同的认识。我们认为，对外汉语教学是否被看作一个独立的学科并不重要，重要的是找准自己的位置，把握住自己的学术方向，以便寻求准确的研究切入点，切实地进行基础研究与应用研究，使对外汉语教学的学科水平真正得以提高。如果我们长久地盘桓于“对外汉语教学学科地位上进一步论证”，一味在对外汉语教学的“名”与“实”之间辩诘，甚至在对外汉语教学隶属于哪一门学科上纠缠，加强对外汉语教学的学科建设，岂不是流于一句空话？对外汉语教学是语言教学的一种，是应用语言学的一个分支学科，这已成为对外汉语教学界大多数人的共识。

目前我国已有人建议，把“语言学”列为一级学科，而语言教学是其下属学科应用语言学的重要分支学科。回顾历史，19 世纪初，语言理论方面的研究与语言应用方面的研究开始分化。那时，作为应用语言学一个分支的语言教学同当时着重探讨历史问题的语言学分了手。可以说，语言教学，它是应用语言学中最古老的一个分支，但语言教学成为一个独立学科还是近几十年的事，也有人说有了上百年的历史。戴维·克里斯特尔所编《现代语言学词典》认为，应用语言学“主要关心的是如何应用语言学理论、方法和成果来阐释其他经验领域遇到的语言问题。应用语言学发展最充分的分支是外语教学，有时这个名称似乎只指这个领域。但是近年来，出现了好几个其他应用领域，包括语言故障的语言学分析（临床语言学）、母语教育中的语言使用（教育语言学）、词典学的发展、翻译和风格学等”。

这就是说，狭义的应用语言学是以语言教学为对象的应用学科。这里的语言教学，特指外语教学。我们还特别注意到，只有母语教育中的语言使用，才是“教育语言学”范围内的事。

于是，我们可以为应用语言学（语言教学）绘出中国的应用语言学谱系图：

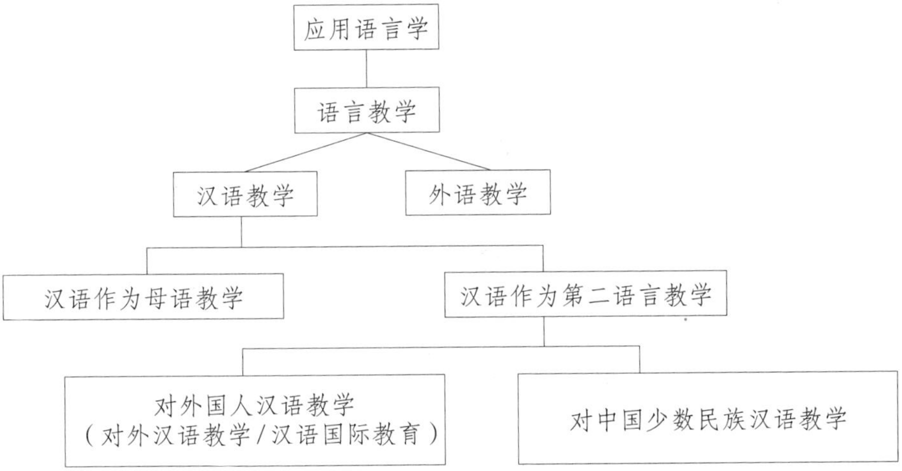

这样，我们就找准了对外汉语教学所处的位置，为对外汉语研究的学术定位打下扎实、稳妥的基础。

从事对外汉语教学，自然要对教学中的各种现象进行研究，严格讲来，这并非学科建设。作为学科的对外汉语研究，是要探讨对外汉语教学中“有可能严格体系化的那个部分”。也就是说，对外汉语教学研究，尤其应该探讨对外汉语教学中的一般原则、方法和规律，以建立自身的科学研究体系。

在我国汉语作为语言教育大致可分为三种，对汉民族本族人的汉语教育称作“语文教育”，对中国少数民族的汉语教育称作“双语教育”，对母语非汉语的外国人及海外华人、华侨的汉语教育称为“汉语国际教育”。语文教育、双语教育和汉语国际教育，统称汉语教育。三种汉语教学的目的语均为汉语，是为共同之处。所异者，教学对象不同。如果再加上外语教学，共四种语言教学，其共同之处则均为语言教学。四种语言教学所不同者何？教学内容不同，教学对象不同，教学性质、特点不同，教学目的不同，教学环境不同，教学策略不同，如此而已。由此引发出在研究层面上就会既有共同点，更有各自的特异之处。目前，学术界普遍认为，我国对外汉语教学研究还有待于继续深入，研究水平也需要不断提升。但是，无论怎么说，“对外汉语教学从 80 年代，特别是从 1992 年以来，逐渐进入蓬勃发展时期，‘对外汉语教学’已逐渐作为应用语言学的一个分支成为一个独立的学科”（陆俭明，2000），这也是不争的事实，我们认可这种观点。

把语言教学作为一个学科还有待于发展与研究。尽管第二语言教学在西方已有相当长的历史，但把汉语作为第二语言进行教学，还仅仅是半个多世纪的事。它作为应用语言学学科还需不断地从理论与实践上提升。桂诗春（2002）认为：“真正把语言教学（在西方，‘语言教学’往往是指现代外语教学）作为一门独立学科而建立是在上一世纪 60 年代中叶。这门学科有几种不同的叫法，如应用语言学、教育语言学、二语习得、X 语作为外语的教学，等等。早在 1957 年英国爱丁堡大学成立了应用语言学学院，1959 年美国华盛顿成立了应用语言学中心，到了 1964 年在法国南希召开了第一届国际应用语言学大会。这都标志着作为一门独立的学科的应用语言学的诞生。独立学科指的是它有持续的社会需要，有自身的研究方向、目标和学科体系，而且更重要的是，它能按照自身发展的需要，不断地从别的有关学科里吸收新的营养。”对外汉语教学作为一个独立的学科，它隶属于语言学及应用语言学，学科地位是明确的，学科的本质就是汉语作为第二语言教学。

思考和练习

1. 如何确立对外汉语教学的学科地位及学科属性？
2. 对外汉语教学与我国境内的其他门类的语言教学的关系如何？
3. 对外汉语教学的目的是要解决什么问题？

第三节 对外汉语教学的研究框架与研究内容

对外汉语教学，经过几十年的发展，现已在业内基本形成了这样一种共识：作为一门学科，对外汉语教学的理论基础是语言学（包括心理语言学、社会语言学、人类语言学）理论、心理学理论、教育学理论。

从根本上说，它是一门新兴的边缘交叉学科。对外汉语教学研究的主要目标是要解决“怎样教”这个核心问题。而要解决这个核心问题，首先必须明确“教什么”和弄清学生“如何学”这两个基本问题。一个“核心”，两个“基本”，这三者的关系如图：

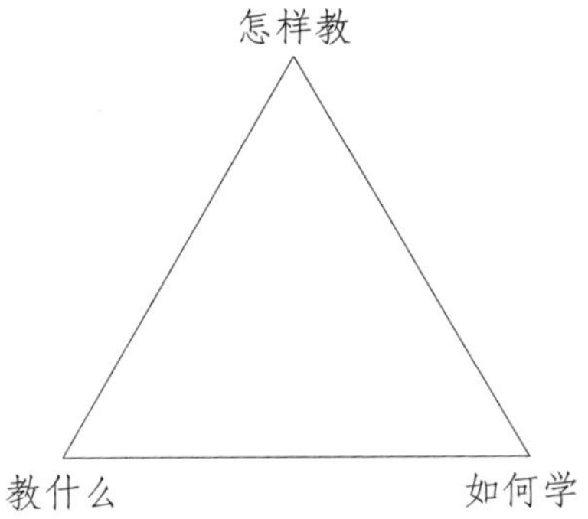

这些年来，对外汉语教学研究基本上是围绕这个三角展开的。其实，这三个方面，正好构成作为学科的对外汉语教学理论研究的整体框架，其内涵是作为第二语言或外语的汉语本体研究及其教学规律与习得过程研究。不过，我们认为，研究框架的核心应是作为第二语言或外语的汉语，即服务于第二语言或外语教学的汉语本体研究，也就是说，“教什么”的问题才是研究的核心，而不应是“怎样教”。之所以如此，是因为对外汉语教学既是一种汉语教学，又是一种外语教学。我们习惯上所说的“对外汉语”，其含义是指作为第二语言或外语的汉语，并不同于作为母语的汉语。研究“对外汉语”与研究作为母语的汉语，在目的、内容、方法、手段上均有很大的差别。研究对外汉语的目的，在于让学习者掌握汉语语音与韵律，了解汉语词语用法与搭配习惯，明白造句原理与句子组装规则以及正确、得体的汉语表达方法，从而养成新的语言习惯，培养学习者的汉语交际能力。在内容上，要求既要阐明汉语与其他语言的共通之处，更要揭示汉语所独具的特点，特别应点明学习者在学习过程中可能遇到的难点。在研究方法上多用语言对比分析、教育测量与统计等方法。这种作为第二语言或外语的汉语研究，体现了本学科的研究特点，是学科基础理论研究的重要组成部分，是“本”。

基于这种认识，我们把“教什么”“如何学”“怎样教”三者关系重新调整，得到下图：

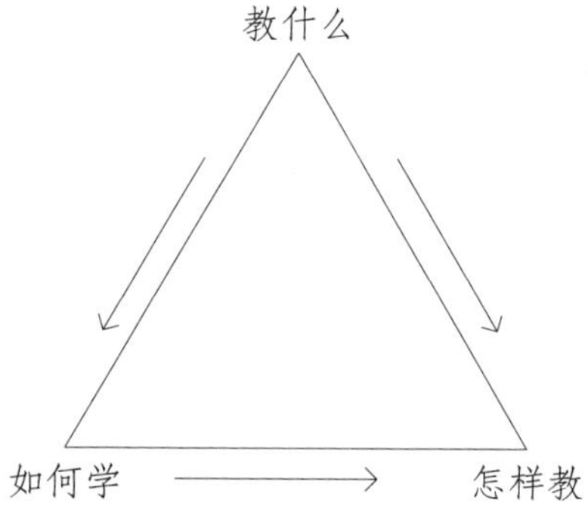

首先要研究“教什么”，即把“对外汉语”教给第二语言学习者，教学内容研究透了，知其所以然，学生据此学，教师依此教。在“学”和“教”这对矛盾中，只有基本弄清了学生习得过程、习得顺序、习得规律、习得策略之后，才能真正谈得上有针对性地实施教学。否则，“怎样教”的研究就会发飘，欠缺依据，底气不足，依然摆脱不掉经验之谈的窠臼。当然，我们也充分肯定个人教学经验的积累与多年形成的习惯做法的价值，但应付诸具有一定规模的教学实验，反复验证，使之升华，成为理论，这也不失为一种研究路子。

学术界持有类似观点者，亦不乏其人。陆俭明（1999）在论及对外汉语研究时，就提出了四个步骤的观点：“研究工作应紧紧围绕‘怎样在尽可能短的时间里让外国学生尽快学好汉语’这么一个问题。首先需做基础研究，其次需加强汉外对比研究和外国学生偏误分析研究，以便尽可能有针对性地进行对外汉语教学。再其次，在上述研究的基础上编出各种门类的高质量教材。最后要进一步研究、改进教学法。”其实，这首先研究的就是“教什么”，其次研究的就是“如何学”，再其次与最后研究的才是“怎样教”，条理分明，步骤不紊。

我们有必要在总结我国对外汉语教学研究的基础上，权衡利弊得失，认真思考并加强对外汉语教学研究，真正把它作为一个学科来建设。为此，我们认为应开辟多视角的研究路向。综观全局，对外汉语教学研究既然定位于应用语言学研究范畴之内，那么，它应该是语言学、心理学、教育学、计算语言学和现代教育技术的交叉地带，这样看来，似应有四个层面的研究：

第一层面——本体论：从事作为第二语言的汉语本体研究，其理论基础为语言学。

第二层面——认识论：从事汉语第二语言习得与认知研究，其理论基础是心理学。

第三层面——方法论：从事汉语教学理论与教学方法研究，其理论基础是教育学。

第四层面——工具论：从事现代科技手段应用于汉语教学与学习的研究，其理论基础为计算语言学和现代教育技术。

我们认为应走出单向研究模式，走向四个层面研究相结合的系统研究格局，研究思路与研究视野应有开拓性、原创性。于是，我们把对外汉语教学研究看成一个系统工程，列表如下：

	理论基础	研究内容	研究目的
对外汉语教学研究	语言学	本体论：汉语本体研究	教什么
	心理学	认识论：汉语习得与认知研究	如何学
	教育学	方法论：教学理论与方法研究	怎样教
	计算语言学和现代教育技术	工具论：现代科技手段在教学与学习中的应用研究	用什么技术手段

我们还可以把这个表绘制成一个图——对外汉语教学研究基本框架图，

以观其会通。

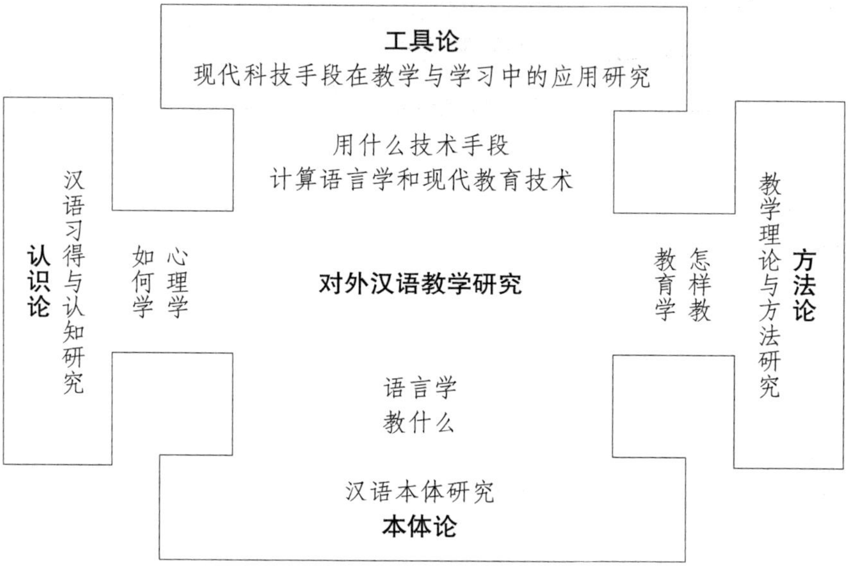

作为一个系统工程，各领域之间应该是相通的，而不应该是封闭的，所以，从图中可以看出彼此没有边界。一个学科单独自足自主的日子已经一去不复返了。17 世纪中国杰出的科学家徐光启早就有言：“欲求超胜，必先会通。”对外汉语教学研究应当是一种会通的研究。

1993 年，中共中央和国务院颁布的《中国教育改革和发展纲要》提到要“大力加强对外汉语工作”。此后，在我国的学科目录上，“对外汉语”作为学科的名称出现。汉语作为一种语言，分为“对内”与“对外”，似乎无此必要。所谓之“对外汉语”，其实质为“作为第二语言的汉语”，是与作为母语的汉语相对而言的。汉语作为第二语言教学，既是在教学原则指导下的教学活动，又是在学习行为理论指导下的习得活动，其本身既体现为一种过程，也是一种职业行为。

至于“对外汉语教学研究”，作为一门自主的学科，能否具有它的相对独立性、统一性和不可替代性，主要取决于它是否有明确的研究对象和一整套与之相关的知识体系。作为学科的对外汉语教学研究，其内涵是作为第二语言的汉语研究及其教学与习得研究。这一整体研究框架的确立，使得对外汉语教学研究有了独立的学科地位。简言之，对外汉语教学研究，除了服务于第二语言教学的汉语本身研究之外，主要研究汉语作为第二语言的教学过程及习得过程。

先说作为第二语言或外语的汉语研究，对外汉语教学不同于对本族人的语文教学。研究作为第二语言或外语的汉语，自然不同于研究作为母语的汉语。我们认为，研究服务于对外汉语教学的汉语问题，也就是研究“教什么”的问题，还要关涉如下几个相关方面：教谁、教什么、教多少、何时教、如何教。

首先，要注意学习对象。第二语言学习者在学习第二语言时，严格说来，并非重新习得一种语言，而只是培养新的语言习惯，扩大言语行为手段，在熟悉自己母语的情况下，也就是说，在已掌握一套语言规则之外，再学习一种可以替代的规则。我们的第二语言学习者——外国汉语学习者，他们的其他知识与技能正日趋完善，尤其是成年人的身心已经成熟，他们善于类推，精于比附，故而难免把已知的语言规则的某些部分用于学习之中。所以我们说，教师不是教他们习得语言，而是教授某种新的语言表现形式，培养新的语言习惯。王力以切身的研究告诫我们：“要学好外语，很重要的是改变自己的语言习惯。”又说：“学习外语没有别的秘诀，最紧要的是改变自己的语言习惯。”（王力，1983）“教什么”是汉语本体研究的中心，应该特别注意研究“彼无我有”或“彼有我无”的语言现象。比如，汉语虽缺乏严格意义的形态标志和形态变化，但是汉语在表达其他语言中的形态范畴时却有自己特殊的表达方式。汉语中有一些特殊的句式，如“把”字句；汉语中有一些特殊的句法成分，如补语；汉语中有一些特殊的词法形式，如重叠；汉语中有一些特殊的词类，如助词、量词，等等。再加上汉语表达注重意念关系，语法自由灵活，表达方式变化多样。这些既是学习者学习的难点，也是我们研究的重点。

“教多少”是个“量”的问题，比如对汉语语法，我们就有取与舍、详与略之分，这个问题需要在与学习者的母语进行对比研究的基础之上权衡斟酌之后方可定夺。“何时教”是根据语言点的难易度排列教学顺序的问题。在对外汉语教学中，就汉语言文字方面的知识来说，需进行以下一些基础研究：各年级学生应该掌握多少汉字、词语和语法要点？各个汉字、词语、语法要点在教材中出现时孰先孰后？复现率为几？递增率为几？怎样根据不同母语地区的特点制定不同的字表、词表、语法要点表？这些研究，应以语料库语言学为理论指导，充分利用现代教育技术，以取得科学的研究成果。以前的一些成果，或因语料选择不当，或因经验成分过重，科学性还有待加强。

从研究“教”的角度看，汉语作为第二语言教学，是一项在一定教学原则指导下，解决提高学习者语言能力的教学过程。不言而喻，教学理论对教学实践具有不可或缺的指导作用。那么什么是“教学过程”？教学过程首先是传授语言知识、训练语言技能的过程，同时也是对所持教学理论的实践过程，还是教师提高授课水平的过程，三者熔为一炉，浑然一体，形成了完备的教学过程。其最终目的是寻求最有效的学习框架。这就是“教”所要研究的内容。它包括四方面：大纲制定（用以指导教材编写及规范课堂教学）；课程研究；教法研究；测试与评估。

这是一个研究“怎样教”的问题，这个问题一直是对外汉语教学界研究的重点。近年来，围绕对外汉语教学的“四大环节”研究，涌现了一大批科研成果，对教学原则、教学法路子、形形色色的教法，乃至各种各样的教材和教学技巧，讨论相当热烈，比如对任务型教学的讨论，对“后方法”理论教学法的讨论等，成果颇丰，这都充实并完善了对外汉语教学学科体系。

教学过程，或称课堂授课，虽说是教师的一种自觉的探讨过程，但无论如何都是在某种理论或原则指导下进行的，都是依照学习者的行为的理论原则在实施教学。理论原则是客观规律的反映，教师在运用这些原则时，或是自觉地运用，深知自己运用了什么理论，并有意识地利用该理论的基本原则和方法指导教学实践；或是不自觉地运用，也就是教师在实施教学中无意识地运用了某种理论；或者这种理论的基本原则，只是模糊地存在于教师的思想之中。语言教学之所以能取得成功，是因为有正确理论的指导。此外，还决定于教师选择了与该理论相匹配的教学手段，并根据特定学生群体的具体情况，发挥了个人的独创性。否认理论对教学的指导，是一种非学科的观点，是不足取的。

与此同时，我们充分肯定个人经验的积累与多年形成的习惯做法的价值，但是应付诸具有一定规模的教学实验，并使之升华。我们研究的目的，是把人们心中模糊的、无意识中实施的理论，变成明确的、有意识贯彻的理论。从另一个角度观察，由于语言在发展，对语言的认识也不断深化，无论是教学理论还是学习理论，其发展都是无止境的，并不存在最佳理论与最有效的教法。学习的模式也并非千篇一律。语言教学是一项繁杂的工程，影响教学的因素是多方面的，理论将不是唯一的，教法也是五花八门，各有所用。

至于“如何学”的问题，涉及学习理论与学习规律的研究，属第二语言习得研究领域，具有跨学科研究的特点，它已迈出传统语言学的范畴，而广泛地借鉴了许多其他相关学科如心理学、社会学、人类学等学科的研究方法与成果。这个方面的研究将涉及汉语与外语的对比分析、外国人学习汉语的偏误分析、外国人学习汉语中介语系统研究，特别是从第二语言习得的角度多所思考。它将包括三方面的内容：一是对学习者语言的研究，也称中介语研究，即按照一定的有关学习者语言行为的理论原则，来描述学习者的语言，这是对语言学习本身的研究。其次，要探讨学习者普遍性的认知规律与习得方式，包括语音、词汇、语法、语篇的习得。再次，从学习者的外部因素（比如社会因素）、学习者的内部因素（比如影响学习者的心理因素）以及学习者的个体差异（比如自身的生理、情感、学习动机、认知特点和学习策略）三个侧面对学习者进行研究。研究的基本出发点是，教师的“教”必须以学生的“学”为前提与依据。这三方面有机地结合，构成第二语言习得研究的总体框架。这就是“学”所要研究的内容。

进入 20 世纪 80 年代以后，认知过程的研究取得的重大进展，对语言教学和语言学习的研究产生了巨大的影响。于是从认知过程的角度，结合当代心理语言学研究的新成果，重新审视第二语言教学中的教学与学习问题，发现过去对一些问题有所忽视，其中最为明显的一点是，在探索语言教学与习得共性的时候，对学习者的个体差异注意不够，也就是说，较多地考虑了教与学中的共性问题，而对学习者的个性特点关注不够，或者说比较注意探讨习得过程中学习者的群体特征，而多少忽视了对学习者个体因素的研究。

为照顾学习者的不同特点，目前可以实施的是为不同母语、不同文化背景和不同学习目的学习者编写不同的汉语教材，教材品种不厌其多，分类不厌其细，只求其各有所用。教学中要研究针对不同学习者、不同教学阶段、不同的技能操练所运用的具体教法，并对不同的教学对象分别进行研究，明了个中细节，即使再实施共同教学，也会心中有数，因人而异，收到更好的效果。

思考和练习

1. 对外汉语教学研究有哪四个层面？它们之间的关系怎样？
2. 对外汉语教学的教学理论和学习理论目前研究的状况如何？
3. 我国对外汉语教学（汉语国际教育）与应用语言学的关系如何？

主要参考文献

崔永华《对外汉语教学学科概说》，《中国文化研究》1997 年第 1 期。

桂诗春《〈外国语言学及应用语言学〉序》，《外国语言学及应用语言学》（第一辑），中央编译出版社，2002。

陆俭明《关于开展对外汉语教学研究之管见》，《语言文字应用》1999 年第 4 期。

陆俭明《汉语言文字应用面面观》，《语言文字应用》2000 年第 2 期。

王力《谈谈学外语》，《王力论学新著》，广西人民出版社，1983。

吴小如《毕生助人为乐的长者——怀念王岷源先生》，《霞绮随笔》，新世界出版社，2002。

赵新娜、黄培云《赵元任年谱》，商务印书馆，1998。

中国对外汉语教学学会等《对外汉语教学的定性、定位、定量问题座谈会纪要》，《语言教学与研究》1995 年第 1 期。

第二章 对外汉语教学的教学总体设计

第一节 对外汉语教学的教学设计

一 相关概念

“教学本身是一个由学习者、教师、教学材料、学习情境及管理者等成分构成的旨在引发学习的系统，良好的教学取决于这些成分间的有效互动。”（W. 迪克等，2007）

根据现代教育理论的基本观点，教学设计指教学开始前，按照教学目的的要求，通过对教学过程的各主要要素的系统分析，确定教学的起点，创造教学活动的过程。教学设计是根据课程标准的要求和教学对象的特点，将教学诸要素有序安排，确定合适的教学方案的设想和计划。一般包括教学目标、教学重难点、教学方法、教学步骤与时间分配等环节。R.M. 加涅等（1999）认为：“教学设计是一个系统化规划教学系统的过程。教学系统本身是对资源和程序做出有利于学习的安排。任何组织机构，如果其目的旨在开发人的才能均可以被包括在教学系统中。”

在第二语言教学的实施过程中，“课程设计”和“大纲制定”是教学设计中的两个重要的概念，两者都属于语言教学法理论中教学设计层次上的概念，是第二语言教学实施的前期基础工程。一般来说，“课程设计”和“大纲制定”都要对第二语言教学的目的、方法和过程进行描述和规定，涉及的内容和范围既有交叉部分，又各有侧重。

“课程设计”是对与语言教学相关的内外部因素进行综合考虑，并对教学的实施进行的全面设计，它涉及教学的计划、实施、评估、管理以及与教学相关的行政管理等多方面内容，主要是对语言学习的性质、目的、过程、评估、教师和学生的作用等问题做出一般的规定和描述。简单地说，“课程设计”就是对语言教学的整个过程制订计划方案并对其实施情况进行监督和干预。“课程设计”与“课程设置”的含义并不相同。“课程设置”是指按照教学培养目标和教学目的，为分解和落实教学内容而划分教学科目、设计课程，是针对课程本身进行计划和安排的一个概念，属于“课程设计”的一个部分。“课程设计”的含义要大于“课程设置”，是对整个教育项目进行的总体性的设计，由于第二语言教学是专门针对某个语言的教学，其“课程”含义包含的是教学的所有内容，所以“课程设计”实际上就是一般所称的“教学设计”。

“大纲制定”是指对语言教学大纲的一种设计，它是根据教学目的和教学目标的要求对教学内容和课堂教学实践进行规定和描述，其主要任务集中在语言教学内容的选择和分级上。“教学大纲”对教学的性质、目的、途径、方法等进行规定，更重要的是对教学内容进行归纳和细化处理。

与语言教学设计相关的另一个概念是“教学计划”。“教学计划”是属于教学管理层次上的概念，是教育机构为保证教学质量和人才培养规格而制定的重要文件之一，是组织教学过程、安排教学任务、确定教学编制的基本依据，决定着教育和教学内容总的方向和结构。教学计划主要包括专业培养目标、基本要求、修业年限、课程设置、教学进程、总体安排、教学要求和相关说明等几部分，是涉及学习者知识、能力、素质等多方面内容的综合培养方案。教学计划的内容与课程设计的内容有很大的重叠部分，但教学计划与课程设计是属于不同范畴的概念，前者更侧重教学行政管理，属于教学管理范畴，后者则是学科理论的概念。

“总体设计”概念是在对外汉语教学理论研究中提出的一个有关教学设计的概念。提出这样一个概念是把第二语言教学的全过程和全部教学活动概括为总体设计、教材编写（或选择）、课堂教学和成绩测试四大环节。而作为第一环节的总体设计就是要根据语言规律、语言学习规律和语言教学规律为全部教学活动设计或选择一种最佳教学方案，以规范和指导教材编选、课堂教学和成绩测试等其他教学环节的进行，提高第二语言教学的效率和成功率。从总体设计概念的含义和内容来看，它应当属于课程设计的范畴。

二　总体设计

对外汉语教学总体设计理论是由吕必松（1986）最早提出的。吕必松认为，语言教学的总体设计就是在全面分析语言教学的各种内外因素、综合考虑各种可能的教学措施的基础上制定出最佳教学方案，对教学类型、教学对象、教学目标、教学内容、教学途径、教学原则以及教师的分工和对教师的要求做出明确的规定，以便指导教学大纲的制定、教材编写（或选择）、课堂教学和成绩测试，使各个教学环节成为一个相互衔接的、统一的整体，使全体教学人员根据不同的分工在教学上进行协调行动。

一般的课程设计理论认为，对语言教学进行具体的教学设计时，要包括以下几个阶段：（1）调查和需求分析阶段。就是对各种相关的社会因素如政策和制度层面上的可行性、教育资源条件、社会和教育需求、学习者的学习需求等进行调查。（2）确定教学设计和大纲制定的理论和实践依据。即在调查和需求分析的基础上，论证并确定培养方向和教学目标。（3）将教学目标转化为教学计划，确定教学目的、教学内容，即制定语言教学大纲。（4）准备教学材料，编写教材。吕必松把进行总体设计的过程概括为三项工作：一是要对跟教学有关的各种内外因素，包括教学对象、教师、教学内容的特点、教学设施和设备、国家有关政策以及教育经费等进行全面分析；二是在上述分析的基础上，对编班、确定教学目标和教学原则、划分教学阶段、设计课程、编写和选择教材、规定考试制度和考试方法以及教学资源配备等方面各种可能的教学措施进行综合考虑；三是依据解决教学任务的有效性即用最短的时间取得最大的教学效果的原则，从各种可能的教学方案中选择一种最佳方案。

第二语言教学是一个复杂的系统工程，它包括多种教学环节，涉及多个不同分工的教学人员；它既要遵循语言和语言学习的客观规律，又要受到各种主客观条件的制约。进行总体设计的最终目的就是要为教学的具体实施提供最优化的教学方案。这一方案要能够规范和指导所有的教学活动，使各个教学活动围绕共同的目标，使各个环节有机统一，成为科学、有序的整体；要能够明确和规范全体教学人员的工作职责，使全体教学人员既有分工，又能协调行动。一个好的总体设计应当具有较好的科学性、系统性、针对性，应当成为教学实施的核心纲领。由于受多个因素的制约，教学设计并不是万能的，它只是解决特定条件下某个教学任务的最佳方案，而且要根据影响教学的一些因素的改变进行适时的调整。

根据总体设计理论，总体设计主要由教学类型、教学对象、教学目标、教学内容、教学原则、教学途径以及教师分工和对教师的要求等几个结构部分组成。进行教学总体设计时，一般按照下列程序和方法进行：第一，要分析该教育项目的教学性质，根据该教育项目所体现出的教学主要特点明确教学类型。如学历教育和非学历教育、一般进修教学和速成强化教学、专项语言技能培训和与语言有关的职业培训，等等。第二，要从自然特征和学习目的两个方面分析教学对象的特点，以决定教学目标和教学内容的选择，并确定和选择该项设计所适合的学习者。第三，要从知识结构和能力结构等方面确定教学目标，明确学习者最终所要达到的使用语言进行交际的范围、技能和能力的等级水平。第四，要从语言要素、语用规则、相应的文化知识、言语技能和言语交际技能等五个方面确定教学内容的范围，为制定各项教学内容的大纲提供依据。第五，要根据学生的特点、教学目标、教学内容以及对语言教学规律的认识确定教学原则，选择教学的出发点、教学内容的处理方式、技能训练的处理方式以及教学内容中各构成要素的处理方式。第六，要明确如何把教学目标、教学内容和教学原则等贯彻到教学过程中，规定实现教学目标、落实教学内容的具体途径。包括教学时间和课时计划、教学阶段划分和设计课程。第七，要明确教师分工和对教师的要求。

总体设计概念的提出和相关理论的阐明对对外汉语教学的理论研究和教

学实践都具有很大的推动作用。作为一个新兴学科，对外汉语教学尚处于自身学科理论建设的初期，学科自主性较弱，学科理论缺乏系统性和严密性，理论研究落后于教学实践的发展。总体设计理论的提出在当时是具有学科前瞻意识的，对丰富学科理论和促进教学的正规化、科学化和规范化建设具有深远的意义。

三 大纲制定

在对教学进行全面设计、确定教学目标之后，如何把这一目标转化为实际的教学计划，这就是大纲制定的任务。大纲制定就是要对语言教学内容和方法等做出选择，其主要任务就是确定教学内容，并为教学内容进行相应的细化处理。

大纲制定除了要对语言内容和语言要素进行描述，还要涉及语言教学的其他内容，并且要反映语言教学的理念、形式和方法。一般认为，一个完整的语言教学大纲应该对以下几方面的内容进行描述：语言的使用情景、语言使用时涉及的话题、学习者将要运用的语言功能、学习者能够处理的意念、学习者将要使用的语言形式、学习者将要参加的语言活动以及学习者运用语言的熟练程度。

第二语言教学法理论根据大纲对教学内容描述的侧重点的不同，把教学大纲分为结果式大纲和过程式大纲。结果式大纲主要是对语言项目和言语技能的归纳，重点是描述学习者通过学习所应获得的知识和技能，侧重语言教学的最终结果；过程式大纲主要是对学习的任务和教学的程序的描述，重点在语言学习和语言活动本身，侧重语言教学的过程。结果式大纲又可以分为组合型和分解型两种。组合型大纲是把语言内容由易到难分成不同的组成部分，最后形成一个完整的语言内容体系。在教学中，大纲内容要分阶段教给学生，使教学呈一个逐渐积累的过程，直到语言的整个内容被完全掌握，传统的语法大纲就属于这个类型。分解型大纲是从语言运用的角度向学习者提供教学内容，这些内容由难度不同的语言要素组成，语言形式被分解在不同的教学材料中，不按照语法系统排列内容。意念—功能大纲就属于这一类型。过程式大纲也可以分为两种类型，即任务型和程序型，两者虽然都以学习任务、学习活动为主要内容，但前者侧重从学习的角度为大纲选择任务活动，后者则侧重从教学的角度为大纲选择任务活动。虽然由于侧重点的不同，大纲的内容主线也呈现出不同特点，但一般的大纲制定者总是力求使各方面的内容有机地结合在大纲设计中，所以大纲制定是一个从单一走向综合的过程。

语法大纲是传统的大纲类型。在第二语言教学法研究中较早引入大纲概念的学者，可以追溯到20世纪初提出“编排”概念和“结构词与实义词”大纲的帕默。此后，有30年代韦斯特等人按照词汇出现频率的统计结果提出的“累积词汇”大纲，40年代奥格登研制的极其简单的“基本英语”大纲，50年代霍比恩和爱克思雷归纳的句型词典，等等。语法大纲的一个重要特点是以语言结构为基础，按照语法项目的难易程度编排教学内容。因为传统的语言学理论认为语言规则是有限的，这些有限的规则通过不同方式的组合产生意义；心理学理论也假设这些规则可以被学习者逐个掌握，直至掌握所有规则系统，而同时，学习者掌握了某个规则的形式，就自然可以在实际交际中应用。语法大纲正是基于这样的一系列理论假设而设计的，它曾在语言教学中产生过重要的意义和作用。但随着理论研究和教学实践的深入，人们逐渐发现教学的结果与理论假设并不完全符合。首先，学习者学习语法的困难与我们设想的语法本身的复杂度并不一致，语法大纲的内容并不能准确反映复杂的语言现象；另外，在语言实际使用过程当中，语法项目很难清晰地被分离出来，语法形式与交际功能是交叉对应的，语法大纲的内容与语言的实际使用情况有矛盾；还有，学习者掌握语言形式有其内在的习得顺序，这一顺序与语法大纲的内容分级也不尽相同。

功能—意念大纲是另一个主要的大纲类型。它是把学习者运用语言的需要作为出发点，是以交际为基础的大纲模式，大纲的内容主要是功能和意念项目。所谓“功能”就是使用语言的目的，如询问、描述、表达态度等；所谓“意念”就是语言表达的概念意义，如时间、空间、处所、事态、逻辑关系等。功能—意念概念及其大纲制定是由威尔金森（1976）最早提出的。他认为，这种大纲相对于语法大纲的特点而言，是以学习者为基础的大纲，因为学习者可以集中学习符合自己需要的语言形式，为交际而学习。功能—意念大纲并不排斥语法，相反，语法项目在功能—意念大纲中得到了更多的强调，因为出于交际的需要，学习者必须掌握相应的语法结构和语法规则。功能—意念必须与语法项目有机结合，只不过大纲的核心是交际。正因为如此，纯功能型的大纲对语言教学并不适用，而两者结合的结构功能型大纲或功能结构型大纲成为大纲制定的主要形式。功能—意念概念对交际教学法的形成和发展产生了巨大的推动作用，20 世纪 70 年代交际法的各种大纲模式大多与此有关。如威尔金森的结构加功能式（1976）、布卢姆非特的以结构为核心的功能螺旋上升式（1980）、阿伦的结构—功能—工具式（1980）等，这些大纲的制定对后来的第二语言教学理论和实践也具有很大的影响。功能—意念大纲的优势显而易见。它重视语言使用的内在动机，能够为语言教学确定更加现实而真实的内容；能够使课程设置更加灵活；能够大面积提高教学质量。但对于如何为功能意念项目科学地分级，如何解决结构与功能的有效结合等问题，成为此类大纲制定的难点和大纲的局限性。

任务大纲是 20 世纪 80 年代以后兴起的一种新的大纲类型。虽然功能—意念大纲与语法大纲的侧重点不同，但它们都强调学习的最终结果，大纲对语言材料进行的有关结构或功能的分级也都无法全面反映人们对语言本质的认识，无法满足语言教学和学习需要。因此，许多学者开始把大纲制定的重点从教学结果转移到教学过程上来，以学习任务为基础的任务性或程序性大纲应运而生。所谓“任务”是指教师在课堂布置的让学习者用目的语完成的语言活动，但这些活动不是以语言结构为中心的活动，而是根据学生将来使用语言的需要而设计的交际活动。任务式大纲的典型范例是蒲拉布在 1983 年设计的。他认为，适合交际法的唯一大纲形式应该是纯程序性的，这种大纲要较详细地列出课堂教学中需要操练的任务类型，并把同一类任务按其复杂程度排序。他自己把任务分为三大类：一是信息差活动，即用目的语进行各种形式的信息传递活动；二是推理差活动，即通过已知信息进行推理、概括、演绎，以获得新的信息；三是意见差活动，即辨别和表达个人的爱好、感觉和态度。倡导任务大纲的学者们认为，这种大纲以描述学习者将要参加的任务和活动为焦点，注重交际目的，注重刺激教学过程，可以较大程度地满足学生学习的个性特征和学习需求，是一种更为有效的教学大纲模式。当然，不少学者也指出，这种大纲在选择任务和活动时很难确定令人信服的依据或标准，而且在注重过程的同时要与注重结果很好地结合起来。

对外汉语教学大纲和大纲设计也体现着一般大纲制定的特点和规律。国外第二语言教学的主要大纲模式和设计思想都能在对外汉语教学实践中得到一定的借鉴和印证，但这些借鉴和印证主要是结合在具体的教学方法和教材编写中。1988 年试行的《汉语水平等级标准和语法等级大纲》可以说是第一个作为独立、完整的大纲而设计研制的。此后出现了《汉语水平词汇与汉字等级大纲》（国家汉办汉语水平考试部，1992）、《对外汉语教学语法大纲》（王还主编，1995）、《中高级对外汉语教学等级大纲（词汇、语法）》（孙瑞珍主编，1995）、《汉语水平等级标准与语法等级大纲》（国家汉办，1996）、《高等学校外国留学生汉语教学大纲》（国家汉办，2001）等。这些大纲涉及语法、词汇、汉字、功能、情景和任务等多方面内容，其中有关语法、词汇、汉字等方面的大纲比较成熟，内容也比较丰富，做了相应的分级处理，有自身的特点；功能大纲主要是借鉴国外功能项目的分类方式，没有做分级处理，也没有进行与结构的结合处理；有的大纲对任务内容有所涉及，但还并不是完整意义的任务式大纲。近年来，为适应各国汉语教学需求，《国际汉语能力标准》《国际汉语教学通用课程大纲》《汉语国际教育用音节汉字词汇等级划分》《新汉语水平考试大纲》的研制，对汉语国际教育总体设计、教材编写、课堂教学、课程测试都有很大的参考价值。

思考和练习

1. 教学设计的相关概念有哪些？各自的含义是什么？
2. 对外汉语教学总体设计理论的基本内容是什么？
3. 第二语言教学大纲制定的主要类型有几种？

第二节　汉语水平等级标准与大纲

一　汉语水平等级标准

1988年试行的《汉语水平等级标准》对学习者学习和使用汉语所要达到的水平和能力进行界定和描述，科学划分出教学等级和每一等级应该达到的教学标准与水平，规定了统一的教学要求、统一的教学等级和统一的教学水平，是进行教学设计、教材编写、课堂教学和课程测试的主要依据。

《汉语水平等级标准》的基本框架结构是三等五级：初等水平、中等水平、高等水平；一级标准、二级标准、三级标准、四级标准、五级标准；初等水平含一级和二级标准，中等水平含三级标准，高等水平含四级和五级标准。主要内容由三方面的要素组成：话题内容、语言范围和言语能力。每一级标准都从上述三个方面进行了总体描述，并且都具体规定了学生在听、说、读、写、译等五种言语技能方面所应该达到的水平。“话题内容”主要是描述和规定话题涉及的范围和内容，如日常生活、学习、社交、工作、新闻、职业活动等，分为“最基本”“基本”“一般性”和“较高”等层次；“语言范围”主要是描述和规定语言知识和语言要素的范围和内容，如语音、汉字、词汇、语法项目等，并分别进行了量化要求，包括字、词、语法项目的等级和数量等；“言语能力”主要是描述和规定在汉语听、说、读、写、译等方面的能力，分为“初步的”“基本的”“一般性的”“较高的”等层次要求和对汉语使用的规范性、多样性、得体性的要求，以及对所学汉语的文化背景和语义含义的要求等。对读、听、写等汉语技能还从语料长度、语料难度、语言接受或表达的速度、语料接受的理解度、语言表达的正确度等方面进行了等级数量的界定。

《汉语水平等级标准》对各水平等级的语言内容做出的明确规定与汉语词汇大纲、汉字大纲、汉语语法大纲相对应，注重与对外汉语教学各年级的对应关系，可以直接对学生的专业前、进入专业、专业内的汉语学习提供水平等级的参考；与汉语水平考试有完整的对应关系，使得教学和教学测评紧密连接，可以较好地监控和反馈教学效果。《汉语水平等级标准》所欠缺的是对语言功能和文化内容的具体描述，而过多偏重于对语言内容的界定。这不仅使标准本身有所失衡，也容易造成对教学实践引导的偏差。

二 汉语语法等级大纲

《汉语水平语法等级大纲》（简称《语法大纲》）是对汉语语法项目和语法点进行选择和排列，并为这些语法项目和语法点划分等级，形成系列的大纲。《语法大纲》与《汉语水平等级标准》相互对应，是对外汉语教学总体设计、教材编写、课堂教学及课程测试的语法依据。

《语法大纲》中的语法属于教学语法，侧重选择规范语法。不同于理论语法，也不同于对本族人的教学语法，而是对外国人的教学语法。

《语法大纲》选择了汉语的 18 个大类的 1168 个语法点项作为内容，并把它们分为 4 个等级。其中甲级语法 129 项，乙级语法 123 项，丙级语法 400 点，丁级语法 516 点。甲乙两级语法合并就构成了汉语初等水平标准的语法内容。丙级语法项目在甲乙级语法项目的基础上又增加了“语素”和“口语格式”两个大类，内容进一步深化，构成了汉语中等水平标准的语法内容。丁级语法项目又增加了“多重复句”和“句群”等几个大类，构成了汉语高等水平标准的语法内容。

《语法大纲》虽然对语法内容做了比较详尽的列举和编排，但还只是一种按照语法体系的特点进行的编排。这一语法编排既不是教学顺序，也不是教材编写顺序，更不是外国人汉语习得的内在顺序，在具体的教学实践、教材编写中，还需要使用者科学地、创造性地进行相关的选择和编排工作。这也可以看作大纲尚待完善的部分。

三　汉语词汇与汉字等级大纲

《汉语词汇与汉字等级大纲》（简称《词汇与汉字大纲》）于 1992 年由国家汉办组织的研制组研制完成，是规范性的水平大纲。《词汇与汉字大纲》与《汉语水平等级标准》《汉语水平语法等级大纲》相互对应，是对外汉语教学总体设计、教材编写、课堂教学及课程测试的重要依据。

《词汇与汉字大纲》的研制主要借鉴了对汉语字词的统计与分析结果，采用了定性与定量结合的方式，产生限定性定量等级词表和字表。

《词汇与汉字大纲》筛选词汇时，依据以下原则：（1）常用性原则，即根据词频统计分析结果选取高频词；（2）均匀性原则，即根据对词汇在不同语料篇数分布情况的词频统计分析结果，选择使用度较广、使用度较高、分布较均匀的词；（3）科学性原则，即从汉语本身的特点出发，采取语义与语用兼顾，侧重语境中的语法功能的词汇切分方法；（4）规范性原则，即立足于在全国范围内并能在国际上通用，慎重对待方言词、儿化词、轻声词和拼音词的连写分写等问题，注意词的规范化；（5）实用性原则，即针对对外汉语教学的需要，采用传统的划分词类的方法，同时选进一部分常用的大于词的短语、结构以及成语与习用语等；（6）联想性原则，即通过群体性专家的主题联想、类聚联想、异向联想、纵向联想、同构联想、异构联想等形式添加调整所收入的词汇；（7）包容性（节省性）原则，即采取等义词包容、缩写词包容、前后缀和类词缀单独统计等方式处理词表和选词；（8）序列性（等级性）原则，即对词汇进行适当的分级。

《词汇与汉字大纲》提出了对外汉语教学词汇分级的 4 个界标：1000 词、3000 词、5000 词和 8000 词。3000 常用词是初等汉语水平的词汇量界标，也是对外汉语教学基础阶段的词汇量要求。其中的 1000 最常用词是为了满足旅游和最起码的生活需要的词汇量界标，也是基础教学阶段中第一个教学阶段的词汇量要求。5000 词界标包括 3000 常用词和 2000 次常用词，是中等汉语水平的词汇量界标，也是对外汉语中级教学阶段的词汇量要求。8000 词界标包括 3000 常用词、2000 次常用词和 3000 通用词，是高等汉语水平的词汇量界标，也是对外汉语高级教学阶段的词汇量要求。《词汇与汉字大纲》最后收入总词汇 8822 个，分为 4 个等级，包括甲级词 1033 个、乙级词 2018 个、丙级词 2202 个、丁级词 3569 个。除按级别排列外，还进行了音序排列，并对收入的每个词都标注了词性和汉语拼音。

《词汇与汉字大纲》对汉字的选择和分级主要以相对应的词汇总量及词汇分级为基础，以《现代汉语常用词表》中的一级常用字 1000、二级常用字 1500 和三级次常用字 1000 的分级为重要参照，运用定性与定量相结合的综合集成方法，辅以定向性联想添加来处理。与词汇分级相对应，汉字分级也有 4 个界标：与甲级词（1000）相对应的甲级字 800 字种、与乙级词（2000）相对应的乙级字 800 字种、与丙级词（2000）相对应的丙级字 600 字种、与丁级词（3000）相对应的丁级字 700 字种。以上共计 2900 字种，根据统计分析，其累计频率达到 98% 以上，以此作为对外汉语教学专业的通用字的总目标及相应的分级汉字目标是科学、合理和适用的。在此基础上，通过调整，《词汇与汉字大纲》最后收入汉字 2905 个，分为 4 个等级，包括甲级字 800 个、乙级字 804 个、丙级字 590+11 个、丁级字 670+30 个，其中丙丁两级的 41 个表示姓氏和地名的字收为附录字。大纲对汉字除按级别排列外，还进行了音序排列。

作为规范性大纲，《词汇与汉字大纲》能够针对对外汉语教学的实际需要，较好地处理科学性与实用性的关系，具有较强的科学性和针对性。目前仍有很多汉语教师在编写教材时参考此大纲，但也有一些学者认为大纲在词汇总量控制、词语选择、词条确定以及词性标注上仍存在若干尚待完善的地方。

四 国际汉语能力标准

《国际汉语能力标准》（简称《标准》）是国家汉办为适应各国汉语教学需求于 2007 年组织制定的、指导国际汉语教学的纲领性文件。面向汉语作为外语的学习者，对其运用汉语知识和技能进行交际的能力，从不同层面提供了五个等级的描述，是衡量汉语学习者语言能力的重要依据。可作为制定国际汉语教学大纲、编写教材和测评汉语学习者语言能力的参照标准。

《标准》制定的原则是：借鉴国际语言能力标准的研制成果，以交际语言能力理论为指导，注重语言的实际运用，同时体现汉语自身特点。语言运用通常是以各种任务活动或任务的方式出现的。语言任务活动的类型可分为接收型（听、读）、产出型（说、写）、互动型（对话和书信往来等）和中介型（口译、笔译）。《标准》从不同交际方式和交际过程入手，以“能做某事”作为语言能力描述的出发点，真实反映语言的实际运用，同时体现口语和书面语之间存在较大区别这一汉语的特点。

《标准》的基本框架分为三个层面，每个层面又分五个级别。第一层面是国际汉语能力总体描述。该层面对把汉语作为外语的学习者在听、说、读、写活动中所表现的语言能力进行综合描述。第二层面分别从口头和书面两种交际方式的角度对汉语能力进行描述，既体现了语言运用的实际情况，也反映了汉语学习的特点。第三层面从语言交际理解与表达的过程入手，分别对汉语口头理解和表达能力、汉语书面理解和表达能力进行描述。第三层面的描述由语言能力描述和任务举例组成。“语言能力描述”以“能做某事”为出发点，对每一交际过程涉及的语言能力进行描述，包括：（1）口头理解能力，涵盖对社交场合互动话语的理解，对指示性、说明性话语的理解，对各种信息类话语的理解；（2）口头表达能力，涵盖社交场合的互动型口头表达，口头给出指示、说明或要求，陈述与表达信息；（3）书面理解能力，涵盖对社交场合往来函件的理解，对指示性或说明性文本的理解，对各种信息类文本的理解；（4）书面表达能力，涵盖社交场合往来函件的撰写，信息的记录、加工与书面传达。“任务举例”列举与各语言能力级别相对应的汉语应用任务的实例。

《标准》的特点是对汉语作为外语或第二语言学习者的汉语能力进行描述，而不是对汉语本身的描述。适用范围不只限于对来华外国学习者的汉语教学，也考虑到海外汉语教学的特点。作为汉语教学、学习及评测的共同参考框架，《标准》尚未提供反映汉语使用能力的各种知识和策略，如词汇、语法等，需要进一步完善和相关大纲的支撑。

五 国际汉语教学通用课程大纲

为顺应世界各地汉语教学迅速发展的趋势，满足各国对外汉语教学内容规范化的需求，国家汉办/孔子学院总部组织研制了《国际汉语教学通用课程大纲》（简称《通用课程大纲》）。梳理汉语作为第二语言课程目标与内容，为汉语教学机构和教师在教学计划的制订、学习者能力评测和教材编写等方面提供参考依据和参考标准。

《通用课程大纲》的编写遵照科学性、实用性、针对性、通用性原则。以语言交际能力理论为指导，参考和借鉴了多种外语和第二语言教学大纲的经验和成果，吸收了国际汉语教学的经验，理论与实际相结合。从指导国际汉语教学实践的角度出发，对课程目标及学习者所应具备的语言知识、语言技能、策略和文化意识等方面，进行了分级分类描述。提供了《汉语教学话题及内容建议表》《汉语教学话题及内容举例表》《中国文化题材及文化任务举例表》《汉语教学任务活动示范列表》《常用汉语语法项目分级表》《汉语拼音声母、韵母与声调》《常用汉语800字表》《常用汉语1500高频词语表》等大量具有实用参考价值的附录。使用者可以根据实际教学情况，参考、选择并增加所需要的相关内容，制定出个性化的教学大纲、教材编写纲目，在此基础上编写教材。针对国际汉语教学从专业化日益走向大众化、普及型、应用型的发展趋势，《通用课程大纲》最大可能地兼顾小学、中学及社会人士等不同使用对象的特点，对目标等级也做了相应调整，突出汉语交际能力在培养语言综合运用能力中的地位，以适应国际汉语教学的需求。同时，参照《国际汉语能力标准》以及《欧洲语言教学与评估框架性共同标准》等国际认可的语言能力标准，从跨文化语言教学的角度，吸收了现阶段国际汉语教学的成果与经验，对典型的汉语语言知识、文化知识等教学内容进行了梳理，并提供了具有可操作性的示例建议，以便在汉语教学、师资培训、教材编写等方面参考使用。

《通用课程大纲》设定的国际汉语教学课程的总目标是，使学习者在学习汉语语言知识与技能的同时，进一步强化学习目的，培养自主学习与合作学习的能力，形成有效的学习策略，最终具备语言综合运用能力。语言综合运用能力由语言知识、语言技能、策略、文化意识四方面内容组成。其中语言知识和语言技能是语言综合运用能力的基础；策略是提高效率、促进学习者自主学习和发展自我能力的重要条件；文化意识则是培养学习者具备国际视野和多元文化意识，更得体地运用语言的必备元素。《通用课程大纲》参照《国际汉语能力标准》将课程内容划分为五个等级，分别对每个级别在语言知识、语言技能、策略、文化意识等方面所应达到的目标予以了描述。

《通用课程大纲》旨在为国际汉语教学工作者和汉语学习者提供服务。对来华留学生汉语教学及海外的各种类型的汉语教学都具有参考价值，同时也为编写国际汉语教材提供了参考。

六 汉语国际教育用音节汉字词汇等级划分

《汉语国际教育用音节汉字词汇等级划分》是由中华人民共和国教育部国家语言文字工作委员会于2010年10月发布的，适用于汉语国际教育总体设计、教材编写、课堂教学、课程测试、音节库、字库、词库建设，也可供计算机辅助汉语水平测试以及中国少数民族汉语教学、普通话教学参考。

规范研制的主要依据包括30多亿字次的当代大型动态语料库和多种具有代表性、针对性的词典、词表、字表。规定了汉语国际教育用音节、汉字、词汇的等级划分，给出了汉语国际教育用分级的音节表、汉字表、词汇表，体现了三维基准体系。

音节、汉字、词汇的收取与等级划分，主要依据频度统计，同时依据时代性、针对性、实用性、易联想性和可操作性，进行适度的人工干预。音节表的音节收取与分级原则，依据大型对话体口语语料的音节统计频度（包括带调音节和不带调音节）、音节对汉字的覆盖率、音节在日常生活和口语会话中的常用度等因素制定分级音节表，不收方言音节、拟声词音节、古汉语音节及书面文言词语音节。汉字表的收字与分级原则是依据大型对话体口语语料的汉字统计频度，参考汉字的中华文化内涵。词汇表的收词与分级原则是通过对汉字和词汇进行多类别、多角度、多层次的交集比对制定分级词汇表，一级、二级、三级的词汇量比例大致为 2 : 3 : 5。

规范的基本框架是：音节、汉字、词汇。共划分为三个等级与三级水平：一级（普及化水平）、二级（中级水平）、三级（高级水平）。《汉语国际教育用音节等级划分》适用于对汉字无要求的汉语国际教育、教学活动，尤其适用于用汉语音节进行汉语口语和听说教学。各级音节皆为现代汉语常用音节。其中，一级音节 608 个，二级音节 300 个，三级音节 163 个，三级附录（规范性附录）音节 39 个，共计 1110 个。《汉语国际教育用汉字等级划分》适用于汉语国际教育中的汉字教学。各级汉字皆为现代汉语常用字。其中一级汉字 900 个，二级汉字 900 个，三级汉字 900 个，三级附录（规范性附录）汉字 300 个，共计 3000 个。《汉语国际教育用词汇等级划分》适用于全面的汉语国际教育、教学活动。各级词汇皆为现代汉语常用词。其中一级词 2245 个，二级词 3211 个，三级词 4175 个，三级附录（规范性附录）词 1461 个，共计 11 092 个。其中，单音节词 1672 个，占 15.07%；双音节词 8382 个，占 75.57%；三音节词 588 个，占 5.30%；四音节词 450 个，占 4.06%。

《汉语国际教育用音节汉字词汇等级划分》是在社会语言生活发生巨大变化、汉语国际教育需求日益凸显的形势下，面向全球汉语教育而进行的研究，不是对《汉语水平词汇与等级大纲》的简单修订，更符合汉语国际教育的现实需要，也着眼于汉语国际教育的长远发展。

七　新汉语水平考试大纲

新汉语水平考试（HSK）自 2009 年开始举办，借鉴了近年来国际语言测试研究最新成果，以《国际汉语能力标准》为依据，是一项国际汉语能力标准化考试。《新汉语水平考试大纲》（2009）重点考察汉语非第一语言的学习者在生活、学习和工作中运用汉语进行交际的能力。新 HSK 分笔试和口试两部分。笔试包括一级至六级六个等级，口试分初级、中级、高级三个等级。

各等级与《国际汉语能力标准》《欧洲语言共同参考框架（CEF）》对应关系如下表：

新 HSK	词汇量	国际汉语能力标准
HSK（六级）	5000 及以上	五级
HSK（五级）	2500	
HSK（四级）	1200	四级
HSK（三级）	600	三级
HSK（二级）	300	二级
HSK（一级）	150	一级

《新汉语水平考试大纲》（2009）从运用汉语能力的角度对各等级予以了描述。通过一级的考生可以理解并使用一些非常简单的汉语词语和句子来满足具体的交际需求；通过二级的考生可以用汉语就熟悉的日常话题进行简单而直接的交流，达到初级汉语优等水平；通过三级的考生可以用汉语完成生活、学习、工作等方面的基本交际任务，在中国旅游时，可应对遇到的大部分交际任务；通过四级的考生可以用汉语就较广泛领域的话题进行谈论，比较流利地与汉语母语者进行交流；通过五级的考生可以阅读汉语报纸杂志，欣赏汉语影视节目，用汉语进行较为完整的演讲；通过六级的考生可以轻松地理解听到或读到的汉语信息，以口头或书面的形式用汉语流利地表达自己的见解。大纲后附有语言功能、词汇、语法的分级大纲。一级语言功能 9 项，词汇 150 个，语法 15 项；二级语言功能 13 项，词汇 300 个，语法 16 项；三级语言功能 17 项，词汇 600 个，语法 16 项；四级词汇 1200 个，语法 15 项；五级词汇 2500 个；六级词汇 5000 个。

2015 年，在 2009 版大纲的基础上，国家汉办根据主题式教学和任务型教学的理论及方法，以交际话题和语言任务为指引，修订完善了新汉语水平考试大纲，增加了话题大纲、任务大纲，改进了语言点大纲，细化了词汇大纲。话题大纲的研制主要依据对 HSK 真题进行的文本分析，结合 HSK 词汇的话题分类，参考《国际汉语教学通用课程大纲》（2014）等。任务大纲是依据 HSK 真题文本、词汇大纲、话题大纲制定出的具有可操作性的分级语言任务体系，由任务主题和任务目标构成。语言点大纲对2009版的大纲进行了补充、整合和规范，并增加了例句。词汇大纲在2009版大纲词汇的基础上进行了微调（调整幅度为12%），并标明了词性和词汇等级，增加了词汇扩展学习示例，包括重组默认词（如“白”和“颜色”组合成“白色”）、减字默认词（如“羊肉”可分为“羊”和“肉”两个词）和特例词。2015版的HSK大纲突出了话题与任务的概念在汉语学习中的作用，体现了引导学习者主动学习、培养学习者汉语的综合运用能力的目标。但由于大纲主要是以HSK真题为基础进行研制的，提炼和归纳不够，有些例释不具代表性，有些描述也不够科学和全面。

思考和练习

1.《汉语水平等级标准》《汉语水平语法等级大纲》的主要特点是什么？

2.《国际汉语能力标准》的基本框架是什么？

3.《国际汉语教学通用课程大纲》的编写原则及主要内容有哪些？

4.《汉语国际教育用音节汉字词汇等级划分》关于音节、汉字、词汇的分级依据和适应范围是什么？

5. 简单介绍《新汉语水平考试大纲》的分级标准。

第三节　对外汉语教学的教学类型和教学模式

一　对外汉语教学的教学类型

一般来说，教学类型是从教育学、教育管理学的某个特定角度划分出来的体现教学特点的类型。从教育性质、教学任务、教学期限、教学组织形式、教学媒体等不同的角度，我们可以进行不同的类型划分，所划分出的教学类型也是一个相对固定的宏观的概念。

第二语言教学有不同的教学类型。有的学者根据人们学习第二语言的受教育目的、学术目的、职业目的、职业工具目的等，把教学类型划分为普通教育、预备教育、专业教育和特殊目的教育；根据学习期限划分为长期班和短期班；根据教学组织形式划分为班级教学和个别教学（吕必松，1993）。这样划分类型是为了适应不同的教学对象和教学目的，有针对性地组织教学。它能够较好地满足教学需要，也符合特定阶段的第二语言教学实践。由于是从不同角度、不同层次进行的类型划分，各类型的区别性特点互有交叉，类型的独立性不够明显。划分教学类型应当从教学的总体性质、教学的内在和外在综合特征上加以考虑，不同的教学类型应当具有不同的教学性质，具有明显的独立性特征和区别性特征，并且是具体教学实践的定型化体现。

根据教学性质和教学总体特点的不同，结合具体的教学实践，我们把对外汉语教学大致分为专业教育、预科教育、进修教学、短期教学、速成教学、海外孔子学院的汉语及文化传播、汉语国际教育专业硕士学位研究生教育等。

（一）汉语言专业教育

汉语言专业教学属于专业教育类型，是专门为母语为非汉语的学习者设立的一个语言专业。对母语为非汉语的留学生专业教育包括汉语言、中国语言文化以及其他相关学科的多个专业，汉语言专业只是其中的专业之一，但却是与对外汉语教学内容范畴重叠最大、学科关系最近的一个专业。

汉语言专业教学兼有专业教育和第二语言教学这两类不同性质的属性，但其根本属性还是专业教育。因此，对留学生的汉语言专业教学与对外汉语教学的关系问题，以及汉语言专业教学能否并且如何纳入对外汉语教学范畴的问题，也是对外汉语教学界一直争论的一个问题。从广义上讲，对外汉语教学可以包括或者说涉及从短期培训到学历教育等多个教学层次，其共性体现在教学对象和主体教学内容的一致性，即都是以母语为非汉语的学习者为教学对象、以汉语语言知识和技能为教学主体内容。但是，作为第二语言教学的对外汉语教学的根本属性是语言教学，而语言教学与专业教学即使是汉语言专业教学也不能完全等同，两者的最大区别就在于教育任务和培养目标的不同。从这一角度看，对外汉语教学虽然与对留学生的汉语言专业教学互有重叠和交叉，但前者并不能完整地包容后者，汉语言专业教学也不能单纯地被看作是对外汉语教学所属的一种教学形式，不然，我们的教学设计和教学实践都将会有所偏离。

对留学生的汉语言本科专业的设置在我国已经有二十多年的历史，这期间汉语言专业建设及其教学实践一直面临着两个基本的核心问题：一是如何在可接受的教学期限内使学生的汉语能力达到能够接受专业教育的水平；二是如何对留学生进行专业教育以及进行什么样的专业教育，这实际上是要解决专业教育中专业基础教学和专业教学这两个不同阶段的教学任务和教学目标问题。作为应用型语言专业，其专业基础教学阶段的主要任务就是要解决学生的语言水平和语言能力问题，其教学的基本目标就是要使学生具有较高的听说读写能力，具备在中国各高校入系学习本科专业的语言能力。这个阶段的教学从整体上应当纳入对外汉语教学范畴，体现把汉语作为第二语言教学的教学特点，遵循第二语言教学的规律。专业教学阶段的主要任务和教学目标，既有对语言能力的要求，又有对专业知识和更广泛的素质方面的要求。这个教学阶段应更多地体现专业教育的特点，尤其是要根据社会的需求，培养具有不同专业方向的复合型语言人才。

由国家汉办组织研制的《高等学校外国留学生汉语言专业教学大纲》（2001）是我国第一个面向本科学历教育的、全国性的规范性和指导性的教学大纲。《大纲》对汉语言专业教学的培养目标做了比较详尽的描述，即培养适应现代国际社会需要、具备良好综合素质的、全面发展的汉语专门人才。它要求学生应当具备扎实的汉语言语能力与交际能力；掌握系统的汉语基础理论和基本知识；掌握基本的中国人文知识，熟悉中国国情和社会文化；具有良好的社会适应能力、获取新知识的能力、初步的科学研究能力和职业工作能力等。这一培养目标包括了对专业知识、语言能力、综合人文素质等多方面的要求。根据这一培养目标，汉语言专业教学在教学内容上既要进行言语技能教学和言语交际技能训练，又要进行汉语基础知识和汉语言理论知识的教学，还要进行中国人文知识和相关专业方向知识的教学，以及体育、中文信息处理、第二外语等方面的教学。同样，在课程设置上也要反映专业教育全面性的特点，设置汉语综合技能课、专项技能课、语言知识课、中国人文知识课以及计算机课、第二外语课、体育课等多个类别的课程。《大纲》还对汉语言本科教学的具体安排提出了建议，并参照国家有关的汉语水平等级标准分年级提出了教学的具体要求。《大纲》包括“正文”和“附件”两个部分，附件包括《词汇表》《汉字表》《语法项目表》《功能项目表》《课程介绍》等，供教学使用者参考。

（二）汉语预科教育

汉语预科教育，长期以来称为“汉语预备教育”，是针对特殊的汉语学习者群体而实施的汉语教学，是大学的基础预备课程。来华留学生通过预科教育，提高汉语水平，为学习大学课程储备基础知识和基本技能，达到能够很好地适应大学本科专业学习的目的。

预科教育是中等教育到高等教育之间的过渡衔接阶段，是一个特殊的教育层次。预科教育存在的前提条件是：有一个准备进入高等院校专业学习，但其现有语言能力、知识水平、学习能力未达到高校入学标准，且存在较大差距的特殊学生群体。预科教育的预备性和过渡性是学界共识。

汉语预科教育，学习者有固定的学习时限，有较为明确的学习目的，有既定的预期教学目标，学习汉语是为了以之为工具，以便将来进入有关院校学习专业。学以致用是预备教育的根本特点。在学习汉语的过程中，学习者往往有一种急迫的要求，希望尽快了解专业语言。与一般的基础汉语教学不同，预科教育既要做到遵循语言规律、语言教学规律和语言学习规律，按部就班，循序渐进，又应考虑学习者的学习需求，在汉语学习达到一定阶段时，适当添加一些专业语言色彩，为后续的学习做些准备，以提升学习者的学习兴趣。

对汉语预备教育特点的认识，经历了一个曲折的过程。1966 年以前，汉语预备教育实行三段制教学。前期多学日常生活、学习生活的内容，中期逐渐增加科学小品，后期增加数理化方面的文章过渡到数理化方面的原文。1973 年重新招收留学生之后，改为两段制教学。在时间安排上，普通汉语阶段约占2/3，科学常识和有关专业的汉语教学的时间，一直维持在10周左右，约占1/3。1984年以后，汉语预备教育对两个阶段的教材重新编排，教材内容做了调整，注重两个阶段之间的衔接，突出了结合专业的汉语学习，专业色彩更强了，在一定程度上压缩了基础汉语的技能训练。此后，随着留学生类型的增多，教学品类增繁，汉语预备教育学习者数量却有所减少，汉语预备教育混入了一般基础汉语教学之中。近年来，随着学习汉语准备进入高校学习自然科学和社会科学的学习者的逐年增加，这个特殊汉语学习者群体重又受到重视。

汉语预科教育的任务是为来华学习各种专业的学生打下必要的汉语基础。为了满足学生在中国生活和学习有关专业的需要，教学中必须口语和书面语兼顾，一般用语和专业用语兼顾，全面培养学生听、说、读、写的能力。教学要求高，有效学习时间短，虽隶属于基础汉语教学阶段，却有其独具的特点，不同于其他门类的汉语教学。汉语预科教育不同于学历教育的本科汉语言专业。本科教育具有固定修业年限和修业要求，是为了培养学生具备较为全面的汉语能力和专业素质而设立的教学类型。汉语预科教育也不同于汉语进修教学。汉语进修教学有相对较长的教学期限，是为了使学生的综合汉语水平有相应的提高而设立的教学类型。汉语预科教育也不同于汉语短期速成教学。汉语短期速成教学期限相对较短，一般来说，这类教学具有强化、速成的特点，是为了使学生在汉语特定领域或专项技能上强化提高而设立的教学类型。汉语预科教育是基于专业需求驱动的，其他门类的汉语教学是基于语言学习驱动的，由此带来诸多的差异。

汉语预科教育阶段所教授的汉语，包括专业汉语基础，属于基础汉语教学阶段。从第一阶段的普通汉语基础，到专业汉语基础，再到第二阶段，即后续阶段的真正的专业汉语教学，是一个符合教学顺序的完整的过程。在整个教学过程中，汉语教学贯彻始终，体现汉语作为第二语言教学的共性与特性。

（三）汉语进修教学

汉语进修教学属于非学历教育类型，是专门为母语为非汉语的学习者来华进行汉语的系统学习而设置的一个对外汉语教学类型。这一教学类型主要面向来华长期进修汉语的学习者，教学具有全面性、系统性和多等级的特点。

汉语进修教学以培养学生汉语的综合运用能力为目标，要求学生具有较全面的汉语知识和汉语应用能力，教学具有全面性的特点；汉语进修教学强调教学内容和学习的系统性，它以汉语的系统语言知识和技能为核心，并将这些内容分阶段教给学生，使学习过程呈一个逐渐积累的过程直至这些内容被系统掌握，教学的重点在于学习的最终目的状态即汉语知识和技能的系统掌握，教学具有系统性的特点；汉语进修教学是一种系列化与阶段性相结合的教学，它把全面性的教学目标和系统性的教学内容划分为不同的等级，学习者既可以通过一段时间的学习掌握相对完整的阶段性内容，达成阶段性分级目标，又可以通过连续学习或间隔学习完成全部教学内容，达成总体教学目标并最终结业，教学具有多等级的特点。

汉语进修教学的教学期限一般为半年、一年或者更长时间。考虑到学生的多水平、多等级特点，汉语进修教学一般均划分为数个教学阶段和多个教学等级。例如由教育部颁布的全国《高等学校外国留学生汉语教学大纲（长期进修）》（国家汉办，2001）把汉语进修教学划分为三等十级，其中初、中等各四级，教学周期分别为 10 周；高等两级，教学周期分别为 20 周。这 10 个教学等级既相对独立、自成系统，又互相连接、逐层递进，以方便学习者根据自己的学习时间和水平等级选择相应的教学内容进行学习，体现汉语进修教学的针对性。

汉语进修教学需要重点解决的一个问题，就是教学内容的系统化和学习的阶段性矛盾。对于大部分学习者来说，不大可能完整地完成进修教学从低到高的全部学习任务，而只是根据自己的学习时间安排或已有汉语水平等级选择某个阶段的学习。对于这些学习者来说，教学内容尤其是语法内容的线性排列，就会造成与学习者已有知识和技能的错位对应，以致学非所需或学非所及，抑制学习进程，降低学习效率。因此，对学习内容尤其是语法内容进行合理的螺旋式排列就成为进修教学成功的一个关键因素。许多进修教学的教学设计已经考虑到这方面的问题，例如，上述进修大纲中所追求的语法编排的小循环与大循环的有机结合的处理，就是基于这样的一个教学思路。

汉语进修教学另一个需要解决的难题是如何测定学习者入学时的汉语水平。教学等级的划分是为了使学习者找到更适合自己的学习位置，使教学具有更强的针对性。而等级的细化需要以相应的评估系统为依据，为学习者编班和升降级提供可操作的手段，这就对分级测试提出了更加复杂化的要求。此外，汉语进修教学如何根据不同学习者在汉语各项技能上的不平衡状态而实施针对性教学，也是在现行教学实践中尚未很好解决的问题。

（四）汉语短期教学

汉语短期教学属于非学历教育类型，是专门为短期来华学习的外国人或海外华人华侨而设置的一个教学门类。一般来说，汉语短期教学的教学周期相对较短，教学时间上具有明显的短时特性。受教学时间的限制，这种教学的教学目标必须有侧重地指向某一特定范围和某项特定的汉语技能，教学呈现出单一性特点；在教学内容上，它要求选择学生日常生活、学习、交际中最常用、最急需的功能和话题，并优选语言材料中使用频率高、覆盖率大的相关语言要素，教学具有较明显的实用性；在组织教学上，它要求根据教学周期的变化和学生入学时的多等级特点，动态地设计教学实施方案，教学具有突出的针对性和灵活性；此外，一般的短期教学形式还都要求通过强化手段追求教学的高效率，因此短期教学也常常被称为“短期强化教学”。概括地说，汉语短期教学具有短期、强化、速成的特点，力求在较短的时间里让学习者尽可能多地掌握汉语知识和技能。

由于短期来华学习者具有多水平、多层次、多需求的特点，相应的教学目标、教学要求、教学内容和教学组织形式也各自不同，因此，在具体的教学实践中短期教学体现为不同的内容模式，可以概括为以下几种类型：（1）侧重某种技能的教学。如侧重听说而舍弃读写技能或侧重读写技能而辅以听说训练的教学。（2）以交际任务为中心的教学。即模拟留学生来华的生活、学习的过程，选择交际中涉及的一些主要场景，围绕一些常用话题完成交际任务进行教学。（3）以意念—功能为中心的教学。选择意念—功能大纲中的一些常用项目，与语言结构结合后进行教学。（4）以常用句型和词汇为主的教学。针对初级水平学生，选择使用频率较高、体现汉语语法特点的一些句型进行教学。（5）语言学习与游览相结合的教学。（6）与特定文化内容相结合的教学，如学习武术、了解中医等。这些教学模式的内容侧重点虽然不同，但它们大都强调对语法项目或功能项目的掌握，强调达到学习的最终目标状态。经过多年的教学实践，这些教学模式都取得了较好的教学效果。

短期教学的一个最显著的特点就是它的短时特性。短期教学并没有一个严格的教学期限限定，根据国内外第二语言教学的实践经验，其教学期限一般都设定在10周之内。例如在美国，一些著名的第二语言教学机构都把课程教学时间设定在7周或9周；由教育部颁布的全国《高等学校外国留学生汉语教学大纲》也把短期教学的标准周期设定为4周或8周。为了提高教学效率，短期教学在教学上大多采用相对密集的教学时间集中安排，实验表明，对于第二语言强化教学而言，这种教学安排方式的学习效果大大超过分散型的时间安排。短期教学的另一个显著特点就是它的整体应变性。短期教学强调根据学生的学习需求和学习时间灵活设置课程，并根据学生的现有水平选择语言系统中的部分有效内容进行针对性教学，所以，近年来对组合式课程、组合式教材的研究逐渐受到大家的重视。短期教学还有一个特性就是它的强化性。“强化”既是一种手段，也是一种策略，体现在教学内容、教学要求、教学方法和教学组织及管理中，贯穿于短期教学从始至终的各环节中。

一般来说，短期教学能够充分反映第二语言教学的本质特点。第二语言教学的各种教学理论和教学法都可以在短期教学中得到及时的体现和应用，形成不同的教学模式，这些教学模式彼此之间互为传承，推陈出新。因此，短期教学在总体上是一个模式多样化并不断进行自我更新的教学类型。近些年，随着第二语言教学和学习理论的深入研究，越来越多的学者从短期教学的自身特点出发，从发挥短期教学优势、提高教学效率的角度，尝试新的教学模式，以突出教学的交际性、实用性、趣味性，进一步满足短期学习者的学习需求。

（五）汉语速成教学

汉语速成教学是对外汉语教学中的一个特殊的教学类型，是专门为具有强化速成学习需求的、母语为非汉语的学习者设置的一个教学门类。概括地说，汉语速成教学就是为了达成某项确定的、较高的教学目标，通过实施教学最优化手段，充分挖掘教学中的各项潜能而实现的一种高效率教学。具有高目标、高强度、高效率的特点。

语言的“速成”是人们进行第二语言学习的普遍需求，速成教学就是要在尽可能短的时间内，使用特殊教学手段使学习者获得最大成效。一般来说，教学效果和教学使用时间是衡量速成教学的两个基本标准，从这个意义上讲，速成教学必须是高效率的。速成教学的教学目标相对于同样教学时间的一般教学形式而言是高标准的，而且教学目标更加明确、具体。目标的确定可以参照其他教学形式的教学目标（同时降低相应的时间标准），也可以以语言水平的某个等级标准作为参照，还可以按照特殊学习团体或学习者的要求确定专项性教学目标。速成教学在教学时间上具有短时特性，任何一种速成教学形式的教学期限都相对较短，而且相对集中，因而特别强调学习期间内时间的全方位设计和利用。

语言教学的“速成”是一个相对的概念，速成教学之所以能实现是因为在一般的语言教学过程中存在着各种各样的潜能，包括学习者潜能、教育者潜能、教学过程潜能、教学管理潜能、教学环境潜能等等，速成教学的实质就是通过实施教学最优化，调动和挖掘语言学习中的各种潜能来加速学习进程，提高学习效率。所谓“教学最优化”就是“从解决教学任务的有效性和时间消耗的合理性着眼，有科学根据地选择和实施特定条件下最好的教学方案”（巴班斯基，1999），它着重强调的是教学的效果及达到高成效的最优途径，教学最优化包括优化教学目标、优化教学内容、优选教学方法、优化教学时间、优化开发和利用学生学习潜能等多项策略。由于速成教学是通过实施教学最优化手段、挖掘各种潜能实现的，因而，大多数速成教学的形式都表现为高强度、大数量、多操练的特点。

一般的速成教学为保证教学的顺利实施都对它的教学对象有严格的要求。

例如，为了适应语言强化训练的年龄限制和身体情况要求、为保证集体理解程度一致性的文化程度的要求、为了确保学习进程的学习愿望和动机要求、汉语水平的一致性要求、学习者文化背景的要求等等，而且速成教学大多还要对教学对象进行一定比例的筛选。

速成教学对教学环境和教学管理也有较为特别的要求，沉浸式学习和封闭式管理是速成教学比较常见的方式，而且，在教学管理上也多采取淘汰激励机制。

（六）海外孔子学院的汉语及文化传播

海外孔子学院是近年来发展迅速的一种重要的汉语教学类型。全球首家孔子学院2004年在韩国首尔正式设立，截至2017年12月，全球146个国家（地区）建立525所孔子学院和1113个孔子课堂。

孔子学院设立的目的是传播汉语与中国文化，提升中国文化“软实力”，让世界更好地了解中国。在借鉴法国法语联盟、德国歌德学院等主要语言推广机构的经验的基础上，在组织建设、运行机制与教学实践等各方面，根据不同国家和地区的具体情况，孔子学院建立了适应自身发展需要的体制。孔子学院工作的主体是汉语国际教育，包括围绕孔子学院开展的汉语与文化教学工作、师资培训、志愿者工作、教材开发与配送、新汉学计划、“汉语桥”项目、网络孔子学院等众多项目的建设。采用中外合作办学与共建共管等方式，汉语教学对象涉及从少儿到成人的各个年龄阶段。

（七）汉语国际教育专业硕士学位研究生教育

面向外国留学生的汉语国际教育专业硕士学位研究生教育，自2010年开始实施，是对外国留学生的高层次专业教育。专业的培养要求是：培养具备良好的专业素质和职业道德，具备较熟练的汉语教学技能，具有较好的中华文化理解能力和中外文化融通能力，具有较强的跨文化交际能力，具有一定的语言文化项目组织、管理与协调能力的外国本土汉语教师。采用课程学习与教学实践相结合，校内外教师联合指导的培养方式。学习年限一般为二至三年。课程设置以汉语教师的职业需求为目标，以突出实际应用为导向，围绕汉语教学能力、中华文化理解与中外文化融通能力以及跨文化交际能力的培养，形成以核心课程为主导、模块拓展为补充、实践训练为重点的课程体系。运用团队学习、案例分析、现场观察、模拟训练等教学方法。重视专业实践，在国内外各类学校及教育机构进行教学实习。实习期间，教师进行指导，研究生提交实习计划，撰写实习总结报告；学位论文用中文撰写，选题应紧密结合汉语国际教育实践，有应用价值。学生完成课程学习及实习实践环节，修满规定学分，教学实习合格，完成学位论文并通过答辩，经学校专业学位评定分委员会审核，授予汉语国际教育硕士专业学位，同时获得硕士研究生毕业证书。

二　对外汉语教学的教学模式

教学模式是指具有典型意义的、标准化的教学或学习范式。国外学术界较有影响的观点认为，教学模式是构成课程、选择教材、指导教学活动的一种计划或范型（乔伊斯等，2002）。但国内学者一般把教学模式理解为开展教学活动的一整套方法论体系，是在一定教学思想或教学理论指导下建立起来的、较为稳定的教学活动框架和活动程序（黄甫全、王本陆主编，1998）。教学模式是教学理论的具体化，也是对教学经验的一种提炼，既可以直接从丰富的教学实践中通过理论概括而成，也可以在一定的理论指导下提出一种假设，经过多次实验后形成。

一般来说，一个完整的教学模式应该包含下列五个基本要素：（1）理论基础。指教学模式建立的教学理论或教学思想，即教学模式建立的理论依据，是反映教学模式内在特征的一个因素。（2）教学目标。指教学模式所能达到的教学效果，是教学活动在学习者身上产生的效果的预先估计和设定，这是教学模式构成的一个核心因素，对其他因素有制约作用。（3）操作程序。指教学活动在时间上展开的逻辑步骤以及每个步骤的主要做法等。任何教学模式都具有一套独特的操作程序和步骤，与之对应的教学活动的基本阶段及其逻辑顺序。教学模式中的操作程序是相对稳定的，但不是一成不变的。（4）实现条件（手段和策略）。指促使教学模式发挥效力的各种条件如教师、学生、教学内容、手段、时间、空间等的最优化方案。（5）评价。指评价的方法、标准等。每种教学模式一般都有适合自己特点的评价方法和标准。

赵金铭（2007）对汉语教学模式曾下过一个具有代表性的定义："所谓对外汉语教学模式，就是从汉语、汉字及汉语应用的特点出发，结合汉语作为第二语言教学理论，遵循大纲的要求，提出一个全面的教学规划和实施方案，使教学得到最优化的组合，产生最好的教学效果。"探索符合汉语和汉字的特点，适合汉语教学和汉字教学的模式是大家当下与未来共同努力的方向。

汉语作为第二语言 / 外语教学界以"教学模式"为名进行研究大约是在 20 世纪末和 21 世纪初，如陈莉《试论教学模式的建立及意义》（1997）、洪芸《速成汉语教学模式设计》（1998）、崔永华《基础汉语教学模式的改革》（1999）、马箭飞《以"交际任务"为基础的汉语短期教学新模式》（2000）、王玮《对外汉语教学中的"1+1"教学模式》（2000）等。

近年来，关于汉语作为第二语言教学模式的研究成为热点。教学模式之所以成为研究热点的原因，吴勇毅主编（2012）认为大致上有以下几点：（1）大家对现有教学模式的不满。这种不满既来自课堂教学，也针对教学管理，核心是对教学质量、教学效率 / 效果的不满。（2）随着汉语学习的蓬勃发展，汉语作为第二语言 / 外语教学的规模不断扩大，但师资培养和培训却跟不上，因此，不少人希望寻找到或创建出一些可以"简单"复制或克隆的"有效"的教学模式以应对日益庞大的学习群体，应对"教学规模化的发展趋势"。（3）新的教学理念、教学法层出不穷，如何贯彻到教学实践，乃至课堂教学中去，需要通过作为媒介的教学模式去实施才行。（4）学界逐渐认识到，由于"教学模式不但与教学有关，更与管理息息相关，可以说是牵一发而动全身"，因此，"在对外汉语教学诸多研究问题中，教学模式研究是重中之重"（刘颂浩，2016）。毛悦（2010）认为，以往的教学研究，是从教学过程的某一环节和角度来研究教学内容和教学方法，教学模式的研究面向教学的整体过程，研究更全面和深入。教学模式将教学理论和学习理论同教学方法、教学组织形式、教学内容、教学手段等组合在一起，可以帮助教师预见教学效果，明确教学目标，站在更高的层次“自上而下”地进行教学研究和开展教学实践；也可启发教师重新审视教学过程，对其中的教学内容、教学方法、教学环境、教学策略等要素进行深层思考。

对外汉语教学在发展进程中，积累了丰富的教学经验，在此基础上总结、归纳了一些有效的教学方法和教学模式。比如，以结构为主的句型教学，以听说法为主的“听说领先、读写跟上”，以交际法为主的“结构、功能、文化相结合”，等等。这些行之有效的方法在教学中发挥着巨大的作用，并在学科发展中产生了深远的影响。但是与第二语言教学较成熟的教学模式相比，模式的框架和程序还不完整，典型意义还不够突出，示范作用和影响也不够广泛。这是因为，大多数的教学模式以借鉴和转化国外第二语言的教学模式为主，或者同时受多种语言教学理论的影响，具有多种教学模式的痕迹，而较少反映汉语规律或汉语教学的规律。其中也有不少具有特色的教学模式，但有的研究理论层次的思考要多于实证研究，所谓“模式”只是作为一种理念而提出，并没有提出具体的教学程序、实现条件等，操作性不强；有的研究针对某种课型、某种语言要素的教学方式，虽然也考虑了教学法或教学理念应用于教学实际，但从研究范围及研究的深度、广度上看还有欠缺。

北京语言大学汉语速成学院“对外汉语短期速成强化教学体系建设”项目，基于对外汉语短期教学中速成强化的特点，坚持“以学生为主体、以教师为主导”的教学理念，经过长期的教学实践，不断从理论上升华而形成。该体系建立起系列化、多样化的适合各种学习需求的教学模式，创建了完善的课程体系和教学规范，编写出各级各类特色教材，开发研制出系统的测试体系，注重现代教育技术手段的运用，通过短时间、最优化的教学和强化训练，使学生的汉语交际能力有明显提高。该体系分为主体教学模式和创新教学模式。主体教学模式有汉语强化教学（20周，周学时为30课时），即既定目标的高效率教学模式；汉语速成教学（20周，周学时为20课时），即分阶段呈螺旋式排列的系列化教学模式；汉语短期教学（10周以下，周学时为20课时），即短期任务式教学。创新教学模式有：汉语短期强化教学，4—12 周，周学时 30 课时，注重交际，听说领先；现代汉语强化教学模式，12 周，周学时 30 课时，分阶段设定教学目标，突出实践性和学以致用；特殊目标速成教学模式，按需安排 20 课时或 30 课时，适用于特殊教学对象、特定教学目标和教学内容。该体系具备完善的课程体系。教学分为基础、初级、准中级、中级、准高级、高级六大等级。课程设置以综合、口语、听力为主干，辅以单项训练和语言实践活动，增设汉语写作、汉外翻译、文化类以及商贸汉语、旅游汉语等多门选修课。该教学体系应该是较为全面的教学模式研究成果。

近年来，汉语作为第二语言的教学模式研究主要从以下几个方面进行：

一是基于教学理论和教学法的教学模式研究。一些学者在研究教学理论、教学法的基础上，结合汉语作为第二语言教学实际，从教学模式框架的某一环节的具体角度出发提出了一些新的教学模式，体现了一些新的教学理念。如顾英华（1997）提出的“以跨文化交际为目的的汉语教学模式”，基于文化教学在汉语教学中的重要性，从教学目标研究的角度提出了以跨文化交际为目的的汉语教学模式。

二是针对不同课型的教学模式研究。崔永华（1999）基于“结构—功能法”提出了一种汉语语法课堂教学模式。李晓琪（2004）基于对外汉语语法教学的特点，从功能出发、重在应用，提出以虚词为核心，建立词汇—语法的语法教学模式，主张加强词语搭配的学习，着眼语篇，在语法与语篇之间建立起有机的联系。张宝林（2008）基于对语法知识课教学的基本认识和对教学模式的理解，针对教学中存在的实际问题，提出“用法主导的教学模式”。吴中伟（2014）归纳了以往口语课的三种教学模式，即“基于教材的模仿活动式”“无教材的主题发言式”“基于教材的专题讨论式”，探索了“基于任务的过程式口语教学”的新模式。谭春健（2004）在教学实验的基础上提出初中级对外汉语教学听力课应进行“理解后听”教学模式，从意义到语音的匹配式教学，训练学生在语流层面上形成理解意义的新定式。王汉卫（2007）以高年级识字量、汉字课教学效果等的考察为基础，提出了精读课框架内相对独立的汉字教学方式。杨俐（2006）基于任务教学法的“过程写作”，创建了一个全新的写作课教学模式。

三是不同类型和特殊目的汉语教学的模式研究。外国学生学习汉语的目的和需求是多样的，形式也是多种的，因此，根据不同的教学类型和教学目的设计不同的教学模式，可以使教学更具针对性。刘川平（2009）在明确长期进修教学的性质的基础上，归纳出它的四个特征，以此设计出新的适用于长期进修教学的模式。毛悦（2010）设计的特殊目的汉语速成教学模式，属于“沉浸式”强化教学。针对的是海外企业人员，以对象分析和需求分析为基础，模式的教学总目标为综合培养三种能力：通用汉语交际能力、专门用途汉语能力、跨文化交际能力。基于建构主义学习理论，以学生为中心，注重引导学习者主动建构新的知识经验，有效提高了学习效率。三种不同类型的课程（也是三个教学环节）相结合（课堂教学、语言实践课、一对一个别课程），环环相扣。模式教学目标明确，教学内容实用、具有针对性，课堂教学方法灵活，学用结合。采用形成性评价的方式监控和评价教学及学习效果。

四是新技术条件下的汉语教学模式研究。郑艳群（2014）从技术角度归纳分析了多种已有的汉语教学模式，如基于多媒体技术的“汉语多媒体课件教学模式”“多媒体口语教学模式”，基于网络技术的“线上线下混合学习模式”等；基于与技术相关的学习理论，乃至在原有模式基础上形成新的与技术相关的学习理论，如“多媒体驱动汉语学习模式”等。例如，“早稻田大学 Tutorial 汉语远程教学模式”是为解决日本学生汉语日常会话水平较低这一问题而做的设计，属技术辅助汉语教学；基于“多媒体驱动学习（multimedia-driven learning，MDL）”的模式，属技术主导的汉语教学。技术引发的教学模式变革关涉到汉语教学未来发展的诸多问题。

此外，陈育焕等（2009）把自主学习理念带到华语教学中，探索了一种“以元认知为主导、信息科技为辅的口语教学模式”。袁萍（2016）基于以往混合学习的理论与实践，设计汉语综合课混合学习模式。

思考和练习

1. 对外汉语教学有哪些教学类型？各类型的特点是什么？
2. 教学类型的含义和要素包括哪些内容？
3. 教学模式的主要研究内容是什么？

第四节　对外汉语教学的课程与课程设置

一　对外汉语教学课程的含义

“课程”是我们熟知的一个广泛使用的术语，其含义可以简单地概括为“教什么”的问题。对外汉语教学领域对课程含义本身以及课程的一些基本问题鲜有涉及。但实际上课程是一个具有多重含义、反映不同认识论和方法论的概念，它涉及知识、技能、能力、态度、情感等多方面的因素，隐含着特定的教育理念和教育思想，反映出学科、学生、社会的相互关系，是一个动态开放的概念。

对外汉语教学是一个特殊的学科，它是对外国人进行的、把汉语作为第二语言的教学。这一学科性质决定了对外汉语教学要以培养汉语交际能力为目标，以技能训练为重点，将语言知识转化为语言技能。因为学习语言不是学一种知识，而是学一种技能（吕叔湘，1962）。同样，对外汉语教学的课程也必须要反映语言、语言学习和语言教学的规律，要体现不同于一般学科的教学内容和教学方法。学科的性质和任务决定了对外汉语教学的课程至少包括以下含义：

课程即学习过程，即语言的内化过程。对外汉语教学的课程是学习者学习和习得汉语的主要途径。与母语习得的社会化过程不同，第二语言学习过程主要是通过课堂学习这一形式来实现的，课程本身应当反映这一过程并且能够部分地实现这一过程。课程是学习者发现汉语规律、寻求汉语规律并对原有语言规则系统进行重组和内化的保证。

课程即有计划的教学活动。对外汉语教学的课程应该有侧重地指向任务活动。言语技能的获得和语言交际能力的培养是通过教学活动来实现的，只有通过大量、反复的技能训练，学习者才能学会第二语言。语言教学的课程本身应当就是一系列有目标、有计划、有组织的活动组合。教学活动包括语言操练活动、技能训练活动、模拟交际活动、语言实践活动等。

课程即教学科目。对外汉语教学的课程应当反映语言学习所必需的知识结构，其教学科目以细化和分解本学科内容为主，如汉语语音、词汇、语法、汉字知识等，或独立成为科目，或结合组成科目。同时相关的人文知识和国情知识以及其他学科的内容也可以作为教学科目列为课程。这些教学科目主要以讲授为主。

课程即文化意识的再造。对外汉语教学的课程包括文化对比和跨文化意识培养的含义。第二语言学习一般是在学习者的认知能力、社会能力和文化意识已经基本形成的情况下进行的，而母语与目的语之间的文化差异，以及这一差异给学习者在语言学习过程中造成的文化不适应症，都需要我们在课程中予以重视和解决，虽然解决的办法有时是隐性的。实际上，汉语作为第二语言教学在进行语言教学的同时也在进行着文化内容的教学，语言综合运用能力的培养从另一个角度讲其前提就是跨文化意识的培养。

以上只是归纳了对外汉语教学课程的一些基本含义。从课程定义的层次上分析，我们还可以归纳出具有不同意义的、在不同层次上起作用的课程。例如体现在教学设计中的理想的课程、教学实际运作层面的课程、试验的课程、临时性课程、任课教师从自身理解和处理方式出发的个性化课程、学生实际体验到的课程等。

二　对外汉语教学的课程设置

第二语言教学的课程设置作为教学设计的一个重要部分，是实现教学目标、分解教学内容的主要途径，任何一种具体的教学形式都有自己一套独立的课程设置。我们在此主要是从总体层面，归纳分析对外汉语教学课程的基本类型以及课程设置的一般性特点。

第二语言教学的课程一般包括语言课、语言知识课、翻译课、文学课、相关文化知识课等几个大的类型。这是课程类型总的范围，在具体的教学设计中并不一定一一对应设置。事实上，大多数第二语言教学的教学类型或教学模式，在教学设计和实际运作中的课程主要以语言类课程为主，是把语言课具体分解为具有不同侧重点和不同功能的教学或学习科目，有学者称之为“课型”。吕必松（1996）认为，教学内容有相对独立的系统叫课程，属于一门课程的分支的叫课型。这样的区分符合一般教学论对课程的认识，反映了第二语言教学的课程与其他学科课程的不同特点。对外汉语教学的课程类型实际上是指课程内容的性质或课程功能，包含课程和课型两个不同的层次。主要有以下类型：

综合课。把语言要素、文化知识、语用规则的教学和言语技能、言语交际技能的训练等各项内容综合起来，培养学生综合运用语言能力的课程。课程内容具有全面综合性特点，一般作为基础课或主干课设置。

专项技能课。以训练某项言语技能和言语交际技能为主的技能训练课，培养学生的专项技能。课程具有专门性特点，一般都作为重点课程设置，对有些教学形式还作为核心主干课设置。如口语课、听力课等。

专项目标课。一种有专门的教学目标和专项教学内容的特殊课程，重在培养学生在特定领域、特定方向的技能或能力。这类课程设置比较灵活，一般作为教学中的补充课程。如新闻听力课、报刊阅读课、应用文写作等。

语言知识课。系统讲授语言知识的一类课程，包括语音、词汇、语法、修辞、文字等内容。这类课程重在培养学生了解语言、分析语言、研究语言的语言学能力，在专业教学或较长期限的进修教学中可以作为正式课程或选择性课程设置。

翻译课。对两种语言进行对比和对译的一类课程，重在培养翻译能力和翻译技巧。这类课程要根据不同的语种分别设置，一般列为选择性课程。

其他课程。包括文化知识课、文学课、语言实践活动等。一般作为选择性课程设置。

在课程设置上，对外汉语教学具有明显的课程整合性特点。大多数的教学形式均以汉语综合课为主干核心，以专项技能课为重点，采用分技能设课的方式。各课程之间具有较明显的横向联系，在课程目标、课程内容、课程教学要求上具有共同的指向性，以便有助于学习者通过不同途径获得汉语交际能力。前面谈到的专业教育的基础教学阶段和非学历教育的进修教学各形式都采用这样的课程设置方式。对外汉语教学也体现出螺旋式组合的顺序性特点。不少教学形式尤其是短期教学都要在不同阶段或不同等级让课程内容重复出现，但逐渐扩大范围和加深程度，照顾语言学习和认知的特点。此外，对外汉语教学的课程设置同其他课程编制的基本准则一致，也注重课程内容的直线连续性，尤其是一些知识类课程，在不同的教学阶段组成逻辑上前后联系的直线，以避免不必要的重复。

三　对外汉语教学的课程研究

对各类各门课程的研究，是对外汉语教学研究中最为广泛的课题之一。许多学者的研究涉及综合课、专项技能课和其他各类课程，并深入到对各教学阶段的课程特点和一些实验课程的研究。这些研究对课程的任务或目标、课程的内容特点、课程的实施以及课程的评价都做了全面细致的分析。归纳起来，人们对对外汉语教学的课程研究有以下一些共识。

综合课的技能培养取向。综合课，也称为精读课。传统的综合课以培养学生的语法意识和系统掌握语法知识为主要目标，现代综合课则具有明显的技能培养倾向。一致的观点认为，综合课的特点就是它的综合性，综合性既体现在教学内容上，也体现在技能训练方式上。传授语言知识和规则可以看作综合课的首要任务或基础性任务，但它的核心任务还是语言技能的训练，是以听说技能为重点，包括听说读写各项技能的综合训练。语言知识的教学通过情景化、功能化、交际化的训练，目标在提高学习者的汉语综合运用能力。

专项技能课的微化训练倾向。技能就是语言的听、说、读、写能力。传统的技能训练是通过不同的语言材料、材料输入方式和练习形式体现的。随着对言语技能的深入研究，技能的细化分解成为可能，专项技能课越来越倾向于针对各项能力的微技能训练。微技能训练就是把各项言语技能划分为更小的微技能，通过对其中一些主要微技能项目的逐一训练和对相关微技能项目的组合训练，促进该项技能的整体提高。微技能训练在以接受能力为特征的听力、阅读技能课中应用得更为广泛，由于对听力理解和阅读理解的微技能研究比较成熟，课程的微技能训练也更加系统。以创造性能力为特征的口语课、写作课也越来越多地采用类似的训练方式。

各类课程的口语交际能力中心化倾向。口语交际能力中心化倾向是指各类课程大多以口语交际能力为出发点或落脚点。对外汉语教学虽然突破了单一课型的局限，实行分技能设课，而且课程门类根据教学和学习的需求也在不断丰富，但各类课程大多将课程目标具体地指向口语交际能力的培养。这些课程或以口语交际能力为教学重点，或采用口语与其他知识和技能结合教学的方式，各项练习也大多集中于或最终落实到口语练习上。不少学者指出，口语教学是对外汉语教学的主要内容，口语交际能力的培养占据对外汉语教学的中心地位，课程教学必须体现这一原则。对外汉语教学形成这样的课程倾向，是由学科的性质和特点决定的。一方面受到对外汉语教学课程的学科集中性的制约，另一方面是因为口头表达能力和口语交际能力在语言交际能力中的特殊位置和作用。

课程的活动化倾向。课程的活动化倾向体现在课程内容的活动取向、课程教学的活动化方式以及活动性课程的设置等方面。语言学习的特点决定了课程除了要向学生呈现内容，更重要的是让学生积极参加语言活动，通过一系列有意义、有计划的活动提高语言的应用能力和实际交际能力。对外汉语教学的课程特别注意与实际生活的联系，注重学以致用、学用平衡，强调学生在学习中的主动性。许多学者的研究表明，不少课程中的活动项目比例明显提高，课程教学中的任务活动方式也极其有效，一些教学形式还直接安排了以语言交际活动为特点的课程。

课程的教材一体化倾向。课程与教材的关系是对外汉语教学课程研究中受到广泛关注的一对关系，课程不仅体现为具体的教材，而且深受教材水平的制约，课程与教材的一体化趋势越来越明显。许多学者研究课程是通过研究课程所使用的教材而进行的，许多教学形式的课程设置也重点以教材的教学效果和教材的适用程度来考虑，而且教学设计人员、教育者和学习者对教材的关注也远远超过对课程本身的关注，不少新设课程和新的课程教学模式包括听说课、视听说课、实况听力课等，都是通过教材的确立而普及推广的。

课程的规范化倾向。课程的规范化倾向是对外汉语教学课程研究的特殊研究成果，也是对各类课程研究成果的全面性总结。有关这方面的问题我们将在下面的内容中进一步探讨。

四 对外汉语教学的课程规范

课程规范是对外汉语教学步入科学化、标准化、规范化的产物，也是对外汉语教学课程研究进一步深化的结果。任何一种教育科学，都会经历从经验到规范，再从规范升华到科学个性化的不同阶段，课程规范的出现反映了对外汉语教学课程已经走向成熟。

所谓课程规范，就是对课程本体和课程实施这两部分内容的规范。其中课程本体部分包括课程的性质、课程目标、课程内容；课程实施即课堂教学，是指课程的教学环节、课程的教学步骤和课程测试等过程。课程规范是在总结课程研究成果和课程教学经验的基础上，对现行课程和课程教学的一种新的认识，它源于教学又高于教学，体现了教育者对教学质量的追求。作为一种教学规范，它对课程实施具有指导性和规约性，是所有相关的教育者需共同面向和遵守的规约。同时，作为一种教学范式，它必须体现语言教学和语言学习规律并具有良好的教学效果，教育者或学习者通过课程规范应当能够使教学或学习获得更高的成效。此外，课程规范还应具有广泛的应用价值和可操作性。因此，科学的课程规范可以说是教学智慧的结晶。

现行的课程规范主要包括以下内容：（1）对课程性质及课程特点的规范。

主要是为课程定性、定位，阐述课程的一些基本的或主要的特点。（2）对课程目标和课程教学要求的规范。主要是规定课程的教学目的和课程的具体任务，明确课程在知识、技能、能力等各个项目上的具体目标和教学要求。（3）对课程内容的规范。主要是从语言要素、语用规则、技能、话题、知识等不同角度确定教学内容，并明确教学的重点。（4）对课程教学环节和教学方法的规范。主要是对课程教学的基本的或主要的环节提出具体的建议，并对每个环节的教学提出具有典型意义和广泛适应性的方法。（5）对测试进行规范。主要是对测试原则、测试方式和成绩评定方式进行规范。课程规范一般还针对该课程的某个或某些具体教学单元提供参考教案。

课程规范的一个重要问题就是教学的个性化和共性化的平衡处理。课程规范实质是对课程及其实施进行的标准化、程序化设计，具有忠实执行和精确实施的取向。但任何课程设计，最终都是通过具体的教学工作才得以完成的，课程实施实际上是教育者和学习者对课程的个性化处理过程。因此，制定课程规范时的教师参与和对学生的针对性研究是必需的。

“课程规范”概念的提出是对外汉语教学实践的一个创举。在大多数第二语言教学理论研究和教学实践中，“课程规范”要解决的问题都体现在课程设计和课程教学大纲中。这也从反面说明我们对对外汉语教学课程设计和课程教学大纲研究的不足。

思考和练习

1. 对外汉语教学的课程有什么特殊的含义？
2. 对外汉语教学的课程研究有哪些特点？
3. 对外汉语教学的课程规范指什么？

主要参考文献

巴班斯基《教学教育过程最优化》，教育科学出版社，1999。

陈莉《试论教学模式的建立及意义》，《北大海外教育》（第一辑），北京大学出版社，1997。

陈育焕等《以元认知为主导、信息科技为辅的口语教学模式探索》，《世界汉语教学》2009 年第 4 期。

崔永华《基础汉语教学模式的改革》，《世界汉语教学》1999 年第 1 期。

顾英华《以跨文化交际为目的的汉语教学模式》，《语言与翻译》1997 年第 3 期。

洪芸《速成汉语教学模式设计》，《北京第二外国语学院学报》1998 年第 2 期。

黄甫全、王本陆主编《现代教学论学程》，教育科学出版社，1998。

李晓琪《关于建立词汇—语法教学模式的思考》，《语言教学与研究》2004 年第 1 期。

刘川平《教学模式设计与长期进修教学新模式》，《云南师范大学学报》（对外汉语教学与研究版）2009 年第 2 期。

刘颂浩《教学模式讨论和对外汉语教学学术环境建设》，《华文教学与研究》2016 年第 1 期。

鲁健骥《对外汉语教学思考集》，北京语言大学出版社，1999。

吕必松《试论对外汉语教学的总体设计》，《语言教学与研究》1986 年第 4 期。

吕必松《对外汉语教学研究》，北京语言学院出版社，1993。

吕必松《对外汉语教学概论（讲义）》，1996。

吕叔湘《谈语言的学习、教学和研究》，《文字改革》1962 年第 12 期。

马箭飞《以“交际任务”为基础的汉语短期教学新模式》，《世界汉语教学》2000 年第 4 期。

毛悦《特殊目的汉语速成教学模式研究》，北京语言大学出版社，2010。

乔伊斯等《教学模式》，中国轻工业出版社，2002。

R.M. 加涅等《教学设计原理》，华东师范大学出版社，1999。

谭春健《“理解后听”教学模式探讨》，《云南师范大学学报》（对外汉语教学与研究版）2004 年第 4 期。

W. 迪克等《系统化教学设计》（第六版），华东师范大学出版社，2007。

王汉卫《精读课框架内相对独立的汉字教学模式初探》，《语言文字应用》2007 年第 1 期。

王玮《对外汉语教学中的“1+1”教学模式》，《天津师大学报》（社会科学版）

2000 年第 2 期。

吴勇毅主编《对外汉语教学法》，商务印书馆，2012。

吴中伟《口语课教学模式分析》，《汉语应用语言学研究》（第 3 辑），商务印书馆，2014。

杨俐《外国人汉语过程写作》，北京大学出版社，2006。

袁萍《基于混合学习的汉语综合课教学模式设计》，《现代教育技术》2016 年第 3 期。

张宝林《对外汉语语法知识课教学的新模式》，《语言教学与研究》2008 年第 3 期。

赵金铭《对外汉语教学模式创新与教材编写》，《第八届国际汉语教学讨论会论文选》，高等教育出版社，2007。

郑艳群《技术意识与对外汉语教学模式创建》，《华文教学与研究》2014 年第 2 期。

第三章　对外汉语教学的基本理论

第一节　对外汉语教学的学科支撑理论

一　学科支撑理论的范围和性质

第二语言教学的基本问题是“教什么”和“怎么教”，研究和解决这个基本问题需要包括哲学、语言学、教育学、心理学、文化学等学科及其相关理论的支撑。哲学为任何一门具体学科提供认识论和方法论的指导。语言学、教育学和心理学是公认的第二语言教学的学科理论研究的基础学科。第二语言教学是一种跨文化的语言教学，文化学中的跨文化交际理论以及文化对比研究的成果，自然也就成为第二语言教学的支撑理论。因此可以说，哲学、语言学、教育学、心理学和文化学是对外汉语教学最重要的支撑学科。当然，理论上说，一切有助于研究和解决第二语言教学“教什么”和“怎么教”的学科及其理论和方法，都可以成为对外汉语教学的支撑理论，如现代教育技术、语料库语言学、传播学的某些理论和方法。学科理论研究的支撑学科是对外汉语教学学科赖以形成的基石，是学科发展的重要原动力。因此，应以“拿来主义”的态度对待对外汉语教学理论与实践的支撑学科，创造性地借鉴、吸收乃至发展相关学科的知识、理论和方法，以提高对外汉语教学的学科理论含量，增强对教学实践的指导作用。

然而，对外汉语教学的支撑学科及其理论并不就是对外汉语教学学科的基本理论（或者称基础理论）。这里所说的支撑学科都是各自独立的学科，有着各自的研究对象、研究范围、研究目的、研究方法及理论体系。更为重要的是，它们中的任何一门学科、任何一种理论都不能单独全面地指导对外汉语教学，都不能单独全面地支撑起对外汉语教学学科理论体系。换言之，对外汉语教学的支撑理论并不就是对外汉语教学学科理论的组成部分。比如说，长江的源头是由许多小的河流构成的，这些小的河流对长江的形成至关重要，没有它们就不可能有长江，但并不能因此而把这些小的河流就叫作长江，也不能把它们看成是长江的一部分。

二 学科支撑理论的理据和作用

哲学是对外汉语教学最深厚的理论基础。哲学主要在认识论和方法论上为对外汉语教学提供指导。第一，哲学为人们认识语言的本质和语言使用的本质，为认识第二语言习得过程和教学过程的本质提供认识论基础。比如，语言本质上是一种工具，还是一种能力？语言是后天习得的，还是人脑中先天就有的一种机制？如何认识这样的问题，就反映出不同的哲学观。而对语言的不同认识就会带来对语言学习和语言教学的不同认识。第二，解决教学过程中的各种矛盾离不开哲学的帮助，比如，处理教和学的关系、主体和客体的关系、内因和外因的关系等，都需要哲学提供指导。第三，哲学为语言教学研究、调查研究和教学实验等提供方法论指导。第四，实际上哲学还是语言学、心理学和教育学等学科的理论基础，也就是说，哲学同样也为语言教学的其他相关学科提供指导，从而间接地指导对外汉语教学（吕必松，1987）。

语言学是对外汉语教学核心性的支撑学科。第一，揭示语言普遍规律的普通语言学和揭示特定语言规律的特定的语言学（如汉语语言学），在关于语言普遍的规律和原理及所教授语言的具体特点和规律等方面，给予第二语言教学理论和实践以重要的指导和影响。第二，语言学中的结构语言学、功能语言学、篇章语言学、语义学、语用学及其他各分支学科，从不同层面、不同角度、不同程度上给予第二语言教学以启发和指导。如结构语言学对认识语言的结构规律和组合规律，特别是句型句式等具有重要的价值。第三，所教授的特定语言学（如汉语语言学）的研究成果可以为第二语言教学所吸收和利用。例如，马庆株（1988）关于自主动词和非自主动词的研究成果，可以解释为什么能说“没病”“没丢”“（房子）没塌”“（火）没灭”，但不能说“*不病”“*不丢”“*（房子）不塌”“*（火）不灭”。因为“病”“丢”“塌”“灭”等这类动词，跟“来”“去”“吃”“喝”“写”“看”等具有“自主、可控”特征的自主动词不同，属于具有“非自主、非可控”特征的非自主动词，非自主动词一般只能用“没（客观性的）”否定，不能用“不（主观性的）”否定，而自主动词既可以用“没”否定，也可以用“不”否定。第四，第二语言教学可以吸收和借鉴语言学或其分支学科的理论和方法，开展直接服务于语言教学需要的语言本体研究。如近些年来，运用构式语法理论开展面向对外汉语教学的汉语本体研究，已成为对外汉语教学内容研究的一部分。第五，语言学及其分支学科是某些外语教学法流派的理论基础。例如，听说法以结构主义语言学为基础，交际法（功能法）以社会语言学为基础。第六，语言学及其分支学科（包括所教授的特定语言的语言学理论如汉语语言学），对第二语言教学目标的确定、教学大纲的制定、教材编写、评估测试等提供理论依据和指导。

教育学是对外汉语教学不可或缺的支撑学科。第一，对外汉语教学是一种教学活动，教学活动必须遵循教育学特别是教学论的一般原理和一般规律。如教学内容的科学性、系统性、连贯性，教学方法的直观性、趣味性、灵活性，以及教学原则方面的循序渐进原则、讲练结合原则、复习巩固原则等，这些教育和教学的一般原理和规律，对各类学校教育、学校的各门课程都具有重要的指导作用，汉语作为第二语言自然也不例外。第二，教育和教学的一般原理及原则对第二语言教学大纲的制定、课程设计、教材编写、教学方法的使用等教学活动的全过程和各个环节都有指导作用。脱离教育和教学一般原理及原则的指导，教育教学活动就将陷入无章可循的局面，教育教学的效果将无法得到根本的保障。第三，教育学和教学论是外语教学法流派产生的基础。实际上语言教学法流派往往或明或暗、或多或少地体现出教育和教学的基本原理和要求。有的甚至首先是在教育学理论和观念的基础之上形成的，如自觉对比法，在 20 世纪 30—40 年代的苏联教育学中非常重视德育教育，进而重视知识的传授；认为外语课不仅是工具课更是知识课，传授外语知识不仅是手段更是目的；知识是教学的出发点，技能是在知识的基础上获得的，熟巧则是技能的完善阶段，已获得的技能和熟巧又构成进一步取得新知识的基础。正是在这种教育学原理的直接影响下形成了自觉对比法的基本主张（章兼中，1983）。不仅如此，新的教育技术和手段等对语言教学观念、教学手段和教学方法等都有深刻的影响（郑艳群，2008、2015）。

心理学是对外汉语教学的重要支撑学科。第二语言教学不仅要研究把哪些语言知识和什么样的技能，通过何种方式和方法传授给学习者，而且要研究学习者学习语言知识和掌握语言技能的过程和规律，这就需要心理学知识和理论的支持。第一，心理学特别是认知心理学，是研究人们获得知识、掌握技能和发展智能的心理规律和心理机制的科学，第二语言教学依据心理学的一般原理，可以更科学更富有成效地培养语言学习者获得语言知识和语言技能。第二，要研究语言学习者的学习过程，就要分析第一语言习得和第二语言习得的不同过程，研究儿童习得母语与成人学习、习得第二语言的不同特点，而这样的研究同样离不开心理学的支持。第三，第二语言教学不仅要研究学习者的学习过程，也要研究学习者本身的特点，如学习动机、学习策略、学习风格以及语言学习的认知因素和态度情感等因素，这些方面的研究都需要借助心理学的知识、理论和方法。第四，心理学跟语言学、教育学一样，也是外语教学法流派产生的重要基础。例如，听说法以行为主义心理学的刺激—反应学说为心理学基础；而认知法则是建立在心理学理论——主要是认知学习理论基础之上。

文化学也是对外汉语教学重要的理论基础。对外汉语教学是一种语言教学，教学内容是汉语汉字，教学目的是培养学习者汉语综合交际能力，这一点应该是非常明确的。但是，由于语言是文化的载体，不仅语言文字自身包含文化因素，语言文字表达的内容、讲述的故事，对于异文化的学习者来说必然存在思维方式、思想观念、价值取向、民族心理、风俗习惯、语用方式和习惯等方面的差异，因此，研究不同文化的延续、变迁和差异，特别是研究跨文化交往中因文化差异而产生的失误、矛盾和冲突及解决途径的文化学，便成了与第二语言教学密切相关的学科。换言之，文化学是第二语言教学的支撑学科。进一步来说，第二语言教学是一种跨文化的教学，不仅教学过程本身是跨文化的教学过程，而且语言学习者日后以目的语为工具从事的各种活动更是一种真正意义上的跨文化交际活动。因此，为了顺利而有效地进行交际，与运用目的语交际有关的文化知识和文化因素也就必然成为第二语言教学的内容之一，因之，研究不同文化背景下人们交际中的各种问题和交际策略，研究目的语中的文化现象和文化因素，研究跨文化交际能力的表现与养成等，自然就成为第二语言教学学科理论研究的基本内容之一，而这些问题的研究离不开文化学的支持。

思考和练习

1. 从“教什么”“怎么教”的角度，谈谈为什么说第二语言教学是一门跨学科的学科？

2. 为什么要关注和研究对外汉语教学的支撑学科及其相关理论？

3. 为什么说语言学（特别是所教语言的语言学，如汉语语言学）是对外汉语教学核心性的支撑学科？

第二节　对外汉语教学的学科理论体系

一　对外汉语教学学科理论体系研究概述

20 世纪 90 年代以来，汉语作为第二语言教学的理论研究中，对学科理论体系本身的研究更加自觉。例如，崔永华（1997）把对外汉语教学学科理论体系概括为三个层次：学科支撑理论（对外汉语教学学科理论赖以生长的相关、相邻学科的理论）——语言学、心理学、教育学和其他；学科基础理论（指导本学科教学和研究实践的基本指导思想和方法论）——第二语言教学理论、语言学习理论、语言习得理论、汉语语言学、学科方法论、学科发展史；学科应用理论（在本学科的基础理论上建立起来的直接指导学科教学实践的理论）——总体设计理论、教材编写理论、课堂教学理论、语言测试理论、教学管理理论。刘珣（2000）把对外汉语教学的学科体系分成三个部分：理论基础——语言学、心理学、教育学、文化学、社会学、横断科学及哲学；学科理论——基础理论和应用研究两部分，前者包括对外汉语语言学、对外汉语教学理论、汉语习得理论和学科研究方法学，后者指运用相关学科和本学科的基础理论，对总体设计、教材编写、课堂教学、测试评估、教学管理和师资培养等方面进行专门研究；教育实践——对汉语作为第二语言的学习者的教育，对未来的对外汉语师资的教育，它是学科理论服务的对象，也是学科理论产生的土壤。吕必松（2007）指出：语言教学的理论基础包括语言理论、语言学习理论、一般教育理论和语言教学理论。其中，语言理论、语言学习理论、一般教育理论是基础理论，语言教学理论是本体理论。本体理论是学科存在和发展的标志。

国外第二语言教学界和国内英语教学界的相关阐述如：Ingram（1980）对外语教学模式的描写是——基础学科，如语言学、心理语言学、社会语言学、心理学和社会学等学科是理论科学家的研究领域，他们的研究成果为应用语言学家的研究提供了理论依据和启发，应用语言学家在此基础上制定语言教学的原则，并应用于教学大纲、教学目标的制定和教学方法的选择，这些内容通过课堂教学的实践检验而成为应用语言学理论的一部分。Stern（1983）提出了外语教学三个层次的理论模式——第一层次为理论基础，语言教学史、语言学、社会学、社会人类学、人类学、心理学、心理语言学、教育学等研究成果；第二层次为应用型理论，学习理论、语言理论和教学理论；第三层次为实践层次，方法和组织机构（引自束定芳、庄智象，1996）。国内英语界有学者把外语教学理论的研究划分为三个层次——本体论层次，研究的目标是语言和语言使用的本质及外语学习过程的本质，可以吸收普通语言学、社会语言学、语用学、心理学、心理语言学等的研究成果；实践论层次，研究目标是外语教学的具体实施，包括教学的组织机构、教师培训、大纲制定、教材编写、测试评估等；方法论层次，研究教学实践中贯彻教学原则的手段和方法（束定芳、庄智象，1996）。

二　对外汉语教学学科建设体系及内部关系

以往国内外第二语言教学界对本学科理论体系的研究，有不少共识，不同的看法也很有启发性。但把第二语言教学理论与实践所涉及的学科（如语言学、教育学等）看成是第二语言教学的“理论基础”“基础学科”，并以此“身份”纳入学科理论体系中，还值得再考虑。也许看作是支撑学科（崔永华，1997）更为合适，因为它们不是第二语言教学核心性、标志性理论，而是相关的外围理论。此外，把教材编写、大纲编制、学科发展史、学科方法论、教学管理、师资培养、教育实践等属于学科应用研究、学科发展建设乃至于工作安排方面的内容也看成是学科理论体系的内容，似乎也有些不分主次和轻重，至少还可以进一步讨论和定位。

下面结合已有的相关研究，从学科建设体系的角度来概括对外汉语教学学科研究的范围和理论体系构成及内部关系。所谓“学科建设体系”，包括有关学科理论研究的各个方面和教学实践的各个环节，以及学科发展和建设所涉及的各项内容，它由学科支撑理论、学科基本理论、学科应用理论和学科发展建设四个部分组成。

（一）学科支撑理论

学科支撑理论是对外汉语教学学科的基本理论赖以形成的主要支撑学科及其相关理论，是由对外汉语教学的跨学科性决定的。主要包括哲学、语言学、教育学、心理学和文化学。不关注这些支撑学科的研究现状、发展趋势和重大进展，对外汉语教学就失去了可持续发展的基本条件。但是，对外汉语教学的支撑理论本身并不就是对外汉语教学学科的基本理论，这些支撑理论及其有关学科都是各自独立的学科，有各自的研究对象、研究目的、研究方法、研究手段和理论体系；同时，这些学科的成果（如汉语语言学）绝大多数都不能直接应用到对外汉语教学实践中去；而对外汉语教学中遇到的难点和一般性的问题，或者不是这些支撑学科所关注的重点，或者研究目的和角度等与教学的实际需要大不相同。

（二）学科基本理论

学科基本理论是对外汉语教学学科的核心理论，是学科存在的标志，它能够全面指导对外汉语教学实践和相关应用理论的研究，是对外汉语教学最基本、最直接、最有应用价值的学科理论本身，其整体具有不可替代性。学科基本理论及其体系的建立，应符合三个条件：第一，在学科支撑理论中可以找到确定的具体学科；第二，是对外汉语教学的两个根本问题“教什么”和“怎么教”的理论体现；第三，能够作为学科应用理论研究的理论基础，也即能够全面指导有关的应用研究。符合这三个条件，便有可能做到有来源、有应用价值，能指导教学实践、能解决实际问题，前后连贯、逻辑一致。据此来看，对外汉语教学的学科基本理论应包括学科语言理论、语言学习理论、语言教学理论、跨文化教学理论。它们的支撑学科分别是语言学、心理学、教育学和文化学，也分别包括具有广泛支撑性的哲学。其中，学科语言理论和跨文化教学理论指导第二语言教学解决“教什么”的问题，语言学习理论和语言教学理论指导第二语言教学解决“怎么教”的问题；这些理论及其各自所包含的具体内容是能够指导诸如教学目标的确立、教学大纲的制定、教材的编写等有关应用理论的研究。

（三）学科应用理论

学科应用理论是对外汉语教学学科基本理论在具体的教学环节和相关问题中的应用与体现，也即综合运用对外汉语教学的基本理论来研究教学中的某一实际问题，如教材编写、测试理论、课程设计研究等。这类研究所形成的理论适用面窄，但应用性强。如教材编写原则，是综合运用学科语言理论、语言教学理论、语言学习理论和跨文化交际理论的有关内容，结合教材编写中的实际问题而提出的指导教材编写的基本理论原则。学科应用理论研究的范围主要包括教学目标、教学大纲、课程设计、课程建设、测试理论、评估理论、教材编写理论、课堂教学、教学技巧等。需说明的是，对外汉语教学应用理论的形成，依托于对外汉语教学的学科基本理论，但是学科应用研究反过来也能够为学科基本理论的研究提供启发和借鉴。例如，课堂教学技巧的研究往往能够促进语言教学理论中教学原则的提炼，教学经验的反思往往能够促进语言教学理论中教学信念的提炼。

（四）学科发展建设

学科发展和建设是对外汉语教学作为一门学科可持续发展所必不可少的方方面面，主要包括师资队伍建设、教师进修培训、教学管理研究、学科发展规划、教学实践研究、教学技术的开发与应用、教学资源的开发与管理、学科历史研究等。有关学科可持续发展和建设的调查、研究主要依托于学科应用理论的研究成果和学科应用研究所反映出的问题。例如，课堂教学调查研究所反映出的问题，可以进一步促使教学管理研究、师资队伍建设、教师进修培训研究等。反过来，学科发展建设方面的进步也能够促进学科应用理论的研究，例如，教学实践的深入、教学新技术的开发，往往能够丰富课程设计的理论和实践、促进课程体系建设。

（五）学科建设体系的内部关系

综上，不难发现，对外汉语教学学科建设体系组成部分之间的关系是：

学科支撑理论→学科基本理论→学科应用理论→学科发展建设，依次构成前者对后者理论上的指导关系、启发关系；

学科发展建设→学科应用理论→学科基本理论→学科支撑理论，依次构成前者对后者理论上的依托关系、促进关系。

上面这种循环互动关系构成了对外汉语教学学科建设体系的内在联系。

对外汉语教学的学科理论体系由基本理论体系和应用理论体系构成，它们是对外汉语教学学科建设体系中最重要的组成部分，其中前者更为根本，具有学科唯一性（也即只有某一学科所具有），因而是对外汉语教学学科存在的标志；后者只是前者的应用研究，不具有学科唯一性，因为任何学科都有教学大纲、教材编写、测试理论、课堂教学之类的应用性研究，但是除了第二语言教学学科，没有哪一个学科一并进行语言理论、语言学习理论、语言教学理论和跨文化教学理论的研究，因此只有它们是对外汉语教学学科的“基本理论”。

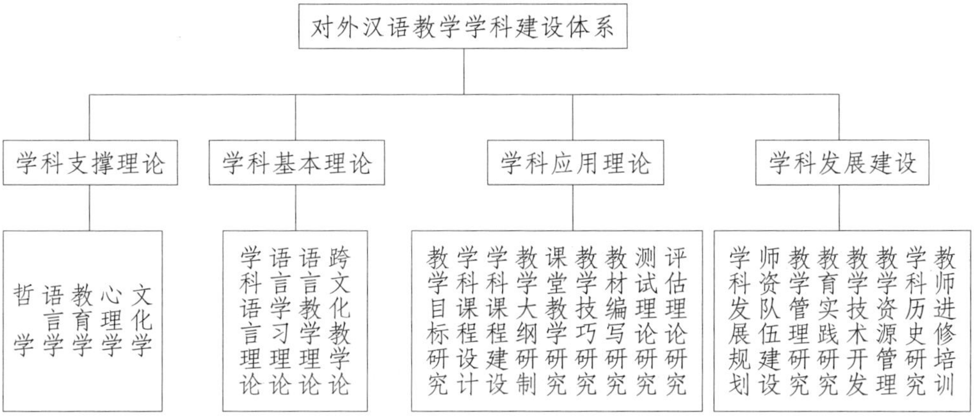

对外汉语教学学科建设体系的这四个组成部分都是对外汉语教学研究的对象，但只有中间的两个部分——学科基本理论和学科应用理论——才是对外汉语教学学科理论体系的组成部分，因为这两部分内容最能体现对外汉语教学的第二语言教学的性质、特点和理论特色，能够全面地指导对外汉语教学的教学实践。不把“学科发展建设”看成是学科理论体系的组成部分，不仅因为其中有些内容不是对学科理论本身的研究（如师资队伍建设和教师进修培训等），更因为这些内容的研究成果不能在“教什么”和“怎么教”两个根本问题上有所作为。它们本身主要是实践性的、工作性的，尽管这种“实践”和“工作”对学科发展和建设来说是必不可少的。而不把“学科支撑理论”看成是学科理论体系的组成部分，则不是因为内容的理论性不强，也不是说有关的研究在“教什么”和“怎么教”问题上完全无所作为，主要是因为它们分属于不同的学科。把它们纳入学科建设体系，是因为对外汉语教学是一门“跨这些学科”的学科，这些学科的某些理论和方法能够为对外汉语教学提供指导和启发。

思考和练习

1. 根据以往的有关研究，谈谈你对第二语言教学学科理论体系的看法。

2. 什么是对外汉语教学的学科建设体系？它包含几个部分？请谈谈你的看法。

3. 什么是对外汉语教学的学科基本理论体系？为什么？

第三节　对外汉语教学的学科基本理论

一　对外汉语教学学科基本理论概说

完整的对外汉语教学学科建设体系由学科支撑理论、学科基本理论、学科应用理论和学科发展建设四个部分构成，而完整的对外汉语教学的学科理论体系则由学科基本理论和学科应用理论两个部分组成，其中又以学科的基本理论为学科理论体系的核心，是学科存在的主要证明和标志。没有学科基本理论的指导和启发，学科应用理论就难以形成和发展，难以深入和提高。强调学科基本理论是对外汉语教学学科理论体系的核心，并不意味着否认和抹杀学科应用理论在学科理论体系中应有的地位和对教学实践的指导作用。事实上，学科应用理论在教学实践中具有不可替代的重要作用，其研究水平体现着教学实践可能达到的深度和广度。然而，学科基本理论能够起到“外联”的作用——直接联系学科的支撑理论（语言学、教育学、心理学等），从而体现学科的交叉性特点；能够起到“内导”的作用——直接指导学科的应用研究（如指导教材编写研究等），这种“外联”“内导”的作用是学科应用理论所不具有的，因此，学科的基本理论是学科理论的核心。

学科基本理论由学科语言理论、语言学习理论、语言教学理论、跨文化教学论四个部分构成。

学科语言理论：学科语言理论中的“学科”，指的就是汉语作为第二语言教学；“学科语言理论”指的就是汉语作为第二语言教学学科理论体系中的语言理论——能够满足学科理论建设需要的语言理论，能够指导教学实践的语言理论。主要包括面向对外汉语教学的语言学及其分支学科理论研究、汉语语言学研究。

语言学习理论：基本理论研究、对比分析、偏误分析、中介语理论、输入/输出与互动等。

语言教学理论：学科性质理论、教学原则理论、教学法理论、中国传统教育观等。

跨文化教学论：文化教学地位、文化教学内容、文化教学原则等。

其中，学科语言理论和跨文化教学论主要在“教什么”和“学什么”方面发挥指导作用；语言教学理论和语言学习理论主要在“怎么教”和“怎么学”方面发挥指导作用。①

二 对外汉语教学学科基本理论阐释

（一）学科语言理论

1. 面向对外汉语教学的语言学及其分支学科理论研究

包括对外汉语教学在内的第二语言教学的教学内容是语言，既然教的是

① 说明：下文在对“学科基本理论”的具体论述中，有关“语言学习理论”的内容从略，请见本书第六章的有关内容，另可参见李泉《对外汉语教学思考集》（北京语言大学出版社，2017）中有关论述。

语言，那么语言学的理论就必然对语言教学的理论和实践产生影响。这种影响可能大可能小、可能是自觉的也可能是不自觉的，但应有的影响是客观存在的。比如，普通语言学对语言本质特征的认识之一就是：语言是人类最重要的交际工具。这一理论对第二语言教学有着广泛、深刻和根本性的指导意义。它给第二语言教学的启示是，要把语言当作交际的工具来教，当作交际的工具来学。树立这样一种语言教学观和语言学习观，就会把语言交际能力的培养放在语言教学和学习的首要的、根本的位置，而把语言知识的教学和学习看成是相对次要的，是为实现掌握语言这种交际工具而服务的。相反，如果把语言的本质看成是一种知识系统，就可能把语言当作系统的知识来教，当作系统的知识来学。树立了这样一种语言教学观和语言学习观，就会把语言知识的教学和学习放在首位，把语言能力和语言技能的培训放在次要的位置，甚至会以为语言知识讲清楚了、学好了，语言能力就会自动形成了。显然，这种语言理论及其由此形成的语言教学观是不符合第二语言教学实际的。可见，语言理论对第二语言教学影响深远，意义重大。因此，在第二语言教学学科基本理论中确立学科语言理论的地位是非常必要的。

语言学及其各有关分支学科的理论能否与教学实践结合得上、能否在理论研究和教学实践中发挥作用，是其能否成为第二语言教学学科语言理论的检验标准。学科语言理论研究的一个重要方面就应该是，哪些语言学或语言学分支学科的理论对第二语言教学有直接的指导意义，有什么样的指导意义，怎样实现这样的指导意义？第二语言教学具有跨学科性，是一门交叉学科，这就从根本上决定了“应用”和“引进”语言学理论的必然性。可以说，“应用”是必然的——不管是否意识到，“引进”是必需的——不管是否愿意。事实上，不但要应用和引进语言学理论，还要应用和引进教育学和心理学等学科的理论，这样才可能建立起完整的对外汉语教学的学科理论体系。

2. 面向对外汉语教学的汉语语言学研究

就对外汉语教学来说，学科语言理论还包括面向对外汉语教学而进行的汉语研究所形成的汉语语言学理论。对外汉语教学教的是汉语，所以分析汉语的结构规律、了解汉语的组合规律、掌握汉语的表达规律就成为汉语教师必备的知识和能力。作为学科语言理论的汉语语言学，研究的目的是为汉语教学服务，研究的侧重点是汉语教学中的重点和难点、汉语与学生母语的差异之处，词汇和语法研究的侧重点是功能和用法；研究的角度除了从语言学层面进行揭示和描写外，更可以从汉外对比和学习者汉语偏误的角度进行研究。

例如："*（排队）我比他站得早。""*他死前的朋友参加了他的葬礼。"（陈贤纯，1991）外国学生造的这两个句子从语法上和逻辑上说都是通的，但汉语母语者并不能接受这样的句子。前者的"站"应改为"来/排"，后者的"死前"应换成"生前"，两个句子才可以接受。那么，为什么合乎语法和逻辑的句子却不能被说汉语的人接受？这就不仅仅需要从语法、语义和语用上加以进一步研究，甚至还要结合汉族人的思维方式、表达习惯和认知心理等多方面因素加以综合分析，才可能得到比较合理的解释。

又如：汉语本体研究的语法教材和对外汉语教学语法大纲中，一般都提到"一……就……"格式，对外汉语教材中也都教授和训练这一格式，但主要限于"一到春天各种各样的花儿就开了""不下雨就旱，一下雨就涝"以及"一学就会""一看就懂"等，表示条件和结果关系的用法，所以，课堂上学生不理解"好嘛！这一等就是六年啦！"（《城南旧事》）这句话的真正含义，理解不到说话人觉得时间长这层意思（李泉，2015）。进一步说，诸如"一等就是六年""他一走就半个小时""一坐就是一上午"这类"一+动+就（是）+数量成分"格式，表示说话人主观上认为数量过多、时间过长等意思，就需要面向对外汉语教学来研究和揭示。这一格式所表示的主观倾向性用法已经语法化，即所有符合该格式的用法均表示"时间过长"或"数量过多"的意思，因此教学中是不应忽略的。实际上，课堂教学许多问题说不清，就是因为这方面的研究还很不够。所以"应该强调汉语研究是对外汉语教学的基础，是后备力量，离开汉语研究，对外汉语教学就没法前进"（朱德熙，1989）。就汉语本身的研究来看，"事实的深入发掘，规律的有效揭示，至今还存在大片大片的薄弱点和空白点，远远不能满足对外汉语教学的需求"（邢福义，2000）。

（二）语言教学理论

1. 学科性质理论

学科性质理论，即关于第二语言教学性质和特点的理论。语言教学理论之所以应包括学科性质理论，是因为学科的性质和特点，是认识这门学科的第一观察点，是建设这门学科的第一块基石，是这门学科与其他学科相区别的第一要素，甚至可以说学科性质理论是这门学科的第一理论。进一步说，第二语言教学的学科性质和特点，是第二语言教学本质的体现，是它与其他学科根本区别之所在；它深刻地影响第二语言教学的理论和实践，决定学科理论研究的方向和体系的构成，决定整个教学过程和全部教学活动所应遵循的基本原则，决定教学方法的选择和运用。

（1）对外汉语教学最根本的性质在于，它既是一种第二语言教学，又是一种外语教学。这一点吕必松（1983）早就做过精辟的论述：“我们对外国人的汉语教学既是一种第二语言教学，又是一种外语教学。作为一种第二语言教学，它有别于汉语作为本族语教学，而跟其他第二语言教学有一些共同的特点和共同的规律；作为一种外语教学，它有别于对我国少数民族的汉语教学，而跟其他外语教学有一些共同的特点和共同的规律。”对外汉语教学的第二语言教学性质，从根本上决定了它必须遵循第二语言教学的基本规律，从根本上区别了它与母语教学的不同，从根本上规定了其教学内容和方法及研究领域和范围的基本面貌。

（2）对外汉语教学最基本的语言观是，语言是人类最重要的交际工具；最基本的教学观是，要把语言当作交际工具来教，而不能当作知识体系来教；最基本的目的观是，培养学习者的汉语交际能力。汉语作为第二语言教学的这些基本特点，直接影响到教学的全部过程及其各个环节的安排，影响到“教什么”和“怎么教”的取向，进而影响到教学效率的高低。深刻理解和准确把握对外汉语教学的这样一些基本特点，就能够处理好教学中的各种关系。例如，在知识传授和技能训练的关系上，就应该明确，汉语知识的传授是必要的，是技能训练的前提，不掌握汉语的语音、词汇、语法、语用等知识，不掌握汉语的结构规律、组合规律和运用规律，汉语交际能力的掌握就无从谈起；但是知识传授不是根本的目的，只是为技能的训练和养成服务的——这是最终的目的，因此教学中应采用各种有效的方法不断地使语言知识转化为语言技能。

2. 教学原则理论

（1）教学原则的性质和特点。

教学原则是教学工作和教学活动应当遵循的基本要求。教学工作包括教学大纲的制定、教材编写或选择、课程设置、教学方法的选择和运用等，教学活动即教学的实施过程，包括课堂教学、语言知识教学和语言技能训练、教学评估测试等。第一，教学原则具有时代性，是教学实践经验的总结，是一个内涵不断发展的概念。第二，教学原则具有实践性，是基于对教学过程的规律性的认识和概括，反过来又指导实践。第三，教学原则应体现一定的理论性，每一项原则的提出都有其理论基础做背景，基于不同的支撑学科及其理论就可能提出不同的教学原则。第四，教学原则具有针对性，不仅应体现教育的目的和教育的阶段性，而且应该体现出学科的性质和特点。第五，教学原则具有层次性，从不同角度、为了不同目的，对整个教学工作和教学活动所提出的“基本要求”也就大小不同，也就具有各自的适用范围，而并不同在一个层面上。教学原则的这些属性表明：人们可以也应该随着时代的进步，教育理念、教育目的、教育手段和技术的更新，而制定出适应时代需要的教学原则。

（2）教学原则的体系与层次。

第二语言教学的教学原则是有层次、成系统的。否则，层次不清、适用范围不明，便不能有效地发挥教学原则的指导作用。然而如何划分教学原则的层次，并没有一个公认的意见，甚至尚未引起人们的普遍重视。这里根据是否受时代和教育目的的影响，把教学原则划分为常规教学原则和非常规教学原则；然后，依据适用面的宽窄及适用对象的不同，把非常规教学原则分为上位、中位和下位三类教学原则。

A. 常规教学原则——指不受或基本不受时代和教育目的影响，或者说是多数学科多种目的的教学都应遵守的常规性的教学原则。前文说过的教学原则具有时代性是就其总的发展趋势而言的，实际上有些教学原则是千百年来形成的、不同教育体制所普遍遵守的普遍规约，即常规教学原则。如因材施教、循序渐进、学以致用、巩固性原则、启发性原则等。

B. 非常规教学原则——指那些时代性较强、受教育目的以及学科特点影响较大的教学原则。可分为：

B-1 上位教学原则，也可以叫总原则，是整个教学工作和全部教学活动都应当遵守的教学原则，其适用范围是全局性的。如一般所说的母语语文教学的工具性原则，以学生为主体、教师为主导的原则。

B-2 中位教学原则，也可以叫分原则，是部分教学工作或部分教学活动应当遵守的教学原则，其适用范围是局部性的。如课堂教学原则、课型教学原则、教材编写原则、教学评估原则。

B-3 下位教学原则，也可以叫微原则，是某一项教学工作或教学环节应当遵守的教学原则，其适用范围是单一性的。如课堂练习机会均等、作业及时评改及时返还、教学指令简洁明确等原则。

就对外汉语教学来说：B-1 类原则（总原则）的制定，应在影响教学工作和教学活动全局的重大问题上（如教学的主体者、学科的性质和特点、教学的目的、教学路子的取向等），做出明确的规定，提出行动的指南。B-2 类原则（分原则）的制定，应依据总教学原则并服从总教学原则的要求，同时也要结合分教学原则所适用对象的性质和特点等因素，来制定有关教学工作或教学活动的基本要求。B-3 类原则（微原则）的制定，应符合并服务于总教学原则和分教学原则的要求，同时要考虑到单教学原则针对性极强，即“一事一则”的特点。

（3）对外汉语教学的总教学原则。

对外汉语教学的上位教学原则，不仅指导整个教学工作和全部教学活动，而且指导中位和下位教学原则的制定，对教学实践有着广泛而深刻的影响。由于它指导性强、影响面大，因此不仅成为教学原则理论中最具实用价值的核心内容；就是在学科基本理论体系中也占有特殊而重要的位置。

总教学原则一：以学生为中心的原则。教师和学生，也即教和学在教学中的地位关系问题，是整个第二语言教学各种矛盾关系中最为根本的一对关系，它在很大程度上决定着其他上位原则以及全部中位原则和下位原则的价值取向。因此，处理这对关系的原则应成为对外汉语教学的总原则之一。在师生关系的重心取向上，大致有三种做法：以学生为中心、以教师为中心、师生共为中心。传统的教学观念是以教师为中心，注重教师的教，以学生为对象、为客体，不太重视学生的学。现在公开持这种观点的人不多，但客观上许多情况下仍然如此。目前比较流行的是师生共为中心，提法是“以学生为中心、教师为主导”或“以学生为主体、教师为主导”。提法虽有不同，实质没有两样，即师生共为中心，也即“双中心”。而“双中心”事实上是做不到的，往往顾此失彼，其结果恐怕仍然是以教师为中心。因此应取向“单中心”，即采取以学生为中心的提法。从教学过程看，学生是这一认识过程的真正主体，是教学实践和认识活动有目的的承担者；教材（教学内容）是教学实践活动和认识活动的客体对象，是主体实现目的的必要条件和手段；教师则是主体实现目标过程中必要的设计者、引导者、解惑答疑者——也即助体。从教和学的关系上看，“教”是为“学”服务的，“教”所要达到的目标和结果必然要由“学”体现出来。“学”是学生自己独立主动的活动，教师包办代替不了（王策三，1985）。从内外因上看，学生是内因，教师和其他条件都是外因，没有内因的能动作用或活动不符合主体的要求，再好的外因也起不了作用。以学生为中心的基本要求应当是，整个教学工作应立足学生、满足学生、适合于学生的需要；全部教学活动应调动学生、依托学生、有利于学生的发展。确立以学生为中心的原则应避免的误区是：以学生为中心不是“学生中心主义”，不是放任自流，不是不加选择，更不是跟着个别学生的感觉走；强调重视“学”并不意味着可以轻视“教”，更不意味着可以放弃教，而是强调教为学服务，强调教的方式、方法应更适合于学，而教的方式、方法的改变并不意味着教的作用和地位的下降。

总教学原则二：以培养学习者语言交际能力为核心的原则。把汉语交际能力的培养确立为对外汉语教学全部教学工作和教学活动的核心，并且把这一原则确立为对外汉语教学的总原则之一，这是教学原则对学科性质、特点和教学目的的最高体现。对外汉语教学是一种第二语言教学，第二语言教学的根本目的就是培养学生的语言交际能力。这一点随着20世纪70年代功能法的出现并大力提倡以后，已得到国内外第二语言教学界的普遍认可。以交际能力的培养为核心的原则，要求把交际能力的培养作为对外汉语教学的起点、过程和归宿来看待，并得到应有的实施。威尔金斯（1974/1987）指出“确定目的以后，最重要的教学法原则是要保证用语言实践和学习实践来充分体现教学目的和这些目的的具体内容”。把培养学生运用汉语进行交际的能力确立为对外汉语教学的一个总要求，不仅使整个教学工作和各项活动有了明确的目标，也为处理教学中各种矛盾关系有了根本依据。如在处理知识讲解和技能训练关系问题上就应该分清谁是主谁是次、谁是手段谁是目的。可以说，对这条原则认识越明确、理解越深刻、体现越充分，各项教学工作就可能做得越科学、越符合第二语言教学的规律。

总教学原则三：以结构、功能、文化相结合为框架的原则。对外汉语教学自20世纪40、50年代以来经历了由重视结构教学，到结构与功能相结合，再到结构、功能、文化“三结合”的发展过程。把“结构、功能、文化”三者结合起来，作为一条教学原则，这是中国对外汉语教学工作者，在多年教学实践经验和吸收功能法合理思想的基础上，于20世纪80年代中期以后提出的一条教学法原则。“三结合”不仅体现了对学科教学内容的总要求，也昭示了对外汉语教学在学科发展方向上的理论追求。“三结合”目前还只是一种框架原则，有待在教学实践和理论研究中进一步检验、丰富和完善。这是因为：所谓的结构、功能和文化的具体所指究竟为何，还有分歧；“三结合”如何结合，谁为主谁为次，同样有不同的看法；对“功能”项目和“文化”内容的研究还很薄弱；“三结合”在教学实践中究竟体现在哪些方面，还未形成共识。尽管如此，“三结合”仍然可以作为一条总的教学原则，并在实践中不断加以探索和完善。

3. 中国传统教育观

对外汉语教学是在中国传统文化和传统教育思想的土壤上进行的，这样一种文化背景和教育观念，无不深刻地影响着教师的教学工作和整个教学活动的进行，而我们的教学对象即各国留学生与中国教师的文化传统和教育观念是很不相同的。这就有必要研究中国的教育传统、教育思想、教学原则和教学方法，以便把握其中哪些适应、哪些不适应教学对象的特点，尤其要研究那些不适合国外教学对象的观念、要求和做法，并从中做出取舍和调整。对那些国外学生不了解、不适应而又确有必要保留和让国外学习者了解、理解的因素，应适时加以介绍和解释。这样既可以克服由于教育观念等的不同所造成的学习障碍，又能够在我们的教学理论中吸收中国传统教育思想的合理成分。比如：（1）中国传统教育的教学观认为，教在前、学在后，教为主、学为次。这种教学观更多地重视教的一面，强调发挥教师的主导作用，而对学的一面则往往重视不够，忽视了学生的学习能动性。这就要求我们的教师在教学中要尽量克服“以自我为主、以自我为尊”“以教为重、以讲为主”的观念和心理，更加有意识地调动和发挥学习者的积极性。（2）中国传统教育中的学习观认为，读书学习是重要的、高尚的，但读书学习绝不是一件轻松的事，而必须要吃苦。所以才有“头悬梁，锥刺股”的故事，才有“书山有路勤为径，学海无涯苦作舟”的古训，才有“苦功夫”“寒窗苦”“苦读书”“苦学生”之类的词语，这样一种学习观，必然对学生要求严格，讲究“冬练三九，夏练三伏”，讲究“严师出高徒”；也就必然会要求学生预习复习、朗诵背诵；也就必然不太注意研究教的方法和学的方法，等等。这许多观念中有的不仅不是错的，也许恰好是中国传统教育观念和学习观念及教学方法中值得吸收和借鉴的，特别是对于语言学习而言，如朗读和背诵。因此，关键是要站在“对外”汉语教学、站在文化传统和教育传统与我国有着很大差异的“外国”学习者的立场上，来研究和审视我们的教育理念和方法，并在教学中加以必要的调适、向学生做出必要的解释。

（三）跨文化教学论

1. 文化教学地位

对外汉语教学是一种跨文化教学，体现为教学内容汉语本身及其相关的文化，对于学习者来说都属于另一种文化；学习者学习目的语的过程实质上是跨越自己的母文化学习另一种文化的过程；教师教授目的语的过程也是教授给学习者另一种文化的过程。因此，学习者无论是当前还是未来，只要是以目的语为工具进行交际，就是一种跨文化的交际活动。因此，研究跨文化语言交际的理论和实践，是对外汉语教学学科理论研究的重要内容和学科理论的重要组成部分。研究的重点是揭示跨文化交际的特征，特别是跨文化交际中的文化差异和文化冲突，进而提高学习者对文化差异的敏感性，增强对目的语文化的适应能力。文化教学在第二语言教学中是必不可少的，但是根本上说，文化教学在第二语言教学中是属于第二位的，是为语言教学服务的。

跨文化交际指具有不同文化背景的人们所进行的交际行为。20 世纪 70 年代以后，相关的研究越加受到学界的重视，并取得了一些共识。例如：（1）文化无所不在，无所不包，但又往往是不自觉的，也即对于多数人来说，诸如价值观念、信念和信仰、风俗习惯、行为模式等都是不自觉的，或者说是理所当然的。（2）文化既有统一性和延续性的一面，又有差异性和变异性的一面。任何民族都有自己统一的文化，这种文化具有延续性；但随着时间的推移，文化又发生某些变化，使得不同地区、不同社会阶层，乃至个人之间的文化又有差异性。因此，在介绍文化时要注意避免过于笼统，否则就会失之准确。（3）由于文化是不自觉的，因此在接触另一种文化时，人们往往以自己的文化为出发点做出判断。由于自己文化“先入为主”，因而对另一种文化就会感到不适应，甚至出现“文化休克”（胡文仲，1985）。

2. 文化教学内容

“文化”是一个内涵非常广泛的概念，显然并不是其中所有的文化内涵都必然地是第二语言教学的内容。语言教学和文化教学在教学目的、教学内容、教学原则和教学方法等方面都有着本质的区别（中国对外汉语教学学会等，1995）。第二语言教学必不可少的文化教学内容，是指跟对目的语的理解和用目的语表达密切相关的文化因素，主要是隐含在目的语的结构系统和表达系统中反映该民族的价值观念、是非取向、衣食住行、风俗习惯、审美情趣、道德规范、生活方式、思维方式等方面的特定的文化内涵，这类文化因素体现在目的语的语汇系统、语义系统、语法系统和语用系统中，它们对语言的理解和运用有着重要的甚至是不可或缺的规约作用。语言教学中如果不同时揭示语言中所包含的这类文化因素，就无法理解和正确地使用这种语言。这就决定了进行第二语言教学必须同时进行相关的文化因素的教学，而对这类文化因素的研究自然也就成为学科理论研究的内容之一。换言之，第二语言教学中文化教学和研究的是与语言本身和语言交际相关的所谓“交际文化”，而与语言本身及语言交际不是直接相关的所谓“知识文化”（如社会历史、思想观念以及文学、艺术等广义的文化）则不是第二语言教学和研究所必需的，前者对学习者来说是雪中送炭，后者对学习者来说是锦上添花。

3. 文化教学原则

文化教学在第二语言教学中是重要的、必需的，但不是无限制的、无原则的。概括地说，文化教学的根本原则是：语言教学的同时必须教授的是所谓的交际文化；知识文化的教学则要根据学习者的需求和具体的培养目标来决定。即使是交际文化因素的教学也还要考虑到：（1）与语言教学的阶段性相适应，即文化因素教学的适时性。（2）与文化教学的服务性相适应，即文化因素教学的适度性。（3）与学习者的真正需要相适应，即文化因素教学的针对性。（4）从跨文化交际的角度看，文化教学中教师还要注意引导学习者增强对文化差异的敏感性和宽容性。前者要求学习者不要以为自己的文化规范是他人都接受了的文化规范；后者要求学习者不要用自己的文化规范去评判其他文化的“是非优劣”。事实上，教师自己也要增强对学习者的母语文化与目的语文化差异之处的敏感性和宽容性，即教师不要以为目的语文化都是学习者知道和接受了的文化，同样也不要用目的语的文化规范去衡量学习者所持文化的“对错好坏”。跨文化教学要求师生双方既应注意文化的差异，又要注意对文化差异的相互尊重、相互理解、相互包容和相互适应。否则，教师教不好语言，学习者也学不好语言。

思考和练习

1. 学科语言理论包括哪两个方面的基本内容？其基本要求是什么？
2. 教学原则本身有哪些基本性质？为什么说教学原则是有层次的？
3. 对外汉语教学的总教学原则有哪些？试加以评论。
4. 试结合实例说明对外汉语教学的跨文化教学的性质。

第四节　国际汉语教学理论研究

一　国际汉语教学语言文字标准

（一）标准确立的背景、理念和原则

1. 标准确立的基本背景

无论着眼当下，还是放眼未来，汉语国际化都将是不可逆转的趋势。国际化意味着汉语教学类型和层次、学习目标和学习需求、教学模式和教学方法等多元化。中国作为汉语的母语国，有责任和义务对国内外多元化的汉语教学进行总体规划，而国际汉语教学语言文字标准的学术研究与战略规划，则是其中最为重要的一项顶层设计。世界各地的汉语教学传统和教学要求多有不同，海内外汉语差异较大，汉字又有繁简之别，而汉语拼音的文字地位尚不明确，这些因素都对国际汉语教学语言文字标准的认定和完善提出了要求。因此，国际汉语教学语言文字标准的规划和确立，应有全球化和务实的

考量，应有接地气和服务的意识。标准的确立应具有建设性，应是顺应和适应，而不是限制和抵触；应是引导性的规范，而不是排斥性的规范。

2. 标准确立的基本理念

把汉语教学长远目标跟现实目标、把国内语言文字规划与海外汉语教学的语言文字规划联系起来，综合考量、区别对待，应是制定国际汉语教学语言文字标准的基本理念。

国际汉语教学的长远目标是使汉语成为普遍教授和学习的语言，进而成为一种国际化的交际工具。而要实现这样的长远目标就更需立足当下，从现实目标做起。现阶段应以不遗余力满足外国人学汉语的愿望并千方百计吸引更多的人学汉语为国际汉语教学的总目标。

把海内外语言文字标准的规划联系起来，可以看到：国内汉语教学中的语言标准和汉语拼音的文字地位问题尚需讨论。海外汉语教学的语言文字标准则是一种缺乏学术研究和共识的各行其是的状态，如语言有普通话、海外华人的通用汉语等，文字有简化字和繁体字，海外汉语拼音的文字地位问题也需要在充分讨论的基础上逐步形成共识。

3. 标准确立的基本原则

基于国际化视野，标准应兼顾国内外。汉语教学、学习和应用的国际化表明：汉语教学不仅是中国的事情，更是世界的事情。因此，国际汉语教学语言文字标准的确立和规范，不仅要遵循国内的语言文字政策，也要兼顾和尊重世界各地汉语教学的实际需要，从而使海内外的汉语教学规范发展、共同发展。

基于多元化需求，标准应避免单一化。外语学习、教学和应用的实践表明：外语学习目标从来就不是单一化的，听说读写综合语言能力的培养虽是主要目标，但绝非唯一目标。汉语学习目标、教学需求和汉语应用的多元化，要求语言文字标准也不应单一化、刚性化，而应采取有包容性的多元化标准策略。

基于市场化考量，标准应刚柔相济。标准的确立是从严、从宽还是宽严结合，直接影响各类汉语学习者的人数、教学的方式方法及效益、汉语教学与传播的国际化程度。如以培育和扩大汉语教学市场为国际汉语教学的总目标，则标准的确立就不宜仅仅选择从严的策略，而应宽严相济，即当严则严，需宽则宽。

（二）国内汉语教学的语言文字标准

1. 法定的语言标准——普通话

自20世纪50年代中期，由国家层面明确普通话的含义并提倡在全国推广普通话以来，对外汉语教学界便自觉以普通话作为语言标准，教材编写和课堂教学均以普通话语音、词汇、语法为教学规范，并将普通话水平作为衡量对外汉语教师是否合格的一项基本标准。以普通话作为对外汉语教学的语言标准，既合法又合理。《中华人民共和国宪法》（1982）规定："国家推广全国通用的普通话。"《国家通用语言文字法》（2000）规定："对外汉语教学应当教授普通话和规范汉字。"另一方面，第二语言教学首选的语言标准是目标语国家的标准语。标准语语言地位高、交际用途广、学习价值大，方言或其他非标准语则不然。

2. 合格的语言标准——地方普通话

几十年来的推广普通话取得了很大成绩，但迄今"真正能讲一口完全符合标准的普通话的人很少"（陆俭明，2005）。然而，能讲带有方言色彩的普通话——地方普通话的人越来越多。不少方言区汉语教师和留学生所讲的汉语是带有程度不同的方音的地方普通话。可见，无论是全国范围的大环境还是对外汉语教学的小环境，事实上都存在这种地方普通话现象。另一方面，推广普通话虽是法定的国策，但不是强制和刚性的，而是规范和引导性的。《国家通用语言文字法》（2000）规定：以普通话作为工作语言的播音员、节目主持人、教师、国家机关工作人员"应当具备说普通话的能力"，其普通话水平“应当分别达到国家规定的等级标准；对尚未达到国家规定的普通话等级标准的，分别情况进行培训”。可见，即使对以普通话为工作语言的人员的要求也是有弹性的，允许有提高的过程。这是语言的复杂性和语言的交际性所决定的，也是语言文字法不同于其他法律的特殊性所在。综上，可以考虑将地方普通话确立为对外汉语教学合格的语言标准。尊重地方普通话已经存在并将长期存在的事实，看到它现在和未来都将是普通话使用的最大群体，并从标准上明确地方普通话是汉语教学合格的语言标准。否则，无视这种现象的客观存在，或者不认可其规范的语言地位，均不具有建设性。

3. 法定的文字标准——规范汉字

常规对外汉语教学必须教授汉字。国内几十年的对外汉语教学教授的是简化字，与今所谓规范汉字大体相当。规范汉字是国家通用语言文字的法定文字，是通行于中国大陆现代社会一般应用领域的标准汉字。语言文字法明确规定对外汉语教学应当教授规范汉字。以规范汉字作为对外汉语教材编写、课堂教学的标准文字，既合乎国家通用语言文字法，也合乎对外汉语教学的传统。需要关注的是，汉字如何与拼音结合起来进行“打字”（输入拼音辨认和提取汉字）教学。事实上，打字已经是世界性语文生活方式，对外汉语教学必须更新汉字教学的策略和教法，将打字教学纳入汉字教学的体系之中。

4. 合格的文字标准——汉语拼音

《汉语拼音方案》自 1958 年问世后，各类对外汉语教材和课堂教学即广泛使用汉语拼音，并极大地改变了汉语教学的面貌，迄今汉语拼音已然成为国际汉语教学不可替代的重要工具。因此，可以将汉语拼音确立为国内对外汉语教学领域合格的文字标准。（1）从法理上看，《国家通用语言文字法》（2000）规定：汉语拼音是汉语的“拼写工具”，“并用于汉字不便或不能使用的领域”。拼写工具即是拼音文字所具有的属性和功能，而汉语语音学习和训练以及只学口语的教学正是“汉字不便的领域”。（2）从应用上看，规范汉字是汉语法定的书写工具，汉语拼音是汉语法定的拼写工具，二者在功能和文字属性上并没有本质区别。而汉语拼音书写形式有可能在一定程度上实现分词连写，使语言的表意单位能够在书面形式上得到一定程度的体现，而这符合拼音母语者的书写和阅读习惯。（3）从需求上看，常规汉语教学已经离不开汉语拼音的辅助，而且许多时候拼音所发挥的作用实际上是文字功能，如只学汉语口语的学习者，拼音是他们实现目标的最佳文字工具。

综上，至少在对外汉语教学领域，应将汉语拼音确立为合格的文字标准。“合格”即意味着是规范的文字标准。这样，不仅可以为拼音在现有汉语教学中发挥的文字功能正名，更可以为它在只学口语的说听教学模式中的文字地位正名。正名是手段、是策略，目的在于追求“名正言顺事成”的效果：可以更好地开展汉语拼音作为规范文字的功能研究、书写规范研究、不适应之处的对策研究，汉语拼音教材编写研究，拼音化教学模式及其与汉字化教学模式的接轨研究等，使汉语教学进入一个良性互动、多元发展的新局面。

（三）海外汉语教学的语言文字标准

1. 理想的语言标准——普通话

普通话是中国大陆的法定语言，是中国各民族、各方言区通用的汉语标准语。各类汉语文出版物、信息处理及相关的技术产品等均以普通话书面语为规范的语言形式。因此，海外常规的汉语教学以普通话为核心的语言教学标准和教学内容，既符合外语教学的目标，也符合学习者语言学习的最大利益（李泉、关蕾，2009）。因此，普通话应该是国际汉语教学首选的、理想的语言标准，这是可以期待的共识。但是，由于教学传统和师资条件等原因，以及世界各地华语的复杂性等因素，海外汉语教学实际上不可能都以普通话为汉语教学的语言标准。“首选的、理想的语言标准”是就理念和策略上、学理和事理上而言，而不是必须和强制的，是作为汉语母语国对国际汉语教学和传播的一种规划和愿望，是我们积极引导、努力促进的方向。

2. 合格的语言标准——大华语

基于海外华语一直存在着并将继续长期存在的现实，显然，不能认为只有说普通话和教普通话才是规范的。针对海外华语、台湾地区“国语”、世界各地的汉语方言等现实情况，有学者提出“大华语”的概念：以普通话为基础而在语音、词汇、语法上可以有一定的弹性、有一定宽容度的汉民族共同语（陆俭明，2005）。新近的表述是：大华语是以普通话／“国语”为基础的全世界华人的共同语（李宇明，2014）。近年来，人们对海外华语的重要作用、对建立大华语的概念，有高度共识。在教学要求上，“达到普通话要求”是高标准；“达到大华语”要求是基本要求，不一定要求境外华语非要不折不扣地完全接受中国普通话规范，也可以有一个容忍度（陆俭明，2005）。因此，可以将大华语确立为海外汉语教学“合格的语言标准”。大华语作为汉语教学合格语言标准的基本条件是：讲这种大华语者之间能够进行普遍性交际，与讲标准的普通话者能够进行普遍性的交际。将符合一定条件的大华语确立为国际汉语教学合格的、规范的语言标准，就从标准规划上提升了大华语在国际汉语教学与传播中的语言地位，并有利于对这一语言标准类型汉语教学的研究和规范。

3. 理想的文字标准——规范汉字

海外汉语教学大都以教授简化字为标准，但也有少数地区和教学单位教授繁体字。“规范汉字”是经过系统整理、通行于中国大陆现代社会一般应用领域的标准文字。《通用规范汉字表》既由中国政府发布，中国又是使用汉语汉字人口最多的主权国家，其他国家与中国交流，要把汉语作为第二语言来学习，也就需要遵循中国的汉字规范（王宁，2013：1）。也就是说，规范汉字应是国际汉语教学首选的文字标准，也是“理想的文字标准”。所谓理想既意味着是最好的选择，因为它是中国大陆的法定文字，各类出版物的标准文字，同时也意味着是理想化的标准，因为我们无法要求海外汉语教学必须教授规范汉字。

4. 合格的文字标准——汉语拼音

拼音在汉语教学中具有不可替代的作用，不仅国内对外汉语教学应将其视为合格的文字标准，海外的汉语教学更应将其视为合格的文字标准。从学习者角度看，《汉语拼音方案》采用国际化的拉丁字母，这对大多数汉语学习者来说并不陌生，不但易认易写，也很容易掌握拼写规则（吕必松，1983）。从教学角度看，汉语拼音不仅便于汉语语音、汉字、词汇和口语的教学和训练，实际上整个汉语教学和学习过程都离不开它的帮助，并且给汉字、汉语教学和学习带来巨大效益。冯禹、杨清钰（2013）指出：利用拼音和电脑教授汉字、汉语，在海外汉语教学中已渐趋成为常态做法。从实际功用来看，拼音在海外的汉语教学中在相当程度上承担着文字的功能。吕必松（1983）就指出：外国人编写的汉语教材有很多“都是直接用汉语拼音写课文，课文中根本不出现汉字”。“汉语拼音实际上已局部地起到了文字的作用。”柯彼德（2003）更是明确指出：“外国人学习和使用汉语时，汉语拼音除了其重要的辅助作用以外，早已具有了文字的性质和价值。”马庆株（2003）则强调：当今世界是拼音的世界，充分利用《汉语拼音方案》是现实汉语汉字与世界接轨的必由之路。

（四）海内外汉语教学的语言文字标准体系

国际汉语教学语言文字标准体系见下表。

	国内汉语教学		海外汉语教学	
	标准	性质	标准	性质
语言	普通话	法定标准	普通话	理想标准
	地方普通话	合格标准	大华语	合格标准
文字	规范汉字	法定标准	规范汉字	理想标准
	汉语拼音	合格标准	汉语拼音	合格标准

该体系的最大特点：国内和海外的语言和文字标准均采用“双轨制”。语言标准上，国内采取“普通话”和“地方普通话”双标准制，海外采取“普通话”和“大华语”双标准制。文字标准上，国内和海外均采用“规范汉字”

和“汉语拼音”双标准制。

该体系的最大突破：将国内的地方普通话和海外的大华语均认定为“合格的语言标准”，将汉语拼音认定为国际汉语教学“合格的文字标准”。语言标准的突破以海内外汉语事实和汉语交际事实为基础，文字标准的突破以教学实践及其对标准需求为依据。所谓“合格”的语言和文字标准都意味着是规范的标准，当然也意味着是入门的、基本的、可行的标准。

该体系的核心标准：普通话和规范汉字，无论是作为法定的标准还是作为理想的标准，都应是海内外首选的、核心的语言和文字标准，是汉语国际化语言和文字标准规划和发展的方向。但非核心的语言文字标准（地方普通话、大华语，汉语拼音），同样具有规范的语言文字标准地位及特定的应用范围和应用价值。

该体系的主要优势：海内外汉语教学语言和文字标准的两个“双轨制”，体现了标准体系的多元化，而多元化的标准体系才能使多元化的国际汉语教学各得其所、和谐发展。而以往单一化的标准体系，不符合海内外复杂的汉语现实及其对多元化标准的需求，难免削足适履，事倍功半。

二　建立世界范围内的国际汉语教育学科

（一）相关背景与目标

所谓建立国际汉语教育学科，并非要证明汉语作为第二语言教学是一门学科，因为它跟英语、法语等作为第二语言教学一样本身就是一门应用学科（当然实际情况并非如此简单），也不是要从零开始去新建一个学科，因为几十年来海内外汉语教学界在学科研究的各个方面都取得了可喜的成果。但是，以往海内和海外虽然也有不少交流、合作与彼此借鉴，但多数情况还是“各说各话”“各行其是”，这种状况的形成既有历史的原因，也有本身合理的因素，然而这种局面已不适应当今世界各地汉语教学快速发展的形势需要，不利于学术合力的形成和学术资源的整合，更不利于学科的发展和建设，应尽快加以改变和改善。

（二）建立国际汉语教育学科的必要性

其一，缘于国际汉语教学事业的不断发展。世界范围内学习汉语和想学汉语的人数不断增加，海内外特别是海外汉语教学已经并将继续保持宽范围、多目标、社会化、常态化的趋势，作为汉语的母语国，有责任和义务积极面对这种现实，并“领衔”建立起一个兼顾海内外汉语教学理论和实践的国际汉语教育学科，这是满足当前和适应未来全球汉语教学发展的一项根本策略。

其二，缘于汉语作为第二语言教学自身发展的需要。任何学科的发展和建设都应与时俱进，不断解决教学实践中出现的各种问题，不断吸收本领域与相关领域的新知识和新成果，从而不断完善学科建设。汉语作为第二语言教学的学科建设已有几十年的历史，积累了许多成果，但总的来看这门学科还不够成熟，我们对汉语本体规律的认识，对汉语和汉字教学规律与习得规律的把握还很欠缺，成熟的教学模式和经典的各级各类教材还不够多。因应加快汉语走向世界的步伐，就要加快学科建设的步伐。

其三，缘于诸多可行性的因素。如海内外汉语教学界几十年来在学科建设方面积累下来的宝贵成果和丰富的经验，为国际汉语教育学科的建立和发展提供了坚实的基础；海内外现有的学术交流管道、学术团体、学术刊物以及汉语网站、电台电视台等，为国际汉语教育大学科的建立、发展和完善提供了良好的学术交流平台、教学和学习平台、信息和资源平台；更重要的是，海内外汉语教学界及相关领域的专家学者和广大汉语教师有着建设和发展国际汉语教育学科的共同愿望。

（三）国际汉语教育学科建设的问题例示

如何构建一个面向世界、兼容海内外的国际汉语教育学科，这个学科的内涵和外延所指为何，其基本构架和基本内容何如，要研究和解决哪些影响全局的重大问题，海内与海外汉语教学所要面对的共同问题为何、差异何在，汉语作为第二语言教学与“普遍教授的语言”有何异同，汉语国际化进程中必须面对的挑战性课题有哪些，等等，都是我们以往未曾关注或关注不多而又是建立国际汉语教育学科所必须面对的问题。事实上，这些问题很可能就是构建国际汉语教育学科的着眼点和核心问题，因此需要进行广泛调查和深入讨论。

例如，海内外的汉语教学本质上是一致的，但无疑在许多方面存在程度不同的差异：（1）语言（文化、社会）环境不同；（2）学制和学时不同；（3）教学目的和要求不尽相同；（4）对汉字和汉语拼音的重视程度不尽相同（如海外普遍认为“汉字是一道难关”，因而有的更加重视汉字教学，而有的则采取“放弃汉字”的做法）；（5）教育传统及外语教育传统和理念不尽相同。这些不同之处需要在学科建设过程中认真研究，并在制定教学和评估标准、确定教学目标和要求、选择和探索教法、选取和创新教学模式等各个方面，力求尽可能地兼顾兼容又能针对不同情况区别对待，尽可能地整合和彰显共性规律又能凸显和尊重个性规律，做到可合则合，合则兼美；当分则分，分则两利。总之，相互观照与借鉴、相互协调与容纳，区别不同与分别对待，共同建设与共同发展，应成为学科构建的原则、策略和目标。

又如，“汉语难学”和“汉字难学”就是我们不能“听而不闻”的问题，而必须在汉语教学理论和实践中认真加以面对。前者不仅是学术性和实践性的命题，更是一种世界观的问题；后者主要是学术性和实践性的命题。“汉语难学”的命题不管是真是假，都无法回避而必须面对，因为这是一种“国际性认识”。这种认识可能是“偏识”，从某种意义上说可能又是“事实”，如把欧美学习者学习英语、法语、德语等亲属语言，跟他们学习汉语相比，就可以得出“汉语难学”的结论。然而，把学习跟自己的母语有亲属关系的语言，与学习跟自己的母语没有亲属关系的语言，放在一起比较难易，是不公平的。“汉字难学”同样存在“从何说起”的问题。把学习跟自己母语文字系统相类相近的文字，与跟自己母语文字系统另类另样的文字系统相比，同样是不科学的。但是，即使把汉字当作一种“真正文字”来看待，汉字仍存在诸如“见字不知音”等先天性缺憾，而从欧美学习者汉字学习的艰难历程来看，就不能不承认汉字学习实属不易。

（四）国际汉语教育学科研究的基本内容构想

除以上提到的一些问题和研究视角以外，国际汉语教育学科研究的内容还有哪些以及学科体系如何构成，如何整合现有的成果与拓展新的研究课题等，均有待进一步探讨。如下一些问题和研究视角以供参考：

国际汉语教育学科建设的顶层设计，海内外汉语教学异同研究，海内外汉语教学规划和教学目标研究，海内外汉语教学理念、教学理论和教学模式研究，教学方法和教学技巧研究，海内外汉语教学原则和教学策略研究，目的语与非目的语环境下汉语口语教学和书面语教学研究，汉语语音、词汇、语法和汉字及其教学研究，多媒体技术与网络汉语教学研究，语言习得理论和汉语习得研究，跨文化教学理论、中外文化对比和中国文化教学研究，海内外课堂教学和课型教学研究，海内外教材编写研究，海内外汉语等级标准、教学标准和课程标准研究，汉语水平等级大纲和其他各类大纲研究，汉语水平测试和其他各类测试研究，国别汉语教学研究，国别教材编写研究，海内外师资培养与教师发展研究、教师培训和教师能力认定研究，汉语传播的历史和学科建设的历史研究，对海外汉学的研究，海内外汉语学历教育与非学历教育研究，汉语来华留学项目研究，中小学汉语教学研究，海内外高校汉语教学研究，成人业余汉语教学研究，海外华裔汉语教学研究，海外华语华文教学研究，区域汉语教学研究，欧洲汉语教学研究，北美汉语教学研究，南美汉语教学研究，非洲汉语教学研究，东南亚汉语教学研究，东北亚日韩汉语教学研究，中亚汉语教学研究，等等。

满足不断发展的世界汉语教学的需要，加快汉语走向世界的步伐，必须建立一个基于全球视野的国际汉语教育大学科，为教学实践提供理论、标准、策略、模式等方面的支持，为汉语、汉字和中国文化教学提供知识、方法、规律等方面的学术保障。可以说，目前建设国际汉语教育学科不仅是形势发展的需要，而且业已具备诸多有利的条件：学科建设的既有成果和经验、广泛的学缘资源和人才队伍、海内外同人建设和提升学科地位的强烈愿望、全球范围内持续升温的汉语热、海内外有关部门的积极促动。因此，抓住机遇，更新观念，共建、共享、共荣国际汉语教育学科，当成为海内外同人的共同愿景和奋斗目标。当然，要建设这样一个面向世界不同语言、文字和文化背景的大学科，对于作为“真正外语教学”的汉语教学来说，对属于“真正文字教学”的汉字教学来说，对属于“异质文化”的中国文化教学来说，绝非易事，更非一日之功。

思考和练习

1. 何为海内外汉语教学中语言和文字教学标准的“双轨制”？谈谈你的看法。

2. 国际汉语教学中，实行语言和文字教学标准的“双轨制”利弊何在？

3. 请你对建立一个面向海内外的国际汉语教育大学科的主张加以评论。

4. 请参考本节内容和相关论述，设计一个国际汉语教育学科的体系框架，并说明理据。

第五节　国际汉语教师发展研究

一　国际汉语教师的角色认知

（一）汉语教师角色认知概说

教师认知是近二三十年来教育界和第二语言教学界共同关注的一个重要研究领域，近年来更成为一个热门性的话题。教师认知及其研究，即反思、调查和研究教师的所信（既有与应有的教学观、教师观、学生观、学习观、语言观、职业观等信念）、所知（既有与应有的有关所教授的语言及文化知识，与语言教学相关的语言学、教育学、心理学、文化学等知识）、所能（既有与应有的教学组织和课堂掌控、目的语理解与阐释、教法选择与运用、跨文化意识与交际、教学评估与教学反思等能力）、所为（既有与应有的知识、信念、能力与素养等的体现）。其中，教师“所信与所知”中即包含对教师的角色认知，而教师“所能与所为”则是这种角色认知在教学实践中的体现。教师对自己的角色认知支配着教学实践的全过程，影响着师生关系的和谐程度、课堂气氛的融洽程度和教学实施的实际效果，不可谓不重要。

教师角色认知是教师认知研究范畴的重要组成部分，其基本内涵应该是：教师如何看待自己的职业、定位自己的角色、发展自己的技能。进一步来说，教师如何看待自己的工作、职业角色以及跟学生之间的角色地位关系，如何看待所教授的目的语及其相关文化，进而如何看待自己的职业发展；教师应该具有什么样的角色观念、角色认知，如何确立和发展恰当的教师观、角色观，进而优化课堂教学中的教师行为及师生人际关系。

（二）汉语教师应有的角色认知

1. 职业认知

所谓职业认知是指对自己所从事的职业的看法、体会、情感与定位。从事任何工作都有一个职业认知的问题，汉语教师的职业认知主要包括：（1）行业认知。国际汉语教师首先应该自尊自立，不为外界俗见和偏识所影响，首先自己要看得起这一职业，要喜爱自己所从事的教学工作。事实上，由于习俗和成见等多种原因的影响，要真正做到自尊自立，发自内心地喜爱自己的工作也并不是件很容易的事，这需要我们有强大的自尊自信的内心世界，更需要我们在教学实践中找到可以抵御任何偏见的成就感和职业乐趣。（2）学科认知。要充分认识到自己所从事的汉语教学是一门学科，有其特定的教学理论、教学方法和教学规律。从事这项工作需要教师具备系统的汉语汉字知识，必备的外语教学的理论和方法，必要的语言学、教育学、心理学和跨文化交际学等相关学科的知识，并在教学实践中创造性地运用和发展这些理论和方法。至少不能对相关的知识茫然无所知，至少不能无视和违背国际汉语教学是一门学科及其应有的教学要求。（3）教学认知。无论个人原有的专业背景如何，一旦进入汉语教学行列，都必须首先把教学工作做好，必须学习和熟悉汉语作为第二语言教学最基本的理论、知识和方法，必须掌握必备的汉语、汉字和文化知识，必须做到是一名合格乃至优秀的汉语教师。简言之，个人的学术研究方向可以自由，但教学工作是有特定要求的，即首先并且始终要把教学这个饭碗端好。

2. 定位认知

在汉语教师的角色认知中，最为基本和重要的认知应该是教师的角色定位认知。主要包括：（1）助体地位。明确教师在教育和教学过程中的助体地位，避免将“一人堂”“满堂灌”式的教学方式全面地带到海外的汉语教学课堂中去；突出学生在学习活动中的主体地位，凸显教师解惑答疑的助体地位。实际上，强调教师的助体地位并不意味着降低教师的作用，而是要求教师改变不符合教学这种特殊认识活动的某些心态、观念和做法，改变不适合海外教学传统和教学方式的某些理念和做法。（2）师生平等。在中国传统的文化和教育观念中，教师是“权势者”，学生是“被权势者”；教师是“说了算”的一方，学生是“被说了算”的一方。“以师为贵为尊”“我讲你听”等传统观念在一些青年教师那里也很有市场。但在跨文化教学中，汉语教师应从主观和行动上树立和践行师生平等观念。千万不要以权威和专家自居，即使是对汉语、汉字和中国文化也要虚心谨慎。千万不要有意无意地摆出“私塾先生”的架势，尽可能避免张口闭口以“老师”来称呼自己。如此这般，则有利于拉近和淡化教师跟学生之间的距离感，有利于更好地适应和开展海外的汉语教学活动。（3）服务意识。树立服务意识和增强服务能力尤其重要，特别是到海外从事汉语教学。从事对外国人的汉语教学工作，本质上是为国家和民族的事业服务，是为学习汉语和了解中国文化的外国人服务。树立服务意识不仅有助于“放下身段”“放下包袱”，也有助于减少在教学中可能遇到的角色和地位的“失落感”。

3. 形象认知

形象是一种客观存在。言谈举止、行为作风、性格情感、思想观念、诚信德行、知识和能力等多种因素构成一个人的形象。国际汉语教师形象认知主要包括：（1）个人形象。无论是在国内还是在国外从事汉语教学工作，都有一个个人形象的问题。一般来说，汉语教师要有意识地“塑造”一个举止得体、文明礼貌、亲和友善、言行诚信、工作认真、专业知识丰富、教学方法得当、教学组织能力强的良好的教师形象。注意个人形象并且给学生一个“良好的印象”，则有利于获得学习者应有的尊重与支持、理解与信任，从而有利于教学工作的顺利开展，相反则不然。（2）人际形象。汉语教师跟学生课上课下的交流以及跟海外同事、汉学家、学生家长等的人际交往和语言交流中，必然也会涉及汉语教师的人际关系和人际形象问题，包括文化适应问题、文化的坚守与趋同问题、与人交往的得体性问题、跨文化人际关系的处理问题，等等。如果汉语教师能从跨文化交际的角度处理好人际关系、树立起个人的良好人际形象，对于生活、教学和工作的开拓将起到积极的作用。当然，如何确立良好的人际形象是一个需要探讨的问题，但是有无这样的意识和行动，效果会大不一样。（3）公众形象。国际汉语教师应以从事汉语教学为本职工作、第一要务，但在全球化时代的今天，一批批走向世界各国的汉语教师和汉语教师志愿者，客观上已经成为非政府组织的民间外交的一个组成部分，并自觉不自觉地承担着向外国公众解说中国国情、说明中国的实际状况、化解外国对中国的某些不解之处、影响外国公众对中国的态度和看法的义务。因此，汉语教师要更多地内知国情、外知世界，需要具有国际化的视野，需要学会与异文化者互动并掌握互动的话语方式和技巧。同时，更需要具有自信的态度，需要既说中国的成绩和进步，也说中国存在的问题和不足。

二 国际汉语教师的教学信念

（一）教学信念的基本内涵与例析

“教学信念”可以宽泛地理解为教学看法、教学理念或教学思想，也即教师对第二语言教学的基本看法、核心理念或指导思想。概而言之，表现为教师的学科观、教学观、语言观、教材观、教法观、文化观、教师观、学生观等。教学信念对教师来说至关重要，它深刻地影响着教师的教学行为和教学效果。

比如，如果一位教师确信第二语言学习主要就是学习词汇和语法，那他就可能在教学中特别重视词汇和语法的教学，甚至会要求学生多背单词，死记语法。又如，如果确信课堂教学中教师主要的工作就是纠正学生的言语错误，防范和避免学生出现语言错误，那他就可能在教学中不断纠正学生的口语和书面表达中的错误，甚至只盯住学生的言语错误，没完没了地指出和修改学生的言语错误；相反，如果教师确信学习者所出现的言语表达错误是语言学习的常态，是正常现象，甚至看成是学习者语言学习的标志和进步的表现，那他就不会只盯住错误，更不会时时处处“有错必纠”。

（二）教学信念的表现、作用与特点

第二语言教学的教学信念多种多样，从对学科属性的看法，到备课、上课各个环节和各个方面，如果巨细不分的话，甚至可以说难以尽列其详。从理论上说，从宏观到微观只要是跟第二语言教学相关的知识、能力、方法、素养，学生、教师、教材、教法等大大小小的“问题”，都可以有教师的认知和看法，都涉及教师的教学理念问题。大的方面包括诸如对第二语言教学性质、特点和教法的看法，对具体语言（如汉语）作为第二语言教学特点的了解和认识，小的方面如对不同练习题型的作用及处理方式的看法，对活跃课堂气氛的作用及做法的看法，期间还有对介于“大”“小”问题之间的各种问题的看法，如对讲和练关系的看法及处置策略，对师生互动的作用和方式的看法及处置策略，对所教语言难易程度的看法及教学策略，等等，教师对这些“大、中、小”各种各样的问题都有一个教学信念的问题，无论相关的信念和看法是明确的、清晰的，还是模糊的、潜意识的。

有看法就有态度，就会有不同的行动，就会有不同的效果。比如，如果教师确信课堂教学就是按部就班地完成课本中安排的教学内容，无须根据教学内容的具体情况和学生的实际需求进行必要的拓展，那么在这种“不逾教

材雷池一步”的教学理念指导下，他就会只教教材、死教教材；相反，如果教师确信教材根本上说不过是学习者语言学习的材料，不必神话和迷信教材，不必或不应完全恪守教材的内容而“不逾教材半步”，那他就可能在教学中既教教材，也利用教材教语言，适度和适当地开发教材资源，拓展和深化教学内容（李泉、金香兰，2014）。如上所述的一些观念和做法，恰好表明，不同的教学信念就有不同的教学实施，就会带来不同的教学效益。

教师的教学信念至少有如下一些特点：（1）它可能被教师清晰认知，并可以明确表述出来；（2）但也可能是模糊的、不自觉地内隐在教师的潜意识中；（3）它可能是从自己以往的语言学习经验中提炼的，也可能是通过专业学习和培训获得的，还可能是多种因素共同影响而形成的；（4）教学信念有宏观的、有微观的，有涉及学科属性和特点的、有涉及具体语言要素教学和技能训练的；（5）教学信念并不都是正确的、恰当的，有时甚至是错误的（如“有错必纠”“教师讲清楚了，学生就会用了”）；（6）教学信念几乎无所不在，无时不有。以上列举的这些特点，从不同角度说明教学信念是非常重要的，教师应发展合理、恰当乃至先进的教学信念，摒弃落后、不当乃至错误的教学信念。

（三）教学信念决定教师专业发展信念的取向

教学信念是教师教学思想的灵魂，是教师自己真正信奉的教学观念，正是教师“灵魂深处”的这些理念，指导着教师的教学决策和教学行为（进而影响着教学的质量和效益），决定着教师的专业发展信念的取向。“专业发展信念（也可称作职业发展信念）”可以宽泛地理解为教师自身对专业学习和专业发展方向的认识、看法和理念，也即教师对自己必须具备的专业知识、专业能力和专业素养的明确认知和自主发展的意识。教师的专业发展信念受制于教师的教学信念，有什么样的教学信念就会有什么样的专业发展信念。比如，如果教师认为语法教学至关重要，学语言就是学语法，那么他就会不断学习和深化自己的语法知识和理论；如果教师确信学语言就是学这种语言的事实，语言是在使用中学会的，脱离具体语言现象去学习语法知识没什么用处，那他就可能更多地引导学习者关注语言表达的内容，更多地组织学习者用语言做事，而忽视和淡化语法知识的讲练。可以认为，教师的专业发展信念影响着教师知识体系、能力体系和自身素养体系的构成，进而影响其教学的取向和重点、教学的质量与得失。

（四）教师应具备的汉语教学的核心信念例示

无论从理论上还是从教学实践上，我们都可以认识到：教学信念有影响第二语言教学全局的和影响第二语言教学局部的，教学信念有主要的和相对次要的。按照重要程度大体上可以将教学信念区分为核心信念与非核心信念两大类别。影响教学全局的、管辖范围大的重要教学信念即为核心教学信念，此外即是非核心教学信念。

1. 语言能力培养是根本——基于教学目标的核心信念

这一教学信念是说，教师应时刻不忘我们的一切工作和全部努力都是为了培养学习者目的语的语言能力和语言交际能力。第二语言教学的根本目的就是培养学习者的目的语语言能力，这一点其实并不难理解。然而，就对外汉语教学来说，从教学设计、教材编写到具体汉语内容的教学，往往程度不同地存在偏离"这一点"的现象。比如课堂上过多、过细的语法分析，不关注或不太关注用法和使用条件的说明，就是偏离教学目标的表现。

将"语言能力培养是根本"确立为教师应具备的首要的、核心教学信念，是因为这一信念涉及第二语言教学的根本目的，涉及第二语言和第一语言教学的主要区别，关乎第二语言教学特点的体现和教学目标的实现，关乎教学的走向和教学方式方法的选择，它直接影响课堂教学的成败得失，也影响教师的专业发展取向的选择。可以说，这是一条影响对外汉语教学全局的、决定性的教学信念。值得注意的是，确信这一教学信念是一回事，如何实施和体现这一教学信念又是一回事，而且后者更为关键。

2. 高密度高质量互动——基于课堂教学形态的核心信念

互动是现代教育和教学所提倡的基本方法和理念，并不是第二语言教学所独有的方法和理念。但是，第二语言教学应该更加强调和凸显这一理念。这是因为：讲和练是第二语言教学的常规形态、基本方式，而互动的理念和做法比仅仅提倡“课堂教学要处理好讲和练的关系”的教学理念更具有规范性和操作性。“互动”不仅明确形式上师生、生生之间要有来有往，更在内容上强调“相互作用，相互影响”。即根据互动的反馈效应调整教学内容和方式，进一步深化教学的内容，从而使教学更有针对性和实用性。

确立互动的教学信念，还可以进一步规约课堂教学的操作方式，即讲和练的过程中都要互动，而不仅仅是讲和练两个教学行为的互动，不仅仅是教师讲和学生练两种方式的互动。互动的根本价值在于通过师生、生生之间的互动方式，教师可以更准确地把握学习者对教学内容的认知、理解和运用的实况，从而可以更好地作用和影响教学进展、教学内容和方式，使教学更具有针对性和实际效果。需要强调的是，互动不是一种展示，更不是“走过场”，而是第二语言教学课堂教学的基本形态、常规手段，教学中不但应广泛使用、高密度地使用，更应该高质量地加以运用，那种低效益、幼稚化和“走形式”的互动，还不如不互动。

3. 注重汉语汉字特点——基于教学内容的核心信念

把注重汉语汉字教学特点作为教师必备的一种教学信念，是因为汉语作为第二语言教学与英语等作为第二语言教学，虽然学科的属性相同，教学的目标一致，但汉语和英语等是不同的语言，其教学的方法虽大体上可以是相同相近的，但在体现各自语言特点方面、在教学的重点和难点上则是大不相同的，至少不宜完全相同。这实际上是第二语言教学的共性与个性的问题。

吕叔湘（2002）在谈到中国人学英语的原理和方法时，首先明确的一条原理就是“英语不是汉语”，英语的语音、语法和生词的词义都不同于汉语，可是中国人学英语却有意无意地拿汉语去“比附”，于是就会出现很多毛病。所以他强调“学习英语非彻底觉悟把它当作和汉语不同的新的东西来学习不可”。基于同样的原理，汉语作为第二语言教学和学习的，也应秉持“汉语不是英语（或其他语言）”这样的教学信念，把汉语彻底地当作一种跟英语或其他语言不同的新的东西来教授、来学习。以避免因在语音、语法和词义等各方面的比附而带来的各种毛病。事实上，汉语对世界上几乎所有学习者都是一种新的东西，汉字更是一种另类的书写系统，因此，必须确信“汉语不是其他语言”这一教学信念，并在教学实施中处理好汉字教学与汉语教学的关系，加强体现汉语、汉字特点相关因素和现象的教学。如汉语的省略现象、汉语的意合特征、汉字的成词机制等。

此外，作为核心的教学信念还可以有“不断让学生有成就感”“教师深度备课”“永远不要高估学习者的汉语能力”“永远不要低估学习者的智力和情感因素”等。

思考和练习

1. 何为国际汉语教师的角色认知？讨论这个问题的意义和价值何在？
2. 谈谈你对国际汉语教师应有的角色认知的看法。
3. 何为教师的教学信念？为什么说教学信念无所不在？
4. 国际汉语教师应具备哪些核心的教学信念？为什么？

主要参考文献

陈贤纯《谈语法教学》，《第三届国际汉语教学讨论会论文选》，北京语言学院出版社，1991。

崔永华《对外汉语教学学科概说》，《中国文化研究》1997 年第 1 期。

崔永华《后方法时代的汉语教学理念建设》，《国际汉语教学研究》2016 年第 2 期。

冯胜利《论汉语二语教学的独立性》，《汉语应用语言学研究》（第 2 辑），商务印书馆，2013。

冯禹、杨清钰《试论电脑输入汉字在北美高校汉语教学中的实施原则》，《汉语国际传播研究》（第 1 辑），商务印书馆，2013。

胡文仲《跨文化交际与外语教学》，《外语教学与研究》1985 年第 3 期。

柯彼德《汉语拼音在国际汉语教学中的地位和作用》，《世界汉语教学》2003 年第 3 期。

库玛（Kumaravadivelu, B.）《超越教学法：语言教学的宏观策略》，陶健敏译，北京大学出版社，2013 年。

李泉《体系内语法与体系外语法——兼谈大语法教学观》，《国际汉语教学研究》2015 年第 1 期。

李泉、关蕾《普通话在国际汉语教学中的核心地位》，《汉语学习》2009 年第 2 期。

李泉、金香兰《论国际汉语教学隐性资源及其开发》，《语言教学与研究》2014 年第 2 期。

李宇明《汉语的层级变化》，《中国语文》2014 年第 6 期。

刘珣《对外汉语教育学引论》，北京语言文化大学出版社，2000。

陆俭明《关于建立"大华语"概念的建议》，《汉语教学学刊》（第 1 辑），北京大学出版社，2005。

吕必松《谈谈对外汉语教学的性质和特点》，《语言教学与研究》1983 年第 2 期。

吕必松《〈汉语拼音方案〉在汉语作为外语教学中的应用》，《文字改革》1983 年第 6 期。

吕必松《对外汉语教学探索》，华语教学出版社，1987。

吕必松《汉语和汉语作为第二语言教学》，北京大学出版社，2007。

吕叔湘《中国人学英语》，《吕叔湘全集》（第十四卷），辽宁教育出版社，2002。

马庆株《自主动词和非自主动词》，《中国语言学报》（第三期），商务印书馆，1988。

马庆株《关于对外汉语教学的若干建议》，《世界汉语教学》2003 年第 3 期。

侍建国、卓琼妍《关于国家语言的新思考》，《语言教学与研究》2013 年第 1 期。

束定芳、庄智象《现代外语教学——理论、实践与方法》，上海外语教育出版社，1996。

王策三《教学论稿》，人民教育出版社，1985。

王宁主编《〈通用规范汉字表〉解读》，商务印书馆，2013。

温晓虹《汉语作为外语的学习情感态度、动机研究》，《世界汉语教学》2013年第1期。

吴勇毅《关于教师和教师发展》，《国际汉语教学研究》2015年第3期。

邢福义《关于对外汉语教学》，张德鑫主编《对外汉语教学：回眸与思考》，外语教学与研究出版社，2000。

章兼中《国外外语教学法主要流派》，华东师范大学出版社，1983。

赵金铭《对外汉语教学法回视与再认识》，《世界汉语教学》2010年第2期。

赵金铭《国际汉语教育的本质是汉语教学》，《汉语应用语言学研究》（第2辑），商务印书馆，2013。

赵金铭《附丽于特定语言的语言教学法》，《世界汉语教学》2014年第4期。

赵杨《第二语言习得》，外语教学与研究出版社，2015。

赵元任《语言问题》，商务印书馆，2014。

郑艳群《计算机技术与世界汉语教学》，外语教学与研究出版社，2008。

郑艳群《新时期信息技术背景下汉语国际教育新思路》，《国际汉语教学研究》2015年第2期。

中国对外汉语教学学会等《对外汉语教学的定性、定位、定量问题座谈会纪要》，《语言教学与研究》1995年第1期。

朱德熙《在纪念〈语言教学与研究〉创刊十周年座谈会上的发言》，《语言教学与研究》1989年第3期。

Ingram, D. E., Applied Linguistics: A Search for Insight! in Kaplan, R. B., *On the Scope of Applied Linguistics*, Newbury House, 1980.

Stern，H., *Fundamental Concepts of Language Teaching*, Oxford University Press, 1983.

Wilkins, D. A., *Second-language Learning and Teaching*，1974；中译本：威尔金斯《外语学习与教学的原理》，刘幼怡、李宝琨译，国际文化出版公司，1987。

第四章　对外汉语教学的教学法

第一节　对外汉语教学法回顾与展望

一　对外汉语教学法的历史回顾

从对外汉语教学事业起步的20世纪50年代开始到80年代，对外汉语教学法的发展可以划分为三个历史阶段。在这三个发展阶段中，无论是在教学指导思想和教学原则上，还是在教学内容、教学方法的选择以及教材编写上，每个阶段的教学法都体现出不同的特点。可以说，这一时期的教学法在总体上还处于缺乏学科自主性的不成熟状态，教学法发展是一个不断总结教学实践，不断吸收国外教学法理论研究成果，不断与汉语及汉语教学特点相结合的动态发展过程。

（一）第一阶段：以传授语言知识为主的教学法阶段

从20世纪50年代到60年代初是对外汉语教学法发展的初创阶段。这个阶段的教学法在教学指导思想上具有明显的语言学倾向，侧重从语言规律出发，强调系统语法知识的讲授。教学内容以词汇教学和语法教学为中心，教材以音素和语法为纲，采用语法翻译法和演绎法进行教学。这一阶段具有标志意义的一个教学法就是“语法翻译法”，即汉语主讲教师直接通过翻译人员的翻译讲授相关的语言知识；典型教材是由北大中国语文专修班于1958年编写出版的《汉语教科书》，这是我国第一部正式出版的对外汉语教材，第一次提出了比较实用的汉语语法教学体系框架，奠定了我们后来的对外汉语教学语法体系的基础，成为对外汉语教学从母语教学中分离的一个重要标志。

这一阶段教学法的另一个特点就是语言综合教学的直觉意识。这一意识首先体现在教学的指导思想上。周祖谟（1953）曾提出以口语训练为前提、重视听说读写技能训练的设想。这一意识还被落实到对外汉语教学的教学设计中。由北大中国语文专修班于 1953 年制订的教学计划中就提出了教学既要传授语言知识，也要培养应用能力；在课堂教学实践中，实际上把直接法和翻译法配合使用，采用一种综合的教学法。可以说，对外汉语教学从教学初期开始就具有了综合教学法的痕迹，只不过未能全面完整地贯彻而形成系统的教学法。

（二）第二阶段：体现实践性原则的教学法阶段

从 20 世纪 60 年代初到 70 年代初，是对外汉语教学法发展的改进阶段。这个阶段的教学法在教学指导思想上对上个阶段的教学法指导思想进行了深刻的反思，针对教学中过分注重理论的倾向，提出了实践性教学原则，并把这一原则贯穿在教学的各个结构和各个环节中，贯彻到了具体的课堂教学实践中。教学内容侧重语言的听说训练，在课堂教学方法上多采用归纳法，注重“精讲多练”。强调对外汉语教学的实践性是这一阶段教学法的主要特点。

相对直接法是这一阶段的标志性教学法形式。所谓“相对直接法”是针对国外第二语言教学的直接法而言的，是把直接法的一些教学原则和方法与我们过去语法教学法相结合的产物。相对直接法要求控制使用学生的母语或媒介语，缩小语言知识教授的时间比例，增加日常用语和会话句子等内容，注重培养听说能力，加强学生的实践活动，是实践性教学原则作用于传统教学法的结果。但相对直接法并未涉及整个教学法系统和原则的改变，也并没有改变以语言系统知识为教学中心的状况，所以还不能说是对原有教学法的根本性改变，只是在教学具体方法的处理上进行了改进，因而具有明显的“相对性”。

这一阶段的标志性教材是由赵淑华、王还、许德楠、张维等人于20世纪60年代编写的《基础汉语》和《汉语读本》，这是两套相互衔接的教材。教材的最大特点是强调了实际语言在教材中的地位，压缩了语言知识中不必要的一些语法项目，以典型的范句来体现语言规则。这套教材是贯彻实践性教学原则、改进传统教学法的典型代表。

（三）第三阶段：深化实践性原则的教学法阶段

从20世纪70年代初到80年代初是对外汉语教学法发展的探索阶段。这个阶段的教学法受到语言交际观念的影响，在教学指导思想上对实践性原则有了更加全面的、深入的认识。强调了实践的交际性含义，提出了实践性原则是对外汉语教学的一个基本原则的主张。在教学内容上，对传统的以语言科学系统为主的脱离实际的教学内容进行了改革，代之以针对学生需要来选择语言内容。同时，这个时期受到国外语言教学听说法的影响，大多采用突出听说的技能训练方法，并对传统教学法与听说教学法的结合进行了有效的探索。

这一时期的教学法具有明显的听说法的烙印。强调学生对汉语的大量接触和实践，强调语言结构的操练；在课堂活动中，主要以对话和句型操练为主，句型操练是一个主要的特色；在各项技能关系的处理上，强调口语的第一性地位，注重学生口头语言表达能力的培养，采取“全面要求、听说领先、读写跟上”的教学原则。但这一时期的教学法还并不是听说法的完整翻版，而是继承了以往重视语法教学的传统，是一种以句型体现结构、兼顾传统教学法的综合教学法。

这一时期的教材主要有李德津等（1978）编写的《汉语课本》和李培元等（1980）编写的《基础汉语课本》。这两部教材的最大特点就是引入了句型教学，形成了以常用句型为重点，通过反复替换操练使学生掌握语法规则，并通过课文训练学生综合运用汉语的教学方法体系。《基础汉语课本》在语法点的编排和解释上合理、精当，被认为是集中了以往教材编写的各种优点的、各方面均比较成熟的优秀教材。由鲁健骥等编写的《初级汉语课本》是这个时期的另一套有影响的教材，也是我国最早的对外汉语分技能训练的系列教材，反映了当时分技能训练的教学指导思想和教学思路。

二 对外汉语教学法现状

从20世纪80年代开始，对外汉语教学法的发展进入了一个崭新的时期。教学法的研究开始深入、全面发展，研究视野扩大、研究内容广泛、研究方法多样。这一时期，一方面广泛吸收和引进了国外一些有影响的第二语言教学法，另一方面对自己的教学法进行了创造性的试验和自觉的归纳，教学法呈现出多种并举、丰富多样的态势。综观20世纪80年代以来的对外汉语教学法发展，我们可以归纳为以下四个方面。

（一）结构与功能结合的教学法

受国外功能—意念大纲和交际教学法的启发和影响，20世纪80年代以后的对外汉语教学法的一个显著特点就是引入“功能—意念”概念和“交际”概念，寻求结构与功能的有机结合。这种教学法主张，以培养语言交际能力为目标，引入功能项目和交际情景，选择符合学生实际交际需要的语言材料来编排教学内容，并通过有意义的交际活动实施课堂教学。这种教学法的一个中心原则就是交际性原则。强调语言学习就是学习交际，并鼓励尽早、尽可能多地进行语言交际活动。这一时期的教学虽然也采用了纯功能的教学法，但大部分的教学形式都不是把功能项目作为单一主线，而采取功能与结构、句型、情景等内容结合的方式进行教学。例如，以结构为主兼顾功能；以功能为主兼顾结构；以结构为纲，以功能为中心；以交际情景为主线，暗含功能，等等。虽然形式多样，种类很多，但功能项目却不可缺少，结构与功能结合的教学法成为对外汉语教学的一种主流教学法。最早吸收交际教学法优点并结合对外汉语教学特点形成的教学法体系，体现在由刘珣等人编写的《实用汉语课本》中。这套教材把功能、情景、句型、结构等几方面的内容有机地结合在一起，较好地体现了交际性原则，成为结构与功能结合的教学法的典范教材。体现纯功能教学法的教材以邱质朴编写的《说什么和怎么说？》为代表。教材以功能项目为纲，通过情景化的模仿和应用，培养学生的口语交际能力。

（二）结构、功能与文化相结合的教学法

自20世纪80年代开始，随着国外社会语言学研究成果在国内的介绍，国内语言学界掀起了文化语言学研究的热潮，对语言与文化的关系问题进行了广泛的讨论。同时，伴随着对“交际文化”概念的争论，对外汉语教学界对语言交际能力中的文化含义以及语言教学中文化因素的作用也进行了广泛的研究，在此基础上出现了结构、功能、文化相结合的一种教学原则和教学法，即在注重语言结构本身和语言的交际功能之外，还着重揭示语言交际中的文化因素，注重文化意识的培养。这种教学法一般以结构为基础，以功能为目的，文化因素融合在语言教学中，并采用通过语言教学导入文化因素的做法实现三者的结合。采用这种教学法主要基于如下基本思路：第二语言学习和运用本身就是一种跨文化的交际活动，在这种活动中，文化因素不仅大量存在，而且从不同角度、在不同程度上影响着学习和交际，有针对性地、分阶段地进行文化导入，对教学是有意义的。文化导入可以采取多种方式，如在教材和教学材料中采用注解法、将文化内容与语言材料结合起来的融合法、直接利用视听读形式的实践法、比较母语与目的语文化异同的比较法以及对相关文化内容的专门讲解法，等等。

（三）教与学结合的教学法

20世纪80年代后教学法发展的另一个特点是“教”与“学”并重、“教”与“学”结合。教学法的指导思想由传统的以教师、教学为中心自觉地向以学生、学习活动为中心或重点转移。注重研究学生的个性因素和个体差异，强调从学生的特点和学习需求出发进行教学设计、选择教学内容。在教学方法上，启发式教学法的使用和学生平等参与的成分越来越突出，学生成为课堂教学活动中的主角，而教师主要是作为教学活动的组织者和指导者，侧重发挥学生情

感因素，排除学生学习的心理障碍，组织、激励、引导和控制教学活动。

任务型教学法近年来在汉语教学中日益得到重视。任务型教学（task-based language teaching）是交际教学法的发展，20世纪80年代兴起，强调“在做中学”（learning by doing），教师通过引导语言学习者在课堂上完成任务来进行的教学。这种“用语言做事”（doing things with the language）的教学理论也逐渐引入汉语课堂教学。该理论认为：掌握语言大多是在活动中使用语言的结果，而不是单纯训练语言技能和学习语言知识的结果。在教学活动中，教师应当围绕特定的交际和语言项目，设计出具体的、可操作的任务，学生通过表达、沟通、交涉、解释、询问等各种语言活动形式来完成任务，以达到学习和掌握语言的目的。任务型教学法吸收了以往多种教学法的优点，并不排斥其他教学法。重视把语言运用的基本原理转化为具有实际意义的课堂教学方式，充分体现了以学生为中心以及注重学生合作学习的教学理念。

（四）科学综合的教学法

所谓“科学综合”是相对于传统教学法的综合性特点而言。20世纪80年代以后的教学法，无论是在教学法理论的研究上，还是在教学法形式的应用上，都呈现出对科学综合性的追求。赵金铭（1989、1996）总结到，随着语言形式、意义与功能相结合的提倡，结构、情景、功能系列教材的编写，这一时期的汉语教学逐渐开始形成多种教学法体系。而且，由于汉语教学的特殊性，汉语教学法从未出现像其他外语教学法那样的从一种方法向另一种方法的急剧转变，一直比较平稳地朝前发展，即使在人们追求相对来说比较单一的教学法的同时，也在自觉不自觉地进行某种程度的综合活动。这一时期，人们以历史的态度对以往的教学法进行了冷静分析和科学总结，发现没有任何一种教学法是完整的、唯一可行的，而且是可以普遍使用的，对不同教学目的和不同教学阶段的教学，适用的教学法也是不同的。这一时期人们不仅尝试了对结构、意义、功能、情景、文化等不同的内容综合形式，还对综合课与技能课的综合、各技能之间的综合方式进行了广泛探索。

从教学法研究的角度来看，近年来有些学者认为汉语教学进入了后方法时代，即从“方法时代”的语言教学转向“后方法”语言教学。这是20世纪中后期以来西方第二语言教学研究中出现的超越传统语言教学法概念的一种教学思想。“这种教学思想不同于以往存在的传统意义上的语言教学法流派，也不是一种可采用的具体的第二语言教学法，而是一种灵活、动态、开放的第二语言教学思想。”（赵金铭，2014）基本观点是没有一种现成的最佳方法可以用于教学实践。传统语言教学法在教学重点、内容安排上重视形式还是功能有不同的观点，在教学上呈现出“以语言为中心”和“以学生为中心”两种主要倾向。后方法理论不仅没有提供具体的“方法”，而且从根本上反对人们盲目照搬已有方法，鼓励教师“教学理论实践化，教学实践理论化”，即在教学实践中灵活应用理论，并重视总结自己的教学实践经验，努力将其进行理论升华；主张个性的张扬和多样性，教育理念的核心是倡导教师发展的自主性，旨在提升教师能力，使之知晓如何培养反思式方式指导自己的教学，如何分析与评估自己的教学实践。后方法思想的提出者和代表人物是印裔美籍学者圣荷西加州州立大学应用语言学教授库玛（B. Kumaravadivelu）。后方法理论要求语言教师对宏观的教学论和微观的教学策略做更加灵活的运用，提出十项宏观策略和三项组织原则，教师要发挥主观能动性，成为反思型教师和专家型教师。其核心观念可概括为：学习者自主，教师赋权（库玛，2003/2013）。

（五）附丽于特定语言的教学法

我们在讨论汉语教学法时发现，固有的教学法很难满足不同的语言学习、不同的学习者、不同的学习环境。赵金铭（2014）提出，任何一种语言教学法都是立足于特定的语言、固定对象、限定的环境和相关的教学要求，但是语言教学法也有普遍性，了解认识语言结构，对语言结构进行功能练习，在真实环境中运用语言结构，三者不可或缺，成为语言教学法的重要组成部分。

赵金铭（2014）指出，“附丽于汉语的特定语言教学法”，在结合汉语的语言特点对这种教学法进行实施时，是从附丽于汉语的教学法的三个层次展开的。第一个层次是附丽于汉语的教学法思路，主要阐述汉语教学内容与教学法之关系。第二个层次是教法，主要处理语言要素、言语技能和交际技能之关系，也就是指流行的语言教学法流派。第三个层次是技法，主要指教学内容与教法的具体结合，即所谓语言教学之技巧。他讲“附丽于汉语的教学法思路”时分析了五个口诀：（1）听说领先，读写跟上。即先语后文的教学思路。（2）妈麻马骂，汤糖躺烫。即声调的教学思路。（3）字不离词，词不离句。即字、词、句贯通的教学思路。（4）整体识字，先认后写。即汉字的教学思路。（5）结构组块，词组本位，精讲多练。即汉语结构的教学思路。第二个层次教法上，将每个口诀与语言教学法联系起来，综合考虑，为我所用。如听说领先，读写跟上，可采用听说法、交际法和任务法；字不离词，词不离句，可部分采用翻译法、情景法和认知法；结构组块，词组本位，精讲多练，可部分采用结构法和句型法。总之，教师可视具体情况灵活掌握。

三　对外汉语教学法发展的趋势

对外汉语教学法发展到20世纪末是一个从单一模式走向综合模式、从语言能力培养走向交际能力培养、从以教为主走向教与学结合的过程，也是教学法自身不断丰富和成熟的过程。展望21世纪的对外汉语教学法，随着社会教育需求的不断变化、教育理念的进一步发展以及对汉语规律的深层揭示和对学科理论的深化研究，教学法研究和实践将会呈现以下一些趋势。

（一）理论研究的并进化

同其他外语或第二语言的教学一样，对外汉语教学是由学习、语言、教学、环境四个核心要素加上其他多个要素构成的，由语言学、心理学、教育学等多个学科在不同层次上相互作用的系统。教学法的研究不可能只局限于一个或几个学科领域，而涉及多个学科内容。首先要依靠语言学、心理语言学、社会语言学等学科和汉语本体的研究，解决作为语言教学理论的语言观问题；其次，要依靠对心理学、教育心理学、心理语言学的研究，解决学习的本质和学习者特点的问题；再次，还要依靠教育学理论研究解决教学的组织和分析、教师的作用和功能等问题以及语言的社会背景、教育环境和语言教学环境的问题。此外，还要通过对语义学、语篇分析、文体学、应用心理学、认知心理学、实验心理学，尤其是语用学等相对独立的新兴学科的研究，解决理解和运用汉语的一系列问题。教学法理论必须从多学科的角度分头研究对外汉语教学法理论。

（二）教学法形态的模式化

对外汉语教学以往的教学法主要体现为侧重微观和宏观两个层次的形态，即侧重具体方法或技巧的教学法形态和侧重把国外教学法理论与汉语教学结合的宏观教学法形态。今后的教学法将转向对以教学模式为代表的中观层面教学法形态的建构和实验运作，兼顾教学理念和教学程式，形成数个具有广泛影响和典型意义的对外汉语教学模式。

（三）语言材料的语篇化

对语篇—话语理论的广泛介绍，尤其是对汉语语篇形式、语义、语境特征的深入研究，必将对汉语教学法产生影响。教学将从以往的以句单位为主的教学发展到以语篇单位为主的教学，系统化的语篇内容将成为教学和教材编写的主线。这种教学不是简单的结构与情景结合的教学，而是语篇与语境一体化的教学。教学法也将随着语篇特点、语境意义的特点而产生变化，着眼于语言的交际功能，强调掌握话语的语境意义。

（四）语法教学的强势化

语法教学一直是对外汉语教学法中的一个特殊角色，处于教学法研究和实施的旋涡中心。任何一种教学法无论其强调语法教学或弱化语法教学，都无法绕开这个特殊的角色。对语法教学的弱化主要是把语法教学与交际教学对立起来的结果。实际上，即使在功能项目或文化因素引入对外汉语教学的同时，侧重这两方面的教学法也都对语法教学另眼相看，语法教学的重要性是公认的，差别在于处理方式上的不同。随着对相关学科理论的研究和大量教学实验的进行，人们发现语法结构和规则是掌握语言不可缺少的，而且重视语法教学并非轻视交际，将语法教学纳入交际语言教学的大框架中，通过以内容为中心的交际活动来教学，是对交际活动的有力充实。语法教学有回归和强化的趋势。

（五）教学的活动化和任务化

交际作为现代外语教学法实施的一个焦点，引起了教学法的重大变化。交际教学理论的主要观点可以概括为以功能为线索，按学生实际需要选取语篇材料；目的是学以致用、学用平衡，学得有趣、用得得体；其途径是教学全面交际化。而且，交际教学法自身也在不断地进行模式演进。交际教学法在对外汉语教学中的影响也是最大的，除了对一般的教学法观点的广泛接受和应用，已经有人开始对汉语教学的活动化和任务化进行研究和实验，设计课堂交际活动和任务来帮助学生学习语言和交际，并按照这样的方式编写以交际任务项目为中心的教材。

（六）教学的立体化

教学的立体化主要体现在教学内容、教学参与者、教学环境等三个方面。随着语篇内容的引入，教学必须立足于上下文、交际背景和文化三维之上，体现教学内容的立体化；重视学习、强调活动的教学必然打破传统的线性平面，而形成学习者、教授者、语篇形象三向学习活动参与者的立体化，以及个体、小组、集体学习形式的立体化；在现代声光媒体和多媒体技术的帮助下，教学将实现超越课堂时空背景的立体化活动环境。

思考和练习

1. 对外汉语教学法的历史发展分为几个阶段？各自有什么特点？
2. 谈谈你对对外汉语教学法现状的认识。
3. 谈谈你对对外汉语教学法发展趋势的认识。

第二节 对外汉语教学的教学技巧

一 课堂教学技巧

教学有法，法无定法。这其中的第一个“法”是指一般的教学规律，第二个“法”是指运用教学规律来实施教学，第三个“法”就是指教学中所运用的具体方法，也就是教学技巧。按照通行的语言教学理论，语言教学法概念分为观点、方法和具体方法三个层次，教学技巧属于教学法概念中“具体方法”层次。

课堂教学技巧主要指体现为课堂教学行为的一些教学具体方法，包括课堂教学中为使学生理解和掌握所学语言项目或言语技能所使用的手段和学生在教师指导下的操练方式，是教与学两个方面的教学行为。课堂教学技巧体现在课堂教学实践中或教学所使用的教材中，所以具有灵活性、创造性、多样性、服务性、操作性和可控性等特点。课堂教学技巧也有两个层次的含义：一个是涉及整个教学过程和教学整个环节的、具有一定理论根据的、结构相对稳定的整体性技巧，另一个是针对具体目标、进行特定课堂教学的形式和程序的细节性技巧。例如“滚雪球”技巧就是第二语言教学法中一个著名的整体性技巧体系，它把对教材内容的取舍、分级和展示比喻为握成雪球的核心，以点面结合扩大雪球的技巧来比喻掌握语言点和整块话语的关系，用滚动雪球的技巧来比喻学习的循环往复、以大粘小、附新于旧和积少成多的过程，再用滚动不息的技巧来比喻语言学习的圆周式循环。这种整体性技巧大多为原则性技巧，也可以称作“教学策略”。针对具体内容的细节性技巧如处理生词的“听写”“改错”“领读”“图示”“组句”等是应用性技巧。

对外汉语教学课堂教学技巧具有自己的特点。由于汉语的一些特点，例如汉语声调的特殊性、汉字的独有性、汉语的形态标志不明显等，自然会影响到学习过程和教学方法，对外汉语课堂教学也相应地会产生技巧上的不同和侧重。相对于一般的外语或第二语言教学技巧而言，汉语课堂教学有一些独有的技巧如声调、汉字教学技巧；有些特别侧重的技巧如特殊句法的教学、特殊构词法的教学、特殊的语篇形式教学等；有些技巧使用的范围和作用不同，如听写等。

对汉语课堂教学技巧的分类有不同的方式。有人从语言技能训练分类角度归纳课堂教学技巧，有人从语言要素教学项目角度归纳，也有人从课程的分类角度归纳。关于语言技能训练我们将在下一节专门论述，这里主要针对不同语言要素的教学讨论课堂教学技巧。任何课堂教学技巧都要为特定的教学目的服务，都具有一定的适用范围和局限性。在选用时要考虑以下原则：（1）要根据教学目的选择教学技巧；（2）使用技巧要有明确的目标；（3）选用教学技巧要考虑交际性原则；（4）选用教学技巧要考虑教学的高效率（崔永华、杨寄洲，1997）。

二 语音教学

语音教学的主要任务是在语音理论指导下，通过对声、韵、调和语调的训练，使学生掌握语音基本知识并形成良好的技能。语音教学是对外汉语教学的第一个阶段，由于语音是学习者语言水平的最显性标志，又是一项难度较大、内容枯燥的要素，语音的教学对学习者的后续学习将产生关键性的影响。

一般来说，汉语语音教学要考虑实用性、实践性、趣味性和与其他要素的结合性的教学原则。实用性是指，语音教学的最终目的是使学生具有进行语言交际的能力，而重点不是语音本身；实践性强调语音教学要通过大量的实践、练习活动实现；趣味性主要指语音教学要采用适当的方法，减少内容的枯燥乏味，提高学生的学习兴趣；结合性原则要求把语音与其他语言单位，尤其是与句子教学结合起来。也有不少学者提出了一些更加具体的语音教学原则，如：以自觉模仿为主，以必要的语音理论知识为指导；从易入手，由易到难；以旧引新、以新带旧；突出重点、反复操练；音形结合、加深印象；加强直观教学、提高效率（程美珍、赵金铭，1986）。

经过多年的教学实践形成的音系教学和语流教学是对外汉语语音教学的两种基本方法，两者各有侧重，又相互融合。所谓音系教学，是从汉语语音体系出发进行的语音教学，也就是从单音教学开始，在较短的时间内进行声、韵、调和拼音等各单项的专门练习，直到基本掌握汉语语音系统。这种教学方法把语音教学和会话教学分开进行，专门安排语音教学阶段并首先安排语音教学，以便形成良好的语音习惯，为以后阶段的学习打下牢固的语音基础。音系教学法对语音教学有两种不同的教学要求：一种是较高、较细的要求，不仅要求准确掌握声、韵、调，还要掌握轻声、儿化韵、连读变调和读音变化等，要求全面、完整地掌握现代汉语语音系统；另一种是基本的、较粗的要求，要求把语音阶段的语音教学内容简化，采用“珠网式”方法，先拉线，即起初给经过简化、适合外国人学习的语音系统，以后再织网，即不断地正音、巩固，把语音阶段的语音教学与以后各阶段语音教学有机结合、统一贯穿，为此，还提出了简化汉语音系的基本原则和思路（赵金铭，1985）。

所谓语流教学，是从汉语实际语言运用出发进行的语音教学，也就是把语音教学融入会话中，从会话入手，从会话中分解语音要素，把语音练习与会话练习结合起来，最终再归结到会话。这种教学方法不专门安排语音教学阶段，也不完全依照固定的次序进行语音教学。但是，就语音教学的一般情况而言，无论采用音系教学法还是语流教学法，都是相对侧重而不是绝对割裂的。实际上，在教学中对音系和语流的相互融合、相互照应一直是语音教学的主流，音系教学不仅在专门的教学阶段安排相应的短语、短句教学，而且重视后续阶段对语音教学的重要性；同样，语流教学即使在一开始便注重语音教学与实际语言使用的结合，但仍坚持在相应的教学阶段对语音知识进行系统性的归纳和总结。

语音教学还要考虑学习者自身的特点实施有针对性的教学。充分考虑学习者的年龄特点，针对少儿的语音教学，应以整句、短语和词等的发音整体模仿为主，重视语流教学。而面向成年人的教学，在掌握声母、韵母、声调和音节的基础上，辅之以词、词组、句子及会话的语音训练。学习者的母语背景不同，在学习汉语语音时的难点也有所不同。可以对汉语与学习者母语的语音系统进行分析对比，找出异同，以便在语音教学中开展针对性教学，这在海外教学中是非常重要的。

语音教学的课堂教学技巧有很多。程美珍、赵金铭（1986）曾列举了九种具有典型意义的语音教学技巧：（1）演示法，即通过直观手段而不是教师讲解来体现语音部位、发音方法；（2）对比法，即通过对比汉语语音与学生母语语音在发音方法、部位等的不同抓住关键，解决难点；（3）夸张法，即通过适当的夸张和清晰的发音，造成视听形象的优势，突破难点；（4）手势法，即教师借助手势辅助，用形象的提示方法帮助学生发好音素；（5）拖音法，即通过延长音程导出新音，以有效地练习舌尖元音；（6）带音法，即使用一个已经学会的发音部位相近的音素带出另一个新的音素；（7）分辨法，即让学生通过视听觉来甄别一个音素发音的正误，体察两者之间的差别，再进行模仿；（8）固定法，即采用突出容易模仿的某一点，然后固定其发音部位的方法；（9）模仿法，分为直接模仿和自觉模仿两种，直接模仿就是简单地跟说，自觉模仿则要依靠听视觉等方面的配合，经过听音、观察、比较、分析后模仿。崔永华等（1997）在收集整理多种语音教学技巧的基础上，把语音教学技巧分为展示语音的技巧、练习发音的技巧、指导发音的技巧、纠正发音的技巧等几个部分，并分别做了归纳。

三 词汇教学

词汇是语言表达的前提，词汇知识是语言使用者语言能力的重要组成部分。同样，词汇教学也是语言教学的重要基础，大部分的课堂教学都是建立在词汇教学基础之上的。

词汇教学主要涉及词汇量的控制、词的选择、词义解释、词汇练习方式等（吕必松，1996）。词汇教学的一般性策略和方法主要有以下几个内容：（1）词汇教学和训练应当从理解和输出两个角度考虑，有一些方法技巧适合词汇的理解、记忆，而有一些则适合词汇的表达、应用。（2）在语言教学的最初阶段，词汇教学和训练的重点是利用多种技巧、方法帮助学生记忆生词。（3）在语言教学的初级阶段，核心词汇的教学和训练是关键，词汇的数量和内容选择都要有核心词的概念。（4）随着教学的逐步深入，应越来越强调词汇的输出训练。要注重使用语用场和语义场概念，在特定的词汇网络中进行词汇学习和练习。（5）猜测和利用上下文线索进行词汇理解训练非常有效，尤其是在阅读教学和训练时，阅读材料以及相关的练习对词汇教学有很大帮助。（6）在教学的各个阶段尤其是中高级阶段，习用语、固定词语、固定格式以及成语的教学和训练都很重要，这是培养学生词汇能力的瓶颈之一。（7）通过语篇和话语进行词汇与其他各语言要素以及各种技能的综合性训练，是培养高级词汇能力和学生在多个层次理解词汇作用的有效途径。

词汇教学的基本原则有：（1）频度原则。汉语词汇系统繁复，词汇量庞大，可对词语教学计量统计，按照使用频率选出常用词，遵循常用词先选多选、先教多教的原则，满足学生需求。（2）交际性原则。语言教学的终极目标是培养和提高学生的语言交际能力。在词汇教学中不仅要使学生掌握词的音形义以及词的使用特点，更要使学生能够根据语境正确得体地使用词汇，从而实现有效交际。（3）文化原则。语言和语言应用不可能脱离文化而独立存在。词汇不可避免地受到文化的影响，许多词汇的概念义背后蕴含着一定的文化意义。教学中教师应对词语的文化意义进行诠释，以培养学生的跨文化意识。

在词汇教学中，有一些教学方法的研究和实验受到更多的关注：（1）语素教学。汉语语素具有很强的组词功能和很高的应用频率，通过强化语素教学，可以实现以简驭繁、有效扩大词汇量的教学目的。语素教学中常用的方法就是通过类比、启发、以旧带新等手段总结归纳语素的组词特点，进而掌握词汇记忆和使用规律。（2）词义教学。许多学者从词汇意义的角度总结出词语教学的各种方法，如词汇强化教学、集合式词汇教学、语义场词汇教学等，力求通过词汇在词义上的聚合规律，找出词汇教学突破的有效途径。（3）词汇分类教学。根据不同词汇类型的特点进行针对性的教学，如离合词、量词、虚词、称谓语、熟语等。

词汇教学技巧可以分为展示词汇的技巧、解释词汇的技巧、词汇练习的技巧、词汇积累的技巧（崔永华等，1997）。词汇展示技巧主要是通过听写、领读、认读等方式，通过卡片、实物、图片等手段进行单一词汇展示。通过词类、词义、所涉及的话题以及在课文中的出现顺序进行多词的组合性展示。词汇解释技巧主要是利用已学词汇、词素推测、词汇形象、动作表演、语境、例句、上下文、近义词、反义词、汉外对比、翻译、扩展、归纳等方式和手段解释词义，利用词语搭配实例、直接说明等方式解释词的用法。词汇练习的技巧可以分为记忆练习、辨别练习、用法练习、理解练习等针对不同目标的练习方法。词汇积累练习主要是根据语素的归纳和附加意义归类、语法归类等方法帮助学生扩大词汇量。

四　语法教学

语法教学就是对词组、句子、语篇、话语等组织规则的教学，其目的是为了让学生通过理解这些规则，了解目的语本身，并运用语法规则在交际中进行正确的运用。在具体的教学活动中，语法教学要解决的主要问题是语法项目的选择、语法点的编排、语法点的解释和练习等。在课堂教学中，语法教学只是多个教学环节中的一个，而且语法教学要围绕或结合技能训练进行。

就整体性的语法教学法而言，许多学者提出了很有影响的观点。赵金铭（1996）认为对外汉语教学初、中、高三个阶段的语法教学主旨应各有侧重：初级阶段主要应解决正误问题，即侧重最基本的语法形式的教学，使习得者具备区分正误的能力；中级阶段主要应解决语言现象的异同问题，即侧重语义语法教学，使习得者具备区分语言形式异同的能力；高级阶段主要应解决高下问题，即侧重语用功能语法教学，使学习者具备区别语言形式之高下的能力。陆俭明（2000）提出应采取随机教学、巩固基础语法教学和点拨式教学：在初级阶段通过课文、练习及学生练习或作文中的病句，进行有针对性的随机性讲授，到一定阶段后进行总结性的、巩固基础语法的教学；同时以学生普遍性的语法错误为突破口，进行点拨式教学，避免大讲语法规则。

语法教学要注重结构、语义、功能相结合。语言是一种复杂的形式和意义的结合体，对外国人的语法教学也要注意句法、语义、语用三个平面的结合，注重语法形式与意义相匹配的认知解释，注重在交际活动中进行语法教学，注重循序渐进、复式递升，重视针对学习者的语法偏误，注重互动性、多样性和趣味性的体现。

语法的课堂教学可以归纳为三种基本的教学方法：演绎法、归纳法、句型法。演绎法就是从讲解基本的语法规则出发，通过具体实例和配套练习，进行语法教学。这种教学方法可以归纳为讲解规则、举例说明、造句、应用等几个步骤。归纳法是从具体的语言材料出发，在大量接触生词、课文并进行相关练习的基础上，归纳出语法规则。这种教学法可以归纳为接触语言材料、进行相关练习、概括归纳语法规则等几个步骤。句型法则是把汉语语法规则归结到一定的典型范句，通过对句型的教学实现语法教学。这种教学法可以归纳为范句展示、句型讲解、句型操练、句型变换等几个步骤。无论是演绎法、归纳法，还是句型法，虽然在教学法的不同历史时期都曾作为语法教学方法的主流，但在实际的课堂教学中，尤其是现代语法教学中并非彼此割裂，而是互相兼容、紧密结合的。

语法教学的一般性策略和方法可以概括如下：在教学中突出语法的重点和难点；从句型入手并把句型操练与语法规则的归纳结合起来；在语篇和话语中体会句子的语法意义；语法规则的教学与语义、语用、功能的教学相结合；精讲多练、以练习为主；先易后难、循序渐进地编排语法项目；重视纠正学习者的系统性语法错误（刘珣，2000）。

语法教学技巧可以分为展示语法点的技巧、解释语法点的技巧、练习语法点的技巧和归纳语法点的技巧几个部分（崔永华等，1997）。展示语法点主要是通过特定的方式或手段引入语法点，包括听写含有语法点的句子或词组，通过提问或对话引出语法点，通过实物、道具、图片、动作演示等表现出语法点的内容。展示语法点的技巧应当让学生能够比较自然地联想、猜测或理解语法点的含义，降低语法点理解的难度。解释语法点主要是对语法点的形式、意义、功能等进行解释，以便于学生理解、记忆，进而运用。解释语法点的技巧主要是通过简易公式、使用符号或其他形式标志简明扼要地解释语法点，或者借助图片、简笔画、道具、实物等方式，生动、直观地帮助学生理解语法点，还可以通过语言手段如以旧释新、汉外对比甚至直接的翻译方式进行解释。练习语法点主要包括三类大的形式：替换、重复、扩展等机械性操练；形式变换、复述、翻译等有意义的练习；小组活动、模拟交际等交际性练习。语法点的归纳主要通过对某个语法点相关各形式的系统归纳、汉外语法内容的对比归纳、例句归纳等方式把学过的语法知识系统化，形成内化的规律。

五 汉字教学

汉字教学是对外汉语教学法研究和实践的一个难点。早期的汉字教学法大多脱胎于母语语文教学法，侧重教学方式的处理及汉字教学的时机安排，先后出现了几种汉字教学法并不断演化推进。我们把汉字教学的总体性做法归纳为以下几种：先语后文、语文并进、语文分开、集中识字等。先语后文是指让学习者在开始的学习阶段只接触拼音，不接触汉字，在基本掌握了汉语拼音和一定数量的词汇、语法之后，再引入汉字教学。这种教学方式在语言学习上分散了难点，但在汉字学习上又集中了难点。语文并进是指在学习语法、课文开始就兼顾听说训练和汉字识写训练，汉字基本笔画和常用字素的教学可以先期进行。这种教学方式实际上是语文一体的教学方式，它分散了汉字教学的难点，照顾到汉字教学的应用性和趣味性原则，但很难按照汉字规律来教学汉字，对听说训练也有一定的干扰。语文分开是指设置专门的听说读写课程，并把承担拼音教学和听说训练的听说课与承担汉字教学和读写训练的读写课分开设置，并行开设。这种教学方式涉及的拼音和汉字具有一致性，可以强化听说训练并有序地进行汉字教学，但两者捆绑在一起，容易造成脱节。集中识字是指在初级教学阶段中的某个时间里安排专门的汉字教学阶段，集中进行汉字的识读和书写训练。这种教学方式与以上几种有交叉，也同样存在以上教学方式的优缺点。

汉字教学的基本原则有：根据学生学习需求进行教学，针对不同文化背景的学生采用相应的教学方法。依照汉字本身的特点进行教学，可以采用汉字教学与词汇、与句子教学结合的方式进行。

一般的汉字教学方法就是由简到繁、由易到难、对比归纳、遵循规律、注重应用。许多学者从汉字的形体出发，总结出了汉字教学的一些基本步骤：先教基本笔画；从基本笔画到独体字；分析合体字、化繁为简；把字和词的教学结合起来等（李培元、任远，1986）。也有学者指出，在汉字教学中应从笔画开始，注重字素、汉字基本结构和常用汉字的教学方法（施光亨，1987）。随着人们对汉字、汉字教学、计算机汉字处理等的研究，部件教学成为汉字教学的另一个有效途径。部件教学是把具有组配汉字功能的构字单位作为部件，在对部件进行归纳、整理的基础上，以部件为基础单位实施汉字教学。相对于一般的笔画教学，部件教学较好地体现了形象直观、由简到繁、适合记忆、适合区别对比等原则，提高了学习的便利性，减轻了学习负担。

汉字教学的技巧可以分为展示汉字的技巧、解释汉字的技巧、练习汉字的技巧、练习查字典的方法（崔永华等，1997）。展示汉字是将汉字的形音义三方面先期展现给学生，使学生对所学所练汉字有一个初步的了解。展示汉字的技巧包括看图识字、板书出字、卡片示字、旧字带新字等。解释汉字是根据汉字的特点和规律，抓住要点、简明易懂地对所教所练汉字的形音义进行分析和讲解。解释汉字的技巧包括析形、析音、析义、类推释字、俗字源释义等。练习汉字是指为了使学生正确地认读、书写和灵活运用汉字而进行的各种练习。练习汉字的技巧包括认读、析写、部件、组词、填空、改错和听写等练习。查字典练习主要是通过分析部首、计算笔画、查找生词等方式让学生学会使用词典、字典。

思考和练习

1. 对外汉语课堂教学技巧指什么？
2. 分别介绍一下语音、词汇、语法、汉字等教学技巧。
3. 谈谈你所了解或设计的课堂教学方法和技巧。

第三节 语言技能训练

一 语言四项技能及其相互关系

语言四项技能是指听、说、读、写，即听话理解能力、口头表达能力、阅读理解能力、笔头表达能力，一般也称为“听话技能”“说话技能”“阅读技能”“写作技能”。语言技能实际上就是个人运用语言的能力，这里的“语言”指说话人可能表达或理解的内容，是个人说的话，具有信息属性，而不是指代码属性的语言系统本身。准确地说语言技能应该称为“言语技能”。

语言技能是个人运用语言的能力，但又不完全等于语言的运用能力。因为，运用语言的能力还应包含言语行为和言语事件，单独的听说读写还不能达到应用的目的。所以，我们一般把听说读写四种技能看成掌握运用语言运用能力的基础，不过，语言的每一项技能还可以分成更小的技能，即微技能或叫局部技能，微技能既是语言技能的分解，也是技能的要素。

语言的听说读写四项技能与语言的语音、词汇、语法三项知识并不是对立的系统。传统的看法一般把二者割裂开来，但实际上语言技能所强调的正确运用语言的含义包括了合乎语法规范的意思，技能本身包含语法，技能的信息属性也是使用语言的产物。正因此，通过技能训练学习语法规则或者通过语言活动方式教授语法才成为可能。

语言的四项技能共同构成一个完整的系统并且共同发挥系统的功能，一个完整意义上的语言能力，四项技能缺一不可。四项技能中，听和读主要是接受型或叫输入型、理解性技能，是先行性技能，其共性是对输入信息的解码，在信息加工过程和特点上具有一致性。说和写主要是创造型或叫输出型、表达性技能，其共性是要辨认信息、匹配信息、处理信息和输出信息。虽然也有理解过程，但重点在对新信息的处理和表达上。

一般的语言教学法理论认为，说是基础和核心，是语言技能综合运用的标志性技能，其他各项技能都是依靠说而建立起来的。听与说两者组成传统意义上的听说技能，随后是读和写。所谓“听说领先、读写跟上”就是源于这样一种对技能训练的认识。但也有人提出阅读技能从接受、输入角度是最容易被接受的，进而提出“从读入手，以听说为重点”的技能训练方式。更新的技能训练方式是从信息加工的特点出发，把四项技能分为接受型和创造型两类来组织教学。

二 听力训练

听力是个人的听话理解能力，听力训练就是对这种能力的专门性训练。听力在语言学习和交际中具有特殊作用，听力训练是技能训练中的关键部分之一。

听力训练的任务主要就是培养听力理解能力。吕必松（1996）曾提出听力训练的作用和任务就是打好听力基础、培养听的技巧、培养听的适应能力、培养注意力和开发智力。

听力的微技能训练观点是对外汉语教学听力技能训练中比较有影响的观点，为一般的听力课教学实践和听力教材编写所认同。杨惠元（1996）认为，听力训练的重点是听力的微技能训练，并归纳出听力的微技能主要有辨别分析能力、记忆储存能力、联想猜测能力、快速反应能力、边听边记能力、听后模仿能力、检索监听能力和概括总结能力等。听力训练主要就是通过对这些微技能的训练，提高学生的听力技能。

听力训练的另一种观点受到自上而下理论的影响。听力虽然是一种接受型、被动性的技能，但听话者对语言输入的处理是主动的。根据对听力内在心理过程的研究，人们发现听力理解同阅读理解过程一样是自上而下与自下而上两个相向平行过程的运用，即听话者要运用自身原有的世界性知识来整体理解意义，也会利用词汇、语法知识来理解语言形式。在听力训练的不同阶段，对这两种形式采用的方式和侧重点是不同的，不过，人们尝试用自上而下的方式进行听力整体理解能力的训练，并运用合成—分析的方法兼顾语言要素和微技能。

听力训练的基本方式有听辨、听读、听写、听记、听说、听测等训练。

听辨训练通过听辨异同、听辨正误、听辨真伪等训练听话的注意力和辨析能力。听读训练把听和读结合起来，有利于建立音形义的联系，训练理解能力并帮助学习者掌握汉语词汇和汉字的特殊性。听写训练是听力训练的有效方法，被认为是检查听力理解的重要方式之一。听写不仅可以对即将学习的词汇进行预处理，还可以在句子中复习学过的词，并加深对某些语法现象的理解（刘颂浩等，1995）。听记训练的主要作用在于提高听话的理解能力，同时，它对提高学习效率、促进语言技能发展和智力发展都有明显的作用。听说训练是听力训练中最常见的手段，它通过听述、听答等方式，把听和说的训练有机结合起来。听测训练对提高听话能力具有重要作用，根据听的内容推断言外之意，这种训练对调动学习者注意力、想象力和推断能力，对激发学习者的学习兴趣大有帮助。除此之外，对预测能力的训练和培养也是听力训练中的一项基本内容。

对有效的听力训练比较一致的认识是：（1）听力训练应当尽早开始。在教学的初级阶段就要进行听力训练，做到听说同步。（2）要进行听力理解策略训练。一般的听力策略主要是认知策略和元认知策略，要对学生进行对应性的策略训练以提高听话技能。（3）听力训练采用的主要方式是精听、泛听和随意听，前两者一般是课堂训练的方式，后者一般是课外自学的方式，听是四项技能中唯一具有自然习得式之便的技能，应充分利用。视听结合是近些年听力理解训练采用的另一种相对有效的形式。（4）听力练习是听力训练的一个基本方式，听力练习的基本内容是语音识别、词语理解和语义理解等语言内容练习和相关的交际活动练习。（5）听力材料对听力训练具有重要影响。选取或利用的材料要有学生感兴趣的新知识；要考虑与学生的接受水平相适应，贯彻可懂输入的原则；要对新信息和重要信息有所设计，便于培养学生“抓关键”和“跳障碍”的能力。（6）听力训练主要通过听力课教学和其他课程中的听力环节进行，听力训练的基本环节要从信息输入、信息储存、信息检索、信息归纳和信息转化、交换等环节考虑。（7）听力训练的具体技巧应考虑重复、重组、扩展等方式，并应注重对听话技能与其他技能的结合性训练。

三 口头表达训练

口头表达训练也可以称作“说话训练”，是指对口头语言表达的专门性训练。“口头语言”不等于一般意义上的“口语”：前者区别于“书面语言”，是语用范畴的一个概念；而后者区别于“书面语”，属于语体范畴的概念。口头表达的语言内容包括口头话语，也包括以口头形式表达的书面语。由于“说”在各项技能中的中心地位，口头表达训练也是技能训练中的一项核心内容。

口头表达能力一般划分为语音能力、用词造句能力、成段表达能力和语用能力（吕必松，1996）。或者把它划分为口头表达的微技能，如高速组织语言内容的能力，正确选词造句、组句成段的能力，恰当选取表达方式的能力，善于运用声音技巧的能力（杨惠元，1996）。口头表达训练的重点就是对这些能力进行分别的或综合的训练。

成段表达能力是口头表达能力的主要内容。一般认为，成段表达训练是在用词造句和组句成段训练过程完成后的训练内容，同时又是大段表达训练的先期过程。但话语—语篇理论的引进使口头表达训练从一开始就注重具有交际意义、与语境和话题紧密联系的话语和语篇，使口头表达训练得以在更广泛的范围内进行。

口头表达训练的关键是排除说的心理障碍、解决学生的开口关。第一，要创造说话训练的良好氛围和环境，激发学生说的欲望；第二，在说话训练中要容忍错误，不要过多地、即时地纠错，使学生的口头表达有更多的机会；第三，说的内容要紧密结合学生生活、工作、日常交际需要；第四，允许口头表达中的沉默、自我酝酿，大多数口头表达都需要一定时间的组织和反应；第五，要善于利用听读等其他的技巧形式引出口头表达训练；第六，在听说读写各项技能训练中处处训练口头表达。

口头表达训练的方式是多种多样的。例如背诵、复述、围绕口头表达的语体改变、问答递话、按所列提示要素说话、按规定的程式说话、看图说话、讨论和辩论、转述、讲演比赛、模拟口语交际活动等。朗读训练或背诵训练作为一种基础性的口头表达训练方式曾被广泛使用，它不仅可以培养学习者口头表达的胆量、培养较好的语感和发音技巧，还能有效地训练口头表达的适应性。复述训练是口头表达训练最常见的一种方式，可以分为详述、简述、创造性接述和评述等多种形式，这些方式在提高口头表达能力的同时，还能训练语言的加工和组织能力，丰富说话内容，是成段表达训练的主要手段之一。问答递话或称口头问答是口头表达训练的另一种常见方式，根据问和答的多种技巧组合出的不同问答训练，是促进学习者质疑能力和答问能力的有效手段，也是激发学习者的思考、联想习惯，锻炼学习者准确、连贯、完整、得体地进行口头表达的有效方式。讨论和辩论时就某个问题交换意见或进行争论，是口头表达训练中的一种较高层要求，这种形式对学习者的语言能力、思维的敏捷性、知识结构等多个方面进行综合性、融合性的训练，并以小组、同伴、全班、自由组合等多种组织形式进行，是一种具有挑战性的训练方式。按所列提示要素说话和按规定的程式说话等可以简单归结为口头作文训练，这种训练方式既可以是描述性的，也可以是叙述性、议论性的，对口头表达的连贯性、完整性、条理性训练有特殊作用。

四　阅读训练

阅读是语言的一项基本技能，是吸收新知识、了解新信息的重要途径，因此，阅读训练是语言技能训练中非常重要的组成部分。所谓阅读训练，就是指对阅读理解能力和阅读技巧的专门训练。

阅读训练的主要任务就是培养学生的阅读理解能力即读懂阅读材料的能力。阅读理解能力包括对字、词、句、语段、篇章等多个层次的理解能力，其中篇章理解能力是阅读理解能力的集中体现，也是阅读训练的重点。一般的阅读训练所关注的主要是词汇和语法等内部知识，对语言的社会语境和篇章构造规律不太重视，而实际上，这种训练只是培养了学生基本的辨词识句能力，对整体阅读能力的培养帮助并不大。

研究表明，人们的心理图式是篇章阅读理解的条件和基础，读者无论采取什么样的阅读方式，都以自己对各类事物、事件、知识的典型经验和认识为主要依据，图式对篇章的理解效率和速度具有重要的影响。从这个角度讲，阅读教学的核心问题就是要改变和充实学生头脑中的知识图式，让学生熟悉篇章构造的基本规律，建立相应的知识图式。与阅读能力有关的知识图式大致包括三方面的内容：反映社会和文化背景知识的宏观语境，体现表音法、正字法、构词法、句法和语义学知识的语言内部知识，体现篇章构造的语域范式、结构范式和连贯范式的篇章生成构造规律的知识。进行这方面的训练应采取一些针对性措施，包括选取各种典型语境中的典范文章为学生提供参照的标准，训练学生对篇章结构和连接手段的敏感性和认知能力，训练学生善于运用联想预测、选择跳跃、推断猜测和记忆储存等策略进行阅读活动。

阅读训练的另一项任务是训练学生的阅读技巧和快速阅读能力。一般认为，阅读技巧主要有识别词义、理解要点、推理、评价和欣赏等几种能力。其中推理是阅读各项技巧中的核心技巧，识别词义和理解要点是基础性技巧。按照阅读的不同目的和速度，我们可以把阅读分为略读（粗读）和细读（精读）两个基本类型。快速阅读能力的训练对两类不同的阅读形式都是需要的。训练学生阅读技巧和快速阅读能力的方法很多，如扩大阅读单位、猜测词义、跳跃障碍、抓关键信息等训练。

阅读的自下而上模式、自上而下模式和相互作用模式是阅读的三种典型模式，对阅读教学和训练具有重大影响。自下而上模式认为，阅读是一种单纯的语言知识的应用活动，是一个精确的过程，这个过程从对字、词、句等的逐一辨认开始，不断进行信息组合，最终完成阅读活动。自上而下模式认为阅读是一个积极的思维活动，是阅读者根据本人已有的知识和阅历，对作者所要表达的内容产生预测，并在阅读过程中加以验证和修改的活动，也就是利用心理图式知识进行阅读理解的活动。相互作用模式则认为阅读是视觉信息与阅读者已有知识相互作用的过程，是前面两者的结合。

在阅读训练中，对汉语词、句子、课文和汉字等的认知研究以及语境效应的研究促进了一些新的阅读训练方式的产生。如根据汉语篇章结构特点进行阅读、满视野限时阅读、汉语快速阅读等训练。

五 笔头表达训练

笔头表达就是一般所说的写作，是指用书面语言表达个人的思想。写作能力包括了语言表达能力和对事物进行观察、分析的认识能力，是学生语言和认识水平的综合体现，也是四项语言技能中最难的一项，尤其需要专门的训练。

广义的笔头表达训练虽然也包括基础性的写字训练和写话训练，但主要是指应用文写作训练和其他综合形式的写作训练，包括书信、假条、贺卡、请柬、通知、日记、申请书等简单的训练项目和布告、合同、说明书、产品介绍、读书笔记、工作总结、专题论文等较难的训练项目。针对记叙、说明、议论、描写等四种主要文体的训练，也是写作训练的重要内容。

写作训练，第一，要重视书面语表达方式的训练，使学生掌握篇章的结构和格式、句子与段落之间的连接方式；第二，要读写结合、以读带写，要在分析范文的基础上，在教师的指导下进行写作训练；第三，写作内容要具体，要有明确的提示和适当的控制；第四，写作要有感而发，要具有真实性。

写作训练的方式多种多样。写字练习的抄写、默写、听写，写话练习的合并句子、说后写、听后写、翻译，应用文训练的读后写、改写、缩写、续写、扩写、仿写、语体变换等，是写作训练不同阶段的一些主要方法。写作训练要训练学生明确、得体、简练的措辞技巧和善于运用转折、总括等具有篇章连接意义的词语的能力，要训练学生合理组合、交错使用、多样性运用句子的能力，还要训练学生展开、连贯、统一段落的技巧。

文章写作训练根据教学重点的不同而形成不同的训练方法。一是侧重结果的写作训练。传统的汉语作文训练主要采用这样的方式，学生按照“教师出题—写作—教师讲评”的模式练习写作，训练的重点集中在写作的最终结果上。这种训练方式明显受到语文教学法的影响。二是侧重过程的写作训练。教师针对学习者的特点和汉语文章结构的特点，从写前准备、写作、修改、批改、讲评等全程对学生进行指导，训练的重点在于让学习者从写作过程中掌握汉语应用的特点和写作技能。三是侧重内容的写作训练。激发学习者自己寻找素材，并对这些素材进行综合和分析后，进行写作训练。这种训练方式的重点是帮助和指导学习者获取必要的素材。四是综合性的写作训练，把阅读、讨论、写作结合起来，也就是把听、说、读、写综合起来进行写作训练。

思考和练习

1. 语言四种技能的含义是什么？它们之间的关系是怎样的？
2. 各种技能训练有什么特点？

第四节　语言交际能力培养

一　语言交际能力

语言交际能力指运用语言进行交际的能力。交际活动既包括语言交际活动，也包括非语言交际活动，语言交际能力主要指使用语言这一工具进行交际的能力，包括口头交际能力和书面交际能力。由于语言交际能力表现为一种外在的、综合的、处事的能力，更为第二语言教学或外语教学研究者所关注。

语言交际能力这一概念源自交际能力理论。交际能力理论最早是由美国语言学家海姆斯针对乔姆斯基的语言能力理论提出来的。语言能力理论认为，语言能力即语法能力，是人们所拥有的有关本族语的语言知识，是一个内化的有限规则系统，是语言习得和生成的内在机制。交际能力理论则认为一个人的语言能力就是一种行为处事的能力，即使用语言的能力；它注重语言的适当性，即语言运用要适合具体的社会文化环境，也就是在什么时候什么场合对什么人就什么事可以使用什么方式讲些什么或不讲什么。传统的“语言能力”只是交际能力的一个组成部分，而交际能力则可视为文化能力的一部分，是一种社会语言能力。

交际能力理论对交际能力提出了四个参数：是否（以及在什么程度上）在形式上可能，即合语法性；是否（以及在什么程度上）可行，即心理可行性；是否（以及在什么程度上）得体，即社会文化得体性；是否（以及在什么程度上）实际出现了，即实际出现概率（海姆斯，1972；祝畹瑾译文，1985）。概括地说，交际能力体现为能否把可能的、可行的和得体的行为结合起来，并在实际中得到运用。

交际能力理论在今天已经成为社会语言学、教育语言学、应用语言学以及不少社会科学研究中的一个重要理论。不少学者都对这一理论进行了深入的研讨，并基本形成了共识，这就是交际能力是一个总体性的概念，它包括所有运用语言进行交际所必不可少的知识和技能，可以分解为不同的能力方面。主要有四个方面：（1）语法能力。类似于传统的语言能力，指对语言形式和规则本身的掌握，是准确理解和表达话语字面意义所需要的基本能力。（2）社会语言能力。适当地表达和理解能力，指能够根据各种语境因素适当、得体地运用和理解语言的能力，是交际能力中的核心部分。（3）语篇能力。也称"话语能力"，指把语法形式和意义组合起来，构成不同体裁的口语或书面语语篇的能力，是不同于语法能力和社会语言能力的一个重要方面。（4）策略能力。也称"应变能力"，指运用各种交际策略解决交际困难、弥补交际障碍或增强交际有效性的技能。也有学者把交际能力概括为一个人运用语言和非语言手段来达到某种交际目的的能力，这种能力体现了一个人的整体素质，包括语言知识、认知能力、文化知识、百科知识、其他知识（包括副语言知识、情感因素等）（束定芳、庄智象，1996）。

交际能力一般是指母语交际能力或特定文化的交际能力，与特定的文化有着紧密的联系，尤其是其中的社会语言能力与语篇能力更多地受到特定文化的制约。人们在进行跨文化交际时，要想成功实现交际就必须处理好交际中涉及的诸多文化因素，具备跨文化交际能力。跨文化交际能力在其构成上与特定文化的交际能力有不可忽视的差异，这是由跨文化交际的本质决定的。因此，第二语言教学和外语教学中不能简单地把目的语交际能力等同于跨文化交际能力。

受到交际能力理论的影响，对外汉语教学界也曾有不少学者对语言交际能力和汉语交际能力进行了相关的研究。有学者提出语言能力与语言交际能力是两个不同范畴的概念，前者属于语言范畴，后者属于言语范畴，其构成因素和形成过程各自不同；语言能力由语言要素、语用规则构成，而语言交际能力则由言语技能和言语交际技能构成，可以看作是语言能力的外化（吕必松，1996）。也有学者根据交际能力理论把汉语交际能力具体归纳为三个方面的内容：汉语语言系统能力，即使用汉语时具有合语法性和可接受性；汉语得体表达能力，即使用汉语时具有得体性，能根据说话人和听话人的具体条件和说话时的具体语境选择最恰当的表达方式，以取得最理想的表达效果；汉语文化适应能力，即使用汉语进行交际时能适应中国人的社会文化心理习惯（范开泰，1992）。

二　语言交际能力的培养

（一）语言交际能力的形成

语言交际能力是一种复杂的知识和技能体系，同时又具有明显的相对性。虽然母语交际能力与第二语言（外语）交际能力在本质上是一样的，但其各自的形成却遵循着不尽相同的途径，简单地说，外语学习者首先是在基本掌握了母语交际能力的基础上开始学习外语的，母语交际能力与外语交际能力之间必然会产生一定的迁移作用。所以，至今我们还很难准确描述一个第二语言或外语学习者语言交际能力形成的过程。

尽管如此，学者们对语言交际能力所形成的有些看法是一致的，不少学者认为，语言交际能力是无法直接传授的，其形成要经过一个从语言知识向交际能力转化的过程。大体的转化过程可以描述为“语言知识→语言技能→语言交际能力”（盛炎，1991）。一般而言，一个外语学习者首先获得的是语言知识；其次，通过操练使这些知识转化为听说读写等语言技能；再次，通过操练或其他多种教学和非教学手段，语言技能才能转化为语言交际能力。这是一个完整有序的教学过程，其中的第一、第二个环节都不能等同于语言交际能力。有学者进一步指出，人们通过对语言知识的学习获得临时语言能力，这种能力的外化，才能转化为言语技能和言语交际技能，言语技能和言语交际技能的内化才能转化为永久的语言能力，正是经过这种反复的外化和内化过程，人们才能习得语言，而所谓语言交际能力就是这种永久语言能力的外在形式（吕必松，1996）。

我们所说的语言交际能力，其实可以从知识和使用两个方面来理解，前者是后者的前提，后者是前者存在的体现，即使有些时候知识可能不是明确显现出来的。掌握了语言知识可以获得局部的交际能力，但并不等于获得了真正的语言交际能力，能够准确、恰当地运用语言；相反，能够恰当地运用语言，但如果不掌握足够的语言知识，也会影响更高层次的语言运用，也不能够完整地获得语言交际能力。语言交际能力的形成是一个语言知识和语言使用不断积累、交互促进、综合发展的过程。

（二）培养语言交际能力的途径

谈到培养学生语言交际能力的途径，很容易让人联想到交际教学法。交际能力理论的诞生直接影响了交际教学法的发展，因此，不少人提出交际教学法也就是培养学生语言交际能力的有效途径，或者说，相对于传统的教学法，交际教学法显示出更多的优越性（或称便利性）。如盛炎（1991）认为，比起归纳性、演绎性、感情式等教学方式，功能教学法具有更大的优越性，因为其主导思想是使语言教学尽可能接近真实的人类语言活动，具有以下一些优点：（1）把培养学生的语言交际能力作为教学的最终目标。课堂教学交际化，强调有意义的练习和交际活动，并把这种交际活动视为教学的核心，认为它是把学生引向现实交际的关键步骤。（2）强调语言结构为语言功能服务，在教学中力图把二者结合起来。（3）学生是语言活动中的主角，因而有较强的学习动力。（4）教学方法高度多样化，不局限于一种固定的程式。的确，第一，典型的交际教学法直接与交际相关，比传统的教学法更容易培养交际能力中包含的四个方面的能力；第二，它直接与学习者相关，比其他教学法更早地为学习者提供按其自身兴趣使用语言的机会，更能激发学习者的学习动机；第三，它直接与真实性相关，为学习者提供现实的而且是必要的内容，比传统的试图把整个语言体系教给学生的方法更加有效。

但也有观点认为，交际教学法并不是培养学生语言交际能力的最佳途径。交际教学法强调语言的功能和意义，忽视语言知识的系统性和语言的正确性使用，降低了语法教学在语言教学中的应有地位。此外，交际教学法对教学、教材、教师的作用都缺乏控制，在教学效果上以“达意”为基本目标，比其他教学方法更难评估。而且，许多语言教学实践证明其他的一些教学方式同样能够培养出具有较高语言交际能力的学习者。所以，在语言教学中并不存在培养学生语言交际能力的最佳途径，交际教学法可能在某些方面具有特殊的效果，但各种语言教学方法都有其优点，综合运用、整体考虑才是培养语言交际能力的正途。

（三）语言交际能力的训练重点

无论采用什么样的途径，培养语言交际能力都应遵循一些基本原则：一是语法原则，注重语法教学，把语言知识的传授放在基础性地位，把解决语法能力作为培养交际能力的前提；二是交际原则，以培养语言交际能力为教学目标，以交际为教学重心，实现教学活动交际化、真实化和语境化；三是文化原则，注重文化差异、文化对比，使学生了解不同文化背景及其交际模式，培养学生跨文化意识和跨文化交际能力；四是综合原则，注重教学的综合性、灵活性，反映学习者的个性差异及其语言交际能力不同方面的能力差异，有针对性地进行教学。

在教学中，要围绕语言交际能力的培养，进行一些针对性的训练：（1）注重训练学生对语言多样性的把握。也就是要训练学生了解语言结构的多样性和语言功能表达的多种可能性，并且能够把学过的这些语言知识有选择地运用到实践中，转化为语言灵活运用的能力。（2）注重训练学生正确的语感和得体性表达。也就是在大量的技能训练尤其是听读训练的基础上，训练学生把学过的语言知识与语境、语用和交际功能结合起来，建立正确的语感并形成语言得体表达的能力。（3）注重训练学生整体性地理解和表达。也就是要以语篇为教学和操练的组织单位，训练学生自上而下地整体理解和表达意思，而不是自下而上分解性地理解和表达意思，进而培养其语篇能力。（4）注重训练学生把有意识和无意识的学习结合起来，把课堂内外的学习结合起来。也就是训练学生把握限制性的、模拟真实的和真实的学习机会，促进学习中的学用平衡。（5）注重训练学生对文化因素的兴趣和敏感，训练学生的跨文化意识。也就是在教学中通过有意识地导入文化内容、文化对比和传授专门知识，训练学生对目的语文化的感知能力和适应能力。（6）注重训练学生掌握学习策略和交际策略。把学习策略和交际策略作为专项内容贯穿到教学中，使学生在进行语言学习、交际性练习的同时，能够学习和操练有关的技巧性和程序性知识，学会学习，学会交际。

三　综合语言运用能力的培养

汉语作为第二语言教学的终极目标，是培养学习者具有在现实生活中自由运用汉语进行交际的能力。我们也逐渐认识到关注与培养综合语言运用能力相关的各种因素是十分必要的。因此，学者们认为"应扩展原来对交际语言能力的认识，我们认同汉语教学的目的是培养综合语言运用能力的观点"（赵金铭，2007）。

综合语言运用能力的形成建立在学生语言技能、语言知识、情感态度、学习策略和文化意识等素质整体发展的基础之上。语言知识和语言技能是综合语言运用能力的基础，文化意识是得体运用语言的保证，情感态度是影响学生学习和发展的重要因素，学习策略是提高学习效率、发展自主学习能力的保证。

赵金铭（2007）认为："以往我们十分重视语言技能训练，强调听、说、读、写均衡发展，现在人们关注的是，在某个级别学习者以这样的语言技能'能做什么'。过去，我们也注重语言知识的传授，语音、词汇、语法、汉字，近年来又加上篇章，而今，似还应该添加功能和话题。情感态度，指兴趣、动机、自信、意志和合作精神等影响学生学习过程和学习效果的相关因素。文化意识和学习策略近年来虽也多有研究，但零散而不成系统，还没有引起汉语教师的高度重视。最重要的是，语言技能、语言知识、情感态度、学习策略和文化意识五个方面构成一个不可分割的整体，共同促进综合语言能力的形成。这样的认识，显然比我们原来理解的教学内容要开阔许多，内涵也更加丰富。”

因此，汉语作为第二语言教学要以培养外国人的汉语综合语言运用能力为目标，教学才是更为全面和深入的。

思考和练习

1. 请区分语言能力、交际能力、语言交际能力、综合语言运用能力的概念。
2. 就如何培养语言交际能力问题谈谈你的观点。

主要参考文献

程美珍、赵金铭《基础汉语语音教学的若干问题》，《第一届国际汉语教学讨论会论文选》，北京语言学院出版社，1986。

崔永华、杨寄洲《对外汉语课堂教学技巧》，北京语言文化大学出版社，1997。

崔永华主编《词汇文字研究与对外汉语教学》，北京语言文化大学出版社，1997。

戴尔·海姆斯《论交际能力》（原文发表于1972年），祝畹瑾编《社会语言学译文集》，北京大学出版社，1985。

范开泰《论汉语交际能力的培养》，《世界汉语教学》1992年第1期。

李培元、任远《汉字教学简述——对外汉语教学发展史之一章》，《第一届国际汉语教学讨论会论文选》，北京语言学院出版社，1986。

刘颂浩、林欢、高宁慧《听写及其运用》，《汉语学习》1995年第4期。

刘珣《对外汉语教育学引论》，北京语言文化大学出版社，2000。

陆俭明《“对外汉语教学”中的语法教学》，《语言教学与研究》2000年第3期。

吕必松《对外汉语教学概论》（讲义），1996。

盛炎《语言交际能力与功能教学》，《第三届国际汉语教学讨论会论文选》，北京语言学院出版社，1991。

施光亨《对外汉字教学要从形体入手》，《世界汉语教学》1987 年第 2 期。

束定芳、庄智象《现代外语教学——理论、实践与方法》，上海外语教育出版社，1996。

杨惠元《汉语听力说话教学法》，北京语言文化大学出版社，1996。

赵金铭《简化对外汉语音系教学的可能与依据》，《语言教学与研究》1985 年第 3 期。

赵金铭《近十年对外汉语教学研究述评》，《语言教学与研究》1989 年第 1 期。

赵金铭《对外汉语语法教学的三个阶段及其教学主旨》，《世界汉语教学》1996 年第 3 期。

赵金铭《对外汉语教学研究的现状与前瞻》，《中国语文》1996 年第 6 期。

赵金铭《对外汉语教学理念管见》，《语言文字应用》2007 年第 3 期。

赵金铭《对外汉语教学法回视与再认识》，《世界汉语教学》2010 年第 4 期。

赵金铭《附丽于特定语言的语言教学法》，《世界汉语教学》2014 年第 4 期。

周祖谟《教非汉语学生学习汉语的一些问题》，《中国语文》1953 年第 7 期。

Kumaravadivelu, B., *Beyond Methods: Macrostrategies for Language Teaching*,Yale University Press, New Haven Lond, 2003; 中译本：库玛《超越教学法——语言教学的宏观策略》，陶健敏译，北京大学出版社，2013。

第五章　对外汉语教材的基本理论研究

第一节　教学大纲与教材编写

一　语言教学大纲的种类

一般来说，教学大纲是根据教学计划制定的，教学计划是根据一定的教育目的和培养目标创制的教育和教学工作的指导文件，是制定各类大纲的重要依据。据此并结合对外汉语教学实践和当今外语教学各类大纲的性质和特点，这里暂且把相当于传统意义上的教学计划称作“语言标准”（如汉语标准、汉语能力标准、汉语知识标准等）；把相当于传统意义上的教学大纲（如课程纲要、外语学习标准等）一律视为“语言大纲”（包括各类综合的和专项内容的教学大纲、课程大纲、考试大纲）；把“语言标准”和“语言大纲”之外传统意义上的课程规范仍称作“课程规范”。其中，“语言标准”是最上层的大纲，是关于某种语言作为第二语言教学的总体规划、发展纲要、政策规定以及知识和能力教育教学的纲领性文件，指导和影响着各类“语言大纲”的规划、制定和内容的取向等。“语言大纲”是中层大纲，是根据“语言标准”制定的各类教学大纲、水平大纲、考试大纲、通用课程标准等。“课程规范”是最下层的大纲，是根据“语言标准”和“语言大纲”制定的各类课程的性质、作用、要求、内容、方法及评价等的说明。这三类大纲都可以在相关问题、特定范围、有关方面起到决定性或规范性、引导性的作用。“语言标准”和“语言大纲”尤其具有“决策者”的权威地位。

具体来说：假如我们只以普通话的标准语音作为汉语语音教学的标准，并把这样的要求作为国际汉语教学“语言标准”之一的“语音标准”，那么这个标准在现阶段的国际汉语教学实践中就是理想化的高标准，实际操作起来即使国内的汉语教学也并不容易都能做到；假如在确立以标准的普通话语音作为汉语教学标准的同时，把带有各地方音色彩的普通话语音也算作是规范的，并把这样的语音教学要求确立为“语音标准”，那么在国内外开展汉语教学就更加方便可行；假如对海外的汉语教学取“大华语”的概念，在不影响相互交流和理解的前提下，将各种靠近“普通话”以及海外不同区域、不同国别和社团的“共同官话”的语音，都视为汉语/华语的语音规范，并把这样宽式化、多元化、区域化的汉语语音规范作为汉语国际化进程初始阶段的“语音标准”，那么海外的汉语教学和传播就将便利易行。可见，三种不同的“语音标准”对汉语教学和传播会有三种不同情形的影响。如果我们再把词汇、语法等标准包括进来，结合世界各地汉语/华语使用和教学的实际，进一步来考虑汉语（词汇、语法、汉字）教学和传播的“语言标准”问题，那么同样会有三种跟上述语音标准宽严取舍相类的情况，而“语言标准”不仅会对海内外的汉语教学和传播产生重大的影响，对教材编写、课堂教学、评估测试等都会有着直接而重要的影响，甚至直接影响到汉语/华语教师的标准及其选任。这是“语言标准”影响语言教学和传播的方针、政策、进程以及语言教学内容取向和要求的例子。

二　大纲对教材编写的指导和规范作用

理论上说，各类大纲应该充分反映和体现语言教学研究的理论水平，包括先进的理念、科学的结论、公认的成果、成熟的教学经验，乃至超前的理论意识和创新观念，因而教材编写不仅能够从中获取“资源”，更可以从中获取“灵感”。然而，以往的事实表明，在编写汉语教材时，我们往往忽略对大纲的遵循和利用，更谈不上主动吸收和借鉴英语等其他外语教学大纲的合理思想和理念。

实际上，教材编写必须接受大纲的指导和约束还有其内在性的理据，表现为：语言本身是由语音、词汇、语法及文字等多种要素构成的体系；语言现象是复杂的；人们的言语作品——语言事实是无穷无尽的；恰当的语言运用是由交际双方的关系及语境和语体等多种因素决定的；第二语言教材编写是一项系统性的工程；学习者的语言学习时间有限，所接触的语言样本是十分有限的。而所有这一切都强烈地表明：教材编写必须以对语言构成要素进行统计分析及等级划分的"语言大纲"为依据，否则教材语言要素的选编就将是随意性的，缺乏科学依据。而教材编写不仅需要选择和确定语言要素，还要选择和确定语言功能项目、话题范围及内容、学习任务和任务活动项目、语言运用场景及文化知识和文化因素，等等，因此，教材设计和编写不仅要接受综合性的教学大纲、课程大纲的指导和约束，还要接受各类单一内容、单一功能的大纲的指导和约束。

大纲之所以重要，就在于"语言标准"类大纲可以为语言教学和传播确定目标、方针、政策、标准；依据"语言标准"制定的各类"语言大纲"，能够为语言教学提供水平等级标准和教学等级标准、水平测试标准和教学测试标准，能够为不同等级的教学提供相关的教学内容、教学要求、教学方法上的借鉴；而在"语言标准"和"语言大纲"指导下制定的各类"课程规范"，能够明确其课程性质、课程目标、课程任务、教学内容、教学原则、主要教学环节与方法、主要活动方式和训练手段、评估测试的原则与方法，从而可以为教材编写提供多种具体的参考。正因为不同性质和类型的大纲分别有着如此重要的功能，就要求我们应高度重视大纲的研制和设计。

实际上，大纲的修订、更新和创建不仅应成为学科建设的基础性和常态化的工作，更应该成为学科建设的前沿领域和重大项目。大纲研制、研究和建设的成果应该成为学科发展的标志性成果。然而，近些年来各类汉语教学大纲的修订、开发和研制，远远落后于教学实践的发展。这应引起海内外汉语教学界的高度重视。现有一些大纲内容有些陈旧，缺乏与时俱进和对新成果的吸收，缺乏应有的理论阐释和说明，缺乏创新意识和创新思想，缺乏新理论和新理念，这在相当程度上也是造成现有一些汉语教材缺乏创新和不够科学实用的重要原因。

需要特别指出的是，教材编写理所当然要接受大纲的指导和约束，要体现和渗透教学大纲的思想、理念和教法。但是，教材编写也不能过于迷信大纲的理论、原则、方法和相关要求、等级划分、数据规定，而应根据所编教材的实际需要合理地吸收和借鉴，不搞生搬硬套，而应有所发挥和突破。显然，任何大纲都是时代的产物，都有一定的局限性，不可能满足任何环境、任何教学目的和教学对象的实际情况。因此，依据大纲又不囿于大纲的具体内容（特别是词汇、语法、功能、场景、文化大纲），应该是大纲使用的基本原则。

思考和练习

1. 不同类型的教学大纲对教材编写有什么样的指导和规范作用？
2. 教材编写必须接受大纲的指导和约束有哪些内在的理据？
3. 为什么说教材编写应依据大纲又不囿于大纲的具体内容？

第二节　教材编写的通用原则

一　定向原则

要求教材设计和编写首先要明确所编教材的一些问题，确定所编教材的基本走向，包括确定所编教材的性质和类型——定性，找准所编教材的位置和角色——定位，规定所编教材的容量和内容取向——定量。具体包括：确定是针对何种教学类型、编写哪一类教材、为什么样的教学对象而编写、编写何种等级的教材、编几本、需要多少学时学完。再进一步来说，是编写在目的语环境中使用的教材还是在非目的语环境中使用的教材？是编写学历教材还是非学历教材？是编写非学历教材中的长期进修教材还是短期教材，或是其他？是编写语言技能类教材，还是语言知识类教材，或是其他？是给以英语为母语的学生编写，还是给以日语为母语的学生编写教材，或是其他？是编写初级还是中高级教材，或是编写一、二年级教材？打算编一本还是编几本，每本编多少课？是编系列配套的还是编一种类型的？可见，定向原则与以往所说的针对性原则所指范围和内涵大体相同相近，不过，定向原则更加强调教材的定性、定位和定量问题，更加强调所编教材与相关衔接教材的照应。

二　目标原则

要求教材设计和编写要明确在语言知识（词汇、语法）、功能项目、文化知识，特别是在语言能力方面所要完成的任务和达到的目标，并对学完本教材所应达到的语言能力的具体表现，以及语言知识、文化知识等的具体范围做出尽可能详细的表述。把目标要求作为教材编写的一项基本原则提出来，并要求在教材编写之前就做出科学而具体的表述，是因为教学目标是通过课程目标得以落实，而课程目标又必须分解、落实到具体的教材中去。教材目标是教材设计和编写的灵魂和指南，是教材设计和编写的出发点和归宿。一部教材应该有明确的目标，这似乎是不言而喻的，但实际情况未必如此。现有的许多教材，或者根本不提教材目标的问题，或者笼统地说上一句“本教材以提高学习者的汉语口语能力为目的”“本教材培养学习者运用汉语进行交际的能力”之类的话就算了事。至于把汉语口语能力提高到“什么水平上”，交际能力在“何种范围和层次上”进行，则语焉不详。自然也就不大关心“如何提高”和“如何培养”之类的问题。事实上，即使有了明确的编写目标也并不一定就能实现，而没有明确的目标便会想怎么编就怎么编，编到哪儿就算哪儿，这样的教材其质量是可想而知的。因此，明确教材编写的具体目标，并精心策划实现目标的各种途径和具体措施，应该是教材设计和编写的一项基本要求。

三 特色原则

要求教材设计和编写从理论到实践、从体例编创到各环节的组织和安排，都要考虑所编教材与以往同类教材的不同之所在，并且这些不同之处应该是一种符合第二语言教学规律和学习规律的创新之处。编写一部教材，总要考虑它跟以往教材的联系与区别，也就是继承和发展的问题。如果在教材设计中就没有新意和特色，那么就要考虑编这样的教材究竟有多大价值了。教材设计和编写过程中有没有特色和创新意识，效果是大不一样的。有这种意识并不一定就能编出有特色的教材来，但是没有这种意识就更不可能编出有特色和新意的教材来。当然，许多教材的设计和编写者往往会自信地找出一些“特色”来，但也还要考虑这些“特色”究竟是不是特色，符合不符合语言教学和学习规律，适合不适合教学对象的特点和需求，是否有利于教学和教材目标的实现，这些都是需要认真加以研究和论证的。这就是说，教材设计和编写一定要考虑自身的特色和新意，否则教材就不会有长久的使用价值，甚至根本就没有人去使用。特色和创新应该是一部教材的生命和价值所在，但是也要避免为特色而特色，或者自认为是特色就是特色的观念和做法。真正的特色和新意必须要有新的理论和观念来支撑，更要经得起实践检验。

四 认知原则

要求教材设计和编写过程中，要尽可能地考虑教学对象在语言习得过程中的认知因素。主要包括分析教学对象识别语法结构和语法功能的能力、对语言现象的归纳概括能力、对语言材料的记忆能力等语言学能因素；了解教学对象为发展语言交际能力以及解决学习中遇到的问题而采取的各种方法、途径、技巧和调节措施等学习策略；把握教学对象为顺利进行语言交际活动而有意识采取的回避、简化、目的语中夹杂母语、重复、使用非目的语和非母语的其他语言等各种交际策略；探究学习者是善于把部分与整体区别开来，倾向于采取从整体中发现个别的场独立性（field independence）认知方式，还是易于感知事物的整体，倾向于采取从宏观上看事物并把事物作为一个整体来对待的场依存性（field dependence）认知方式，以及他们对与自己的理念和知识结构不同的观点和意见是能够容忍和接受，还是采取拒绝和回避的态度，等等（刘珣，2000）。了解学习者的认知因素不仅对教学原则和方法的选择和制定有益，对教材编写同样有重要的参考价值。学能因素、认知方式等是可以利用和改造的，学习策略和交际策略是可以训练和培养的，并且不同的学习者所采取的学习策略和交际策略有很大的一致性和规律性，这些都为教材编写更加靠近学习主体的习得过程提供可能。所以分析和了解学习者的认知因素，并加以合理引导和利用，应该是教材设计和编写的一项基本要求和努力方向。

五 时代原则

要求教材在设计和编写过程中，所依据的教学理论、所采取的教学方法、所拟订的编排体例以及教材目标的设定、课文的编写和知识的解说、现代化教学手段的运用等，都应体现学科研究和教材编写研究的新成果，体现时代发展的水平和需要。也就是说，在教材编写所涉及的方方面面都应该体现出知识、观念和教学手段的更新，能够反映学科发展的新成果和教材编写的新水平，从而最大限度地满足时代发展变化的需要。这也许是一种理想化的要求，但无论如何要朝着这方面努力，尽可能地吸收并体现学科理论研究、目的语本体研究、教材编写研究的新成果，这样才可能编写出有时代特点、能适应时代发展需要的新教材来。否则，不断编写出的教材或许只能说是“新编的教材”，而难以称得上是“更新教材”。就对外汉语教材编写现状来看，一些教材编写者并不从事汉语本体研究，这当然没有错，但也往往因此而“无暇顾及”甚至根本就“不去顾及”本体方面的研究成果，致使教材编写在吸收本体研究成果方面比较欠缺，比如语法注释内容陈旧，虽无错处亦无用处。不少教材体例模式雷同、内容远离当代社会现实、现代技术和手段运用不够，这就要求我们不断更新观念，加强教材编写的基础研究和理论研究，增强教材设计和编写的现代意识。

六 语体原则

教材设计和编写过程中要充分考虑语体因素，教材中教什么样的语体要明确，编写或选择的课文语体特征要典型，语汇、语法等语言材料和表达方式的语体属性的体现要充分。这是因为，第二语言教学的根本目的就是让学习者掌握目的语各种语体的特点和使用规律，也就是让学习者学会根据不同的交际内容、交际目的、交际对象、交际场合，来选择恰当的语言材料和表达方式。简言之，就是教会学习者恰当、得体地运用目的语进行交际。得体是语言交际的最佳状态，也应该是教材编写努力追求的理想境界。因此，教材的设计和编写要精心策划教材的语体问题，包括口语语体和书面语语体大类的确定和具体语域风格的选定，以及语体知识的介绍、语体风格的识别、语体转换的训练。

现有的对外汉语教材总体上说对语体的重要性认识不足，语体特征体现不明显，至多只从大类上区别出口语和书面语。而口语往往以规范的、典雅的口头交际形式居多，书面语则以文学语体居多，其中基础汉语教材多以既可用于口头表达又可用于书面表达的所谓中性语体居多。事实上，口语体内部的谈话语体、论辩语体、演讲语体，书面语体内部的公文语体、政论语体、文学语体、科技语体，在语言材料和表达方式等语体特征方面存在很大的差别。不仅如此，这里提到的每一种语体都可以做进一步的分类，比如，谈话语体至少还可以区分出家庭谈话体、一般交际体、公务谈话体等，公文语体还可以区分出司法体、行政体、外交体、商贸体、广告体等。因此增强教材编写的语体意识，要像重视词汇和语法教学那样重视语体知识和语体特征的教学，并体现在教材编写的各个方面；同时教材中的语体要具体化、多样化。

七　文化原则

“第二语言教材是一种跨语言和跨文化的教材”，“不管是自觉的还是不自觉的，无不通过语言要素（包括文字）和课文内容来反映目的语国的社会历史和文化习俗”（李泉，2004）。教材编写的文化原则正是基于第二语言教材本身所具有的国际性和文化交流功能而提出的。这一原则要求教材设计和编写过程中要增强目的语文化教学的意识，要处理好目的语文化和学习者母语文化之间的关系。实际上，在教材中融入目的语文化也许并不难，难的是融入什么样的文化内涵和如何融入。一般来说，教材的文化点通常应是目的语的主流文化、现代文化、跟目的语交际密切相关的文化和跟学习者母语文化有差别的文化。教材中对待不同文化的态度应该是尊重和平等、包容和多元、沟通和理解、求大同存小异、抓主流不猎奇、要求了解不强求认同，这既是对教师的要求，也是对学习者的要求。

八　趣味原则

教材设计和编写要尽最大可能来增强教材的趣味性，想方设法让学习者感到教材的内容既有趣又有用，教材的形式既赏心悦目又方便实用。教材的内容包括课文、词汇、语法、注释、翻译、练习等；教材的形式是指教材的封面设计、体例篇幅、字体字号、插图照片、装帧用纸、印刷效果等。教材要有趣味性是对编写各级各类教材的普遍要求，增强教材的趣味性符合认知心理学和教育心理学的一般规律。兴趣是注意的内在动力，有兴趣、兴趣强烈，便会对认识某种事物或从事某种活动产生积极的选择倾向和情绪反应。就教材编写来说，增强和创造教材的趣味性，可以起到保护和调动学习者学习积极性、维持和强化学习者学习动机的重要作用。因此，一部好的第二语言教材，应该具有不断唤起学习者的学习热情、不断激发学习者学习兴趣的功能。相反，不重视教材的趣味性或教材的趣味性不强，即使在其他方面做得很好，也不能发挥教材应有的作用。事实上，趣味性的作用往往是不可替代的，趣味性是绝大多数学习者评价教材优劣的首选标准。

趣味性体现在教材内容和形式的各个方面，但以内容（尤其是课文）为主，内容有趣有用便能够“抓住学生”，特别是让学习者感到内容“学了有用”，才可能使他们产生真正的持久的兴趣。但是，人们的兴趣是多方面的，教材的趣味性也是由多种因素构成的，因此在教材内容和形式的各个方面和环节都要围绕如何增强趣味性来花力气、想点子、出新意，而不应只在一两个方面打主意。需要强调的是，对外汉语教材的趣味性是对学汉语的外国人而言的，而不是对教汉语的中国教师而言的；教材是否有趣归根结底应由学习者来裁决，而不应由教师来裁决。这一点似乎是不言而喻的，但实际上并不完全如此。许多情况下我们苦心经营出来的趣味性在外国学习者那里并不觉得有趣，有的还让他们觉得可笑。因此，教材设计和编写过程中，要充分调查和研究学生的兴趣点，并满足他们合理的兴趣需求。这项工作越深入细致，教材的趣味性就可能越强。

九　实用原则

第一，要求所编写或所选择的教材要让学习者感到“学了有用”，无论是“当前急用”还是“未来使用”。语言学习的具体目的不尽相同，但只要是在语言学习阶段，那么就得把语言作为交际的工具来学，而作为“工具”都要有实际的使用目的和使用价值。第二，要求所编写或所选择的教材要有较强的课堂教学的可操作性，并且能够让学习者每学一课都会在语言技能上有很直接、很具体、很实在的收获。学习语言比之于学习其他某些专业知识，其实践性要求更为突出和迫切，因此实用性强的教材要体现出为技能培训服务的特性。第三，教材不仅在课文编写或采样、词汇和语法等语言要素的筛选，要以实用价值的大小为依据，还要求在课文场景的安排、话题范围的确定、练习题型的选择、注释说明的选例，都要来点儿“实用主义”，有实际效用。第四，内容编排要遵循由易到难、急用先学、注重语法现象的内在联系和难易度区分、注重语汇的重现、教材的练习内容丰富又有吸引力、题型新颖且富于挑战性，这样才可能保证教材“好教”“好学”。不考虑学习者真正需求的教材，缺乏实用性的教材，无论多么有趣都不会真正受到学习者的欢迎。

十　立体原则

要求教材编写向立体化方向发展。现代社会的第二语言教学，已经并进一步向着充分运用现代科技手段和教育手段的方向发展。教材设计和编写不应仅限于一两本教科书，而应同时考虑配套的教学用书，考虑声像文本的制作和现代教育手段的运用。传统的狭义的教材观念正向现代的广义的教材观念发展。这就要求教材的设计和编写不仅包括教科书的设计和编写，还应包括练习册、教师用书、课外读物、挂图、录音带、录像带、光盘等的编写和制作。

教材立体化的优势在于，便于教师灵活多样地组织课堂教学活动和课外学习活动，更好地把课内和课外学习联系起来；便于学习者通过多种媒介和方式来学习目的语，更好地满足不同学习风格学习者的需求。概括地说，教材立体化为教学立体化和学习立体化提供了便利，可以较好地把文字材料和音像材料配合起来，把课上学习和课下学习联系起来，把视觉和听觉调动起来，把场景、情景和交际功能引进来，使学习者“走脑”（阅读）、“上眼”（观看）、“动耳”（倾听）、“张口”（交流）、“出手”（参与），使教师摆脱相对单纯和枯燥的教学方式，从而更有效地发挥学习者的学习潜能，更好地发挥教师的教学潜能。可以认为，随着现代科学技术的日新月异以及教学手段和技术的不断进步，以单纯一本教科书为主的时代已经过去，教材已经并将继续向着立体化的方向发展。

思考和练习

1. 第二语言教材编写为什么要遵循一些基本的编写原则？谈谈你的看法。

2. 谈谈你对“特色和创新是一部教材生命和价值之所在”的看法。

3. 请用本节提出的教材编写通用原则，并结合你个人的看法，来评价一部对外汉语教材。

第三节　教材编写的基本程序

一　教材编写的思想准备

第二语言教材编写涉及对第二语言或外语教学性质和特点的认识，对教学法理论、语言教学理论、语言学习理论、教学原则理论、跨文化交际理论、语言测试理论的掌握，对语言学、教育学、心理学，尤其是所教授的具体语言的语言学（如汉语语言学）的了解，无疑还将涉及教材编写本身的理论和实践（如教材编写原则、教材编写方案等），以及教材编写的历史和现状，乃至于现代教育技术和手段的运用，等等。既然教材编写涉及学科理论和实践的诸多方面，反过来也就要求教材编写应该体现相关的理论成果和教材编写的实践经验。一部优秀的教材反映的应该是理论研究的新成果和教材编写的新经验，以及教学实践的新成果和新经验，并且往往还要有整体或局部的创新。可见，编写第二语言教材并不是一件容易的事情，需要教材编写者具有良好的第二语言教学理论基础，具有丰富的教学实践经验，同时还要熟悉教材编写的现状，掌握教材编写的一些基本原则和程序。因此可以说，第二语言教材编写是一门值得认真研究的学问。

正因为如此，教材编写者首先要有“编教材不容易，编教材难”的思想准备。想到“不容易”、想到“难”，才可能认真地去学习、去准备，这样反而可能编出有质量的教材来；相反，把编教材看成一件很容易的事，是不可能花精力去认真准备的，其结果可想而知。其次，要充分认识到教材对学习者、对教师和整个教学过程的重大影响。教材是教学的工具，是学习的范本；教师依据它教授语言，学习者通过它学习语言，因此，教材的重要性应该是不言而喻的。

二 教材编写的理论准备

教材编写不仅涉及第二语言教学学科理论的诸多方面，如学科性质论、教学法流派、语言学习理论等，还涉及相关学科的理论，如语言学、教育学、心理学等，并且这种“涉及”是不以个人的意愿为前提的。也就是说，编写第二语言教材，不管编写者是否愿意、是否自觉乃至是否认识到，所编写出的教材都将体现出第二语言教学理论和相关学科理论的影响，这些影响可能明显也可能不明显，但不会没有。

对教材编写有影响的理论至少应包括以下三个层次：第二语言教学学科理论，如学科性质理论、语言教学理论、语言学习理论、跨文化交际理论、教材编写理论等；相关学科理论，如语言学、教育学、心理学及其各分支学科理论；目的语语言学理论，如汉语语言学，包括汉语语音学、汉语词汇学、汉语语法学、汉语篇章语言学等。第二语言教材的编写者，应对上述各种理论学说或相关知识有所了解，了解得越全面越深入，对第二语言教材编写的帮助就越大。如果教材编写对上述不同方面的各种理论学说和知识体系还不够了解或了解得不够充分，那么在教材编写之前就应该首先进行这些方面的理论和知识准备。

三 教材编写的资料准备

（一）收集和研读相关文献

尽可能全面地收集与教材编写，特别是与拟编教材相关的文章。这些文章主要包括：对教材编写进行理论研究，如研究教材编写原则的；对既往教材的评介，包括教材编写者对自己所编教材进行理论总结和经验介绍的；对教材的某一方面进行研究，如研究教材的语言、语体、语法、文化、注释、选文、练习等；对教材编写进行设计和展望，如对某一类教材的编写模式进行设计，对教材编写发展趋势进行预测和展望。认真阅读和研究这些文章，从中可以获得极大的启发和丰富的营养，对提高教材编写者的理论水平，获得教材编写的间接经验和技巧，无疑将大有好处，从而使教材编写站在高水准的起点上。

（二）收集和研读相关教材

尽可能收集有代表性的第二语言教材，特别是与拟编教材类别相同的教材。就对外汉语教材的编写来说，不仅要收集对外汉语教材，也要收集国内外著名的英语教材（包括其他语种的第二语言教材）。同样，教材编写者要对所收集到的各种教材进行全面的分析和考察，包括教材的编写理论或理论倾向、编写意图和思路、教材目标及其措施、体例编排、课文语言和练习设计，等等。从宏观到微观、从整体到细节，尽可能客观全面地研究和分析这些教材的成败得失。因为只有这样，才可能扬长避短、优存劣汰，才可能有继承有发展、有特色有创新。否则，费时费力编出来的教材，很可能不但没有新意，连以往教材的好做法好经验也没有借鉴过来。

（三）收集和分析教学大纲

这里所说的教学大纲是一个宽泛的概念，主要包括各种各级“水平等级大纲”，如《汉语水平考试等级标准与语法等级大纲》；规定课程目的、内容和要求的“课程教学大纲”，如《高等学校外国留学生汉语言专业教学大纲》《高等学校外国留学生汉语教学大纲（长期进修）》；明确教学思想和教学模式、具有教学法意义上的各种“语言教学大纲”，如功能—意念教学大纲、情景教学大纲、任务型教学大纲等；规定具体内容的“专门内容的教学大纲”，如语法教学大纲、词汇教学大纲、汉字教学大纲、文化教学大纲等。这些目的和用途不同的“大纲”，都可以成为教材编写的重要依据，给予教材编写在指导思想、教学方法、教学模式、教学原则等多方面的启发和借鉴，更是为语法、词汇、功能意念、文化等教学内容的选择和确定提供依据。

（四）广泛收集编教素材和故事

广泛收集跟拟编教材有关的目的语“素材”，为课文编写、改写、选文做好“物质”准备。因为无论是改写作品作为课文，还是精选范文作为课文，乃至教材编写者亲自编写课文，都需要有大量的目的语素材的支持。选择目的语素材应注意话题、语体、体裁等的多样性，应注意更多地反映目的语社会现实，注意贴近学生的实际，注意语言的地道和规范。这样才有利于保证所选择的课文或作为课文底本的素材更符合教学大纲（具体为教材编写大纲）的要求，有利于使课文语言生动化、生活化、趣味化。否则，闭门自编难免使课文语言因缺乏生活背景而枯燥、生硬，甚至出现不规范现象；而随便找出来一篇作品就当作课文的做法简直就算不上是在编教材。当然，实际教材编写中采取这种极端轻率做法的并不多，较为常见的是，确定入选课文时往往依据教材编写者的个人好恶而定，自己看好了就以为什么标准都符合了，这其实是很危险的。素材的选取应该增加学习者的视角，应该有跨文化的意识。

四　教材编写方案的制定

教材编写方案可以说是教材编写的“图纸”。没有图纸便无法施工，一定要施工也只能盖个茅屋草舍，绝盖不了百年大计的高楼大厦。教材编写也正如此，不制定教材编写方案，上来就编是肯定编不出好教材的。因此，制定教材编写方案是教材编写的关键性环节。教材编写者学来的有关理论和知识，自己的理论和知识，学来的经验和技巧，自己的体会和创意，以往教材的长处和拟编教材的特色，教材的目标和实现的措施，等等，简而言之，教材编写者为教材编写所做的一切“精神准备”和“物质准备”都应该在教材编写方案中有所体现。教材编写方案可简约可详尽，方案中所涉及的具体内容也往往因编写者以及教材的性质、规模、体例等的不同而有所不同，但一般来说制定教材编写方案应涉及以下几项工作：

（一）分析教学对象需求

要思考和回答为什么人编写教材，他们是同一个国家同一种文化背景的，还是两个国家两种文化背景的，或是更多？他们为什么要学习汉语，是一般性的提高语言能力还是有专业或职业倾向，什么专业或职业倾向，是听说读写全面要求还是有所侧重，侧重哪一个或几个方面？他们想学多长时间，学到什么程度，有无汉语基础，已到什么程度？他们的年龄、文化程度、性格特征、学习兴趣、学习动机如何，他们的学习习惯和认知风格又怎样？等等，在综合分析这诸多因素后，“教材编写者应着眼于满足教材使用对象中大多数学习者的共同需求，而不是每个学习者的个别需求”（程晓堂，2002）。

（二）明确教材编写目标

根据对教学对象的需求分析，结合各类教学大纲所确定的教学指导思想和教学目标以及学习环境和学制学时等多种因素，确定教材编写的总目标和具体目标。总目标规定培养学习者哪些方面的语言能力，是听说读写译多种语言技能的全面培养，还是哪一两个方面的能力，预计达到何种程度，以及对目的语国的文化、国情或其他领域的知识掌握到何种程度，等等。具体目标是对总目标的细化和补充，规定语言能力应用的领域和范围，学完本教材学习者能够用目的语进行交流的内容和层次；有关的知识（如国情、文化、专业或行业）掌握到何种程度，并尽可能对有关能力和知识进行描述。教材目标是教材编写的灵魂和指南，其定位越准确，教材的针对性就越强；其表述越明确和越具体，就越容易得到实施和落实。

（三）研究教材的创新和特色

在教材编写设计过程中，不仅要研究和思考在哪些方面需学习和借鉴以往教材编写的某些理念和成功做法，在哪些方面应摒弃以往教材编写的某些观念和做法，更需研究和思考拟编教材在哪些方面有创新，哪些方面有特色，哪些方面比之同类教材有改进、有进步。也就是说，在教材设计和编写过程中，要有创新意识和特色意识，并从整体设计和局部环节上来规划和落实所谓的创新和特色。比如，设计思想、编写原则有独到之处，在增强教材的针对性、科学性、趣味性或体现教材其他编写原则方面采取了更有效的措施，在体例设计、练习设计、课文编选、目的语文化体现等方面有不同于以往的做法，等等。相反，如果在教材设计之初就没有创新意识，就不考虑所编教材跟以往同类教材相比有何出色之处，采取“跟着感觉走”的做法，那就不可能编出有新意和有特色的教材来。

（四）确定教材编写原则

根据所掌握的教材编写理论，特别是有关教材编写的通用性原则，以及对有关教学大纲的分析和把握，特别是对教学指导思想的吸收，结合拟编教材的编写目标和教材的创新设计，确定教材编写的指导思想和编写原则。教材编写的指导思想是教材编写总的指导原则，反映影响第二语言教学全局的教学理论和教学原则，比如以学生为中心、以培养交际能力为重点、以结构—功能—文化相结合为框架等理论和原则在教材编写中的体现，以及教学法理论和教学模式的阐述，吸收、借鉴和协调各种教学大纲之间关系的原则，等等。这里所说的编写原则，是指拟编教材的具体编写原则，是为实现教材目标而制定的有可操作性的具体要求或标准，如素材选择原则、练习的编排原则、语体运用的要求、课文语言的实用性要求，等等。

（五）规划教材的体例和构成

这是教材设计必不可少的常规项目，也是教材编写方案中最具操作性的部分。教材的目标、编写原则、创新和特色等有关教材编写的各种构想，基本上都要通过这一部分内容来体现。具体包括以下一些主要内容：设计教材的编写体例（由几个部分构成、是哪几个部分）；设计教材的容量（篇幅、课数、每一课的生词量、注释量等）；设计教材的规模（教材册数、教师手册、学生练习册、其他配套材料）；设计教材的结构方式（单元小结式、话题循环式、人物串联式、课文累积式）；设计教材的学制学时（预计使用多长时间、每周多少学时）；习题设计（如题型的选择和编创、单项练习和综合练习的比例安排、语言知识类题型和语言技能类题型的配置）等。

（六）实现目标和保证创新的措施

明确教材编写目标、思考教材的创新和特色是制定教材编写方案的两个关键环节，为此多花些时间和精力是非常必要的。在多大程度上实现教材的目标就预示着在多大程度上实现教材的针对性乃至于实用性，在多大程度上实现教材的创新和特色就预示着在多大程度上延续教材的生命力乃至于增强教材的趣味性。为此，要制定相应的编写原则和合理的编写体例，但是仅此还是不够的，还要有进一步的措施来保证"目标"和"创新"的实现。这样的措施至少还可以有：（1）制定各种编写材料表，即在理论准备和资料准备的基础上，根据教材的目标和设计需要，利用有关的各类教学大纲，制定出拟编教材应编的汉字、词汇、语法、功能项目、文化点（项）、任务项目等的"材料表"，包括有关内容的范围、数目、等级、顺序等。这是可以做到也是应该做到的。（2）召开论证会，即尽量组织教材编写不同阶段的论证会，包括编写方案论证会、中期论证会、初稿讨论会、定稿讨论会，期间还可以就某些具体问题召开咨询会。请有关专家和同行参与论证和讨论，并认真吸取有关的意见和建议，无疑将大大提高教材编写的质量，当然这要在条件允许的情况下，但要尽量争取这样的条件。（3）利用计算机辅助教材的编写，如检测词汇的编排和重现情况，等等。

（七）制定具体的编写方案

在以上工作的基础上形成书面的教材编写方案，供教材编写者在教材编写过程中使用。编写方案可以包括下列内容：使用对象、教材目标、指导思想和编写原则、教材的支撑理论或理论追求、教材的特色追求、教材的体例设计、课文的编写或编选原则、练习体系制定、使用建议等；同时，编写方案应附带若干个附件，如应编汉字表、词汇表、语法表、功能项目表等。

（八）制定合适的工作程序和时间表

包括编写分工、完成每项任务（如编写大纲的制定、大纲附件、样课、初稿、改稿、定稿等）的要求和时间、召开论证会或咨询会的时间和内容，等等。

思考和练习

1. 教材编写为什么要遵守一些程序？你认为应遵循哪些基本程序？

2. 教学对象需求分析在制定教材编写方案中应占据什么位置？为什么？

3. 教材编写设计为什么要有“实现目标和保证创新的措施”这样一个程序？

4. 你认为教材编写方案应如何制定？并就本节所述意见进行评论。

第四节　教材评估与评估类型

一　教材评估概说

教材评估就是根据特定的标准或原则，对教材设计和实施的成败得失、优劣高下进行评议和估量。也就是，评估教材的成功之处、失误之处、胜出之处、不足之处以及该有的是否已有、已有的是否合理、合理的是否创新、创新的是否突出，等等。

评估的范围和内容可以是多角度、多层次的全方位评估，比如，教材编写的指导思想、编写原则、目标定位、知识传授和技能培训关系的处理、目的语文化的体现、课文语言实用性和规范性、语体风格的多样性、内容编排的科学性和趣味性，以及语法点的融入量和编排顺序是否合理、生词量及重现率是否适当、练习是否覆盖全部或主要教学内容、题型的针对性和效率如何、语法注释是否简明准确、有无配套教材和教师手册、有无插图及是否结合教学内容、教材整体或局部有无创新和特色，等等；也可以是就教材本身的设计和编写情况来评估，考察教材的编写是否达到自身的设计要求，能否实现教材所预定的教学目标，等等；还可以是就教材的某些方面进行定向性评估，比如对某一部或某些教材的针对性研究、趣味性研究、练习设计研究等。

从教材研究和编写的角度来说，教材评估多是对现有某一类型的教材进行全方位的评估，以获取全面的评价信息；也可以就一部教材进行封闭式评估，以获取特定的评价信息；还可以就现有教材某一个或几个方面的问题进行定向评估，以获取专项评价信息。从选择和使用教材的角度来说，教材评估可以在教材使用之前进行，多用于决定该教材是否被采用；也可以在教材使用过程中进行，多用于决定对该教材是否进行必要的补充和调整；还可以在教材使用之后进行，多用于决定该教材是否继续使用。

教材评估对教材的编写和研究、选择与使用，既有理论指导意义又有实际应用价值。通过对以往教材的评估，教材编写者可以从中汲取营养，获得启发和借鉴，同时可以舍弃某些陈旧的观念和做法。而教材评估研究本身就是教材研究的重要内容。毫无疑问，教材评估可以推动教材的开发和建设，促进教材编写质量的提高。“对以往的教材进行评估，其目的是为了保持优良传统，把符合规律性的东西发扬光大，但更重在教材的更新，注重教材编写框架的突破”，力求“通过评估寻求教材的创新”（赵金铭，1998）。

然而，教材评估是一项十分复杂的工作。首先，评估的需求不同，评估的标准和方法就不可能一致。教材的评估者至少可以有教育主管部门的人员、教材设计和编写专家、教材研究者、教学管理者、教材使用者（教师和学生），而评估人员不同，评估的目的和要求也就多种多样，评估的角度和方法也会有所差别甚至各不相同；其次，任何有价值的评估都要求评估理论及其体系有科学性、评估的方法和手段有可操作性、评估标准能得到有共同评估目的和需求的绝大多数人的认可，这样才能保证评估的客观性，评估分析及其相关意见和结论才有价值。但是，要真正做到评估的客观性并不容易，因为许多评估标准就是主观性的或是由主观认定的，假如用“课文是否有趣”“语言是否地道”作为标准来对教材乃至同一篇课文进行评价的话，那么不同的人就可能有不同的判断，如果评分的话就可能给出不同的分值。因此，不必对评估分析或结论绝对化，因为主观因素在所难免；不过，也不要无视评估所得出的意见或结论，因为即使有主观因素在内，也还是反映出某种倾向，如果多数人的评估意见或结论是相同或相近的，那就更不能不重视了，何况任何评估并不都是纯主观性的。

可见，教材评估是必要的、有用的、有效的，但其中见仁见智的因素也是显而易见的。教材评估研究发展的趋势正在于努力排除评估过程中的主观因素，增强评估标准和评估方式的客观性和可操作性。

二 教材评估的类型和要求

教材评估一般可以分为印象性评估和系统性评估。印象性评估往往凭借评估者的直觉和教学经验、教材使用经验来对教材进行主观的、随意的、印象性的评价；系统性评估包括评价教材本身的科学性、合理性和有效性的内部评价，以及评价教材对于某一使用对象群体的适用性的外部评价。显然，印象性评估只根据对课文、对话、练习或插图、装帧等的“印象”来对教材进行直觉的、经验性的评估，是不能作为对教材的定性评估的，而只能作为一种参考性的评估，因为这种评估随意性和主观性太强，而且也不够系统。所谓系统性评估的内部评估是一种对教材本身的评估，其评估结果对于认识教材和选择使用教材都有帮助，但所谓的外部评估是评估某种教材是否适用于某个特定的使用对象群体，即把学校或教育行政部门对课程的目的、内容和要求，学生的目标需求、学习需求和学习风格，教师的教学理念、教学方法和教学要求等，同被评估教材的教学指导思想、教学目标、使用对象、教学方法、教学内容、活动设计形式、版式设计、组成部分、辅助材料等加以比较，看教材是否适合实际需要（程晓堂，2002）。简言之，就是用某个特定教学对象的特定需求来“寻找”合适的教材，如果是这样，那么外部评估就很难说是对教材的评估。严格地说，外部评估是“寻找教材”而不是“评估教材”。

对教材进行评估可以从两个着眼点来进行。一个是着眼于教材自身的、内部的、实然性的评估，另一个是着眼于教材类型上的、外部的、应然性的评估。前者就事论事，主要评估该教材实际上是否达到了编写者自己的设计目标，也就是检验编写过程中的教材，特别是实际编写出来的教材是否达到它的设计目标、设计要求以及其他的预先“承诺”，其评估标准主要来自于教材内部；后者不是就事论事，而是从学科发展和教材编写发展的高度来评估教材，主要评估该教材是否达到第二语言教材应有的设计标准和要求，也就是检验编写过程中的教材，特别是实际编写出来的教材是否达到作为第二语言教材，特别是同一类型教材应有的设计目标、设计要求以及其他应有的“承诺”，其评估标准则不限于教材内部的设计要求。

教材的实然性评估是一种工作性的、鉴定性的、验收性的评估，意在评估教材实际做得怎么样。它可以不管教材设计得是否科学合理、目标定位是否恰当可行，因为这样的问题应该在教材编写之前的“编写方案设计”专项评估或论证阶段来解决。实然性评估只管教材的实施是否达到设计要求、编写过程是否遵循了所制定的编写原则、课文的编写或样本的采集是否有利于所预期的教材目标的实现，一句话，就是检查和核对“说到的是否做到了”，做到了或能够做到就是合格的，相反就是不合格的。所以，这种评估也可以说是一种“合格与否的评估”，因此多用于教材编写的验收或鉴定，也可以用于为课程选择教材。

教材的应然性评估是一种学术性的、鉴赏性的、选拔性的评估，意在评估教材应该做得怎么样。它不但要评估教材实施是否达到它自身的设计要求、编写者是否遵守了自己制定的编写原则、能否实现预期的教材目标，等等，也就是评议和估量教材自身“说到的是否做到了”，而且还要评估教材设计本身是否科学合理，比如是否进行了对学习者的需求分析及其深度和广度、教材目标定位及其具体描述是否符合学科理论及相关教学大纲的要求、所制定的编写原则是否实用并有先进性、教材整体和局部有无创新和特色，等等。不仅如此，教材评估者（或评估机构、评估小组等）还会根据自己所制定的评估标准或原则，从其他角度、其他方面对教材进行评估，比如跟同类教材相比有无新意或改进、是否尝试运用了新理论或新大纲等。可见，应然性评估不仅要进行教材自身“说到的是否做到了”的内部性评估；还要对教材所说到的和所做到的进行评估，看它“说的”是否合理、是否全面、是否领先，看它“做的”是否仔细、是否到位、是否突出；同时还要评估它是否存在该说到而没说到、该做到而没做到、该继承而没继承、该扬弃而没扬弃，或者相反，不该说的说了、不该做的做了、不该保留的保留了、不该丢弃的丢弃了，等等。所以，应然性评估也可以说是一种“优秀与否的评估”，因而多用于教材评优或教材编写研究，当然也可以用于为课程选择教材。

实然性评估和应然性评估的目的和应用范围不同，因此各自的评估要求也就有所差别。实然性评估的要求是，尽量采用客观可行的标准来检验教材的编写设计是否得到有效的落实，可称作“验收性要求”。比如，教材编写说明中说：“学完本教材可掌握1000个常用汉字，可掌握200个基本的语法点”，但教材实际只涉及800个汉字，而所涉及的200个语法点有一半不是“基本的语法点”（当然要有依据），那么教材在这两点上就没有达到设计要求。应然性评估的要求是，尽量采用客观可行的标准来评估教材达到先进或优秀标准的程度，可称作“选优性要求”。显然，优秀的教材首先“自己说到的要做到”，而且要“说”得合理，“做”得仔细；其次，要在同类教材中从设计到实施都很突出或有出色表现；再次，对第二语言教材编写有一定的启发和示范作用。这三点是应然性评估应把握的三个基本要求，也是制定具体评估标准的基本框架和指导原则。

三　教材评估的原则和标准

什么是教材评估的原则呢？如果允许借用一下语言测试的概念来说明的话，可以认为，“信度”和“效度”是教材评估的两个基本原则。教材评估的信度，指评估是否公正而客观地反映了被评估教材的实际表现，也就是评估的结论或分值对被评估教材而言的可靠程度；教材评估的效度，指评估的内容是否就是教材评估所应考察的内容，也就是说评估的各项指标——评估标准体系及其具体的评估结论或分值，在多大程度上体现了评估的目的所在（李筱菊，1997）。追求高信度和高效度，应该是教材评估工作的目标，也是教材评估的两个基本要求，评估体系的设计和实施，评估标准的认定和使用，都应该符合这样的要求。其中，信度原则要求评估体系的建立及其标准的具体运用要适当、准确，这样才有可能保证评估结果的公正和客观；效度原则要求评估体系的建立及其具体标准的确立，要适合教材的类型及其应有的要求，这样才有可能保证评估的内容是该类教材所应评估的内容，从而保证评估结果体现评估的目的和预期的要求。应该指出的是，教材评估的所谓信度和效度，同语言测试的信度和效度是有本质性不同的，前者绝大多数的评估指标是通过主观认定来获得结论或分值的，如教材是否有趣味性及其程度的认定；后者绝大多数甚至是百分之百（除作文等主观性测试内容）的评价内容都有客观标准，即答案的唯一性。尽管如此，教材评估还是可以从语言测试的两大根本要求——信度和效度——来获得借鉴的，其核心就是力求使教材评估的结论客观公正、可靠可信。

明确教材评估的原则，不仅可以使教材评估有原则可遵循、有目标可追求，从而使教材评估工作更加有序、有效，同时也有利于教材评估者制定更加有针对性和实际效用的教材评估体系及相应的评估标准。具体来说，评估标准的确立必须符合教材评估的信度原则和效度原则。教材评估的信度原则，要求评估的标准应该具体明确，并且是教材编写必然要涉及的内容，这样的评估标准才能够反映教材编写的实际情况。例如，在课文语言方面提出的评估标准（比如“句子长短适度”“课文与会话语言真实、自然”）就属于这类标准，因为第二语言教学，特别是基础阶段，必然要涉及“语句的长短”和“语言真实、自然与否”的问题，而且这类问题直接影响语言学习的质量和效率，因此在课文语言方面提出的评估标准能够反映出教材编写的实际情况和实际水平。教材评估的效度原则，要求评估的标准不但应该具体明确，并且应该有针对性——是某类教材编写必然要涉及的内容及其应有的评估标准，这样的评估标准才能够反映出教材的实际水平。比如，评估听说类专项技能训练的教材跟评估综合技能训练的教材，其评估体系和具体标准应该有所不同；

而同是综合类教材，基础阶段和中高级阶段的教材，其具体的评估标准也应该有所不同，这样评估结果才可能更可信、更有价值。

就实然性评估来说，评估标准主要来自教材的设计方案或教材的“编写说明”中，教材评估者首先应从编写方案或编写说明中详细列出评估标准，包括教材的总体目标和具体目标（如果有的话）、教材编写原则、语言要素和功能意念项目等的编写范围和数量、实现教材目标的措施、课文的编写或选择标准等，然后一一对照检查，看是否以及能否达到这些标准及达到的程度。而应然性评估的标准则不仅限于从教材的设计方案或编写说明中确立，并一一对照检查其是否或能否实现；还要在教材评估原则的指导下，根据所编教材的性质和特点来确定这类教材应有的评估标准，以保证评估的针对性和准确性，甚至还要确立教材有无特色和创新之类的评估标准，以体现这类评估所具有的评优性特点。毫无疑问，教材编写的各项通用性原则，都应该成为制定应然性评估标准的主要依据。

四　教材评估的“题外话”

教材评估研究是教材理论研究的重要组成部分，相关的研究成果及其对具体教材的评估有利于教材编写水平和质量的提升。因此，应该加强教材评估的研究和应用。就对外汉语教材评估研究的现状来看，总体上说，相关的研究成果还很少，已有的研究成果存在着评估框架庞大、评估指标繁多的趋向，不少评价指标过于琐碎，主观色彩过于浓重，不便于实际应用。在具体的教材评估中，教材编者的“自我评估”（主要是体现为一些教材编写总结的文章）存在明显的“自恋倾向”，拔高之处过多，这虽是可以理解的，但毕竟于教材编写的进步和发展没有多少实质性的借鉴意义。研究者对教材的“他人评估”存在着“有意偏爱”和“评价不当”的现象，前者体现为溢美之词过多，后者体现为误解了教材编者的意图，或者干脆说就是批评不当。比如，有评论者指责一套系列配套教材的“口语、听力、阅读与综合教材的话题不完全一致”，“口语、听力、阅读的话题，有不少超出了综合教材的话题范围”，认为教材在话题上“不够配套”。说实在的，这种教材评估真是“有不如无”。不管编者是有意而为还是“无心插柳”，如果客观结果是“口语、听力、阅读教材的话题与综合教材的话题有同有异”，则是合情合理的。口语、听力、阅读教材就应该跟主干教材综合教材的话题有所不同，这才是“话题配套”（有同有异，相互补充）。实际上，话题是否配套有多大评估价值都值得商量。因为同样的话题完全可以选出或编写出大不相同甚至毫不相干的课文内容，更重要的是，有些课文或选文很难确定属于何种话题，话题的概括和命名往往见仁见智（李泉，2017）。换言之，话题的归并往往“不太靠谱”，拿话题来说事，实在说不到哪儿去。

进一步来说，教材评价角度和框架的研究是有意义的，评价指标的提炼和认定也是需要的。但是，从现有的相关研究特别是教材编写经验来看，真正有实际意义的评估——对教材编写质量的提高有实质帮助的评估，可能是基于应然性评估的理念和原则，对教材编写大纲、编写过程和教材初稿进行咨询性、审定性的评估。这样的评估能够避免基于教材评价表而进行的“纸上谈兵”性的评估。而要想得出比较客观公正的评估结论，则必须保证评估“程序公平”——评估成员构成多元化，即评估的最佳方式应该是教材编者、使用者（教师和学生）、教材研究专家就相关教材进行面对面的讨论式评估。这种评估可以给编者一个说明和解释的机会，给用户一个反馈意见和发表意见的机会，给专家一个了解教材“编写”和“使用”情况的机会，换言之，这种评估方式可以有效地避免“一面之词”。在这样一种多方互动的评估中，对教材的各种共识性意见则是真正意义上的教材评估，因为这种协商式的评估更接地气，更有实际价值。

思考和练习

1. 谈谈教材评估的意义和作用。
2. 为什么说教材评估是一项复杂的工作？
3. 何谓实然性评估和应然性评估？请加以评论。
4. 请你对本节教材评估“题外话”进行评论。

第五节 国际汉语教材编写的多元化趋势

近年来，教材的国别化问题受到广泛重视，也取得了一定的成就。这无疑是好事，因为研究国内编写的教材如何更好地适合国外的教学，研究国外编写的教材如何更好地适应当地的教学，这本来就是汉语教材编写与研究的应有内涵，是教材针对性的重要体现。但是，如果把教材的国别化看成是教材编写的“趋势”“主流”“大势所趋”，甚至看作教材编写的根本出路，则有些强调过头。适合某一国家的国别型教材，过去、现在和今后都是汉语教材的一种重要类型，但它不应“化”，不应成为主流，不应“一型独大”。一种类型的教材再好，也难以包打天下。汉语的国际化就是汉语教学的多元化，也是汉语教材编写的多元化，多元化是国际汉语教材编写和研究的常态（李泉，2015）。基于以上认识，根据教材适用范围和所用诠释语言的不同，下面将汉语教材分为通用型、区域型、语别型、国别型四类，并探讨它们的内涵和特点、适用范围和编写理据、设计和编写要求以及各自的优势与局限，进而提出相关建议，希望有助于促进教材编写理论研究和理念创新，有助于促进国际汉语教材编写朝着多元化的趋势发展。

一 通用型汉语教材

（一）通用型教材的基本内涵

通用型教材是为某一类教学对象及特定教学目标编写的教材。“某一类教学对象”指的是成人或非成人、在校生或非在校生、学历生或非学历生等，也可以指初、中、高不同阶段的语言学习者，但一般不限于特定国家和母语背景的学习者。“特定教学目标”指的是全面提高汉语听说读写综合语言能力，或是提高口语、听力、阅读、写作等专项语言技能。

（二）通用型教材的编写理据

无论从理论上说，还是从教材出版成本和利益最大化考虑，任何教材都应追求适用对象的广泛化，应用价值和经济效益的最大化，而不是相反。更重要的是，汉语对几乎所有学习者来说都是一种“真正的外语”，汉字更是一种“另类文字”（特别是对非“汉字圈”的学习者来说），不仅在书写方式上，更在认知、记忆和运用等多方面都是一种全新的文字体系。汉字与汉语的关系跟其他语言与相关文字的关系有很大的不同。因为世界上许多语言都是拼音文字（音素文字或音节文字），其字母是没有意义的，汉字是语素文字“唯一的代表”，本身是有意义的（吕叔湘，1985）。汉语、汉字这些对学习者来说具有普遍性的特点，是编写通用型教材的重要理据。英语教学界具有广泛影响的教材大都是通用型教材，如《新概念英语》。汉语教学界广泛使用的教材也是通用型的，如《发展汉语》《中文听说读写》《新实用汉语课本》等。这说明，通用型教材始终是第二语言教材的主流品种。

（三）通用型教材的主要特点

教材编写的理想境界是让更多同类教学对象和有相同学习目标的学习者都能使用。因而，淡化使用对象的国别特征和学习者母语背景，以“普遍的外国人”为教学对象，并针对特定学习群体的学习需求设计和安排教学内容。

以对外国人汉语教学的普遍规律和教学经验为统领，更加关注汉语、汉字自身的特点，关注汉语文的体裁、语体特点及其呈现，注重语言知识的系统性和科学性。

课文话题、教学内容和话语场景以中国为主，偶尔兼顾海外内容和场景（如“圣诞节”“中国城”“中文学校”），或国际性话题（如“环保”“素食者”“求职就业”）。

主要的缺点是，对非教材注释语言母语者的针对性差，即在语音、词汇、语法、文化及学习方式和学习特点等方面，难以给予系统性的观照和针对性的训练；难以兼顾和体现某些具体国别学习者的学习生活、社会环境和文化习俗。

汉语通用型教材更适合在中国编写和使用，因为来华学习者往往不仅仅是某一特定国家的学习者，换言之，来自不同国家的汉语学习者可能被编在一个教学班级里，因此中国国内编写的教材大都是通用型的。海外或面向海外编写的通用型汉语教材，要特别注意教材的容量不能过大，要适合海外学时少的特点；内容取向上要注意“中国内容”和“海外内容”的兼顾，前者应占据绝对多数，后者占据少数。

可能的优势是，可以为不同国别、不同区域和不同母语的学习者所选用，有可能系统地展示汉语、汉字的知识，可以较为全面地介绍当代中国的方方面面。如果设计和编写得好，可能成为某一类型及其特定教学对象的品牌教材，特别是系列教材或系列配套教材。

需要说明的是：通用型教材实际上还可以细分为普遍性通用、区域性通用和国别性通用三个小类。这里说的主要是普遍性通用教材。如果是区域性和国别性通用教材，则上面所提到的缺点和不足就可以得到程度不同的克服和弥补。也就是说，通用型教材如果以某一区域或某一母语为背景则亦可以归入其他教材类型，如《中文听说读写》（英语注释）和《汉语言文字启蒙》（法语注释）亦可算作国别型或语别型教材。

二　区域型汉语教材

（一）区域型教材的基本内涵

区域型教材是为某一地理区域的汉语学习者编写的教材，如面向东南亚、中亚、北欧、南美、非洲等编写的各类汉语教材。教材的媒介语可以是该区域的通用语（如果有的话）或是英语等其他通行较广的语言。区域型教材仍然是以提高学习者汉语听、说、读、写综合语言能力，或是提高听说、读写等某一两项语言能力为目标。

（二）区域型教材的编写理据

同一地理区域即地缘国家，在语言、文化、宗教、历史、传统以及气候、物产、饮食、习俗、生活方式等多方面相同相近的地方多，并且汉语教学的历史与传统、模式与特点等也往往相同相近，至少在上述多个方面同一区域相关国家的汉语教学具有较多人文环境和自然环境方面的共性，并因此而有别于其他区域。正所谓“一方水土一方人”。这就为区域型通用汉语教材的编写提供了客观基础。

（三）区域型教材的主要特点

区域型教材是某一区域通用的教材，因此也是一种通用型教材。区域型教材应该遵循和体现通用型教材的一些特点和要求，也即在话题、课文内容、文化内涵、教学模式与教法等方面应体现该区域的共性特征和教学需求。

教材编写的理想境界是让本区域内更多国家、更多的同类教学对象都能使用所编教材。为此，应充分提取本区域语言学习、教学方式、话题语境、文化风俗、气候环境、物产饮食等人文和自然因素的共性特征，并以适当的比例和恰当的方式加以呈现。

区域型教材的编写要求是，课文话题、教学内容和话语场景仍然以中国为主，适当兼顾有关区域的生活内容和场景。如为北欧编写的区域教材应适当呈现那里的人文和自然特点，如与“雪”有关的生活、文化及相关的词汇和课文内容，为非洲某一区域编写的教材应适当体现与“旱季”“雨季”有关的工作、习俗及相关的词汇和课文内容。

从理论上说，区域型教材的使用范围小于通用型，但针对性应该更强于通用型教材。区域型教材既要考量学习者的目的语水平、学习需求、学制学时等因素，也要考量该区域的文化传统、宗教信仰及气候、物产、习俗等共性特征，并在教材中给予恰当体现。

可能的优势是，可以为该区域不同国别和不同母语的学习者所选用，有可能系统地展示汉语、汉字的知识，可以较为全面地介绍当代中国的方方面面。如果设计和编写得好，可能成为特定区域内所普遍选用的教材，并有助于推进区域教学的规范化和标准化。

需要指出的是：区域型教材的编写应以区域化教学观念的确立和区域化教学共性与个性的研究为基础。事实上，汉语国际化的过程，也是汉语教学区域化的过程。由于地理环境、历史文化传统以及汉语教学的历史和现状的不同，使得地缘区域有诸多共同点，非地缘区域有诸多差别。而在教材的话题、课文内容中恰当地结合和呈现不同区域汉语学习者的人文环境和自然环境特点，也正是教材针对性的应有内涵。

三　语别型汉语教材

（一）语别型教材的基本内涵

语别型教材是为共同使用某种语言的学习者编写的汉语教材。如为以法语、德语、西班牙语等为母语或通用语的汉语学习者编写的教材。语别型教材不限于某一国家的学习者使用。语别型教材也是以提高学习者综合汉语能力或专项汉语技能为目标。

（二）语别型教材的编写理据

汉语作为第二语言的教材编写，最基本的要求应是注重汉语与学习者母语及相关文化的观照和比较，以增强教材的针对性和实用性。持有同一种母语的汉语学习者，不仅母语背景相同，其文化、习俗、宗教乃至社会历史、社会生活等也相同或相近。这就为编写语别型教材提供了语言和文化对比的便利。

（三）语别型教材的主要特点

语别型教材也是一种通用型教材，是持有相同母语的汉语学习者通用的教材。因此，语别型教材最大的特点应该是充分体现汉外语言及文化对比研究的成果，也即教材应着重呈现经过语言及文化对比后所发现的教学重点和难点，以及应该繁复和简约之处。

教材编写的理想境界是，让共同使用某一母语的更多国家、更多的同类教学对象都能使用所编教材，即追求该语别母语者的普遍适用性。为此，应充分考量和提取有关地区和国家在人文因素和自然因素方面的共性特征，并给予恰当呈现。

语别型教材的编写在遵循科学性、实用性和趣味性等教材编写的一般原则的同时，更要体现对该语别汉语学习者的针对性教学，即在语音、语法、词汇、汉字教学方面，在话题选择、内容叙述、注释说明、练习设计等各个方面详略得当、重点突出。

语别型与通用型教材的区别在于，前者明确是为某一母语的汉语学习者编写的，使用对象均是该母语者的某一学习者群体；后者是为持不同母语者编写的，使用对象可以是不同国家、不同母语者。

语别型与区域型教材的区别在于，前者有共同的母语或通用语，但不限于某一国家或某一区域，因而更加关注学习者母语的特点及与汉语的差别，并在教材中给予应有的体现；后者不限于是否有共同的母语或媒介语，而是限于共同的地缘区域，因而更加关注该区域共同的地域特征和人文特征。

在生词注释、语法翻译等方面，语别型教材的针对性和实用性强于通用型和区域型。因为前者直接用学习者的母语来注释和翻译，后二者用媒介语来注释和翻译，显然前者更便于学习者准确地认知和掌握。

需要强调的是：是否进行汉外语言及中外文化的对比，对比的深度广度及由此做出的学习难点和重点的预测是否准确，教材在词汇和语法教学及课文内容中对中外语言文化的差异呈现得是否充分和准确，是编写语别型教材成败得失的关键。

语别型教材的优势是，可以也应该进行汉外语言对比，进而预设汉语教学的难点和重点，以增强教材的针对性，提高教学的质量和效益。然而，这在很大程度上说只是一种理想境界。因为进行系统的汉外语言对比并预测出学习和教学的重点与难点绝非易事，且不说许多情况下根本就是缺失这项前期的对比工作，就是对比了也不一定就能准确地预测出教学的重点和难点，而往往是所预测的难点并不一定难，而没有预测到的地方却成为学习的难点。当然这并不是语别型教材本身的缺憾，而是编教者对比、预测和实施的问题，因此，语别型教材仍然是教材编写的一种重要类型。

四 国别型汉语教材

（一）国别型教材的基本内涵

国别型教材是专为某国汉语学习者编写的教材。如为泰国、越南、匈牙利、瑞士、巴西、阿根廷等国学习者编写的汉语教材。国别型教材可以是综合教材，也可以是专项技能教材。

（二）国别型教材的编写理据

一方面，某一国别汉语学习者有着共同的母语，有自己独特的历史、国情和文化传统及生活习俗，有相同或相近的教育体制。专门为某国编写某种第二语言教材不仅可以更好地照顾到这些方面，也可以更好地进行语言和文化的对比，更好地解决教材的“当地化”问题。另一方面，不同国家即使是有共同母语或通用语，有大体相同相近的文化传统，但实际上这些国家之间在社会生活和文化习俗的各个方面也还会存在各种各样大小不等、程度不同的差异，如澳大利亚和印度，而没有共同母语或通用语的国家之间的差别就可能更大、更多。以上两方面正说明编写国别型教材的可行性和必要性。

（三）国别型教材的主要特点

国别型教材也是一种通用型教材，是某国汉语学习者通用的教材。国别型教材最大的特点应该是充分体现对该国学习者汉语教学的重点和难点，以及他们的生活环境、学习环境和学习习惯及他们感兴趣的话题和教学内容。

教材编写的理想境界是，使该国同类教学对象都能使用所编教材，即追求在该国的普遍适用性。为此，应充分考量和提取该国具有同样学习目标的教学对象在汉语、汉字认知上的特点和学习需求，并给予恰当呈现和充分训练。

国别型教材同样要遵循教材编写科学性、实用性、趣味性等一般原则，更要体现对该国别教学的针对性，即在汉语语音、语法、词汇、汉字和文化教学方面，在话题选择、内容叙述、注释说明、练习设计等各个方面详略得当、重点突出。

国别型与语别型教材的区别在于，前者限于某一国家使用，后者不限于某一国家使用。国别型关注语言的对比和狭义文化（具体国别文化）的对比，语别型关注语言的对比和广义文化（有关国家共性文化）对比。因此，理论上前者针对性弱于后者。

国别型与语别型教材一样，在生词注释、语法翻译等方面，其针对性和实用性强于通用型和区域型教材。因为前二者是用学习者的母语或通用语来对译，后二者是用某种媒介语来对译，理论上说，前二者比后二者更便于学习者准确地认知和掌握。

需要明确的是，国别型教材意味着可以更好地进行汉语和该国别语言及文化的系统对比，从而在教材中做出相应的安排。因而，与有同样预设的语别型教材一样，是否进行对比、对比的深度广度以及在此基础上进行的教学难点和重点的预测是否准确，直接影响国别教材质量的高低和可能的优势能否及在多大程度上实现。汉外两种语言和文化、习俗、国情等的对比工作做得好、落实得好，则国别教材的优势才能得以实现。相反，为某国编写的教材就很可能是贴了“国别型教材”的一个标签。当然，这不意味着不能编写国别型教材，事实上，20 年前中美合作就编写出了《话说中国》（上册 1985，下册 1990）这样在体例设计、话题选择及内容安排等方面颇有示范意义的国别型教材（李泉，2011）。

五　再比较与再讨论

从根本上说，这四类教材都应以提高学习者汉语综合能力或说、听等专项能力为教材编写的基本目标。因此，都可以是综合教材或单项技能训练教材。这就要求，各类教材的设计和编写，都应以汉语汉字自身的知识系统及其组合规律、应用规律和教学规律为根本着眼点来安排和取舍教学内容。中国文化的教学、外国文化的融入和规避、有关国家国情因素的考量等，都应以便于汉语汉字的教学和有助于提高汉语交际能力为目的，而不能淡化乃至挤压汉语本身的教学。可见，从教材目标、结构方式和主体内容看，四类教材没有根本区别。

从本质上说，这四类教材都属于“通用型教材”，分别是世界范围内通用、某一区域内通用、某一共同语别相关国家通用、某一国家相关教学对象通用。然而，它们虽均为通用型教材，但通用程度各不相同甚至差别很大，其中，通用型教材可以使用的范围最广，国别型教材使用范围最窄，区域型教材和语别型教材使用范围居中（二者使用范围难分高下），也即：通用型 > 区域型、语别型 > 国别型。

一般来说，教材适用对象越广、国别越多，对学习者的母语、文化、社会环境等的关照就难以全面和充分；相反，则能给予更充分的观照和体现。因此，就针对性而言，国别型教材最强，通用型教材最差，语别型教材略强于区域型教材，即：国别型 > 语别型 > 区域型 > 通用型。

从注释的准确程度上看，用学习者母语来对译汉语词汇、解说语法现象，应好于用媒介语的效果，因此，国别型教材和语别型教材的“对译”和“解说”比通用型教材和区域型教材应更准确、更易于理解。国别型教材只针对某一国家学习者，语别型教材针对有共同通用语的不同国家学习者，因此前者注释的准确性应高于后者。通用型教材适用范围大于区域型教材，区域型教材又有着自然和人文环境相同相近的优势，因此区域型教材注释的准确性应优于通用型教材。综上，就注释的准确程度上说应是：国别型 > 语别型 > 区域型 > 通用型。

从教材编写和出版的应用价值和经济效益上看，显然教材设定的适用范围越广，其应用价值和可能的效益也就越大，相反则不然，至少理论上说应该是这样。而追求最大化的应用价值和经济效益，应该是教材设计和编写的基本理念。如果精心编写和正式出版的教材仅仅为少数学习者使用，那这种不计成本和效益的做法至少不是教材编写的常态。因此，从教材应用价值和效益最大化的角度看应是：通用型 > 区域型、语别型 > 国别型。

从对语言及文化对比要求的程度上看，通用型教材只能是汉语与其他外语的泛比，更多的是关注汉语自身特点的教学，如注重汉语虚词、量词、关联词语的教学以及由教学经验获得的诸如汉语补语、“把”字句等的教学。区域型教材在语言上也只能是汉外泛比（有通用语的可以进行细比），但可以也应该体现出相关区域的自然和人文特点，以增强教材的实用性、趣味性和学习者的成就感。比较起来看，国别型教材和语别型教材对汉外语言及文化的对比要求最高，尤其是前者，因此这两类教材既有条件也有义务进行语言及相关文化对比，而只有对比并在此基础上有针对性地安排教学内容，才能体现出这类教材的特色和优势。因此，从便于对比和应该对比的要求和可能的程度上看应是：国别型 > 语别型 > 区域型 > 通用型。

六　若干意见与建议

其一，这四类教材各有优势和不足，也各有自己的适用范围和功用。很难说哪类教材最优，哪类教材最差，更不能应用一种类型替代其他类型的教材编写和研究。从教材自身的设计、研究和应用需求来看，这四类教材都需要编写和进一步研究，从满足和推进汉语国际化的需求和进程来看更是如此。汉语的国际化实际上就是汉语教学和教材编写的多元化，是教材类型和体系的多元化。

其二，通用型教材现在和将来都应是教材研究和编写的重点。通用型只是一个总名，因为它可以编出各种各样、各具特色的通用型教材。换言之，通用型可以有广阔的编创空间，通用型教材的大量存在就说明了这一点。具有教学法、教学理念和教材编写理念创新并广泛流行的教材大都是通用型。批评通用型教材的理由是：没有哪一种教材可以包打天下，可以适用于所有的教学对象。这话本身并不错，但用来批评通用型教材却未必合适。通用型的“通用”是相对的、有限的通用，它追求的是最大限度地满足某类教学对象的共同特点和共同需求。

其三，鉴于同一地理区域上在地缘、语言、文化、宗教、历史、习俗以及汉语教学传统等多方面的共性优势，应据此确立国际汉语教学区域化的概念，加强区域通用型汉语教材的研究和编写。鉴于某些语言在世界范围内或某些地区通行较广，建议应加强诸如法语、西班牙语、阿拉伯语、葡萄牙语、俄语、德语等语别通用型汉语教材的研究和编写，促进汉语国际化进程中地缘区域化和语别类型化优势的形成和发展。其中，“汉语教学区域化”既是地理概念，也是人文概念。编写这类教材，有利于推动和促进区域内各国汉语教学共性和个性的研究，有利于区域化教学大纲（语言、文化、话题）、教学模式和评估体系的建立。确立这一观念，有利于发挥汉语母语国的辐射功能，如中国东北院校与俄罗斯和日本及朝鲜半岛，西部院校与中亚，西南和东南院校与东南亚汉语教学的交流与合作。

其四，国别型教材需要研究和编写，因为这类教材有属于它的适用范围和应用价值。理论上说可以做到基于汉外语言及文化对比来编写教材，其针对性最强。但是，这类教材对于“对比”的要求很高、很明确。不进行或进行得不全面、不准确的对比，相应措施不到位，就不能真正实现国别型教材的优势，“国别化”就成为一句口号。然而，对汉外两种语言及文化进行全面和深入的对比绝非易事，对编教者的要求相当高。当然，这并不意味着国别型教材不能编，中外合编即有助于实现对比的要求。

其五，各类教材的编写，都应以汉语汉字的基本知识及其组合规律与应用规律的教学为主，都应以中国话题、中国故事为主，都应以自然而恰当地介绍和展示中国人思维方式、价值取向、历史传统和文化习俗等为主。换言之，各类教材的编写都要注意教材内容的“中国化”问题，特别是所谓的国别化教材。因为学汉语最终是要跟中国人打交道，不管是口头的还是书面的。当然，这决不意味着汉语教材不能有“外国的话题和故事”，为了学习和交流的方便，为了增强教材的趣味性和学习者的成就感，完全可以在各类教材中适当融入“外国的内容和文化”，但融入的量要有度，呈现方式要恰当。

思考和练习

1. 谈谈你对本节的教材分类的看法。
2. 为什么说类型和目标多元化是教材编写的趋势？
3. 谈谈你对通用型教材特点、意义和价值的看法。

4. 教材编写的国别化和国别型教材有何不同？

主要参考文献

程晓堂《英语教材分析与设计》，外语教学与研究出版社，2002。

李泉《第二语言教材的属性、功能和基本分类》，《汉语研究与应用》（第二辑），中国社会科学出版社，2004。

李泉《文化内容的呈现心态与呈现方式》，《世界汉语教学》2011 年第 3 期。

李泉《汉语教材的“国别化”问题探讨》，《世界汉语教学》2015 年第 4 期。

李泉《课文编选：理念为先，理念贴心——以〈发展汉语·高级综合（Ⅱ）〉三篇选文为例》，《国际汉语教育（中英文）》2017 年第 1 期。

李筱菊《语言测试科学与艺术》，湖南教育出版社，1997。

刘珣《对外汉语教育学引论》，北京语言文化大学出版社，2000。

吕叔湘《汉语文的特点和当前的语文问题》，《语文学习》1985 年第 5、6 期。

赵金铭《论对外汉语教材评估》，《语言教学与研究》1998 年第 3 期。

第六章　汉语作为第二语言的习得研究

第一节　第二语言习得研究的学科性质

第二语言习得研究经过50年的发展历程，已经成为一个独立的研究领域，但是学者们对这一研究领域所属的学科性质的看法并不一致。有学者认为，第二语言习得研究属于心理语言学，也有学者认为属于应用心理语言学。但大多数学者认为，第二语言习得研究属于应用语言学的一个分支。之所以存在这些不同观点，是因为第二语言习得研究涉及语言学、心理学以及认知科学等多个研究领域。这些研究领域与第二语言习得研究有某些共同的研究领域或研究对象，因而使这一研究领域的学科性质不那么一目了然。因此，我们有必要对第二语言习得研究学科性质做进一步探讨。

一　第二语言习得研究与语言学

第二语言习得研究从诞生那天起就与语言学有一种天然的联系。随着两个学科的发展，语言学对第二语言习得的影响也越来越大，而且许多第二语言习得研究建立在语言学理论的基础之上。比如基于普遍语法理论的第二语言习得研究，其理论假设和研究方法都源于普遍语法理论。但是，就研究对象而言，语言学家关注的是语言本身的结构和规律。第二语言习得研究者关注的是“学习者语言”系统的描写和研究（Ellis，2013）。“学习者语言”是指学习者在目的语习得过程中产出的独立的语言系统，它既不同于学习者的母语系统，也不同于学习者的目的语系统。看下面的例句：

① 那位老大娘拉着大夫的手说："我生了他，现在你再一次生命他。"
② 我学完专业一回去，她就结婚我。
③ 她很高高兴兴地回去了。
④ 孩子们把故事听高兴了。
⑤ 我被老师教中文了。

从汉语母语者的角度看，这些学习者的语言是不符合目的语规则的。但是，我们不能用母语者的眼光来评判，就好像我们不能用熟练的母语者标准去评价儿童的语言一样。

此外，虽然有些第二语言习得研究直接建立在某种语言学理论模式的基础之上，但二者的研究目的各不相同。20世纪80年代，Chomsky在"管约理论"（government and binding theory）中提出了语言的"原则与参数"（principles and parameters）问题。语言学家关注并试图证明"原则"的普遍性问题，而第二语言习得研究者们关注的是，如何用这些理论来解释第二语言习得过程和习得机制问题。语言学家们则很少关注这些问题。因此，第二语言习得研究虽然与语言学密切相关，但作为独立的研究领域，第二语言习得研究有自己的理论和研究方法。

二　第二语言习得研究与心理学

第二语言习得研究与心理学有些共同关心的研究领域。但是心理学研究语言习得和语言运用，如儿童语言理解与产生的心理机制，是为了揭示人类心理现象的特点和普遍规律。第二语言习得研究关注的是成人第二语言学习者，研究的目的是为了揭示第二语言学习者语言习得的过程和机制。第二语言习得研究的最终目的是描写和解释学习者的语言能力和交际能力。这是心理学研究少有问津的。另外，心理学研究的范围要比第二语言习得研究宽泛得多。第二语言习得研究的范围主要包括第二语言学习者语言系统的研究、习得过程和习得机制研究，以及第二语言学习者本身的研究，如学习者的语言能力、学习策略、学习者的情感因素以及个体差异的研究。在研究方法上，心理学和第二语言习得研究各自有各自的研究传统。第二语言习得研究作为应用语言学的一个分支，主要关注第二语言学习者的语言系统和语言习得过程的描写，如偏误分析、中介语研究以及习得顺序研究等。而心理学研究则很少关注这些研究领域，更擅长心理和认知实验研究。但近些年来，第二语言习得研究借鉴了心理学研究的一些理论和方法，基于认知视角的第二语言习得研究成为一个重要的研究领域。不过，第二语言习得研究除了借鉴心理学的研究方法之外，还借鉴了社会语言学以及认知科学等相关学科的研究方法，因而在研究方法上不断完善。

三　第二语言习得研究与心理语言学

第二语言习得研究与心理语言学的关系非常密切，因此有学者认为，第二语言习得研究属于心理语言学的一部分，属于心理语言学的一个分支，即发展心理学。也有学者把第二语言习得研究称作“应用心理语言学”。就研究对象而言，心理语言学不仅研究儿童母语习得，而且也研究成人第二语言习得。但是，有一个重要的历史事实是，从第二语言习得研究的发端和历史来看，它一直是作为应用语言学研究的一部分，而不是作为心理语言学的分支。尽管第二语言习得研究在历史发展的过程中受到许多心理语言学的影响，但是把第二语言习得研究作为心理语言学的分支，不符合第二语言习得研究发展的历史事实。

Carroll（1994）指出，心理语言学的研究对象是与语言运用相关的心理过程，包括语言理解、语言产生和语言习得。他认为，心理语言学是从心理学的角度来研究语言，是认知科学的一部分。第二语言习得研究在学科归属上，学者们一般认为属于应用语言学。在研究方法上，心理语言学研究基本上是采用心理学或认知心理学的研究范式，主张通过实证方法检验假设。第二语言习得研究虽然也吸取心理语言学的一些研究方法，但同时也借鉴了相关研究领域的其他研究方法。

四 第二语言习得研究的跨学科特点

从上述讨论中，我们看到，第二语言习得研究与语言学密切相关，但在学科的划分上，它并不属于语言学；同样，它与心理学和心理语言学也密切相关，但它既不属于心理学也不属于心理语言学。但是，第二语言习得研究与这些学科在研究对象上具有某些共性，这些学科在某些研究领域互相关联，体现了第二语言习得研究的跨学科特点。为了明了起见，我们将第二语言习得研究和语言学、心理学以及心理语言学三者之间的交叉关系图解如下：

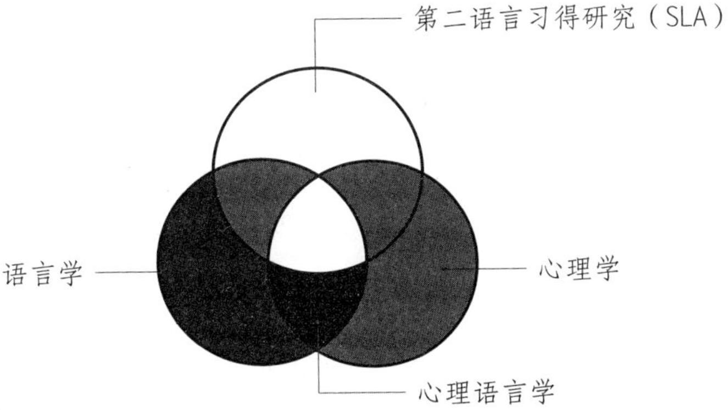

从上图可以看出，语言学与心理学的交叉构成了心理语言学。正如 Carroll（1994）指出的那样，“心理语言学基本上是心理学和语言学两个学科的结合”。图中未重合部分是语言学和心理学各学科自身特点的体现。另外，第二语言习得研究与语言学、心理学和心理语言学的交叉和重合构成了三重关系：与语言学的交叉反映了第二语言习得研究的语言学视角（linguistic perspective），如从普遍语法的角度研究第二语言习得；与心理学的交叉反映了第二语言习得研究的认知视角（cognitive perspective），如基于信息加工理论第二语言学习者习得研究；与心理语言学的交叉，实际上是上述四个研究领域的重合。这些学科共同关心的领域远远小于各自研究的范围。这一方面反映了上述学科在研究对象和研究范围上的共性，另一方面反映了彼此间的差异。

近些年来，汉语习得研究和世界范围内的第二语言习得研究一样，随着学科的发展以及相关学科理论的影响，形成了不同的理论视角，其跨学科特点也越来越明显。

思考和练习

1. 第二语言习得研究的学科性质和学科特点是什么？
2. 第二语言习得研究与语言学研究的对象有何异同？
3. 举例说明第二语言习得研究与心理学和心理语言学的关系和区别。
4. 受不同理论的影响第二语言习得研究形成了哪些不同的理论视角？

第二节　第二语言习得研究的基本概念

第二语言习得研究的基本概念是了解和探讨该领域基本理论的基础。然而，即使这些基本概念，学者们的观点也并非完全一致。因此，在进入第二语言习得研究理论探讨之前，有必要对这些入门概念做一些阐释，从而避免一些概念上的混淆。

一　“第一语言”与“第二语言”的含义

“第一语言”与“第二语言”是一对对应的概念。第一语言通常是指学习者的母语或本族语。虽然有些时候学习者的第一语言并不一定是他的母语和本族语，但在大多数情况下，学习者的母语就是他的第一语言。通常我们说“第一语言”这个概念时，一般是就学习者语言习得的时间顺序而言的。因此，第一语言是指儿童出生后最先接触和习得的语言。第二语言，按照Ellis（1994）的观点，是学习者习得的第一语言之外的任何一种语言。从时间顺序上来说，学习者首先接触和掌握的是他的母语，其他语言是在习得母语之后获得的。另外，有些学习者习得母语之后，先后或同时习得了两种以上的其他语言，如第三、第四语言，但为简便起见，一般统称为“第二语言”，尽管第三或第四语言的类型和习得过程有所不同。

需要指出的是，当我们从语言习得的时间顺序来称说第一语言和第二语言时，这对概念的分别与学习者所在的语言习得环境没有必然联系。美国儿童习得母语之后学习其他任何一种语言，比如说法语，无论在美国学法语还是在法国学法语，对学习者而言，都是第二语言。换句话说，美国儿童习得英语之后又学习法语，并不因为习得环境不同而改变法语作为第二语言的习得顺序。尽管在美国学法语和在法国学法语的最终结果会有所不同。

二　“第二语言习得”与“外语习得”的区别

“第二语言习得”与“外语习得”，按照 Ellis（1985）的观点，二者并不是一对对应的概念。在他看来，“第二语言习得”这个概念既包括自然的，也包括课堂上的习得。但是，Ellis（1994）明确地将第二语言习得与外语习得的概念区分开来。他认为，第二语言习得是指学习者在目的语国家学习目的语。学习者所学的目的语在目的语国家是公认的交际工具，当然也是学习者用来交际的工具，如学习者在英国或美国学习英语，英语在这种环境下应该称作“第二语言”。相反，中国人或俄罗斯人在本国学习英语，英语是作为外语来学习的，原因是学习者所学的语言在本国不是作为整个社团的交际工具。另外，这种语言学习基本上是在课堂上进行的。

由此可见，Ellis 后来主要是依据学习者语言习得环境来区分第二语言习得和外语习得。但是，有学者认为，这两个概念指的是两种不同的语言习得环境，而不是两种不同的语言。Van Pattern（2002）指出，语言习得环境的区分主要依据两个因素，一是语言习得的国家是否说这种语言，二是是否有课堂学习经历。因此，外语环境指语言习得发生在课堂环境之外，而且所学语言不是所在环境的社会交际语言，如学习者在美国学法语就是外语习得环境。第二语言环境指学习者所学语言在语言习得发生的环境中作为社会交际语言。Van Pattern 认为，“第二语言习得”与“外语习得”的概念与语言习得的环境无关。这是因为美国人在法国学习法语，法语是作为第二语言在第二语言环境下来习得的。同样，美国人在美国学法语，法语依然是学习者的第二语言，只不过是发生在外语习得环境。这样就能够避免将“第二语言习得”“外语习得”与“第二语言环境”“外语环境”混淆在一起。当然，区分“第二语言习得环境”和“外语习得环境”还是很有必要的，因为在两种语言环境下的语言习得在学什么、怎么学，以及最终语言习得的结果有很多差别。

三　“习得”与“学习”的区别

“习得”（acquisition）与“学习”在第二语言习得研究中是一对对应的概念。学者们用这一对概念来区分两种不同的语言获得过程、获得方式和知识类型。但也有学者并不刻意区分这两个概念，而把二者作为可以交互使用的概念（Ellis，1985，2013）。

Krashen（1981，1982）认为，成年人可以通过两种不同的方式获得第二语言。一种是通过“习得”的方式，即类似于儿童母语获得。另一种是通过“学习”的方式，通常是通过课堂学习。因此，习得是“非正式”的语言获得，学习是“正式”的语言获得，即通过教学的方式来获得第二语言。大多数成人第二语言学习者都是通过学习这种方式获得第二语言的。

就语言获得的心理过程而言，习得通常是指在自然状态下“下意识”的语言获得（subconscious learning），而学习一般是指“有意识”（conscious learning）的语言获得。就语言获得的知识类型而言，通过习得获得的是“内隐的语言知识”（implicit knowledge），通俗地说，是一种知其然而不知其所以然的知识。通过学习获得的是“外显的语言知识”（explicit knowledge），这种知识是可以言说的。所以，学者们通常用“picking up a language”来描述语言习得，就像儿童那样下意识地、毫不费力地获得一种语言。而语言学习，学者们认为是“knowing about a language”，即学习一种显性的语言知识，而不是“language learning”，即获得一种语言。

四 “自然的二语习得”与“有指导的二语习得”

“自然的二语习得”（naturalistic SLA）是指在自然环境发生的第二语言习得，它与“有指导的二语习得”（instructed SLA）的区别，按照 Ellis（1994）的观点，主要取决于两个方面：一是第二语言是以何种方式习得的，即是以交际的方式获得的还是以教学的方式获得的。二是第二语言习得发生的环境，即第二语言习得是在自然的社会环境下发生的还是在课堂环境下进行的。因此，从上述两个角度出发，自然的二语习得是以交际的方式获得的，而且通常发生在自然的社会环境下；有指导的二语习得则是以教学指导的方式，通常发生在课堂教学环境。显然，Ellis 是从社会语言学的角度对二者进行划分的。

但也有学者，如 Klein（1986）从心理语言学的角度把语言习得分为“自发的习得”（spontaneous acquisition）和“有指导的习得”（guided acquisition）。所谓“自发的”语言习得是自然发生的，没有明显的学习行为。学习者在自发的习得过程中，注意力集中在交际方面而不是语言形式方面，因而是一种不经意的习得；而在有指导情况下的语言习得，学习者的注意力主要集中在语言形式的某些方面，如语音、词汇、语法等项目上。

Ellis 认为，最好还是从社会语言学的角度来划分这两个概念。因为它反映了学习者参与习得过程的环境和活动。如果从心理语言学角度来划分，似乎自然习得就是下意识的，有教学指导的习得就是有意识的，这好像不完全符合实际情况。

五 “语言能力”与“语言表达”

“语言能力”（competence）与“语言表达”（performance）是第二语言研究中经常遇到的两个基本概念。按照 Chomsky（1965）的观点，语言能力是由交际双方内在语法规则的心理表征构成的。简单地说，语言能力是一种反映交际双方语言知识的心理语法。这种语法是一种潜在的内隐知识，母语者对句子的合语法性的直觉判断依据的就是这种语言能力。

语言表达，按照 Chomsky 的理论，指的是交际双方在语言的理解与生成过程中对其内在语法的运用。第二语言习得的最终目的是对学习者潜在的第二语言知识进行描写，并最终对学习者的语言能力做出解释。但是，我们无法直接观察到学习者的心理语法。研究者必须通过收集和分析学习者在言语表达过程中的实际话语来推理和检验学习者的语言能力。然而，心灵学派并不重视学习者的实际语言分析，在他们看来，如果普遍语法具有普遍性，那么那些普遍原则就适用于所有的学习者。因此，检验一个学习者的语言直觉能力就足够了，而没有必要去检验言语表达中的语言材料。

思考和练习

1. 如何区分“母语”“目的语”“第一语言”“第二语言”这几个概念？

2. “第二语言习得”“ 外语习得”与“第二语言习得环境”“外语习得环境”有何不同？

3. 如何理解“习得”与“学习”两种语言获得方式以及两种知识类型？

4. 请举例说明“语言能力”和“语言表达”的基本含义。

第三节　早期的汉语习得研究

早期的汉语作为第二语言的习得研究始于 20 世纪 80 年代初。至今，这个新领域已经走过 30 多年的历史。30 多年来，汉语习得研究的发展，按照时间线索可以分为三个阶段：20 世纪 80 年代的汉语习得研究、20 世纪 90 年代的汉语习得研究、20 世纪 90 年代后的汉语习得研究。

一 20世纪80年代的汉语习得研究

20世纪80年代初，汉语习得研究尚未成为一个独立的研究领域。在第一届国际汉语教学讨论会（1985年）提交的170余篇论文中，几乎没有涉及汉语习得研究的文章。80年代中期，鲁健骥发表的关于外国学生汉语偏误分析的研究报告，引起了对外汉语教学界的关注。由此，汉语偏误分析成为汉语习得研究数量最多的领域。

"偏误分析"（error analysis）的产生是由于"对比分析"（contrastive analysis）的衰落。对比分析的主要目的是通过学习者的母语和目的语系统的对比来预测学习者的难点。但是，这种预测并不可靠。因此研究者和教师开始关注学习者产出的语言偏误，并试图通过这些偏误的分析，发现偏误产生的内在原因。

最初的汉语学习者的语言偏误分析，主要探讨汉语学习者由于母语负迁移的影响在习得汉语语音、词汇和语法层面产生的偏误现象。鲁健骥（1984）列举了汉语学习者在发汉语音素时出现的母语负迁移现象。如学习者把汉语带有舌尖元音韵母"-i[ʅ]"的音节"shi"发成"she、shir、shei"，把带有"-i[ɿ]"的音节"si"读成"sei、se"等。韵母的"ü"被读成"iü、ei、iu、u、i"等。最典型的是班图语系的非洲学习者和次大陆学习者，他们发汉语的"-ng"时，常常带一个轻微的[g]，原因是这些学习者的母语中没有[ŋ]，所以他们按照母语的读音规则（"n"自成音节，"g"与后面的元音拼成一个音节），把"n"和"g"分开读。由于"g"后面没有元音，便造成了一出就止的现象。鲁健骥（1984）认为，如果学习者的母语和目的语的语素相近，他们就会用母语的语音规律替代目的语的语音规律。这种偏误是可以通过语音对比来预测和解释的；如果学习者的母语中没有近似的音来代替目的语的音素，语音对比就很难预测学习者会发成什么音。

此外，鲁健骥（1984）还谈到对于母语是非声调语的学习者来说在学习汉语的声调时可能出现的迁移现象。他认为，英语为母语的学习者往往把汉语的声调和英语的语调相混。比如，他们把汉语陈述句和疑问句句尾的一、二、三声音节都发成近似英语的升调，把句尾重读的一、二、三声音节都发成近似英语的降调。这种现象可能是语调负迁移造成的。因此，他认为，母语是声调语的学生理解和接受汉语的声调时不会十分困难，可能会发生正迁移。但是李红印（1995）关于泰国学习者学习汉语声调的研究发现，尽管泰语和汉语都是有声调语言，但是泰国学习者学习汉语声调也同样存在着困难。由此可见，仅仅从两种语音系统的差异的对比是很难准确地确定学习者的难点，也很难确定学习者的偏误是否是母语负迁移造成的。

鲁健骥（1987）论述了汉语学习者由于本族语、本族文化、目的语知识等方面的干扰以及教学训练中的失误造成的汉语词语偏误。文章列举了学习者汉语词语表达的四种偏误现象：（1）母语和目的语在词义上的交叉造成的偏误。如汉语中“厚”这个词，由于教材中所给的对应词是“thick”，致使学习者误以为“thick”的所有意义都与“厚”的意义对应，因此就出现了“这个铅笔很厚”“前边有一个厚树林”之类的偏误。（2）两种语言中对应词的搭配关系不同造成的偏误。汉语中“开”可以和名词“门”“窗户”“灯”等搭配，于是学习者造出了“请你开书”“大夫让我开我的嘴”之类的句子。鲁健骥认为，这是学习者套用母语搭配习惯造成的母语负迁移现象。但是问题并非如此简单。实际上，在这种偏误的背后可能与三个心理过程有关：第一，与母语迁移有关。“请你开书”可能是学习者想当然地套用母语规则造成的偏误。第二，目的语规则泛化。汉语“开”这个动词与后接成分的搭配关系是有限制的，可以说“开灯”“开门”，不能说“开书”“开嘴”。然而，学习者把有限的目的语知识推而广之，就是规则泛化造成的偏误。第三，教学上的误导也可能是产生这种搭配偏误的一个重要因素。（3）两种语言中意义对应的词语用法不同造成的偏误。如汉语的“这”和“那”与英语“this”和“that”在意义上对应，在用法上不同。在总括上文时，汉语习惯用“这”，英语则用“that”。这种用法上的不同会导致母语的负迁移；另外，汉语离合词与英语对应的多数是一个单纯的动词。比如，“王二结婚了玉兰”（Wang married Yulan.）这种偏误产生的原因是学习者不了解汉语离合动词在用法上的特点，因而采取母语迁移的策略。（4）两种语言中对应词语在感情色彩、语体色彩、使用场合方面的差异造成的偏误。鲁健骥认为，这种偏误的特点是，意义、搭配、用法都不一定错，只是不得体而已。

从上述分析可以看出，作者并没有止于简单的枚举式的偏误分析，而是从偏误产生的心理过程探讨偏误产生的原因。这为研究者、汉语教师研究学习者语言习得的心理过程提供了观察的窗口，并对改进教学方法提供了参考。

鲁健骥关于外国学生汉语偏误分析的文章发表后，引发了一系列的汉语学习者语言偏误分析的研究。虽然这个时期的偏误分析主要是一些零散的研究报告（梅立崇等，1984；李珠、王建勤，1987），但研究的范围涉及汉语学习者习得汉语语音、词汇、语法方面的偏误，以及阅读理解失误等诸多方面。汉语偏误分析为观察汉语学习者汉语的习得过程打开一个窗口。尽管观察的范围有限，但仍然可以发现某些规律性的现象。1986 年，佟惠君《外国人学汉语病句分析》出版。该书收集 7 个母语背景的留学生汉语习得的病句 2020 句，按问题的性质分门别类进行了梳理和分析。这是当时规模最大的汉语偏误分析著述。尽管如此，20 世纪 80 年代的偏误分析，基本上是建立在学习者的偏误与目的语之间对比的基础上，这种基于结果的偏误分析，由于研究方法上的局限，难以系统考察学习者的习得过程，难以解释学习者汉语偏误产生的复杂原因。

二　20 世纪 90 年代的汉语习得研究

20 世纪 90 年代，汉语习得研究引起对外汉语教学领域的高度重视。1992 年 5 月，《世界汉语教学》编辑部、《语言教学与研究》编辑部以及《语言文字应用》编辑部联合召开了语言学习理论研究座谈会。会议邀请了语言学、心理学、语言教学各个领域的专家共同探讨汉语习得研究问题。会后，三个杂志连续发表了与会学者关于第二语言习得研究理论探讨的学术报告，促进了汉语作为第二语言的习得研究的发展。这个时期，汉语习得研究主要集中在五个方面，即偏误分析、中介语研究、汉语习得顺序研究、汉语学习者目的语文化习得研究、语言类型的普遍性研究。

（一）汉语偏误分析

汉语偏误分析仍然是汉语习得研究成果最多的研究领域。与20世纪80年代相比，90年代偏误分析的范围进一步拓宽。偏误分析不仅涉及汉语的语音、词汇、语法层面，而且还涉及汉语的语用层面、话语分析层面。

鲁健骥（1994）收集母语为英语初学汉语的学习者产生的语法偏误192项，并将学习者在汉语语法表层结构上产生的偏误归为四大类，即遗漏、误加、误代、错序。遗漏指学习者在言语表达的过程中遗漏了某个或某几个成分导致的偏误。这种偏误主要表现在六个方面：某些意义比较虚的成分被遗漏；同类词语中用法特殊的词容易被遗漏；需要重复的成分容易被遗漏；附加成分，如词尾、结构助词等容易被遗漏；汉语中是复合成分，英语中是单纯成分，容易被遗漏；言语表达需要但尚未掌握的成分表现为遗漏。误加指某些成分的隐现是有条件的，但是学习者不了解这些条件仍然使用某些成分的偏误现象。比如在形容词谓语句中，在谓语形容词前可以加一个意义弱化的“很”。但是，如果谓语形容词前有表示程度的状语时则不能加“很”。误代指学习者在两个或几个意义和形式相近、用法不同，或形式相近、用法不同的格式之间造成的张冠李戴的现象。错序指语序偏误，包括单个成分的错序、成分组合的错序，如“[常常]我们去旅行”“九月去年”“[一个]我朋友”“在北京昨天”等。

从上述语法偏误分类可以看出，作者试图通过对学习者在汉语语法表层结构上出现的偏误进行梳理和归类，以建立一个汉语偏误分析的参考框架。作者建立的这个框架粗略地描绘了学习者语法偏误的轮廓，对认识学习者语法习得过程有一定的帮助。但这个框架有些过于宽松，从而掩盖了一些产生偏误的不同的心理过程。比如，作者将学习者运用词语特殊用法产生的偏误以及尚未掌握的词语都归结为遗漏。实际上，对于学习者来说，尚未掌握的结构不存在是否遗漏的问题。其次，仅仅从语法表层结构上划分偏误的类型，忽略了对学习者语法偏误产生的心理过程的深入分析。

这一时期，吕文华、鲁健骥（1993）借鉴Thomas（1983）关于跨文化语用失误研究的理论框架，从社会语言学的角度，对汉语学习者在语用方面的失误进行了系统分析，拓宽了偏误分析的研究视野，开辟了汉语偏误分析的新领域。作者在文章中将学习者的语用失误分为两类，即语言—语用失误和社交—语用失误。语言—语用失误指由于思维方式和习惯或观察事物的角度、范围的差异等原因造成的不得体性；社交—语用失误指学习者的交际行为不符合目的语文化心理及社会习惯造成的失误。作者认为，语言—语用失误并非是违反语法规则或用词不当引起的，而是由于思维方式等方面的差异造成的。比如，学习者在汉英语是非问答句上造成的混淆便是一个很好的例证。汉语中回答是非问句时，“是”或“非”是对提问者所说的话做肯定或否定的回答。“你不去颐和园吗？”通常肯定的回答应该是“是的，我不去。”，否定的回答是“不，我去。”。英语对是非问的肯否定回答主要是表达答话人的意向。“去”则用一致的肯定的表达形式，“不去”则用一致的否定的表达形式。这反映了汉英两种不同的思维习惯。如果学习者套用母语的思维习惯，就会造成回答是非问句上的失误。关于社交—语用失误，作者认为是由于不同的民族文化背景和社会习惯造成的。作者列举了意大利学生在道别时说“你好”的例子来说明这种失误。在意大利语中，“ciao”既用于见面时的问候，也用来道别，因此，学习者直接套用母语的交际方式。但是，对中国人来说，道别的时候说“你好”就会让人感到莫名其妙了。同样，西方人对中国人送客时常说的“走好”“慢走”之类的客套话也会感到困惑，他们不明白为什么让他“慢慢走”。这就是文化上的差异造成言语交际和理解上的困难。作者在分析这些语用失误产生的原因时指出，母语的语用规则及母语文化的干扰是产生语用失误的根源。学习者的母语语用规则和文化因素是自幼习得的，而且成为他们进行思维和交际的准则，当他们学习汉语时，这些准则便会与汉语言文化和交际行为的准则发生冲突，形成干扰。

继鲁健骥之后，汉语偏误分析涉及的领域越来越广泛。但由于大多数偏误分析建立在对比分析的基础上，因而母语负迁移成为阐释学习者语言偏误的主要原因。但是还有一部分偏误是无法通过两种语言的对比来推测和证实的。田善继（1995）将这种偏误称为“非对比性偏误”，并将这种非对比性偏误分为替代、类推、回避、简化和诱发五类。田善继在分析中发现，由于学习者对汉语语体的差异、用词的色彩褒贬等方面的使用规则不了解，在语言运用过程中便出现了一些替代性偏误。比如，“哪一只眼睛也不盲”“吓得不敢举头”，都属于口语和书面语语体混淆造成的偏误；“他们将尽力为瞎子和聋子盖一所学校”“强盗拿走了他的衣物”，则属于词语的褒贬和感情色彩运用上的偏误。类推是成年人学习目的语时经常采用的学习策略和交际策略。这种由类推产生的偏误主要表现在类比、累加等方面。比如，我们可以说“全年”“全月”“全天”，学习者便由此类推出“全星期”的说法；累加属于一种简单堆砌的偏误形式，如“这个故事发生了在汉朝”（这个故事发生了 + 在汉朝）、“我的错误比你多得很”（我的错误比你多 + 多得很）。此外，田善继考察了学习者采取回避策略而产生的偏误，认为，当学习者对某个语法规则不熟悉或没有把握时，会采取消极的回避态度。比如，“他很忙，甚至（ ）五分钟吃饭的时间（ ）没有”（连……也……）回避了关联词，句子失去了强调的意味；“代表团在机场受（ ）热烈地欢迎”“你从来没有见（ ）花吗？”动词后边的补充和辅助成分“到”和“过”被回避了。这种偏误现象与鲁健骥（1994）中的“遗漏”说的是相同的偏误。问题是，这些在意义上比较虚的词是否被回避或者遗漏了，还有待于实验研究的证明。田善继分析了“以易代难”和“以简代繁”两类简化偏误，如“他气得没有话说”（连话也说不出来）、“那个女人生气了，出去了。他决定第二天惩罚那个伙计”（生气地走出了商店）。值得提及的是，田善继将汉语教材和学习者的偏误进行对照，证明了教材诱发的偏误现象。请看下面几个例句：

①＊他离开了他家，他国家，去了一个很远的地方。（他的国家）
②＊我们在湖边要栽树。（要在湖边栽树）
③＊他已经三天没吃没喝。（没……了）

我们看看教材是怎么说的：“人称代词做定语，如果中心词是集体、机构和名词（或所属单位），一般不用‘的’。”所以，学习者在例句①中“他”和“国家”中间没用“的”。一般教材只说“能愿动词常用在动词、形容词前”，没有说明如果动词和形容词前有介词、时间词时，能愿动词放在哪儿。所以，学习者在例句②中把能愿动词“要”放在动词前了。“语气助词‘了’表示肯定某事件已经发生，……否定式是在动词前边加上‘没（有）’，句尾不能用‘了’。”所以，学习者在例句③中没有用“了”。上述事实证明，学习者出现的这类偏误似乎没有什么规律可循，是教材的误导而诱发的偏误。

在众多的汉语学习者的语言偏误分析研究中，李大忠 1996 年出版的《外国人学汉语语法偏误分析》是比较系统、详尽的论著。李大忠通过收集分析大量的中高级汉语学习者语法偏误的语料发现，汉语学习者的语法偏误有两个基本特点：一是操同一母语的学习者在学习汉语的不同阶段出现不同的语法偏误；二是在同一学习阶段上，操不同母语的学习者会出现相同的语法偏误。基于这种认识，他根据语法项目对所有的病句实例进行细致的分类。筛选出偏误数量最大、使用频率最高、带有共同性的偏误类型，逐条进行分析。分析的方法，首先是要准确地建构偏误形式所包含的语义内容。在有些情况下，学习者的语法偏误是隐性的，必须靠语境的帮助把真实的语义内容建构出来。比如，一个意大利学生明明是对一位金发女郎感兴趣，可说出来的话却是“那个金发女郎对我感兴趣”。因此，通过语境来建构学习者言语表达的真正含义，偏误分析的材料才更真实、可靠。其次，对所分的类在意义和结构上的共同点进行抽象并一一列举出来。目的是考察每一类是用什么样的结构形式来表达什么语义内容，或者说，某个语义内容是通过什么结构表达出来的。最后是正误对比，即根据所建构的语义内容找出该语义内容在汉语里对应的结构规则，把偏误更清楚地凸现出来。

李大忠的语法偏误分析可以说是在传统的汉语语法框架中进行的。作者的目的是要把学习者的偏误纳入汉语语法的解释框架。他把“偏误来源”和“偏误构成”作为两个互相区别的概念。他发现，从偏误产生的来源看，中高级阶段的语法偏误主要是目的语规则的泛化。偏误构成是指偏误产生的症结所在。换句话说，偏误在何处偏离了汉语语法规则。由此可见，李大忠的偏误分析，是以学习者的目的语为参照的，并以汉语母语者的语法框架寻求学习者语法偏误的语言学解释。但这种方法忽视了学习者语言偏误产生的心理过程，仅仅根据学习者语法偏误的表层特征进行推测，难以揭示学习者语法偏误产生的心理机制和根本原因。

（二）中介语研究

20 世纪 90 年代汉语习得研究的另一个领域是中介语。1992 年语言学习理论研究座谈会之后，学者们发表了一系列的引进与介绍中介语理论的文章（孙德坤，1993；王建勤，1994）。这些文章对中介语理论以及中介语的研究方法进行了比较深入的探讨。

学者们首先关注的是中介语的定义问题。在汉语习得研究领域，关于中介语的定义，学者们大致有三种观点：

第一种观点认为，中介语是学习者对目的语规律所做的不正确的归纳和推论而产生的一个语言系统。这个语言系统既不同于学习者的母语，也不同于他所学的目的语（鲁健骥，1984，1993）。这种观点强调：首先，中介语也是语言，具有人类语言所有的一般特征和功能；其次，它是有系统的，即由语音、词汇、语法构成的规则系统；再次，它是由于学习者对目的语所做的不正确的归纳和推理产生的。应该说，这个定义揭示了中介语最基本的特征。它承认中介语是一种自然语言，承认中介语的系统性。另外，这种观点显然是把中介语当作可以观察到的、独立的语言系统来看待的。这一点与 Selinker（1972）和 Sharwood Smith（1994）的观点是一致的。Selinker（1972）指出，“我们在建立第二语言学习理论框架时，完全有理由，或者说，不得不假定存在着一个独立的、可以观察到的、以言语输出为基础的语言系统……我们把这个语言系统叫作‘中介语’”。这个定义提出了中介语的三个特点，即中介语是由语音、词汇、语法构成的“可观察到的”语言系统，是“以语言输出为基础的”语言产出（interlanguage product），是不同于学习者母语和目的语的“独立的”语言系统。需要指出的是，尽管 Selinker 强调中介语是可观察的、以产出为基础的独立的语言系统，但是这个语言系统是与其产生的“五个心理过程”，即语言迁移、目的语规则泛化、训练产生的泛化、学习策略和交际策略密切相关。因此，如果把中介语产生的原因仅归结为不正确的归纳和推理是不够的，因为这只是中介语产生的源头之一。

第二种观点认为，中介语是第二语言学习者“特有的一种目的语系统”。这个系统在语音、词汇、语法、文化、交际等方面既不同于学习者的母语系统，也不同于学习者的目的语系统。这个系统是随着学习的进展向目的语的正确形式逐渐靠拢的动态语言系统（吕必松，1993）。这种观点在某些方面与 Corder（1967，1971）的观点有相似之处。Corder（1967，1971）最初把学习者的语言系统看作一种“过渡能力”（transitional competence）的表现。所谓“过渡”是指学习者的语言系统不断地向目的语的方向发展。Corder 的观点基于这样一种假设：学习者的习得过程是一个由学习者的母语系统向目的语系统过渡的过程。这个定义有两个特点：一是以“目的语为中心”（target language centered）的。这一点与 Selinker（1972）的观点即中介语是一个独立的语言系统有所不同。二是阐明了中介语的动态性。这些特点体现出 Corder 对中介语早期的看法。与 Corder 不同的是，这种观点将中介语系统扩展到文化和交际的层面。这种观点和 Selinker 后期提出的“中介文化”（interculture）概念异曲同工（吕文华、鲁健骥，1993；王建勤，1995）。但是，中介文化的研究属于语言层面之外的研究，超出了“中介语”这一概念的内涵。

第三种观点认为，“中介”的含义就是“中间”，中介语就是“两种语言的混合体”（盛炎，1990）。也有人认为，中介语与学习者的母语及目的语“无任何联系”，而且“不受任何现有语言的影响”（温晓虹，1992）。“混合说”过于强调中介语的字面上的意义，忽视了中介语的本质特征。如果说中介语是两种语言的混合体，中介语便毫无规律和系统性可言。Selinker（1992）在回顾中介语研究的历程时指出，“中介语可以作为语言学描写的数据，即可观察到的语言输出……我们认为，这种言语行为是高度结构化的。在语言迁移的综合研究中，在我看来，我们不得不承认中介语的存在，而且必须作为一个系统来对待，而不是作为一个孤立的错误的集合来看待”。所谓“高度结构化”就是说，中介语是系统的、有规律可循的，而不是错误的集合。

关于中介语与学习者的母语和目的语的关系，王建勤（1994）进行了比较深入的探讨。中介语的产生有诸多原因，其中学习者的母语系统及目的语系统是两个重要的来源。许多关于语言迁移的研究表明，学习者的母语对其中介语的影响和渗透是显而易见的。Selinker 关于中介语产生的五个心理过程中的第一个过程，就是母语的迁移过程。尽管当时学者们对母语迁移的看法不一致，但是母语迁移作为一种客观存在却是一个不争的事实。中介语产生的另一个根源就是 Selinker 所说的目的语规则的泛化过程。目的语规则的泛化是学习者已有的目的语知识对其中介语系统产生影响的表现。它是构成学习者的语言系统的一个重要来源。所以说，那种认为中介语与学习者的母语和目的语无任何联系的观点是不符合实际的。诚然，中介语作为一个独立的系统有其自主性，除了学习者的母语和目的语对它的影响，还有许多其他来源。但这并不表明中介语是一种孤立的语言系统。一方面，我们要看到中介语作为一个独立的语言系统的自主性，即它既不同于学习者的母语系统，也不同于学习者的目的语系统；另一方面，我们也应该看到学习者的母语和目的语系统对其中介语系统的深刻影响。

关于中介语的研究方法的探讨，是在 1992 年语言学习理论研究座谈会之后提出来的。座谈会之后，中介语的研究引起了对外汉语教学界的普遍关注。学者们希望能尽快对学习汉语的第二语言学习者的中介语进行系统的描写。研究方法也就提上议事日程。吕必松（1993）根据一般理论研究的方法提出了汉语中介语研究的基本方法和策略，认为汉语中介语的研究也应该遵循观察、实验的方法，将观察实验的结果进行比较、分析和描写。孙德坤（1993）则搭起了一个宏观的比较研究的框架，即通过比较不同母语、不同年龄、不同学习环境、不同教学方式下习得某一特定目的语的中介语系统，以及这种中介语和儿童把该目的语作为第一语言习得的中介语的差异来描写中介语系统。王建勤（2000）则从微观入手，通过对汉语学习者量词误用用例的两种不同的研究方法的比较，提出了关于中介语研究方法的一些思考。他认为，中介语作为一个特定的研究领域，不能简单地套用传统的语言学方法。中介语研究必须选择一种能够系统描写和阐述学习者的习得规律的理论和方法。研究方法的选择取决于中介语研究的理论定位，特别是中介语的研究往往与特定的理论假设紧密地联系在一起。因此，中介语研究无论是语料的收集方法，还是语料分析的方法，都应该明确研究的目的和动机以及理论导向。中介语研究的方法首先应该考虑分析问题的理论框架，应该以科学的理论为先导。

（三）汉语习得顺序研究

“习得顺序”包括两个含义：一是指不同语言规则的习得顺序。比如，有研究表明，英语学习者习得名词的复数形式早于助动词；习得不规则动词的过去式早于规则动词的过去式。Ellis 将这种习得不同规则的先后顺序称为“order of acquisition”。二是指目的语特定规则的发展顺序。如英语学习者在习得英语否定结构时经历几个不同的阶段，即句外否定阶段（no look my card）、否定词内移阶段（I no can swim.）和否定词与能愿动词混合阶段（I can't play this one.）。Ellis 将这种特定规则习得的发展顺序称作“sequence of acquisition”。汉语学习者语言习得顺序的研究，既有关于不同规则的习得顺序的研究，也有关于特定规则发展顺序的研究。

邓守信（1999）以台湾师范大学汉语作为第二语言的中介语语料库为基础，对母语为英语的汉语学习者习得现代汉语句法结构的情况进行了调查。这项调查表明，汉语学习者较早习得“了$_2$”，即对外汉语教学领域通常所说的句尾“了”。“了$_1$”则要经过数年并伴随着一定比例的错误的学习过程才能被习得。原因在于“了$_1$”，即表动作完成的体标记，在语义上是一个非常复杂的概念。对于初学者来说，不太容易掌握。从学习者出现的错误来看，大多是因为学习者把汉语中表完成的体标记“了$_1$”等同于英语的过去时。因此，对于初学者来说，至少应学习两年以上才能掌握“了$_1$”的用法。由此，作者建议在汉语教科书中，应该先介绍“了$_2$”的规则，因为“了$_2$”对学习者来说并不难掌握。待介绍一些行为动词和过去时的表达方式之后，再介绍“了$_1$”的用法。邓守信的研究是建立在汉语学习者自然习得的数据分析基础上，因此，该研究对“了$_1$”和“了$_2$”习得顺序考察的结论具有一定的参考价值。这种研究方法避免了所谓“虚假的历时研究”在研究方法上的局限。

此后，孙德金（1999）对汉语体标记“了”“着”“过”的习得顺序做了比较深入的调查。该研究主要从两个方面来考察“了”的习得过程，一是“了”与动词语义特性的选择关系，二是句法结构对习得“了”的影响。作者在语料统计分析中发现，学习者在习得体标记“了”的时候，倾向于首先选择有终结意义（如“到”“过”“走”等）的动词。非终结性动词与“了”共现，以及有终结语义但有条件限制的动词与“了”共现，学习者掌握起来比较困难。另外，作者发现，体标记“了”的习得除了与其共现的动词语义特征相关外，句法结构对“了”的习得也有影响。

汉语体标记的习得不单单是标记本身的习得问题。体标记的习得至少受到体标记所依附的动词的语义特征及其出现的句法结构的影响。从研究的视野上，孙德金的研究向前迈进了一大步。这也可以说明为什么 Dulay 和 Burt（1974）关于英语语素习得顺序的研究受到批评的一个原因，因为仅仅考察功能词本身的习得过程很难反映整个习得过程的全貌。

关于汉语特定规则的发展顺序的研究还有一篇值得提及的研究报告，即王建勤 1997 年发表的《汉语“不”和“没”否定结构的习得过程》。作者将学习者语言表达中带否定副词“不”的否定结构分作十类，带“没”的否定结构分为四类。统计分析表明，汉语“不”和“没”否定结构的习得过程呈现一定的习得顺序。这种习得顺序与否定结构的复杂程度有关。此外，统计结果还表明，“不”和“没”否定结构的习得呈现一定的阶段性，即所谓否定结构习得的“发生期”“高涨期”“稳定期”三个阶段。

上述研究都属于汉语特定规则习得发展顺序的研究。关于汉语不同规则习得顺序的研究亦有研究报告发表。施家炜（1998）对外国留学生 22 类汉语句式的习得顺序进行了大规模的统计分析。文章选择了汉语中 22 类句式，包括 12 类肯定句、10 类问句，作为考察的范围。该研究发现，外国学生 22 类现代汉语句式的习得的确表现出一定的顺序。不同母语背景、性别的留学生在习得汉语 22 类句式时表现出高度一致的习得顺序。但是，作者认为，自然习得顺序只是一种理论存在，自然顺序由于受到语言教学、语言输入的环境、学习者母语背景、性格、学习风格等因素的影响，会发生某些变化。然而这种差异是有一定限度的，仍然取决于自然顺序。此外，作者进一步提出了“语言习得等级”的概念。这就是说，自然习得顺序变体可进一步体现为一定的习得等级，同一习得等级的句式难度相当。自然顺序变体的差异仅限于同一等级内。语言习得等级的观点可以用来解释自然习得顺序局部差异。

汉语习得顺序研究，主要借鉴国外20世纪70年代的第二语言习得顺序研究的理论和方法。因此，这些研究的目标是试图寻找汉语学习者习得汉语的普遍顺序，但是已有的研究的结论由于理论的局限，大都难以证明这些习得顺序的普遍性。此外，在研究方法上，已有的研究基本上是通过学习者语言习得的正确率来推断习得顺序。但这种方法受到许多学者的质疑和批评。在20世纪80年代，德国的一些学者在新的理论（即“多元发展模型”）框架下，从多个角度研究学习者的语言习得顺序，这一理论和方法为习得顺序研究带来了新进展（Meisel，Clahsen & Pienemann，1981）。

（四）汉语学习者目的语文化习得研究

目的语文化习得研究是指汉语作为第二语言的学习者在习得目的语的同时习得目的语文化的研究。这一研究在20世纪90年代主要包括两个方面研究：一是从目的语的交际和文化功能的角度来研究学习者的跨文化现象，主要是借鉴Jenny Thomas（1983）的理论来描写和分析第二语言学习者的跨文化语用失误。吕文华、鲁健骥（1993）在这个理论框架的基础上，探讨了汉语学习者跨文化语用失误，一类是语言—语用失误，一类是社交—语用失误。这方面的研究已在前述研究中做过介绍，不再赘述。

另一项研究是关于中介文化行为的研究。王建勤（1995）提出了学习者的“中介文化行为”的概念，并描述了学习者中介文化行为产生的心理过程。中介文化行为是指第二语言学习者特有的一种文化行为系统，或者说，是第二语言学习者带有中介文化特征的言语行为系统。中介文化行为产生的第一个心理过程即母语文化的迁移过程。其中包括母语文化观念和思维方式的迁移、母语文化行为方式的迁移、母语语用功能的迁移。中介文化行为产生的第二个心理过程是理解目的语文化的“过滤”过程。过滤指学习者用母语及其文化的眼光来理解目的语及其文化。如，外国学习者对“地主”这一特定历史概念的理解就是如此。他们认为，他们国家的“地主”好，中国的地主不好。在他们的国家，他们都是“地主”。这种类比将两种文化的差异过滤掉了。中介文化行为产生的第三个心理过程是目的语文化的泛化过程。这种泛化过程是指学习者将学得的目的文化规范和准则运用到不适当的言语交际情景而产生的中介文化行为中。最后一个过程是目的文化的适应过程。这个过程是与第二语言习得全过程相关的过程。这意味着学习者的中介文化行为是受文化适应的程度制约的。

中介文化行为的研究意义在于，研究者第一次把学习者的中介文化行为作为一个相对独立的系统进行分析和考察。以往的研究仅仅局限于两种文化差异的对比，而对学习者习得目的文化的过程重视不够。学习者中介文化行为的研究将为我们系统地考察学习者习得目的文化的过程提供一个新的视角。

（五）语言类型的普遍性研究

20 世纪 90 年代学者们普遍关注的另一个理论问题是以主题突出为特征的汉语习得问题（Tianwei Xie，1992；靳洪刚，1993；温晓虹，1995）。从语言类型学的角度来看，汉语被称作“主题突出”（topic-prominent）的语言。那么，对于那些母语是“主语突出”（subject-prominent）的语言的学习者在习得主题突出的汉语时，会受到什么影响呢？

靳洪刚（1993）从“语言类型普遍性”的角度，对海外汉语学习者习得汉语“把”字句的过程进行了详细的考察。Rutherford（1983）指出，母语是主题突出语言的学习者在习得主语突出语言时，必然经历一个“语法化”过程。比如，母语为汉语的学习者学习英语，就要经历这种语法化过程。那么，母语是英语的学习者学习汉语时是否经历一个相反的过程，即“语用化”过程（pragmaticization）？为了证明这一假设，靳洪刚通过语法判断测试、“把”字句翻译测验、故事陈述测试来考察五种“把”字句的习得过程。统计结果表明，“把”字句的习得过程的确是一种“语用化”的过程。这种语用化过程表现在：（1）许多比较固定程式的语法概念变得比较灵活，如“把”字句的否定位置前移等。（2）许多语法概念在习得过程中经历了“再分析的”过程，如“把”字句中“把”之后的名词，不再是千篇一律的仅有语法意义的直接宾语，而是起不同语义、语用作用的“次主题”（secondary topic）。（3）学习者有意识地依赖上下文语境决定运用不同类型的“把”字句。另外，“把”字句的语用化过程经历了三个不同阶段：学习者把“把”字句看成一个简单的主—宾—动词的语法句式，“把”+名词短语完全没有主题意义；学习者开始意识到“把”字句的运用与语用及主题有关；学习者清楚地认识到汉语是一种主题突出的语言，与英语的主语突出有所不同。这个阶段的特点是，“把”字句运用的频率大大提高，“把”字句的种类增加到四五类，除了强势处置式的“把”字句外还出现了各种弱势处置式的“把”字句。

上述研究表明，语言类型的普遍性对第二语言习得是有一定的影响的。在习得的初级阶段，学习者首先是用母语语言类型的主语突出的规律去认识和解释以主题突出为特征的汉语语法结构，之后才逐渐认识两种语言在语言类型上的差别。另外，学习者经历的由主语突出语言类型到主题突出语言类型的转换。这个转换过程是有先后顺序的。

除上述研究外，温晓虹（1995）通过实验研究对主题突出的汉语存在句的习得过程进行了考察。温晓虹在 Fuller 和 Gundel（1978）调查母语为不同类型的英语学习者的中介语中是否存在主题突出特征的研究的基础上，提出了自己的假设，即以英语为母语的学习者在习得汉语存在句的过程中是否存在主题突出的普遍特征。实验结果表明，主题—述题结构是汉语存在句的中介语中一个明显的特征。学习者在初级阶段就习得了汉语中这种典型的主述题结构。温晓虹在解释其结论时指出，主题突出之所以成为中介语中一个特征，是因为人们在交际中首先确立主题，然后围绕主题展开陈述。另外，儿童习得母语的相关研究也为汉语主题突出特征提供了证据。

关于以英语为母语的学习者的中介语中是否存在主题突出的普遍特征，学者们的观点还不一致，因而有待于更多的实验研究证实。

思考和练习

1. 20 世纪 80 年代的汉语学习者的偏误分析有哪些特点?
2. 偏误分析在研究方法上有哪些局限?
3. 20世纪90年代学者们对中介语有哪些看法？你对中介语是怎样认识的?
4. 已有的汉语习得顺序研究有哪些新发现？在研究方法上有哪些不足?
5. 如何理解中介文化行为?

第四节　汉语习得研究的多元视角

自 20 世纪 80 年代开始，第二语言习得研究受不同理论的影响，形成了许多不同的研究领域。这些研究领域反映了第二语言习得研究不同的理论视角。如第二语言习得研究的语言学视角（UG approach）、社会语言学视角（sociolinguistic perspectives）、认知视角（cognitive approaches）以及社会文化视角（sociocultural perspectives）等。汉语作为第二语言的习得研究虽然起步比较晚，但在这些理论的影响下，也初步形成了一些新的研究领域。

一　汉语习得研究的语言学视角

在第二语言习得研究领域，第二语言习得研究的语言学视角，主要是指从语言类型学和 Chomsky 的语言学理论，即普遍语法的角度研究第二语言习得。由于 Chomsky 的普遍语法理论对第二语言习得的影响最大，因此本节主要介绍在普遍语法理论框架下的汉语习得研究。

（一）基本概念和相关理论

1. 什么是普遍语法

20 世纪 60 年代末 70 年代初，“普遍语法”被 Chomsky 赋予特定的含义，即“普遍语法是由一些原则、条件和规则构成的系统”（Chomsky, 1975）。到了 80 年代，Chomsky 又提出了“管辖与约束理论”，认为人类的语言是由“原则”和“参数”构成的。普遍语法的原则是恒定不变的，适用于所有的语言。对于学习者而言，原则是先天的，是不需要学习的。而参数是由有限的数值构成的，不同参数的设定构成了不同语言之间的差异。Chomsky 这一理论对第二语言习得研究产生了极大的影响，有的第二语言习得理论就是建立在原则和参数理论基础上的。90 年代，Chomsky 的普遍语法理论又发生了重大变化，提出了“最简方案”（minimalist programme）的思想。Chomsky 认为，人类语言的核心是“词库”，由“词汇语类”（lexical categories）和“功能语类”（functional categories）构成。通俗地说，词汇语类是指包含实词的类别，如名词和名词性短语、动词和动词性短语等；功能语类包括指示词、助词以及抽象的语法特征等，如时态、主谓一致等形态特征。在最简方案中，普遍语法的参数包含在功能语类中。最简方案提出后，出现了一些基于这一理论框架的第二语言习得研究。

2. 第二语言习得的逻辑问题

第二语言习得的逻辑问题源于儿童母语习得的逻辑问题（the logic problem of language acquisition）。有学者认为，儿童语言能力的习得不可能只是通过有限的外部语言输入获得的。换句话说，儿童不可能只是通过模仿父母或其他成年人的语言而习得目的语规则系统。一方面，这种外在的语言输入是贫乏的；另一方面，儿童在认知水平很低的情况下，很难习得抽象的语言知识。那么，问题的必然结论就是，儿童语言能力的获得只能依赖先天的语言习得机制，如果没有普遍语法这种先天的生物遗传属性，儿童是不可能学会语言的。这就是所谓“语言习得的逻辑问题”。成人第二语言学习者是否也面临这一逻辑问题呢？Cook（1988）认为，第二语言学习者同样存在这个问题，因为他们的第二语言知识如果不是从语言输入中获得的，一定是在大脑里已经存在了。第二语言学习者和儿童母语习得一样，依赖先天的语言习得机制习得第二语言。但是，Schachter（1988）认为，第二语言学习者所面临的“逻辑问题”与儿童母语学习者根本不同，因为二者的语言能力在本质上是不同的。即使部分成人第二语言学习者可以依赖先天的语言习得机制达到母语者的水平，但是大多数人仍然达不到母语者的水平。

3. 普遍语法的“可及性”问题

普遍语法的可及性（accessibility of UG）问题是指成人第二语言学习者是否还可以利用普遍语法习得第二语言的问题。目前有三种不同的观点：

第一种观点认为，普遍语法不仅适用于儿童母语习得，而且也适用于成人第二语言习得。Flynn（1996）指出，“如果可以证明第二语言学习者可以利用普遍语法的原则实现与母语不同的第二语言参数设置，那最好的解释就是，普遍语法仍然在起作用”。也有研究表明，第二语言学习者可以成功地对第二语言的参数进行重设。比如，英语为第二语言的日本学习者不仅能够成功地重新设置“中心语参数”，即实现由日语的中心语后置到英语的中心语前置的参数重设，而且能够运用在日语中不起作用的一些原则，如“毗邻原则”（subjacency principle），即在英语中能够正确地将“wh- 短语”移位到句首。这些研究表明，普遍语法仍然适用于第二语言学习者。

第二种观点认为，普遍语法是不可及的。也就是说，普遍语法不再适用于第二语言习得。证据是，移民儿童的第二语言大都能够达到类似母语者的水平，而他们的父母却很少如此。这一基本事实主要与两个因素有关，一是语言习得的关键期，二是语言习得机制。成人第二语言习得与母语习得之所以有很大的差别，一个很重要的原因就是普遍语法在关键期后就不再起作用，不再适用于成人第二语言习得。Johnson 和 Newport（1989）在英语语法直觉判断的研究中发现，七岁以前移民美国的儿童以类似母语者的方式进行语法判断，而年龄大的学习者语法判断的错误多于前者。这意味着，在关键期前的儿童第二语言学习者与成人第二语言学习者在语法判断中依据的心理机制不同。因为儿童母语习得依然可以凭借普遍语法习得第二语言，而成人第二语言学习者只能凭借一般的学习策略来学习第二语言。机制不同，第二语言习得的最终水平也不同。

第三种观点是一种折中的观点，即对成人第二语言学习者而言，普遍语法有的部分是可及的，有的部分是不可及的。Schachter（1988）的假设是，普遍语法的原则对第二语言学习者可能依然适用，但有些参数可能不会习得。证据是，成人第二语言学习者的语言表达并没有出现所谓“野语法”。也就是说，学习者不会产出违反普遍语法原则的语法错误，因为他们的语言产出是受普遍语法制约的；但是，当第二语言的参数与其母语参数不同时，他们却不能够正确地设置，从而正确地习得第二语言的参数。所以，对第二语言学习者而言，普遍语法的原则是可及的，但是第二语言的部分参数却是不可及的。

上述三种观点都有各自的实验依据，但这些研究都描述了问题的一个侧面，因而难以形成共识。因此，关于普遍语法的可及性问题还需要多侧面的实验研究做进一步的探讨。

（二）基于普遍语法的汉语习得研究

基于普遍语法的汉语习得研究的数量相对较少。近些年这个领域的研究逐渐增多，主要集中在三个方面：一是围绕普遍语法的原则和参数问题探讨汉语学习者某些原则和参数的习得研究，二是围绕功能语类问题的汉语习得研究，三是检验“界面假设”（interface hypothesis）的汉语习得研究。

20 世纪 80 年代的“管辖与约束理论”对汉语习得研究影响很大，许多汉语习得研究建立在这一理论基础上。管辖理论，简而言之，主要阐释的是管辖（governor）与被管辖成分之间的句法关系。如动词管辖名词性宾语（He likes me.），介词管辖名词性成分（He spoke to me.），即介词宾语必须是宾格名词性成分。约束理论则是阐释回指成分或代词与其先行词的关系。如：

a.“张三觉得李四对自己没有信心。”b.“张三觉得李四对他自己没有信心。”句a的简单反身代词“自己”既可以指“张三”也可以指“李四”；句b中的复合反身代词“他自己”只能指“李四”。这两个句子中的反身代词不同，与其先行词“张三”的指称和约束关系也不同。由于语言类型不同，不同母语背景的汉语学习者在习得汉语反身代词与先行词的指称关系可能会存在一些困难和问题。曾莉（2012）对这一问题做了比较详细的探讨。她的研究发现，母语为英语的汉语学习者能够成功地习得汉语复合反身代词“他自己”与先行词的约束关系。但在习得汉语简单反身代词“自己”与先行词的约束关系上却存在困难，即只能习得简单反身代词的某些指代特征。一方面，是因为反身代词的局部回指和先行词之间的约束关系是自然语言的共性，因而相对容易习得；另一方面，汉语学习者容易将“自己”与“他自己”相混淆，因而在判断长距离回指时，不能很好地区分二者在回指距离上的差异。

围绕普遍语法理论的另一个领域是基于“界面假设”（interface hypothesis）的汉语习得研究。“界面”指抽象的语言系统中不同模块之间或语言表达之间的相互影响和映射关系，只要不同语言表达层级之间存在映射，“界面”就蕴含在这些层级之间。抽象的语言系统包括句法、语音、形态和语义等不同模块。这些模块各自有它自己的组织结构和组织层级。因此，语言规则和处理包括两类：一类是语言机制中每个模块内部的运行机制，如语音规则和句法规则；另一类是联系不同语法模块的运行机制，如句法和语义之间的界面，形态和语音之间的界面等（袁博平，2015）。按照Sorace和Filiace（2006）提出的“界面假说”，“纯句法特征即便在学习后期才能被掌握，但最终是可以被完全习得的；而句法与其他的认知范畴间的界面特征则难以被完全习得”（转引自袁博平，2015）。根据这一假设，袁博平（2015）依次考察了母语为英语的汉语学习者习得汉语非宾格动词与非作格动词、存在极性词（existential polarity words）等语法点时，对“语法—语义”这一内部界面和“句法—语篇”这一外部界面习得的情况。研究发现，虽然界面会给汉语学习者带来习得困难，但并非这一假说所预测的永远难习得。另外，界面本身可能并不是造成二语习得困难的根本原因，界面所需的信息处理量才是决定汉语学习者多大程度上能够习得各种界面的关键因素。

（三）研究方法与评价

基于普遍语法的第二语言习得研究，顾名思义，这些研究都是建立在普遍语法框架下的第二语言习得研究，目的是为了检验普遍语法的普遍性和适用性。

基于普遍语法的汉语习得研究，在研究方法上和其他语言作为第二语言的习得研究一样，首先是根据普遍语法的理论形成第二语言习得的理论假设。White（1985）根据普遍语法的原则与参数理论，提出第二语言习得的过程就是"参数重设"（parameter resetting）的过程。如不同语言类型在"中心语参数"的设置上存在差异，汉语说"我吃饭"，日语说"我饭吃"。汉语动词短语的中心语"吃"在前（head initial），日语动词短语的中心语则在后（head final）。因此，日本学生要习得正确的汉语语序，就必须对其母语的参数重新设置。其次，研究者通过实证研究来检验这一假设对汉语作为第二语言学习者而言是否成立，即是否可以通过参数重设的假设来解释第二语言习得的过程和机制。

基于普遍语法的第二语言习得研究，基本上都是采用学习者对第二语言的语法判断这种研究范式来考察学习者的语言习得过程。采用这种语法直觉判断的方法，与普遍语法对学习者语言能力的理论假设密切相关。学习者的语言能力，即"心理语法"（mental grammar）是一种内隐知识，这种内隐知识的获得是第二语言习得的最终目标。因此，语法直觉判断是考察学习者语言能力的重要方法。当然，这种研究范式也受到一些学者的质疑。有学者认为，早期基于普遍语法的第二语言习得研究过于依赖语法判断的方法，缺少纵向研究。因而，不知道通过语法判断获得的到底是内隐知识还是外显知识。但是，现在这一领域的研究已经不仅仅限于这种研究方法，而是与实证研究相结合。研究的理论和方法也在不断更新。

二 汉语习得研究的社会语言学视角

基于社会语言学视角的第二语言习得研究，大致可以分为两个方面：一是第二语言学习者语言变异的研究；二是从更为宽泛的社会环境因素来考察第二语言学习者的语言习得过程，如“语言社会化”（language socialization）研究、跨文化认同研究等。

（一）汉语学习者的语言变异研究

1. 语言变异的相关概念

（1）什么是语言变异

通常所说的“语言变异”指说话者的语言表达系统由于社会因素（社会等级、职业等）、社会心理因素、心理语言因素而产生的语言形式变化。第二语言学习者的语言变异大致可分为两类，即“系统变异”和“非系统变异”。

系统变异是指第二语言学习者的语言变异随着情境的变化而变化。言语情境是第二语言学习者语言变异产生的主要原因。见下面例句：

① 我在五道口吃饭。　（情境 A）

② 我吃饭在五道口。　（情境 B）

按照 Labov（1972）的观点，如果学习者对言语输出注意的程度比较高，其言语表达大都符合目的语规则，如在情境 A，句①的状语语序；当学习者对言语输出注意的程度比较低时，即情境 B，其言语表达在语序上则偏离了目的语规则，如句②。这种变异是随情境变化而变化的，属于情境变异或系统变异。

非系统变异是指第二语言学习者经常在同一情境用两个或两个以上的语言形式表达同一功能。非系统变异也称“自由变异”（free variability）。这种变异不受语境因素的影响。见下面汉语学习者的表达片段：

在中学毕业后，我一个年没学，转到另一个大学学习中文一年，再没学一年，再学一个半年，没学一个年……

这种交替使用两种不同形式（一年 / 一个年）来表达汉语的数量结构是典型的自由变异。这种变异是非系统的，不受言语情境的影响。虽然第二语言学习者的语言变异是造成其中介语系统不稳定的一个重要因素，但同时也是促进其中介语系统不断发展的动因。

（2）上下文语境变异

上下文语境变异指由上下文语境的变化而引起的语言变异。上下文语境效应主要体现在语言的音系、形态和句法层面。Dickerson（1975）考察了在朗读对话时，四种上下文语境对日本学习者发英语 /z/ 这个辅音的影响。该研究发现，当 /z/ 出现在元音前面时，日本学习者可以正确发出这个音；当 /z/ 出现在 /m//b/ 等辅音前面时，学习者使用 [z][s][dz] 和发音较短的 [z] 四个变体；当 /z/ 出现在 /θ//t/ 等辅音前面时，学习者使用 [z][s][dz] 以及发音较短的 [z] 和不发音这五个变体；当 /z/ 出现在音节末尾时，学习者使用三个变体 [z][s][dz]。Dickerson 采用历时的方法，在九个月内分三段时间收集数据，每一次的数据分析都发现了相同的变异模式。

（3）中介语语体变化连续体

Tarone（1982，1983）把学习者的中介语系统看作一个由不同语体风格构成的连续体。连续体的一端称作“随便体”（vernacular style），另一端称作“严谨体”（careful style）。前者指学习者在非正式情境下的语体风格，后者指学习者在正式情境下的语体风格。学习者的中介语根据情景语境的需要在这两种语体间移动变换（王建勤主编，2009）。Tarone 认为，随便体和严谨体都是构成学习者中介语语言能力的一部分，因此在考察学习者的中介语时，应该收集不同语体的数据材料来反映不同的语言规范。她认为语体变换是由心理语言机制，即学习者对语言形式注意程度的高低造成的。当学习者对语言形式的注意很少时，其中介语表现为随便体。当学习者将其注意力主要集中在语言形式上时，其中介语表现为严谨体。这些不同的语体风格构成了学习者的中介语语体风格连续体。

2. 汉语学习者语言变异的相关研究

汉语学习者语言变异的研究相对比较少。已有研究主要集中在汉语学习者在语音和句法层面的变异研究上。

已有的汉语学习者言语情境变异的研究，借鉴 Labov（1972）关于母语者语言变异研究的范式以及 Tarone（1983）中介语语体变化连续体的理论框架，考察不同言语情境对学习者汉语声调产出的影响（袁博平，1995；严彦，2006）。袁博平（1995）根据 Labov 的“注意程度”假说，分别统计了初、中、高三组以英语为母语的汉语学习者在五种言语情境下汉语声调产出的正误数据。这五种情境依次为：口头表达、朗读句子、朗读短语和词语、朗读最小配对、给最小配对标声调。研究结果表明，从情境 1（口头表达）到情境 5（给最小配对标声调），由于学习者对声调产出注意程度逐渐提高，声调产出的正确率逐渐上升，形成一个不断变化的连续体。袁博平的研究基本证实了言语情境变异的假设。与此同时，他也发现，三、四年级学习者在注意力程度最高的标声调测验中的正确率，与注意力程度较低的实际发音没有明显差异。这一结论表明，学习者对语言产出注意程度的高低并非造成语言变异的唯一因素。

除了情境变异研究之外，也有学者探讨上下文语境对汉语学习者口语产出语音变异的影响。梅丽（2005）考察了后接元音和声调这两个上下文语境对零加级、初级、中级日本学习者习得汉语舌尖后音的语音变异现象。研究发现，上下文语境在一定程度上影响了语音变异。当后接元音为 /i/ 类时，零加级汉语水平学习者将舌尖后音发成舌面前音和舌叶音的比例较大。学习者 /$tʂ^h$/ 的发音受到了后接元音和声调的影响。

上述两项研究都是对汉语学习者言语产出的系统变异研究，但自由变异研究却屈指可数。王建勤（1997）考察了汉语作为第二语言的学习者语言表达中的自由变异现象。研究发现，学习者在习得“不”和“没”否定结构的过程中，把“不”和“没”看作两个可替换的自由变体。而且“不”和“没”的否定规则的习得过程是一个缓慢的扩散过程，呈现为四个过渡阶段："不"的否定占主导地位阶段；"不"和"没"作为自由变体互相替代阶段；以"没"为主的泛化阶段；"不"和"没"分化，各司其职。自由变异的现象往往出现在新规则刚刚导入阶段。随着学习者语言水平的提高，自由变异现象逐渐消失。

3. 第二语言学习者语言变异的研究方法

第二语言习得研究领域的语言变异研究，较常见的研究方法主要有三："分类规则"（categorical rules）和"变量规则"（variable rules）描写方法、中介语语体风格连续体的描写方法、"扩散模式"（diffusion model）。

按照 Labov 的"语体变换"（style shifting）理论，语体变换是系统的，是可以预测的。因此，我们就可以用分类规则将学习者的语体变异做如下描述：

thing → /θ/____（情境 A）

thing → /t/____（情境 B）

这一规则的含义是：学习者在情境 A，即对英语"thing"的产出注意程度比较高，使用合目的语标准的变体 /θ/；在情境 B，即对英语"thing"的产出注意程度比较低，则使用另一变体 /t/。显然，分类规则适合描写系统变异现象。

然而，学习者的语言变异实际上并不完全是非此即彼的简单分类变化，而往往是基于概率变化的。因此，Labov 又提出了"变量规则"的描写方法。所谓"变量规则"是指两个或多个变体在不同情景语境和上下文语境中出现的可能性。见下例：

Y（变体）0.6 —— 语境 / 语体 A（随便体）

Z（变体）0.4 —— 语境 / 语体 A

X（变量）

Y（变体）0.9 —— 语境 / 语体 B（严谨体）

Z（变体）0.1 —— 语境 / 语体 B

在语境 / 语体 A 中（随便体，即对语言产出注意的程度比较低），X 作为考察和描写的变量（如英语“thing”），其变体 Y（/θ/）出现的概率为 60%，X 的变体 Z（/t/）出现的概率为 40%；在语境 / 语体 B 中（严谨体，即对语言产出注意的程度比较高），X 的变体 Y（/θ/）出现的概率为 90%，X 的变体 Z（/t/）出现的概率为 10%。可见，变量规则对语言变异现象的描写是建立在概率的基础上的，而且能够动态地反映第二语言学习者语言特征的发展变化。

用于系统变异研究的第二种方法就是 Tarone（1983）提出的中介语语体风格连续体的描写方法。这种描写方法也是根据学习者对言语产出注意程度的高低来设计言语情境。通常采取读词表（注意程度高）、读句子（注意程度较高）、朗读语言片段（注意程度较低）、自由表达（注意程度低）等不同的实验任务来实现（Dickerson，1975；袁博平，1995；梅丽，2005）。学习者在这些不同言语情境下的语言产出构成一个不断变化的连续体，可以看出学习者的语言变异随着言语情境的变化而变化。但是，这种研究方法也有一定的局限性。即言语情境只是引起学习者语言变异的因素之一，为了避免这种局限，还应该考虑其他因素对语言变异的影响。

上述研究方法适合于系统变异现象的描写，研究非系统变异或自由变异，适合采用扩散模式。Gatbonton（1978）利用这一模式考察了 27 个在加拿大学习英语的法裔学生在大声朗读和即兴说话两项任务中发 3 个目的语语音 /θ//ð//h/ 时出现的变异现象，并用扩散模式解释了这种自由变异现象。她认为，在第二语言发展过程中有两个主要阶段，即“习得阶段”和“替代阶段”。在习得阶段，学习者习得目的语中某个变项的正确变体，并在所有的语境中都使用这个变体，同时也使用该变项的不正确变体；到了替代阶段，正确变体逐步取代不正确变体，自由变异消失（详见 Ellis，1985）。

（二）汉语学习者的语言社会化研究

1. 什么是语言社会化

语言社会化的一个基本观点是，语言和文化并不是截然分开的，无论是母语习得还是第二语言习得，语言和文化都是一起习得的。有学者认为，语言知识和社会文化知识是相互依存的。学习者的一个基本任务就是在习得语言形式的同时习得相关的意义和功能，而这些意义和功能在很大程度上是依据社会文化构成的。一方面，语言知识寓于社会文化知识之中，另一方面社会文化知识的理解与阐释在很大程度上是通过语言媒介来实现的（Ochs，1988）。有学者甚至认为，语言社会化与学习者语法能力的发展也密切相关。Ochs 和 Schieffelin（1995）指出，在每个社区，语法形式与其运用的社会文化环境以及语法形式的表征意义，对儿童有关这些语法形式的理解与产出产生影响。

学者们这些观点反映了这样一种共识，即语言社会化就是将学习者的语言能力的发展和社会文化发展联系在一起，因为至少儿童母语知识的习得同时伴随着与母语知识相关的社会文化规范的习得。但是，第二语言学习者第二语言的习得并不一定伴随着目的语社团的社会文化规范的习得。有可能是学习者所处的外语习得环境使然，也有可能是语言教学方法使然。比如，强调规则操练和强化的听说法，在某种程度上将二者分离。因此，有学者呼吁应该提出一种更为完整的语言习得理论，将第二语言习得的认知过程和社会过程结合在一起（Watson-Gegeo & Nielsen，2003）。目的是使第二语言学习者在习得第二语言的同时实现语言社会化。

2. 汉语学习者语言社会化相关研究

语言社会化研究作为一个新的研究领域，最初源于儿童母语习得，如萨摩亚西部和巴布亚新几内亚儿童的语言社会化研究。学者们发现，不同文化和族群儿童的母语习得及其相伴随的语言社会化过程存在较大的差异。随着应用语言学领域的“社会转向”，儿童母语习得的语言社会化理论引起第二语言习得研究领域的兴趣。但第二语言习得研究领域关注的主要是第二语言课堂教学中学习者的语言社会化问题（Poole, 1992；Ohta, 1999；Cekaite, 2007）。受语言社会化理论的影响，汉语学习者语言社会化研究，近些年虽然研究不多，但已有学者在这个领域做了初步的探索（贾莉，2008；闻亭，2013；魏惠琳、周春红，2013）。

魏惠琳、周春红（2013）以美国华裔汉语学习者为研究对象，从学习者运用汉语请求策略的角度，考察学习者语言社会化的进程。该研究发现，不同汉语水平对汉语学习者非规约性间接策略的使用有显著影响，即高水平的汉语学习者更多地使用非规约性、间接的请求策略。作者认为，这一结果，一方面可能与学习者的态度有关，即持积极态度的学习者更倾向于少用直接策略，更多地使用非规约性策略；另一方面持积极态度的学习者会更加注意暗示和言外之意的理解和使用，从而体现了学习者社会文化知识的积累。但是，统计分析表明，持积极态度的中高级汉语学习者语言社会化的程度，与初级汉语学习者相比，并没有显著的提高。作者进一步指出，造成这种现象的原因是，高水平汉语学习者可能会更加刻意地增加非规约性策略的使用，但是，由于海外汉语学习者的汉语习得缺乏真实的语言环境，因而在一定程度上影响了他们的语言社会化进程。

3. 语言社会化研究的方法

语言社会化研究根植于早期的儿童学习说话的纵向的人种学研究。这类研究通过学习者在以特定文化构成的语言运用情境中语言使用的观察和描写来考察其语言社会化进程。因此，这种研究多采取纵向的观察和质性分析。如 Ochs 和 Schieffelin（1984，1995）通过考察儿童与保姆的会话发现，北美中产阶级的白人阶层几乎从儿童一出生就把他看作是会话的同伴，而在萨摩亚，儿童并不是被看作会话的同伴。儿童教育的方式也不同，白人阶层通过会话来扩展儿童会话的能力，通过交际来帮助儿童澄清常规的交际话语。而在巴布亚新几内亚，成人却很少帮助儿童去澄清不理解的话语。由此可以看出，儿童与保姆的会话这种教育方式本身就是有特定文化构成的。

在第二语言习得研究领域，由于第二语言课堂教学常常缺少特定文化构成的语言运用情境，因此，教师在课堂常常通过目的语社团的言语交际习俗和习惯的教学让学习者掌握恰当和得体的目的语规则。在汉语学习者语言社会化研究中，已有研究基本上是通过特定的交际活动，或者创设特定的交际情境和语用环境，引导学习者学习特定的汉语语用规则，如请求策略、间接言语行为等。而在研究方法上，通常采用问卷和话语补全等方法来考察学习者的语言社会化进程。由于这种方法不是自然、真实的语言交际情境，因而有一定的局限性。

（三）汉语学习者跨文化认同研究

1.“认同”的含义

“认同”（identity）一词有多重含义，它既指“同一性”也指“独特性”。因为这解释了个体与他人或群体的相似和相异两层关系，即指明了你和一些人有何共同之处，以及你和他者有何区别之处。认同，即包括主观上你对“你是谁”的认识，也包括客观上你所属的群体。此外，认同包括很多类型，如身份认同，即“你是谁”，同时也包括社会认同、族群认同、个人认同等。在第二语言习得研究领域，第二语言学习者的认同研究，主要借自社会心理学“社会认同”的概念。Tajfel（1974）将社会认同定义为，个体认识到自己所在群体的成员所具备的资格，以及这种资格在价值上和情感上的重要性。在汉语习得研究领域，学者们更为关注的是汉语学习者对目的语社团的语言、文化、族群与价值观的认同，特别是汉语学习者的“跨文化认同”（cross-cultural identity）和“超越文化认同”（transcultural identity）的研究。第二语言习得研究领域之所以关注学习者的认同研究，是因为学者们发现，第二语言学习者对第二语言的态度、动机以及认同这些社会因素和情感因素将会对第二语言习得产生重要的影响。

2. 汉语学习者跨文化认同的相关研究

汉语学习者的语言文化认同研究，就研究对象而言，主要分两大类：一类是关于华裔汉语学习者的认同研究，另一类是关于非华裔汉语学习者的认同研究（王建勤，2013；冯丽萍、步延新，2013；魏岩军等，2015）。之所以这样区分，是因为华裔和非华裔汉语学习者面临完全不同的语言、文化、族群和价值观等方面的认同问题。华裔汉语学习者作为一个特殊的群体，在移居国的主流社会要应对两种截然不同甚至相互矛盾的生活方式：一方面，他们要面对母语族群语言文化传承的压力；另一方面又要尽快融入主流社会，以免被视为另类。换句话说，华裔汉语学习者既要面对华裔族群的认同，同时还要面对主流社会族群的认同，即所谓“双向认同”的问题。因此，在汉语习得研究领域，汉语学习者跨文化族群认同成为学者们关注的重要领域。

为此，有学者从来华经历、汉语水平以及态度和动机等不同角度考察了这些社会和情感因素对汉语学习者跨文化认同的影响。研究发现，有来华经历对美国汉语学习者在语言、文化和族群认同上比无来华经历的汉语学习者认同程度更高，但在价值观认同上则无影响。此外，不同国别的汉语学习者的态度和动机对其语言、文化、族群和价值观认同也存在不同程度的相关关系（魏岩军等，2015）。但是，这些研究并没有触及汉语学习者的“双向认同”问题。实际上，第二语言学习者都会不同程度地面临双向认同问题。而华裔汉语学习者作为生活在“两种文化夹缝”中的人，这个问题就更为突出。王建勤（2013）在考察华裔汉语学习者双向文化认同时发现，这个特殊群体在语言、文化、族群和价值观认同上处于一种两难境地。即在“我是谁”这个问题上处于一种游离状态。他们有时称自己中国人，有时称自己美国人，有时称自己中国—美国人，或美国—中国人。他们认为，相对美国人，他们更像中国人，相对中国人，他们更像美国人。这种族群认同上的矛盾心态阻碍了他们族群身份认同的构建。因此，作者提出了“第三种身份”的构建，即Epstein（2009）提出的“超越文化认同”（transcultural identity）。按照这种理论，华裔汉语学习者应该采取开放的心态，接受不同的文化。通过多种文化的融合使已有文化的内涵得到扩展和丰富，而不再仅仅局限于种族和肤色来定义族群和文化认同。

上述研究的意义在于，跨文化认同或超越文化认同作为一种社会和情感因素，对汉语学习者，尤其是华裔汉语学习者的汉语习得具有潜在而又深远的影响。

3. 跨文化认同研究的方法

早期的文化或族群认同研究，虽然研究的对象是跨文化群体，但是其理论和方法却是单向的认同研究。有学者认为，第二语言学习者族群认同的建构过程是一个动态发展的过程，即学习者最终要向主流族群认同过渡，最终实现主流族群的认同（Tse，1998）。问题是，有研究表明，有相当一部分第二语言学习者终生都会停留在认同建构过程的某个阶段，如两难选择的阶段。换句话说，那种单向的研究方法并不适合第二语言学习者，特别是族裔传承语习得的学习者。因此，目前的跨文化认同研究，大多采取“多维文化适应量表”的问卷调查方法（参见 Zea, Asner-Self, Birman & Buki，2003）。这种多维文化适应量表为考察双向认同提供了可选择的空间。因为，双向认同研究，不仅要考察第二语言学习者对母语语言或文化的认同，而且还要考察学习者对目的语语言或文化的认同。但是，这只是作为一种测量和调查工具，跨文化认同研究需要在适当的理论框架下进行考察，并选择适合的研究方法。

三　汉语习得研究的认知视角

当代认知心理学有两种不同的理论取向，即“信息加工取向”（information processing theory）和“联结主义取向”（connectionism）（Best，2000）。在这两种理论取向的影响下，汉语习得研究形成了两种不同的研究领域，即基于信息加工理论的汉语习得研究，以及基于联结主义的汉语习得研究。

（一）基于信息加工理论的汉语习得研究

信息加工理论产生于20世纪70年代。该理论把人的心理过程看作类似计算机的符号加工器。这些符号加工器控制着语言的心理表征的建构、语言输入和输出等加工过程。在第二语言习得研究领域，有三个关于信息加工的重要假设：一是，人的认知结构是由“表征”（representation）和“通达”（access）构成的。表征是指存储在人脑中的知识，语言表征主要是由语音、词汇、语法、图式等知识构成的。通达是指在言语理解与产出时对存储在人脑中的知识进行检索、提取的加工过程。二是，信息加工有两种不同加工机制，即自动加工和控制加工。母语者的言语交际大都是自动加工，而不熟练的第二语言学习者的言语交际则更多采取控制加工。三是，认知加工的资源，如注意和记忆资源是有限的。由于这种资源有限，言语交际的自动加工需要较少的注意资源，控制加工则需要更多的注意资源。基于信息加工理论的第二语言习得研究，基本上是在上述理论框架下探讨学习者语言习得和语言认知加工的过程和机制问题。

1. 汉语学习者心理表征的研究

在汉语习得研究领域，学习者关注较多的是汉语学习者声调表征问题。声调表征的研究，通俗地说，是研究汉语声调知识，如声调的音高、重音等声学特征以及音位特征在学习者大脑中是如何建立的。声调表征的研究，可以揭示学习者汉语声调习得的心理过程和加工机制。这种研究大都采取实验语音学和认知实验研究相结合的研究方法。张林军（2011）从声调的声学信息和音位表征两个方面研究了美国学生汉语声调的加工机制。研究发现，初级水平的美国学习者已经具有明确的声调范畴，声调识别能够达到很高的正确率。但在词汇加工中，声调的音位表征却远未形成。原因是，声调范畴的知觉和音位表征是两个相对独立的层面，抽象的音位表征的建立对汉语学习者而言更为困难。但是，汉语声调关键性声学信息的感知对声调音位表征建立将产生直接的影响。

2. 关于汉语学习者心理词典的研究

“心理词典”（mental lexicon）是包含所有词语信息的心理知识系统。这些知识包括词的发音、形态和句法以及语义信息等。这些知识构成了学习者的心理词典。在心理词典中，词语之间是按照语义网络的方式组织在一起的。语义相近、相关的词更容易被激活。如“父亲”激活“母亲”，“桌子”激活“板凳”，“苹果”激活“水果”的时间要短于“父亲”激活“作者”或“板凳”激活“水果”的时间。因此，研究者通常采用词汇联想测试的方法考察汉语学习者心理词典的结构和组织方式。通过心理词典的研究，可以发现学习者汉语词汇的形、音、义各种信息的表征是如何建立的，这些信息之间是通过何种方式组织在一起的。词汇联想实验包括四种反应类型，即聚合反应、组合反应、语音反应和无反应。聚合反应是指刺激词和联想词之间属于同类词，如“大—小”“父—母”等。组合反应指刺激词语联想词具有先行句法关系或搭配关系，如“大—苹果”“环境—污染”等。语音反应指那些与刺激词仅在语音上的联想反应，如“dog—bog”等。聚合反应和组合反应在母语者心理词典中是最普遍的组织方式，语义关系密切，因而加工深度比较高。语音反应和无反应与语义没有任何联系，因而加工水平比较低。孙晓明（2010）的研究发现，汉语学习者随着语言水平的提高，聚合反应和组合反应不断增加，语音反应和无关反应逐渐减少。此外，汉语学习者在汉语词汇理解和产出上的加工深度存在差异，产出性词汇加工深度比较高，理解性词汇加工水平比较低。李广利、姜文英（2015）采取同样的研究范式，进一步发现，汉语学习者心理词典中的词汇以语义关联为主。其中中级水平学习者聚合关联占主导地位，初级学习者聚合和组合关联比例相当。与英语学习者相比，汉语学习者的词汇关联中，汉字字形关联多于字音关联，而且语块形式的关联较多，反映了汉语学习者心理词典结构组织方式的差异和特点。

3. 伴随性词汇习得与词汇通达研究

“伴随性学习”（incidental learning）与“刻意学习”（intentional

learning）相对。二者的区别在于，伴随性学习是在刻意注意条件下的学习。如要求学习者完成阅读理解任务，事后测试学习者对某些词语的理解，但事先并不告知学习者阅读后要对词语测试。而刻意的学习则明确告知学习者在阅读中刻意注意生词，读后对这些词进行理解测试。在汉语习得研究领域，学者们关注较多的是伴随性词汇习得。目的是考察学习者在伴随性学习条件下的词汇习得是否比刻意的词汇学习效率更高。干红梅（2014）采用眼动技术，并通过设置不同的语境任务考察前后语境位置以及语义提示词（同义词/反义词）对汉语学习者词汇习得的影响。研究结果显示，语境对词语学习有显著影响，前语境句子的整句注释时间明显短于后语境句子，同义语境句子的整句注释时间明显短于反义语境句子。结论是，前语境和同义语境更利于目标词的学习。即在上下文语境条件下，伴随性词汇习得有助于阅读过程中的词汇习得。

关于词汇通达研究，关注的主要问题是，学习者在言语理解与产出过程中，以何种方式检索和提取词汇知识。学习者的词汇通达受到哪些因素的影响。有学者通过真假词判断任务，并通过多元回归分析详细地考察了汉语复合词加工的影响因素（郝美玲、厉玲，2015）。该研究发现，整词频率、首词频率、首词家族数、语义透明度和具体性是影响汉语母语者复合词加工的最主要因素。对第二语言学习者而言，整词频率、尾词素、语义因素是影响其汉语复合词加工速度的主要因素。复合词的通达既存在整词加工也存在词素加工。基于这一结论，作者认为，在汉语词汇教学中应强调词汇复现率，而且应重视词素教学对扩大词汇量的重要作用。

4. 汉语学习者正字法意识研究

在汉语习得研究领域，汉字认知研究一直是学者们关注较多的研究领域。近些年，学者们从多个侧面研究学习者汉字认知的过程和机制。但大多数研究是关于汉语学习者正字法意识形成和发展的研究。正字法是关于汉字字形的规范，包括笔画、部件的结构和组合规律。汉字正字法意识指学习者对汉字结构和组合规则的意识。汉字作为一种表意文字，特别是对母语为拼音文字的汉语学习者而言，其识别和书写是非常困难的。因此，汉字正字法意识的形成和发展是考察汉语学习者汉字识别和书写水平的重要因素和手段。汉字认知研究大都采取认知实验研究范式，即通过真、假、非字的识别和判断考察学习者汉字正字法意识的建立和发展。“真字”是具有形音义的字；“假字”符合正字法，但无音、无义；“非字”既不符合正字法，也无音、无义。汉字正字法意识的研究，不仅研究汉字的字形结构意识，而且研究汉字的结构规则，如部件的组合规则、部件的位置、部件的一致性意识等。张金桥（2008）通过实验研究考察了印尼华裔汉语学习者汉字正字法意识的形成和发展。实验研究表明，印尼华裔初级汉语学习者已经具备正字法意识，中高级汉语学习者的正字法意识在左右和上下结构汉字中均有体现，而且左右结构的汉字的正字法意识具有优势。

阮氏芳等（2016）的汉字部件延迟书写研究发现，学习三个月汉语的越南学生已经具备了汉字部件意识。而且部件构字能力是影响学生汉字书写的重要因素。该研究也发现，学习者汉字左右结构部件结构意识好于上下结构。此外，吴思娜（2008）对日韩学生汉语形声字声旁一致性意识进行了检验。研究发现，汉字水平高的留学生在一年级时就具有了一致性意识，而汉字水平低的留学生到三年级才发展其一致性意识。这一结果表明，学习者的汉字水平是影响其形声字一致性意识的主要因素。

从上述研究可以看出，基于信息加工理论的汉语习得研究，基本上都是围绕认知研究领域的基本理论问题，采用认知实验的研究范式，研究汉语学习者习得汉语语音、词汇、汉字等语言要素的认知过程和加工机制。但不同语言层面的研究方法有所不同。汉语学习者声调习得的认知研究，基本上是采取实验语音学研究方法和认知实验研究相结合的方法。而词汇和汉字的习得主要借鉴认知心理学的研究范式。

（二）基于联结主义的汉语习得研究

联结主义作为一种新的认知理论复兴于 20 世纪 80 年代。这一理论与信息加工理论相比，有两个不同之处：首先，联结主义强调知识的分布表征，而不是符号表征。在信息加工的语义网络中，一个节点表示一个概念。而联结主义是通过神经网络中神经元之间的联结模式表达的。其次，在信息加工方式上，联结主义采取平行加工，而不是序列加工。联结主义，作为浮现主义（emergentist）家族中的一员，具有三个共同的学习原则：一是联想学习（associative learning）。联想学习是基于实例和样例的学习。当学习者对语言输入中呈现的一个个样例（如N个“把”字句）形成记忆，学习便发生了。频次越高的样例越容易形成记忆。二是概率学习（probabilistic learning）。这种学习方式并非是分类的，而是渐进式基于经验概率的猜测和推断式学习。三是基于运用的学习（usage-based learning）。根据这一学习原理，语言知识和运用是不可分的。学习者是通过语言运用来学习语言。联结主义的上述学习原则，反映了语言知识获得的普遍规律。学者们基于上述原则通过特定的方法来探索第二语言习得的普遍规律。

在汉语习得研究领域，联结主义认知理论的引进比较晚。基于这一理论的研究也相对少。一方面是因为信息加工理论在第二语言习得的认知研究方面仍然占主导地位；另一方面，基于联结主义的研究方法，即基于人工神经网络的模拟方法在一定程度上限制了这一研究领域的发展。但是，基于人工神经网络的模拟方法与其他行为实验研究相比具有一定的优势。第二语言学习者的语言习得涉及的因素和变量比较复杂，但行为实验研究的变量有限，基于统计分析的结果难以客观地揭示交织在一起的多种因素的交互关系。而基于联结主义的神经网络可以从多个维度分别表征更为复杂的因素和变量。由于神经网络能够具有人脑学习功能的生物有效性，通过模拟可以更为直观地观察到复杂的学习过程。在汉语习得研究领域，神经网络最早用于汉语学习者汉字构型意识的模拟研究。王建勤（2005）利用“基于衰减网络的自组织模型”（self-organized model based on SARDNET）模拟了汉语学习者汉字构形意识的发展。汉字构形意识主要包括两个方面：一是汉字组字单元的意识，即汉字部件意识；二是汉字组字单元之间的组合规则意识。为了模拟汉字构形意识的萌发和发展，该研究从汉字部件数、结构类型等九个维度对汉字进行表征。模拟的结果表明，初级水平的子模型已经具备了汉字构形规则的认知能力。汉字结构类型的认知效应主要反映在左右结构的汉字上。模型汉字识别采取的首要策略是字形策略，其次才是结构识别策略。该模拟研究在一定程度上避免了行为实验的局限，其模拟的结果比较客观、可靠。

利用神经网络进行模拟的另外一个领域是汉语声调范畴的模拟研究。陈默（2012）利用“自组织模型”（self-organized model）模拟了母语为非声调语言的汉语学习者习得汉语声调范畴的认知机制和发展过程。该研究实际上是一个双表征模型，既包括学习者母语的语音特征的表征，也包括学习者的目的语，即汉语的语音特征的表征。声调表征包括调值、调型、调长和调域等多个维度。模拟结果显示，初级子模型已经形成声调范畴。阳平和上声范畴的区分最差。模拟的结果澄清了以往行为实验不一致的结论。

上述基于联结主义神经网络的模拟研究，均采用了无监督学习的自组织神经网络。这种自组织模型与有监督的学习模型相比，更符合人脑的学习过程和特点。虽然，基于自组织模型的汉语习得模拟研究目前还有很多局限，但是，随着深度学习模型的应用，将会进一步促进汉语习得模拟研究的新进展。

四　汉语习得研究的社会文化视角

“社会文化理论”的全称为“社会文化心理理论”（sociocultural theory of mind），是20世纪初由苏联心理学家Vygotsky提出的。但直到20世纪80年代，这一理论才被西方学者Lantolf等引入第二语言习得研究领域。由此，基于社会文化理论的第二语言习得研究成为一个新领域。

（一）社会文化理论的基本观点

1. 调节与调节学习（mediation and mediated learning）

“调节”是Vygotsky社会文化理论的核心概念。这一概念的含义是，人类在改造物质世界时，往往通过间接的方式，即通过物质工具来调节我们与物质世界的关系。同样，人类也利用符号工具，如数字、信号、音乐、语言等工具来调节人的思维，调节人与人、人与世界的关系。其中，语言是区分人与动物最重要的调节工具。这些调节工具，无论是物质的还是符号的，都是人类创造的"文化产物"（artifacts），这些产物都是人类文化和智慧的结晶。Lantolf 和 Thorne（2006）用下图直观地阐释了人通过调节工具与客观世界建立的间接关系。

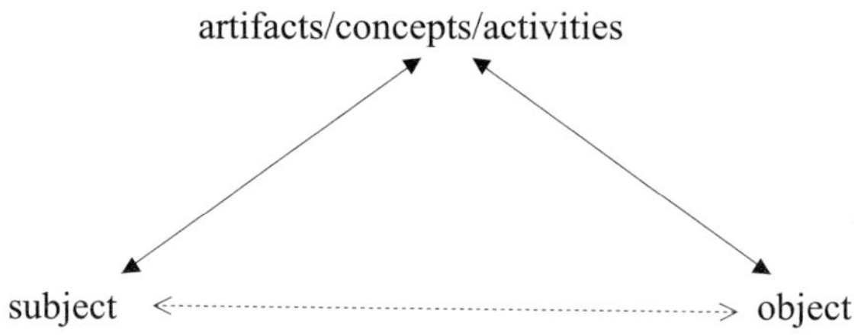

The mediate nature of human/world relationship

上图展示了人（subject，主体）与客观世界（object，客体）的两种关系，实线表示直接关系，虚线表示间接关系，这种间接关系是通过调节工具来实现的。调节工具不仅包括物质和符号工具（artifacts），而且包括概念（concepts）和活动（activities）。也就是说，概念和活动也具有调节工具的功能，比如通过概念调节人的思维，通过活动调节人的认知过程。在所有这些调节工具中，语言符号则是介于二者之间的最重要的调节工具。人类通过物质工具来改变世界，同时也通过符号工具来调节人的思维和认知机能的发展。

按照社会文化理论的观点，语言习得本身也是通过调节工具的调节过程。学习者一方面通过使用和控制心理工具，如语言和符号来学习语言，而且还可以借助其他辅助工具，如多媒体来学习语言。但是，社会文化理论认为，语言习得过程在本质上是社会化调节的过程。语言习得总是发生在人与人的社会互动环境中，无论这种互动是面对面的还是网络的虚拟世界，离开社会环境语言习得便不会发生。因此，研究者试图在社会文化理论的框架下探讨基于调节的语言习得过程和习得机制。

2. 调控、支架和最近发展区

“调控”（regulation）作为“调节”（mediation）的一种形式，是用来阐释儿童认知能力发展过程和阶段性的术语（Lantolf & Thorne，2007）。按照 Vygotsky 的观点，儿童的认知发展经历三个不同发展阶段：第一阶段是客体调控（object-regulation）。客体调控指儿童的思维受他所处的环境左右。比如让儿童抓取面前摆放的各种玩具，儿童往往不会按照父母的意愿行事，而是被那些颜色更鲜亮、比较大的或离得最近的玩具所吸引。换句话说，儿童此时的思维受环境控制。儿童模仿周围成人说话同样是客体调控。第二阶段是他人调控（other-regulation）。这个阶段，儿童往往需要一个能力更强的他人帮助来完成认知任务，如父母或保姆为儿童提供“儿向语言”帮助儿童学说话等。第三阶段是自我调控（self-regulation）。在这个阶段，儿童的认知能力发展成熟，不需要他人帮助而独立完成认知任务。

“支架”（scaffolding）的含义是，在专家和新手、教师和学生或者同伴之间合作完成认知任务或言语交际过程中，当新手或学生不能独立完成这些任务时，由专家或新手提供帮助，即所谓“搭支架”以完成学习任务。支架有不同类型，专家与新手是最常见的支架类型。同伴之间搭支架，需要一方水平略高于另一方。与搭支架相关的另一个概念是“最近发展区”（the zone of proximal development）。Vygotsky 将其定义为，儿童目前独立解决问题的发展水平与其在成人引导下解决问题的潜能之间的差异或距离。因此，儿童潜能的发展有赖于成人的帮助，即在其不能独立解决问题的情况下通过搭支架跨越最近发展区。换句话说，儿童学习潜能需要借助他人调节（即搭支架的方式），发展为现实能力。

3. 个体言语与内在言语

“个体言语”（private speech）指儿童或成人第二语言学习者在完成认知任务或遇到困难时，常常会出现自言自语或重复他人话语的现象，目的显然不是为了交际。按照社会文化理论的观点，这种个体话语是学习者正在形成的一种自我调控能力的表现，即以个体言语作为调节思维和言语行为的工具，并最终内化为“内在言语”（inner speech）。当内在言语作为思维的调节工具时，学习者就不再依赖外化的个体言语。研究个体言语的价值在于，个体言语可以为我们提供观察学习者以个体言语作为调节工具向内在言语转化的这一内在过程的窗口。

（二）基于社会文化理论的汉语习得研究

社会文化理论拓宽了第二语言习得研究的理论视野，使研究者可以从另一个视角探讨语言习得研究过程和机制。在汉语习得研究领域，学者们通过微观发生分析的方法和实证研究对社会文化理论进行了多方面的检验和探讨。

按照 Vygotsky 的观点，儿童的认知发展必然经历客观调控、他人调控和自我调控三个阶段。但是，成人第二语言学习者的汉语习得是否也会经历这三个不同阶段？蒋荣（2013）根据这一理论通过实证研究对不同汉语水平的学习者在词汇习得过程中采取的调控方式及其发展过程进行了考察。该研究发现，不同汉语水平的学习者的词汇习得过程并没有表现出儿童母语习得具有的明晰的发展阶段。初级汉语水平的学习者在词汇习得上更多地依靠客体调控和他人调控的方式。中级汉语水平的学习者自我调控能力得到了一定的发展，但主要依赖的仍然是客体调控和他人调控的方式。然而，高级汉语水平的学习者并不依赖客体调控和他人调控的方式，这些学习者已经具备了自我调控的能力。这一结果表明，成人第二语言学习者词汇习得采取的调控方式与其语言水平相关，而儿童语言习得依赖的调控方式与其认知水平密切相关。

在社会文化理论中，语言教师最感兴趣的问题是如何在课堂教学中搭支架，以及哪些支架更有助于汉语学习者的语言习得。有学者认为，语言习得的最终目的是通过他人调节跨越最近发展区，具备自我调节的能力。在课堂教学环境下，教师是为学习者提供他人调节的最佳人选，而搭支架是教师最常用的他人调节方式。姜晓（2016）通过实验研究分别考察了两类支架，即“认知支架”（cognitive scaffolding）和“情感支架”（motivational scaffolding）

对汉语学习者听说能力的影响。研究结果表明，真正对学习者听说能力产生作用的是教师在课堂教学中搭建的情感支架。也就是说，情感因素对学习者听说能力的提高会产生直接的影响。这一结论实际上得到神经科学实验证据的支持，即控制情感因素的大脑“边缘系统”的激活有助于提高语言习得的效率。

关于“个体言语”的研究是汉语习得研究较少关注的领域。但近些年也出现了相关研究。魏岩军等（2014）采取微观发生分析的方法考察了汉语学习者如何利用个体言语作为调节工具跨越最近发展区习得汉语的过程。该研究重点考察了个体言语的功能及其在语言习得过程中的作用。研究发现，个体言语的主要功能包括三个方面：一是认知和元认知功能。这是个体言语最重要的功能，因为这一功能可以直接促进个体言语的内化。二是情感功能。即学习者常常用个体言语来控制感情，有效降低焦虑感。三是参与功能。这个功能实际上是一种比较隐蔽的演练功能，反映了学习者对课堂学习的积极参与。该研究并没有采用实验研究，而是采取源于 Vygotsky 社会文化理论中的微观发生分析方法，具有一定的借鉴意义。

（三）社会文化理论的微观发生分析方法

“微观发生分析”（microgenetic analysis）方法是大多数基于社会文化理论的语言习得与认知研究所采用的方法（Lantolf & Thorne, 2006）。这种方法源于 Vygotsky 的发生学方法。微观发生分析是通过学习者个体认知发展过程的纵向考察，揭示学习者最终实现自我调控的阶段性变化的定性研究方法。Vygotsky 认为，只有通过变化才能正确地理解发展。Lavelli（2004）认为，微观分析方法有四个特点：需要对个体变化进行一个时段的观察；应分别对个体变化前、变化期间和变化后的过程进行观察；在变化期间进行定期观察；通过定量和定性方法对个体变化进行密集观察和分析，以便确认发展变化的过程。但是，微观发生分析很少采用定量研究方法，而是通过质性分析考察特定语言功能和特征是如何变化并内化的。然而，许多研究社会文化理论的学者经常采取定量研究的方法（Swain，2009）。Vygotsky 之所以主张采用微观发生分析的方法，是因为，他认为，基于反应时的实验室研究只适合人的低级心理机能的研究，而不适合研究人的高级心理机能的发展。此外，社会文化理论的研究者主张采用微观发生分析的方法研究个体的认知发展过程，而不主张采用实验的方法做群体的研究。

思考和练习

1. 什么是第二语言习得的逻辑问题？
2. 什么是信息加工理论？什么是联结主义？
3. 如何理解第二语言学习者的系统变异和自由变异现象？
4. 什么是语言社会化？课堂教学如何体现语言社会化？
5. 什么是跨文化认同？跨文化认同有哪些特点？
6. 社会文化理论有哪些基本观点？语言调节有哪些功能？

主要参考文献

陈默《第二语言学习者汉语声调范畴浮现的模拟研究》，《中文信息学报》2012 年第 1 期。

邓守信《The Acquisition of“了”in L2 Chinese》，《世界汉语教学》1999 年第 1 期。

冯丽萍、步延新《短期来华美国留学生课外语言接触及其影响因素分析》，《语言文字应用》2013 年第 3 期。

干红梅《母语环境下美国汉语学习者心理词汇发展的实证研究》，《语言教学与研究》2014 年第 1 期。

郝美玲、厉玲《初级阶段留学生汉语复合词加工影响因素研究》，《语言教学与研究》2015 年第 2 期。

贾莉《美国华人移民子女语言社会化研究》，河南大学出版社，2008。

姜晓《课堂“支架”构建对短期语言习得的效用分析》，《云南师范大学学报》（对外汉语教学与研究版）2016 年第 1 期。

蒋荣《调控理论视角下汉语学习者词汇习得的认知机制研究》，《语言教学与研究》2013 年第 1 期。

靳洪刚《从汉语“把”字句看语言分类规律在第二语言习得过程中的作用》，《语言教学与研究》1993 年第 2 期。

李大忠《外国人学汉语语法偏误分析》，北京语言文化大学出版社，1996。

李广利、姜文英《汉语二语学习者词汇网络的关联特征研究——以初、中级汉语水平澳大利亚汉语学习者为例》，《华文教学与研究》2015 年第 4 期。

李红印《泰国学生汉语学习的语音偏误》，《世界汉语教学》1995 年第 2 期。

李珠、王建勤《关于学生阅读理解失误的调查报告》，《语言教学与研究》1987 年第 2 期。

鲁健骥《中介语理论与外国人学汉语的语音偏误分析》，《语言教学与研究》1984 年第 3 期。

鲁健骥《外国人学习汉语的词语偏误分析》，《语言教学与研究》1987 年第 4 期。

鲁健骥《中介语研究中的几个问题》，《语言文字应用》1993 年第 1 期。

鲁健骥《外国人学习汉语的语法偏误分析》，《语言教学与研究》1994 年第 1 期。

吕必松《论汉语中介语的研究》，《语言文字应用》1993 年第 2 期。

吕文华、鲁健骥《外国人学习汉语的语用失误》，《汉语学习》1993 年第 1 期。

梅立崇、田士琪、韩红、刘新丽、周翠琳《对留学生汉语习得过程中的错误的分析》，《语言教学与研究》1984 年第 4 期。

梅丽《日本学习者习得普通话卷舌音声母的语音变异研究》，《世界汉语教学》2005 年第 1 期。

阮氏芳、李虹、伍新春、孙鹏《汉语作为第二语言的越南大学生汉字部件意识的发展》，《心理与行为研究》2016 年第 1 期。

盛炎《语言教学原理》，重庆出版社，1990。

施家炜《外国留学生 22 类现代汉语句式的习得顺序研究》，《世界汉语教学》1998 年第 4 期。

孙德金《外国留学生汉语体标记“了”“着”“过”习得情况的考察》，《第六届国际汉语教学讨论会论文集》，北京语言文化大学科研处，1999。

孙德坤《中介语理论与汉语习得研究》，《语言文字应用》1993 年第 4 期。

孙晓明《词汇加工深度对留学生产出性词汇的影响》，《民族教育研究》2010

年第6期。

田善继《非对比性偏误浅析》，《汉语学习》1995年第6期。

佟惠君《外国人学汉语病句分析》，北京语言学院出版社，1986。

王建勤《中介语产生的诸因素及相互关系》，《语言教学与研究》1994年第4期。

王建勤《跨文化研究的新维度——学习者的中介文化行为系统》，《世界汉语教学》1995年第3期。

王建勤《汉语“不”和“没”否定结构的习得过程》，《汉语作为第二语言的习得研究》，北京语言文化大学出版社，1997。

王建勤《关于中介语研究方法的思考》，《汉语学习》2000年第3期。

王建勤《外国学生汉字构形意识发展的模拟研究——基于自组织特征映射网络的汉字习得模型》，北京语言大学博士学位论文，2005。

王建勤《华裔学者跨文化族群认同及其传承语习得研究》，《台湾话语教学研究》2013年第7期。

王建勤主编《第二语言习得研究》，商务印书馆，2009。

魏惠琳、周春红《学习态度对美国华裔语言社会化的影响——以请求策略为例》，《教学研究》2013年第5期。

魏岩军、王建勤、贾琳《第二语言学习者“自我言语”功能研究》，《汉语应用语言学研究》（第3辑），商务印书馆，2014。

魏岩军、王建勤、朱雯静、闻亭《影响汉语学习者跨文化认同的个体及社会心理因素》，《语言文字应用》2015年第2期。

温晓虹《习得第一语言和第二语言之比较》，《语言教学与研究》1992年第3期。

温晓虹《主题突出与汉语存在句的习得》，《世界汉语教学》1995年第2期。

闻亭《汉语第二语言学习者间接言语行为语言社会化研究》，北京语言大学博士学位论文，2013。

吴思娜《日、韩留学生形声字声旁一致性意识的萌芽与发展》，《暨南大学华文学院学报》2008年第4期。

严彦《美国学生习得普通话第三声的声调变异研究》，北京语言大学硕士学位论文，2006。

袁博平 *Variability and Systematicity in the Performance of the Four Chinese Tones by English SLA Learners of Chinese*，《世界汉语教学》1995 年第 1 期。

袁博平《第二语言习得研究的回顾与展望》，《世界汉语教学》1995 年第 4 期。

袁博平《汉语二语习得中的界面研究》，《现代外语》2015 年第 1 期。

张金桥《印尼华裔留学生汉字正字法意识的形成与发展》，《语言文字应用》2008 年第 2 期。

张林军《美国留学生汉语声调的音位和声学信息加工》，《世界汉语教学》2011 年第 2 期。

曾莉《母语为英语的留学生对汉语反身代词的习得研究》，《华文教学与研究》2012 年第 3 期。

Best, J. B.《认知心理学》，黄希庭主译，中国轻工业出版社，2000。

Carroll, D. W., *Psychology of Language*, Brook/Cole Publishing Company, Pacific Grove, California, 1994.

Cekaite, A., A Child' s Development of Interactional Competence in a Swedish L2 Classroom, in *Modern Language Journal*, 91, i, 2007.

Chomsky, N., *Aspects of the Theory of Syntax*, Cambridge, Mass. : MIT Press, 1965.

Chomsky, N., *Reflections on Language*, New York, Mass. : Pantheon, 1975.

Cook, V., *Chomsky' s Universal Grammar: An Introduction*, Oxford: Basel Blackwell, 1988.

Corder, S. P., The Significance of Learners' Errors, in *International Review of Applied Linguistics*, 1967.

Corder, S. P., Describing the Language Learner' s Language, *CILT Reports and Papers*, 1971.

Dickerson, L., The Learner' s Interlanguage as a System of Variable Rules, in *TESOL Quarterly*, Vol. 9, 1975.

Dulay & Burt, Natural Sequences in Child Second Language Acquisition, in *Language Learning*, Vol. 24, 1974.

Ellis, R., *Understanding of Second Language Acquisition*, Oxford University Press,

1985.

Ellis, R., *The Study of Second Language Acquisition*, Oxford University Press, 1994.

Ellis, R., *The Study of Second Language Acquisition* (Second Edition)，上海外语教育出版社，2013。

Epstein, M., Transculture: A Broad Way between Globalism and Multiculturalism, in *American Journal of Economics and Sociology*, Vol. 68, 2009.

Flynn, S., *A Parameter-Setting Approach to Second Language Acquisition*, San Diego: Academic Press, 1996.

Fuller & Gundel, Topic Prominence in Interlanguage, in *Language Learning*, Vol. 37, 1978.

Gatbonton, E., Patterned Phonetic Variability in Second Language Speech: Gradual Diffusion Model, in *Canadian Modern Language Review*, Vol. 34, 1978.

Jenny Thomas, Cross-Culture Pragmatic Failure, in *Applied Linguistics*, Vol. 4, 1983.

Johnson, J. & Newport, E., Critical Period Effects in Second Language Learning: the Influence of Maturational State on the Acquisition of English as a Second Language, in *Cognitive Psychology*, Vol. 21, 1989.

Klein, *Second Language Acquisition*, Cambridge: Cambridge University Press, 1986.

Krashen, *Second Language Acquisition and Second Language Learning*, Oxford: Pergamon, 1981.

Krashen, *Principles and Practice in Second Language Acquisition*, Oxford: Pergamon, 1982.

Labov, W., *Sociolinguistics Patterns*, Philadelphia: University of Pennsylvania Press, 1972.

Lantolf, J. P. & Thorne, S. L., *Sociocultural Theory and the Genesis of Second Language Development*, Oxford University Press, 2006.

Lantolf, J. P. & Thorne, S. L., Sociocultural Theory and Second Language Learning, in VanPatten, B. & Williams, J. (eds), *Theories in Second Language Acquisition: An Introduction*, Mahwah, NJ: Lawrence Erlbaum Associates, 2007.

Lavelli, M., Pantoja, A. P. F., Hsu, H., Messinger, D. & Fogel, A., Using Microgenetic Design to Study Change Processes, in D. M. Teti (ed): *Handbook of Research Methods in Developmental Psychology*, Baltimore, Md: Blachwell Publisher, 2004.

Meisel, Clahsen & Pienemann, On Determining Developmental Stages in Natural Second Language Acquisition, in *Studies in Second Language Acquisition*, Vol. 3, 1981.

Ochs, E., *Culture and Language Development: Language Acquisition and Language Socialization in a Samoan Village*, Cambridge: Cambridge University Press, 1988.

Ochs, E. & Schieffelin, B., Language Acquisition and Socialization: Three Developmental Stories and Their Implication, in Shweder, R. & LeVine, R. (eds): *Culture Theory: Essays on Mind, Self and Emotion*, Cambridge: Cambridge University Press, 1984.

Ochs, E. & Schieffelin, B., The Impact of Language Socialization on Grammatical Development, in Fletcher, P. & MacWhinney, B. (eds.): *The Handbook of Child Language*, Oxford: Blackwell, 1995.

Ohta, A.S., Interactional Routines and the Socialization of Interactional Style in Adult Learners of Japanese, in *Journal of Pragmatics*, Vol. 31, 1999.

Poole, D., Language Socialization in the Second Language Classroom, in *Language Learning*, Vol. 42, 1992.

Rutherford, Language Typology and Language Transfer, in Gass & Selinker (eds.), *Language Transfer in Language Learning*, Rowley, Massachusetts: Newbury House Publishers, 1983.

Schachter, J., Second Language Acquisition and its Relationship to Universal Grammar, in *Applied Linguistics*, Vol. 9, 1988.

Selinker, Interlanguage, in *International Review of Applied Linguistics*, 1972.

Selinker, *Rediscovering Interlanguage*, London: Longman, 1992.

Sharwood Smith, M., *Second Language Learning: Theoretical Foundations*, London & New York: Longman, 1994.

Sorace, A. & Filiace, F., Anaphora Resolution in Near-Native Speakers of Italian, in *Second Language Research*, Vol. 22, 2006.

Swain, M., Lapkin, S., Knouzi, I. & Brooks, L., Languaging: University Students Learn the Grammatical Concept of Voice in French, in *Modern Language Journal*, Vol. 93, 2009.

Tajfel, H., Social Identity and Intergroup Behaviour, in *Social Science Information*, Vol. 13, 1974.

Tarone, E., Systematicity and Attention in Interlanguage, in *Language Learning*, Vol. 32, 1982.

Tarone, E., On the Variability of Interlanguage Systems, in *Applied Linguistics*, Vol. 4, 1983.

Thomas, J., Cross-Culture Pragmatic Failure, in *Applied Linguistics*, Vol.4, No.2, 1983.

Tianwei Xie, Topic-Controlled Deletion in Topic Chain in Chinese: a Comparison between Native Speakers and Foreign Language Learners, in *Journal of the Chinese Language Teachers Association*, Vol. 2, 1992.

Tse, L., *Ethnic Identity Formation and its Implication for Heritage Language Development*, Burlingame, CA: Language Education Associates, 1998.

Van Pattern, B., From Output to Input: A Teacher's Guide to Second Language Acquisition, New York: Mc Graw-Hill College, 2002.

Watson-Gegeo, K.A. & Nielsen, S., Language Socialization in SLA, in Doughty, C. & Long, M.H. (eds): *Handbook of Second Language Acquisition*, Oxford: Blackweill, 2003.

White, L., The Pro-Drop Parameter in Adult Second Language Acquisition, in *Language Learning*, Vol. 35, 1985.

Zea, Asner-Self, Birman & Buki, The Abbreviated Multidimensional Acculturation Scale: Empirical Validation with two Latino/Latina Samples, in *Cultural Diversity and Ethnic Minority Psychology*, Vol. 9, 2003.

第七章　汉语作为第二语言的测试

语言测试的历史可以追溯到19世纪末20世纪初，大体经历了四个主要的发展阶段。

第一个阶段为传统时期或前科学时期（20世纪初到20世纪50年代初），这一时期，语言测试缺乏语言学理论的指导，测试方法主要局限于作文、口试、翻译等，测试结果也主要靠考试实施者的直觉来评判，缺乏科学性。

第二个阶段为心理测量—结构主义时期或科学时期（20世纪50年代末60年代初到70年代），这一时期的语言测试以结构主义语言学为理论基础，同时，心理学的行为主义理论以及心理测量学的原则和方法对语言测试起到了重要的指导作用。这一时期，语言测试已经成为一个相对独立的学科并日趋走向成熟，一个标志性的转折点就是现代语言测试的创始人Robert Lado于1961年出版了《语言测试——外语测验的开发与使用》，这本书是第一部全面论述语言测验的原理、原则和方法的专著。这一时期的主要测试方法是所谓分立式测试。从测量学的角度看，这一时期特别重视测验的可靠性即信度。

第三个阶段为心理语言学和社会语言学时期或后现代时期（20世纪70年代至80年代初），这一时期，语言测试的语言学理论基础从结构主义语言学转向了社会语言学，测验更多地关注如何从功能性、社会性和语言应用的角度考查被试，测试方法从分立式转向了综合式，新的测验形式如完形填空（cloze test）等应运而生。这一时期，语言测验的效度问题得到了足够的重视，语言测试专家对语言测验究竟测到了什么东西这样的问题进行了深入的探索，提出了一些假说，最著名的就是 John Oller 提出的所谓“一元能力”假说（unitary competence hypothesis），Oller 运用统计学因素分析的方法对大量的语言测验的实测数据进行分析，结果显示，所有的语言测验都只测了一个单一的因素，Oller 认为，语言能力是一个单一的能力。尽管也有一些学者的实证研究得出了相反的结果，但 Oller 的理论在当时的语言测试领域产生了广泛的影响。

第四个阶段为交际法语言测试时期（20 世纪 80 年代初至今），20 世纪 70 年代末到 80 年代美国语言教学界开展了一场“水平运动”（proficiency movement），很多语言教学界人士认为，语言教学以及语言测验要以语言水平为中心，而语言水平表现为交际的能力。这场运动的一个直接成果就是 1982 年美国外语教学委员会（American Council on Teaching of Foreign Languages，ACTFL）制定的一个水平大纲（ACTFL Guidelines）。同一时期，欧洲相继出现了建立在语言交际理论基础上的《功能意念大纲》和《交际大纲》。这些文件对语言测验的开发有很强的指导作用。这一时期，人们更多地把注意力集中在探讨语言交际能力方面，在语言测试研究领域，到 1990 年，Bachman 在 Canale 和 Swain 模型的基础上提出的语言交际能力模型，成为语言测试发展史上一个新的转折点。虽然 Bachman 的语言交际能力模型几乎成为整个 90 年代语言测试领域讨论的中心，但时至今日，我们还没有看到一个真正建立在这一模型基础上并得到公认的、可靠的、有效的语言测验，特别是大规模的标准化的语言测验。从发展趋势来看，交际性语言测验的开发无论如何是一个重要的方向，但如何对语言交际能力的理论进行具体的操作，的确是摆在语言测试专家和语言教学工作者面前的一个迫切需要解答的课题，一个旨在测量语言交际能力的测验是否成功，关键还是要看它能否可靠而有效地测到所谓的语言交际能力。

从测量学的角度讲，语言测试主要依据的是教育与心理测量领域的三大测量理论体系，即经典测量理论（classical test theory，CTT）、项目反应理论（item response theory，IRT）和概化理论（generalization theory，GT）。

经典测量理论出现于 19 世纪末 20 世纪初，20 世纪 50 年代逐步形成了完整的体系并发展至今。经典测量理论（CTT）是建立在真分数理论的基础之上的，其基本思想是将观测到的测验分数视为真分数和误差分数的线性组合，即 X=T+e，其中 X 为观测分数，T 为真分数，e 为测量误差。经典测验理论为传统的测验的质量分析提供了很好的理论框架，在长期的测量实践中，测验研究者在 CTT 的指导下，建立了测验题目和能力分析的一系列的指标，如难易度、区分度、信度、效度、平均分、方差、标准差、标准误差等。CTT 是后来各种测量理论赖以产生的重要基础，多年来得到了非常成功的应用。经典测量理论在处理常见的教育考试包括语言测试时，计算简捷，意义直观，易于理解和掌握。北京语言学院（现北京语言大学）开发的汉语水平考试（HSK）是成功应用经典测量理论的一个范例。当然，CTT 的缺陷也是明显的，其中最难以克服的缺陷就是 CTT 严重依赖被试样本，同样一个测验，其难易度等测量学指标会随着被试样本的不同而改变。

项目反应理论（IRT）的出现可以追溯到 20 世纪三四十年代，但由于 IRT 研究需要复杂的计算过程，因此直到 20 世纪八九十年代，随着计算机技术的迅速发展才开始真正进入了蓬勃发展的时期。时至今日，基于 IRT 的研究和测试实践已经取得了丰硕的成果，测量学专家们所构建的新的 IRT 模型层出不穷，不断为测量学领域带来全新的变化。几十年来，IRT 在测量实践中的应用越来越广泛，其中，在题库建设和计算机自适应性测验的研发方面，IRT 所发挥的作用几乎是不可替代的，运用 IRT 技术，测量工作者能够在短时间内、利用最少的测验题目完成对被试的可靠的测量。IRT 的理论基础是潜在特质理论，该理论采用非线性概率模型，将测验分数与被试的心理特质（trait）联系起来，摆脱了经典测量理论对样本依赖性较强的缺陷。然而，IRT 也存在自身的局限性，例如，基于 IRT 的测验在使用能力指标评价被试时，虽然也考虑到了被试的题目作答反应与其所掌握的知识属性之间的关系，但它的关注点仍然只是被试对题目的作答结果，而忽视了对被试心理特质的内部结构的描述和分析。

概化理论（GT）产生于 20 世纪 70 年代，它在继承 CTT 的测验质量分析和题目质量分析等方法和技术的基础上，对 CTT 进一步地扩展和系统地改进。GT将实验设计的思想与方差分析的技术相结合，量化地估计出影响测量信度的各种误差来源，即将测验分数的方差分解成多个部分，每个部分对应于特定的误差来源，从而更便于对测量中产生的各种误差的控制，使测量更为精确。GT的一个突出特点是对同一次测量，可以根据研究目的的不同提供多个测量信度。当测量目标发生变化或者测量结果被推论的范围发生变化时，测量信度也会发生变化，GT可以比较准确地分析这些变化。GT的出现和发展为测验的编制、施测过程中的误差控制、测验的评价等问题提供了新思路和新方法。GT特别适合用来对诸如口试、写作等主观性测试的信度方面进行研究。然而，GT仍然未能克服CTT不能揭示被试的认知过程和认知结构的缺陷，另外，GT在检验和提高测验效度等方面所能发挥的作用也极为有限。

上述三大测量理论各有所长，它们都非常重视统计技术的研究和应用，并且都在测量实践中取得了很大的成功。它们存在的共同的缺陷是，忽视了对被试心理特质的内部结构的描述，因而不能为被试提供诊断性评价。事实上，测验的使用者越来越不满足于仅仅知道被试在测验上得到的笼统的分数，他们更希望从测验结果中得知被试知识结构或能力的具体掌握情况，例如，他们希望知道第二语言测试的应试者在不同的语言微技能上哪些微技能掌握得好，哪些掌握得还不行。作为被试自己和教师还特别希望得到关于日后学习或教学方面的反馈信息。总之，人们现在已经不满足于对被试在总的能力水平层面上进行的测量实践，而试图深入了解被试在对测验题目作答时的具体的认知加工过程，进而全面地揭示不同被试的独特的认知加工特点。在这种需求的驱动下，心理测量学家们越来越希望测验能给被试和教师提供的不仅仅是一个最终的能力（或水平）分数，而是一系列具有诊断意义的评价信息，根据这些信息，被试和教师可以了解自己学习和教学上的失误和不足，从而采取有针对性的补救措施。于是，新一代的测量理论——认知诊断理论应运而生，并已逐渐成为当今测量学界研究的核心问题之一，引领着测验研究的最新发展方向。认知诊断理论是一套全新的测量学理论，它以项目反应理论为基础，将认知科学理论与心理测量学理论有机地结合在了一起。近年来，学者们已经提出了多种认知诊断统计模型，其中影响最大的有规则空间模型（rule space model，RSM）和融合模型（fusion model，FM）等。认知诊断理论在测试实践中的应用取得了越来越多的成果，就语言测试领域来看，认知诊断性评价研究和认知诊断性语言测验的开发都处于方兴未艾的阶段。

中国是考试的故乡，是最早使用考试的国家，在西周时期就开始用考试来选拔人才。但就现代考试特别是现代语言测试来讲，中国远远落后于美国、英国等西方发达国家。在第二语言测试方面，直到20世纪70年代末80年代初美国托福（TOEFL）考试等国外标准化语言水平测验传到中国，我们才真正开始重视第二语言测试的研究，并开发出“英语水平考试(EPT)”“大学英语考试(CET)”等标准化的语言水平考试。与此同时，我国对外汉语教学界对于开发汉语作为外语或第二语言的标准化考试的呼声也非常强烈。1984年，受教育部委托，北京语言学院（现北京语言大学）开始研制专门用来测试母语非汉语者的汉语水平的标准化语言测验——汉语水平考试（HSK）。经过多年辛勤努力，研究人员开发出了HSK［基础］、HSK［初、中等］和HSK［高等］三个等级水平的系列考试，在汉语作为第二语言的测试方面做出了重要贡献。北京语言学院（现北京语言大学）开发的HSK的科学化程度在国内外语言测试领域有口皆碑，其可靠性和有效性得到了世界范围内的广泛的认可。

语言测验的作用包括评价学习者的学业成就和语言水平、评估教学的实际效果、为选拔人才提供依据、为改进教学中的问题提供反馈等。语言测验还有一个非常重要的作用就是为语言研究包括语言教学研究提供信息，语言测验作为一种测量工具，是语言研究和语言教学研究的一个重要手段。人类的语言是一个非常复杂的系统，直至目前为止，人的语言能力还是一个“黑箱”，它究竟是由哪些东西构成的，还没有人能说清楚。对于各种各样有关人的语言能力的理论和假说，都需要实证性数据提供证据，而语言测验恰好在这方面可以充分发挥作用。近年来，第二语言习得理论的研究发展迅速，取得了丰硕的研究成果。然而，一方面，语言测试研究工作者对二语习得研究的成果关心不够，他们所开发的测验很少参考第二语言习得研究领域中提出的新的理论或假说；另一方面，不少第二语言习得研究工作者也不了解语言测试的研究进展，特别是对语言测试研究中涉及的测量学方法和技术不太熟悉，致使第二语言习得研究结果的可靠性和有效性缺乏保障。针对这种情况，Bachman 和 Cohen 1998 年出版了《第二语言习得与语言测试研究的接口》，深入分析了第二语言习得研究和语言测试研究的异同，并为二者如何加强对话、相得益彰指明了方向。从语言测试的角度看，第二语言习得研究的发展一定会带动语言测试研究，而语言测试研究也一定会为第二语言习得研究提供更为可靠而有效的方法和技术手段。

从语言测试发展的历史来看，语言测试与语言理论特别是语言教学理论密切相关，不同的时期，人们的语言观不同、语言教学观不同，测试的目的、原则、内容、方法和手段也就不同，任何一种语言测试都具体体现了特定的语言观和语言教学观。可以说，语言测试这门学科是理论与实践结合非常紧密的学科。另外，语言测试又是一个综合性很强的学科，狭义地讲，它属于应用语言学的一个重要分支，但它的基础不光是语言学和语言教学，还有认知科学、心理测量学、教育统计学以及信息科学等。无论是语言研究工作者还是语言教学工作者，了解一些语言测试的知识，都是十分必要的。

第一节　语言测验的基本类别

语言教学机构、语言教师、语言研究者、语言学习者以及人员录用单位，在日常生活和实际工作中会接触到大量的语言测验，这些语言测验有各种各样的名称，如成绩测验、水平测验、能力倾向测验、诊断性测验、安置性测验，常模参照性测验、标准参照性测验，标准化测验、非标准化测验，能力测验、速度测验，分立式测验、综合式测验，理解测验、生成测验，主观性测验、客观性测验，纸笔测验、口头测验，等等。事实上，人们是从不同的角度对测验进行命名，也即从不同的角度对测验进行分类的，下面我们从几个角度来介绍语言测验的类别。

一 几种不同用途的测验

语言测验从用途或者功能的角度，主要可以划分为成绩测验、水平测验、能力倾向测验、诊断性测验和安置性测验五类。

（一）成绩测验

成绩测验（achievement tests）也叫“学业成就测验”，是教育测验包括语言测验中运用最广的。成绩测验最重要的一个特点就是教什么测什么，学什么测什么，甚至是怎么教就怎么测。它的目的是了解学习者在过去的学习时间里究竟掌握了什么内容。显然，成绩测验必须以教学机构所规定的学习者需要掌握的教材内容、教程内容或教学大纲内容为依据，测试的内容不应该超过教材、教程或大纲的范围。换言之，成绩测验强调目标、教学、测量的完全一致性。评价成绩测验质量如何的一个最重要的方面，是看其是否有效地体现了教学大纲或具体课程所规定的教学目标、教学内容和教学方法，从效度的角度看，成绩测验最应关心的是测验内容对教学内容的代表性程度如何，即所谓内容效度（content validity）问题。

成绩测验也可以进一步划分为最后成绩测验（final achievement tests）（如期末考试和结业考试）以及进步测验（progress/achievement tests）（如单元测验等阶段性的测验）。然而，无论怎样划分，成绩测验都是一种回顾性的测验，它所测试的内容不应超出学习者已经学过的内容范围。

（二）水平测验

语言水平（language proficiency）通常指人们对目的语运用的熟练程度或熟巧程度，所以有人把水平测验（proficiency tests）叫作“熟巧程度测验”，它考查的是学习者综合运用语言的能力，如学习者在听、说、读、写几个方面究竟达到什么样的熟练程度。水平测验所关心的是学习者是否可以听懂母语为目的语的人讲话，是否可以看懂用目的语所写的文章，是否可以用目的语与别人自如地进行口头或书面的交流。典型的标准化的第二语言水平测验有美国的托福考试（TOEFL），中国的汉语水平考试（HSK）、中国的出国人员外语水平考试（WSK）等。

水平测验与成绩测验的一个明显区别是，水平测验的测试内容不以特定的教学大纲、教学课程或教学方法为依据。语言水平测验的设计者不关心考生是在什么样的情况下学的目的语，不关心考生学习时用了什么样的教材、在什么样的学校学的、由什么样的教师教的、学了多长时间，也不关心教师用了什么样的教学方法和手段，甚至不考虑考生的母语背景和国别等情况。水平测验的设计者只关心考生是否能够使用目的语完成特定的任务或实现特定的目的。例如，北京语言学院（现北京语言大学）开发的汉语水平考试（HSK）就不以任何现行的对外汉语教学大纲或教材为依据，HSK 的设计者不考虑考生在学习汉语时的具体情况，而只关心考生是否能听懂一般中国人讲话、是否能看懂中国大陆出版的一般性的报纸杂志上的文章等。

水平测验不像成绩测验那样有十分明确的测试内容范围，但这并不是说水平测验的内容是随意的。有时候，水平测验的设计者并不想了解考生完成一个个具体任务的能力，而只是想了解考生一般的语言能力（general language ability），他根据自己对语言水平的理论认识来设计测验，显然，这种水平测验的内容范围就可能不甚明确。如果说成绩测验是基于教学内容的测验，那么水平测验就更像是基于理论的测验。当然，由于人们对究竟什么是语言水平的看法存在分歧，两个同样叫作“汉语水平考试”的测验所测的就可能是完全不同的东西。水平测验最强调的是测验的构想效度（construct validity）。

（三）能力倾向测验

能力倾向测验（aptitude tests）也叫“学能测验”“性向测验”“潜能测验”“禀赋测验”等。能力倾向测验的目的是了解考生学习目的语的潜力即所谓能力倾向如何，测验编制者希望根据测验的结果来预测学习者在未来学习目的语时能否成功。能力倾向测验的一个基本假设就是，人跟人在学习语言方面的天分或潜能是不同的，有些人比别人更善于或适合学习语言。因此，能力倾向测验既不像成绩测验那样关心学习者已经学会了什么内容，也不像水平测验那样关心学习者现有的运用目的语的熟巧程度有多高，它只关心学习者将来在学习目的语时会怎么样。

能力倾向测验完全是基于理论的测验，然而遗憾的是，到目前为止，关于语言能力倾向的理论还很不成熟，所谓的语言天赋这种东西究竟是由哪些因素构成的，人们还无法弄清楚。现有的能力倾向测验存在很多问题，特别是构想效度问题。

（四）诊断性测验

从本质上讲，诊断性测验（diagnostic tests）跟成绩测验一样，是一种回顾性的测验，也是学什么考什么、教什么考什么，也是教学单位特别是任课教师常用的一种测验。但就测验目的而言，诊断性测验不是为了评估学习者的学业成就，而是为了了解学习者对教学内容哪些已经掌握、哪些尚未掌握，以便调整教学。诊断既可以是诊断学生学习方面的问题，也可以是诊断教师教学方面的不足。总之，其目的是及时发现教学过程中出现的各种问题，为教师提供改进教学的反馈信息。从规模上来讲，诊断性测验常常是小测验，而不是一个完整的试卷。例如，为了检验“把”字句教学的效果，教师可以自己出一些题目让学生做，了解学生哪些规则掌握了、哪些还弄不清楚，以便采取恰当的补救措施。

（五）安置性测验

安置性测验（placement tests）有时也叫“分班测验”或“分级测验”。它的作用是评估学习者现有的语言水平高低，从而确定其适合于学习什么样的课程或适合于在何种程度的班级上课。也就是说，安置性测验的目的在于妥善地将学习者按程度分班或编组。

安置性测验从效度角度考虑，最好是以本教学机构的教学大纲或可能开设的课程内容为依据。特别是当现教学机构开设的课程与考生以前所学课程具有衔接性时，就可以根据其已经学过的课程内容来编制一个针对性较强的安置性测验，了解其是否掌握了该课程的教学内容，以便决定该考生是否可以进入下一阶段的学习。

应该说明的是，语言测验按用途可以划分出上述五种主要的形式，但这并不意味着这五种测验形式相互之间没有联系。水平测验可以用来评估学习者综合运用目的语的能力，同时也可以用来安置学习者；成绩测验可以用来评价学习者在过去一段时间里所取得的学业成就，同时也可以用来诊断教学过程中的问题。当然，这几种形式的测验之间的差别不光在用途方面，更多的是在测验的基本特性方面，例如成绩测验与水平测验之间，在很多重要方面都存在差异。

二 主观性测验和客观性测验

根据评分方法的不同，测验可以分为主观性测验和客观性测验两大类。

（一）主观性测验

主观性测验（subjective tests）的正确答案一般不止一个，而且往往不是实施测试前能够确定的，需要评分员在评分过程中自己做出主观的判断，对于同样的考生答案，不同的评分员很可能会有不同的评判。在教学实际当中有很多主观性的测验题目，例如问答题、简述题、完成句子、完成会话、造句、不给选择项的填空题、翻译句子或文章等都是主观性的，而最典型的主观性测验就是作文和口试。主观性测验虽然事先也确定了评分标准，但不同的评分员对评分标准的理解和运用往往很难完全一致。这样，考生对题目所做出的反应是否符合要求，或者在多大程度上符合要求，就只能靠评分员自己来判断。

主观性测验有如下一些优点：第一，考查有深度和层次，能够使被试有足够的发挥自己水平的余地，特别适合考查被试语言运用的能力和产出性技能（productive skills），尤其是书面表达能力和口头表达能力。第二，命题容易，例如，考写作一般只需要一两个、两三个题目就可以了。第三，由于答案不唯一，而且不像选择题那样正确答案包括在几个给定的选择项里，因此被试很难猜测。

主观性测验的缺点主要有两方面：第一，由于评分标准不够详尽周到，不同的评分员理解和把握评分标准会存在差异，评分结果很难完全一致。另外，评分员自身的条件或因素，如水平、经验、态度、情绪等也会影响评分质量。评分的不一致使主观性测验的信度难以保证。第二，虽然主观性测验命题容易，省时省力，但阅卷评分时却费时费力，工作量很大。

（二）客观性测验

事先规定了答题方式、答题范围和标准答案，在评分过程中不需要评分员主观判断对错的测验就是客观性测验（objective tests）。客观性测验题目形式也有很多种，如选择题、是非判断题、配伍题（如连线题）等。客观性测验题目多数属于封闭式的，即有固定的答题范围和答案（包括正确答案和非正确答案），被试只能在固定的范围里做出特定的反应。例如，最常见的客观性题目形式多项选择题，一般有 3—5 个选择项，被试只能按要求在这个范围内做出选择，不允许自己创造另外的答案。这里要说明的是，通常我们所说的多项选择题（multiple-choice items）指只有唯一正确答案或只有最佳答案的选择题，这种题目往往规定被试只能在一个题目的几个选择项中选择某一个答案，评分采用 0/1 计分法。多项选择题的另一种形式是，几个选择项里有一个以上正确答案，因此允许被试选择两个或两个以上答案，这种多项选择题不是采用 0/1 计分的方法，而是事先对不同的选择项赋予不同的分数，例如，选择 A 选项计 1 分、选择 B 选项计 2 分、选择 C 选项计 3 分等。

客观性测验有如下一些优点：第一，题量大，内容覆盖面广，一份测验有 100 多甚至 200 个题目，可以包括的测试点非常多，因此可以比较全面地了解被试的语言知识和语言技能，特别是接受性技能，例如听力理解技能和阅读理解技能。客观性测验的长度在很大程度上保证了测验的内部一致性信度。第二，由于事先规定了答题范围和标准答案，评分非常简单、客观。另外，像多项选择题这样的客观性测验题目，一般都可以由光电阅读机来阅卷，因此评分误差很小，而且极其省时省力。第三，由于客观性测验多采用 0/1 计分的方法，分数是连续变量，再加上被试样本一般比较大，因此可以满足统计学上的一些要求，例如正态分布、分数等距等，这为测验质量和特性的科学性研究提供了条件。

客观性测验也有明显的缺点：首先，客观性测验不太适合测试产出性语言技能（如表达能力）和被试综合运用语言的能力。其次，客观性测验题目，特别是多项选择题，可以靠猜测来答题，四选一形式的多项选择题猜对的概率是 25%，而是非判断题猜对的概率高达 50%。此外，编制客观性测验题目比编制主观性题目要费时费力得多，特别是多项选择题的设计和编制对命题人员的经验、命题技巧等各方面的要求很高。

三 分立式测验和综合式测验

（一）分立式测验

分立式测验（discrete-point tests）是建立在结构主义语言学理论基础上的一种测验，它把语言分解成语音、语法、词汇等不同的语言要素或语言点来考查。分立式测验中的一个项目只测试被试对某一个具体的语言知识或语言要素是否掌握，如，了解被试是否掌握某一种语法结构，是否认识某一个单词，是否会书写某一个汉字。很多语言测验（如 TOEFL、HSK 等）都包含分立式测验的部分，如初中等汉语水平考试（HSK［初、中等］）的“语法结构”分测验就是典型的分立式测验，这一分测验一共有 30 个题目，每个题目分别测试一种句型结构或一个虚词，考生在这 30 个题目上的总得分被看成是其语法知识水平的体现。分立式测验往往采用多项选择题、是非判断题等题型，因此评分客观、准确、可靠。从测验编制的角度看，分立式测验命题针对性强，测试点容易明确。

（二）综合式测验

综合式测验（integrative tests）的目的是全面考查被试运用语言的能力，它要了解的是被试能否把所掌握的语言知识或要素综合起来并加以运用。

对分立式测验持批评态度的人认为，只考查被试知道哪个结构对哪个结构错没有太大意义，重要的是要了解他会不会运用这些语言要素去进行有效的交际。分立式测验都是一个个孤立的项目，没法有效地测出被试整体的语言水平，特别是综合运用语言的能力。只有通过综合式测验，才能知道被试到底能不能运用语言进行有效的交际。

综合式测验的形式也有很多种，例如，写作、口试、完形填空等。听写测验实际上是综合式的，因为它既考了语音听辨能力、听力理解能力，也考了汉字书写能力。我们区分一个测验是分立式的还是综合式的，不是看它用什么题型，而是看测验测的是一个个孤立的语言点（要素）还是综合性的能力。HSK［初、中等］的“综合填空”分测验虽然采用的是多项选择题，但我们不能认为它是分立式测验，因为它考查的是被试综合运用语言的能力。

四　标准化测验和非标准化测验

测验标准化的思想是在心理测量学发展过程中逐步得到实践的，20世纪初统计学在心理测量学实践中得到了越来越多的应用，人的智力、能力和心理特征、心理现象得到了客观化、效量化的测量和描述。心理测量学在测试理论、原则、方法上对语言测试产生了巨大的影响，语言测试专家相继开发了大量的标准化程度不同的语言测验，由美国教育考试服务中心（ETS）开发的著名的托福考试（TOEFL）就是其中之一。尽管经过几十年的施测，托福考试的缺陷和弱点越来越突出，但时至今日，托福考试在标准化方面的实践应该说是非常成功的。值得一提的是，由北京语言学院（现北京语言大学）汉语水平考试中心开发的中国汉语水平考试（HSK），不仅在我国而且在全世界范围内都是迄今为止标准化程度最高的汉语作为第二语言的测验。

标准化测验（standardized tests）是在教育测量学和心理测量学理论指导

下编制的测验，它应该符合科学性和客观性的标准，可以认为，标准化测验特指采用客观性试题的，标有信度、效度、难度、区分度等各种测量学指标的，建立了常模的，在统一的环境和条件下施测的，由专业机构或专业人士开发或参与、指导开发的测验。标准化测验最重要的特点，一是具有统一的标准，二是对整个测试过程中任何环节上可能出现的误差都进行严格控制，从而保证了可靠性和公平性。

标准化是对测试的整个过程都进行标准化，主要包括四个环节：(1)试题编制的标准化。命题人员根据事先制定好的编题计划和严格的命题原则编写题目，经过预测得到题目的难度、区分度等统计学指标，然后对题目进行筛选，最后拼合成正式的试卷。将题型相对固定和对题目进行预测分析是很多标准化测试都采取的方式。（2）测验实施的标准化。这一环节主要解决测试外部环境的统一问题，以确保所有被试都能在公平的条件下应试，其中最重要的工作就是为测验提供详尽的、标准化的测验实施手册。（3）阅卷评分的标准化。尽量采用客观统一的评分标准以减少评分误差，提高考试的信度。（4）分数转化与解释的标准化。这是技术性最强也是最为重要的一个环节，一般的标准化考试都不报告由卷面直接得来的“原始分数”，而报告由标准分数转换而来的“转换分数”，这种分数包含了更多的有关测验结果的信息，具有很强的可比性，托福考试（TOEFL）和汉语水平考试（HSK）都采用了转换分数。

非标准化测验（non-stadardized tests）是指没有经过如上所述的四个环节上的标准化处理的测验，如教师为了教学目的而自编的成绩考试、分班考试等。非标准化测验的一个最大特点就是其分数不具有可比性。

当然，标准化测验的缺陷也是比较明显的，例如，它更多的是采用团体测验的形式，忽略了不同个体习得第二语言的特点；特别是，标准化测验多采用客观性的多项选择题，其测量被试真实语言水平的效度以及对语言教学实际所产生的后效受到了越来越多的质疑。

近年来一些教师和测试专家发现，采用简答题或多项选择题的标准化测验并不能测出第二语言学习者语言知识和语言水平的全貌，因此完全依赖于标准化测试提供的信息来确定分班标准和成绩水平或制订教学计划并不恰当，必须运用其他一些非标准化的测试手段或评价手段来测量学生的语言能力。

思考和练习

1. 语言测试发展大致经历了几个阶段？每个发展阶段有什么不同的特点？
2. 语言测试的主要作用是什么？举例谈谈语言测试在语言教学研究中的作用。
3. 客观性测验与主观性测验各有什么利弊？
4. 举例说明什么是分立式测验。分立式测验的理论基础是什么？

第二节　语言测验的开发

语言测验的开发是一个系统的过程，这一过程包含研制测验、使用测验和得出测验结果等诸多环节。为了保证我们所开发的测验有较高的科学性和可行性，我们需要遵循一定的步骤，并对每一个具体环节和步骤都实行严格的质量监控。

一个语言测验的开发大体需要三个阶段，即设计阶段、操作化阶段和实施阶段。每个阶段都有一系列的任务需要完成。

一　设计阶段

在设计阶段，需要对测验的几个重要方面做出详细的描述。

（一）对测验目的的描述

确定测验目的就是要明确所要开发的测验究竟用来做什么。任何一种测验都有区别于另一测验的特定的目的，有的是为了评价学生的学业成就，决定学习者是否成功地完成了学习任务，如最常用的期末成绩测验等；有的是为了估计被试的语言熟巧程度，以确定被试能够用语言做什么，如标准化的语言水平测验等；有的是为了诊断教学过程中出现的问题，从而为改进教学提供反馈信息，如任课教师自编的针对某一特定的教学难点的诊断性小测验等；有的则是为了判断学习者的能力倾向，从而选拔出有潜力学好目的语的人才。总起来讲，在设计阶段，必须对具体开发的某一特定测验的目的和用途做出明确的说明，这是防止日后测验被滥用、保证测验效度的首要措施。

实际上，描述测验的目的，是为了清楚地阐明我们根据测验结果试图对测验对象的语言能力或语言运用能力究竟做出什么样的推断。此外，语言测试的结果还可以为决策者对被试做出决策提供信息。事实上，这两个目的是相互关联的，只要我们对考生的语言能力做出准确的推断，语言测验结果的使用者或决策者也就能够根据这种推断做出恰当的结论和决策。

（二）对目的语的使用范围和需要用目的语完成的任务的确定和描述

一个特定的测验要求被试使用目的语的范围以及要求被试用目的语完成的任务的类型是不同的，因此在测验的设计阶段，需要对这两个方面都做出明确的概括和描述。比如，假定我们要开发一个汉语等级测验系列，不同等级测验针对不同程度的汉语作为第二语言的学习者。那么，就汉语学习者使用汉语词汇的范围来讲，我们可以假定最低一级水平的考生能使用的汉语词汇不超过 200 个，而最高一级水平的考生可以使用的汉语词汇的数量可能在 10 000—20 000 之间。在设计阶段，我们需要确认每一个能力水平等级的汉语学习者可能使用的汉语词汇的范围，制定出适用于不同程度汉语学习者的词汇等级大纲。同样，我们还必须确定不同等级的汉语学习者在语言运用的其他重要方面的范围，比如使用汉语语法的范围、功能项目的范围等。

另一方面，就使用汉语完成任务的类型而言，对不同能力水平的汉语学习者的要求也是不同的，假如我们要求最高能力水平等级的汉语学习者能够用汉语写出带有专业性的文章，那么，对于最低能力水平等级的学习者，我们就可能根本不要求其有书面表达的能力。

（三）对测试对象特征的描述

在测验的设计阶段，还必须对测验所针对的不同的潜在考生的特征做出尽可能详尽的分析和描述，这样做有助于提高测验的效度。我们必须对测试对象在个体特征、知识结构和知识水平、一般语言能力水平等方面的情况做出概括和描述，比如在考生对象的个体特征方面，我们必须描述他们的年龄、性别、学历或受教育程度以及母语背景等。同时，我们还必须对被试在语言使用方面的需求做出分析。

（四）定义测验所要测量的结构

结构（construct），也译作“构想”“构念”等。与对目的语使用范围的描述不同，对测验所要测量的结构的定义一般是比较抽象的，即我们需要在理论上定义所要开发的测验试图测到的语言能力的基本特征。假如我们开发的是一个汉语等级测验系列，我们就需要从理论上阐明我们将要开发的不同等级的测验所测量的能力或结构是有差别的。一般来说，我们关于语言测验所测量的“结构”（“构想”）的定义主要基于我们关于语言能力的理论，而我们所开发的测验应该是我们所要测量的结构的操作性定义。对于“结构”的理论定义是我们对测验分数做出有效解释的基础，它所涉及的是测验的构想效度（结构效度）问题。

（五）对测验的质量监控计划

在一个测验的整个开发过程中，需要对每一个具体的步骤和开发措施进行质量监控。主要包括对信度和效度的评估和监控以及对影响效果（后效）和实用性等方面的评估和监控。

信度指考试结果的一致性和稳定性程度，它是考试效度的必要前提条件。测验题目数量和客观化程度高是保证信度的重要的因素。因此，为了保证所要开发的语言测验具有较高的信度，需要考虑题目数量是否足够多，测验是否需要较高的客观化程度。

效度是考试质量的最重要的方面，它所涉及的是测试是否测到了它所想要测的东西。与信度不同，效度很难用一个具体的数字来表示。此外，我们关于考试的效度的证据需要长期不断的积累。

效度包括效标关联效度、内容效度、表面效度和构想效度等多种不同的效度，根据所开发的测验的用途和性质，我们可以追求不同的效度。就水平测验而言，要想保证构想效度，首先必须提出一个理论框架，也就是说，在研制具体的试卷之前，首先要对测验所要测量的能力或结构做出理论上的定义，然后才有关于能力或结构的操作性定义，即制定出具体的测试任务。

后效主要是指语言测验对教学产生的影响。一般认为，测验后效是由测验本身带来的。例如，一个旨在测量被试用目的语写作的能力的测验，如果不是让被试直接去写文章，而是用多项选择题，那么这个测验就被认为有不好的后效，因为它会误导写作教学，造成教师在教学中光让学生练多项选择题而不让学生直接去写的后果。对后效的这种理解其实是不恰当的，因为它混淆了效度和后效这两个概念。测验用多项选择题测写作技能，可能使测验本身缺乏有效性，至于后效不好，责任却不一定在测验本身。实际上，后效更多地涉及的是决策问题而不是测验本身，如果测验使用者根据测验结果所做出的决策是恰当的，是符合测验设计的用途和性质的，后效就可能是好的，反之，后效就可能是消极的。

在测验设计阶段考虑后效问题，主要是预防测验结果被决策者滥用。为了防止消极的后效，一方面，测验设计者有义务清楚地描述测验目的和性质，并说明测验对于做什么样的决策是有参考价值的；而另一方面，决策者也必须有意识地防止滥用测验结果去决策。

对于任何一个测验，实用性是必须要考虑的问题，必须考虑所要开发的测验是否便于实施、是否经济。像口语测验和书面表达测验，如果是大规模的而又找不到比较客观化的测试手段或评分手段，实施起来就非常困难。

（六）开发资源的分配计划

如果是开发一个大规模的语言测验，需要在人力、物力、财力、时间等方面做出合理的分配计划，并制定出切实可行的开发资源的管理办法，以保证测验开发计划的顺利实现。

二　操作化阶段

操作化阶段中主要有两项工作要做，一是要确定好整个测验试卷的构成，二是制定出测验作业任务细则即题目细则。测验作业任务细则规定测验中所包括的测试任务的类型，即试题内容和形式等，而测验试卷构成的说明则要描述各种类型的测验任务以什么样的方式构成一份完整的测验试卷。操作化阶段的工作是整个测验开发过程中最实质性的、最具体的，需要深入细致地研究和周密地考虑，需要反复试验和不断修正。测验作业任务细则和测验构成说明是测验编制者特别是命题人员的工作指导手册。

（一）制定测验作业任务细则

测验作业任务细则包括概述（即测验总的说明）和题目细则两方面内容。在概述部分要介绍测验的用途、对象、目的（要考查什么能力）、测试时间等；而在题目细则里要包括答题指导语、例题、题目形式及其他题目属性、计分方式等。

在题目细则里，题型方面的考虑无疑是重要的，但题型毕竟只是形式，更重要的是一个题目（具体的测验任务）究竟要考的是什么。因此，在选择测验题型时，最应该考虑的是哪种题型才是测试某种特定的能力（或技能）的最佳方式。

（二）编制试卷构成说明

编制试卷构成说明，主要是确定各个分测验的作业任务，根据什么样的设计原则和方式整合在一起，构成一个完整的测验试卷。在试卷构成说明里，需要明确整个测验包括几个分测验（部分），各分测验的顺序和相对重要性，各分测验的特点，各分测验的题目数量，等等。

测验构成说明，特别是测验作业任务细则是命题人员命题的主要依据和必须遵守的规则。大规模的语言测验在开发过程中的一个重要工作，就是在制定测验规划和测验题目细则后对命题人员（特别是兼职命题员）进行严格的培训，使他们对测验的目的、性质、测验方法、题目编写原则等有比较透彻的理解，这样才能保证测验题目真正体现测验设计者的设计意图。

三　施测阶段

测验根据测验题目细则编制完成以后，接下来的工作就是实施测试。

在施测阶段要解决两个问题：一是通过施测搜集数据，以便对测验的质量做出分析和评估；二是根据测试结果做出关于被试能力等的推断，以便为决策提供依据。

施测包括两种形式：预测和实测。

（一）预测

预测指在测验正式投入使用之前，预先把按照测验题目细则编写好的题目让一组对测验目标团体最有代表性的被试来试做，然后收集关于测验题目质量的信息，为确定正式施测的题目提供反馈。预测时，有两方面需要特别考虑：第一，预测的条件要尽可能与正式施测的条件一样，如预测的答题要求和答题时限一定要与将来正式测试时相同。第二，预测的对象必须是正式施测的对象（测验目标团体）的最有代表性的样本。要保证预测数据比较可靠，预测样本不能太小，最好在 100 人以上。

预测结束后，要对测试结果进行统计分析，主要是题目分析，检验每一个题目的难易度、区分度等是否符合预先制定的标准。

（二）实测

预测的题目数量一般远远多于正式试卷的题目，根据预测后的题目分析，把符合预先制定的质量标准的题目筛选出来，再按照测验试卷构成规定的各分测验的题目数量等要求拼合成正式的测验试卷，排版印刷后就可以对测验的目标团体正式实施测试了。

实测以后，要对整个测验的结果进行认真的研究，有定量的研究也有定性的研究。由于是实测，首先需要根据预先设定的分数体系，向考生和用户报告分数。接下来，要对测验分数做一系列的描述性统计，以了解整个测验的质量是否符合设计标准，为今后改进测验提供反馈。对实测结果的研究最重要的是信度和效度两个方面，既有定量的分析，也有定性的研究。

语言测验特别是标准化语言测验的开发是一个复杂的工程，上面只是简略介绍了测验开发的一般流程和做法，可以看出，在整个过程中，每个环节都是重要的，哪一步做不好都会影响测验最终的质量。当然，开发不同目的的测验可以采取不同的步骤和做法。例如，一个教师自编的诊断性测验，开发过程就肯定会大大简化。一个测验究竟好不好，最重要的是看它能否达到测验设计者预先制定的目标。

思考和练习

1. 为什么说语言测验的开发是一个系统的过程？这一过程主要包括哪些步骤和环节？

2. 应该如何描述测验的实施对象？

3. 对语言测验的质量监控主要应该从哪些方面考虑？

第三节　语言测验题目的编写和分析方法

一个语言测验根据测验特定的目的和测验内容的特点，可以采用多种多样的题型。我们在本章第一节里，曾经讨论过主观性测验和客观性测验的问题，一般来讲，为了保证测验的信度和效度，一个测验应该既包括主观性题目也包括客观性题目。由于篇幅所限，这里不讨论口试和写作等主观性题目的编写问题，而主要介绍客观性题目的编写方法，但这并不是说主观性题目不重要。

一　多项选择题的编写

客观性题目的形式也是多种多样的，如多项选择题、是非判断题、排序题、配伍题等。在标准化语言测验中，最常用的客观性题型就是多项选择题。多项选择题好处是内容覆盖面大，评分客观，有利于提高测验的信度，但编写多项选择题既费时又费力，而且要想编制出具有很好的区分度、合适的难度、有效的多项选择题来，不是一件容易的事情，需要遵循一定的原则，特别是需要很好地掌握命题技巧，因此，我们在这里主要讨论这种题型。

先看一个多项选择题的例子：

【例 1】

甲：你好，自我____一下，我叫李方。

乙：很高兴见到您。我是杰克。

A. 介绍 *　　B. 说明　　C. 解释　　D. 认识

这是一个考查被试语言运用能力的题目，它由两部分组成：题干（stem）和备选答案（alternatives）。题干是题目的主要部分，作用是提问题，考查不同语言技能的多项选择题，题干的形式可能不同；备选答案包括正确答案

（或唯一恰当答案）和干扰项（distractors，也叫“迷惑项”或“迷项”）。特别需要说明的是，干扰项是用来干扰或迷惑能力差的被试的。

（一）考查不同语言技能的多项选择题的例子

1．听力理解题

【例 2】
我知道我总说不过你。
问：说话人是什么意思？
A. 我不太会说话　　B. 你说的我不懂
C. 我不能说服你*　　D. 你说话比我快

【例 3】
女：这皮带是牛皮的吗？
男：如果不是真牛皮，一条我退你 100 块钱。
问：男的最可能是什么人？
A. 牧民　　B. 顾客　　C. 商人*　　D. 警察

2．语法结构题

【例 4】
A 马丁喜欢 B 中国文化，C* 对中国古代的传统文化 D 更是情有独钟。
尤其

【例 5】
一流的大学依靠的并不是一流的教授和硬件设备，____是一流的学生。
A. 只　　B. 且　　C. 仍　　D. 而*

【例 6】
她高兴得手舞足蹈，可我____。

A. 也笑不怎么起来　　　　B. 怎么也笑不起来*

C. 怎么也笑起不来　　　　D. 笑怎么也不起来

【例 7】

今年刚过了春节，他们就从武汉赶到了北京，护送了张先生住进了北京一家有名的医院。

（画线部分：A 刚过了；B 赶到了；C* 护送了；D 住进了）

例 4 是位置判断题，要求被试判断一个词语应该放在句子（题干）中哪个位置上；例 5 是选择填空题；例 6 是完成句子形式；例 7 是挑错题，要求被试判断哪一个画线部分里包含语法错误。这种题型也能用来考查被试综合运用语言的能力，可以把汉语学习者在使用汉语表达时所犯的各种各样的错误设计进去。

3．阅读理解题

【例 8】

这句话从一个比她矮半头的小孩子嘴里一本正经地说出来，使她觉得好玩儿。

A. 恐怖　　　B. 有趣*　　　C. 无聊　　　D. 惊喜

【例 9】

全面小康社会至少有四个重要指标：首先是人均收入指标，……。41 其次是恩格尔系数，根据联合国粮农组织规定，恩格尔系数大于 60% 为绝对 42 贫困；在 50%—59% 之间为温饱阶段；40%—49% 之间为小康；30%—39% 之间为富裕；20%—29% 之间为最富裕。因此，通过恩格尔系数可 43 发现，2001 年，某国农村居民家庭恩格尔系数降至 47.7%，开始跨入小康阶段；而城镇居民家庭恩格尔系数 44 降至 37.9%，开始 45 跨入富裕阶段。再有是人类发展指标；最后是贫困人口比例。

备选词语： A. 回落　B. 贫穷　C. 艰巨　D. 开展　E. 回升　F. 第二　G. 迈进　H. 看出

例 8 是一个考查词汇理解的题目，阅读理解测验里的词汇题是为了了解被试的词汇量，因为一般认为，词汇量与阅读理解能力有比较密切的关系。既然是理解题，就不宜考查被试运用词语恰当不恰当，只看被试认识不认识。

例 9 要求被试从八个选择项中找出意思最接近文中画线词语的选项，例如，第 41 题“其次”，可以用选项 F 来替换，因此正确答案是 F。与例 8 不同，例 9 是把词汇放在更有意义的上下文中来考查。

例 9 的测验形式，叫作“集库型多项选择题”（banked MC），把一道大题的所有小题的答案集中、打乱、放在一起，一般还多加上若干个额外的答案，让被试从中挑选每道小题的答案。这种题相对来讲比四选一的多项选择题命题容易些，但也有其特殊要求，需要结合词汇大纲精心挑选备考词汇。

如果目的不是考查词汇量，而是考查被试对整段语料内容的理解，就可以采用提问的方式，这就是所谓的传统阅读理解题目形式：

【例 10】

98—100　凡尔纳出生在法国南特的一个小岛上。他的父亲是个律师，想让儿子继承自己的事业，可是凡尔纳却向往大海，喜欢自由自在地幻想。当他从亲戚那里听到许多探险的神奇故事后，就梦想着有一天可以开始他自己的探险之旅。从小爱幻想的凡尔纳长大后，开始创作科幻小说，成为一位著名的科幻小说家。

98. 关于凡尔纳，我们还可以知道什么？

A. 胆子很小　　B. 热爱旅行　　C. 是位女性　　D. 喜欢幻想 *

99. 凡尔纳出生在：

A. 南非　　B. 法国 *　　C. 海南　　D. 英国

传统阅读理解多项选择题可以采取两种形式：(1) 题干是一个完整的问句，四个备选项是用来回答这个问句的，如第 98 题。（2）题干是一个待完成的句子，四个备选项是用来完成这个句子的，如第 99 题。

4．综合运用题

【例 11】

甲：我想问一下，我看到了你们公司在晚报上登的招聘广告，我是来应聘的。

乙：________，我们的人力资源部领导出差了，您等过几天再联系吧。

A. 真抱歉* B. 不客气 C. 别介意 D. 没关系

【例 12】

许多家长认为，不请家教，141 就没有尽家长的责任。于是为请家教费尽 142，认为请到名牌家教，就等于找到了高级拐棍，143 就可以平步青云，前途无量了。……

141. A. 难道 B. 未必 C. 似乎* D. 终于

142. A. 心思* B. 思想 C. 念头 D. 主意

143. A. 家长 B. 教师 C. 家教 D. 孩子*

例 11 和例 12 形式上没什么不同，都是选择填空，只是例 12 是在一段语言材料中设计很多的空格让被试填充，考查点很多，所以叫作“综合填空”。有的研究认为综合填空主要还是测的阅读理解能力。国外语言测验中常用的一种填空题叫作“完形填空”，不是多项选择题，它不给被试提供备选答案，而是让被试根据上下文自己把答案写在文中预留的空格处，而且每两个空格之间都有相等数目的词，其形式如下：

【例 13】

许多家长认为，不请家教，141 就没有尽家长的责任。142 为请家教费尽心思，143 请到名牌家教，就等于 144 到了高级拐棍，孩子就可以平步青云，前途无量了。……

在例 13 中，每间隔六个词就留下一个空格让被试填写，这种题型可以比较有效地测出被试综合运用语言的能力，但评分主观性比较强。完形填空也常常用来检验文章的可读性。

初中等汉语水平考试（HSK［初、中等］）在综合填空分测验第二部分的填空题，也不给被试提供备选答案，而是让被试在空格处填写一个唯一恰当的汉字，由于在设计题目时充分考虑了答案的唯一性，因此评分基本上是客观的。如：

【例 14】

爸爸：

很久没有给您写 155 了，不知您最近身 156 恢复得怎样。

我们这个学期课很多，几乎没有 157 间做其他的事情。不过，我还是很注意 158 息的，每天怎么也要抽时间去打打篮球。

……

您的儿子

（二）多项选择题的编写原则和技巧

多项选择题既可以用在以语言形式为焦点的语法测验、词汇测验中，又可以用在以信息为焦点的听力理解测验和阅读理解测验中。虽然我们可以列举出多条题目编写原则，但都只能作为参考，要想编写出高质量的多项选择题，需要不断地积累经验。另外，考查不同语言技能或语言知识的多项选择题，具体的方法和技巧也有很多不同，但一个总的原则是：命题者脑子里必须清楚他要考的是何种语言技能或知识点，即时刻不忘测试目的，在编写每一道题目时，都要仔细推敲，力求把一切与测试目的无关的因素从形式和内容上都排除掉，这样才能编写出既不提供任何暗示，又不会使应试者思维产生混乱的题目，从而使测验具有较高的效度，真正能够测试出题目设计者想测的东西来。

1. 语言要正确、地道、得体、简洁

在考查应试者一般语言能力的语言测验中，命题语言的规范性、得体性尤为重要。特别是编写针对初级水平的应试者的测验题目比编写针对高级水平应试者的测验题目困难更多。如果应试者并不是因为没有读懂阅读材料的内容而不会做题，而是因为没有读懂命题者的问题而不会做，那么此题目的效度就有问题了。因此，应尽量避免使用生僻的词语，除非考查的是特定的语法知识，否则应避免使用复杂的句子结构。

在题目中使用下列词语或表达方式就不太合适：

【例 15】

“啥帅不帅的？”“这是谁的鞋子？”（画线词语似有方言色彩。）

“老公”“哇塞”（虽然很流行，但不正规。）

“你的爸爸在外地工作吗？”（作为母语者，我们很少会用这个“的”。）

2. 考查点要明确

一个题目究竟考查何种知识或技能必须十分明确，不能混淆，对于语法或词汇等“单考点、单技能”的题目，一个题目应该只考查一个知识点（或技能）。

实用汉语水平认定考试 C.TEST（E、F）级的听力理解第一部分，是听播音员朗读一个汉语词语，然后由应试者判断试卷上四个书面答案（拼音）哪一个正确，显然，题目要考的是应试者的辨音能力，但下列两个题目考查点就不只是听音辨音能力，还包括了是否掌握汉语变调知识的问题，这也就造成了答案的不唯一性。

【例 16】
（播音员读“雨伞”）
A. yúsán　　B. yúsǎn　　C. yǔsán　　D. yǔsǎn

由于“三声变调”，B 跟 D 听起来是一样的。

【例 17】
（播音员读“老虎”）
A. láohú　　B. láohǔ　　C. lǎohú　　D. lǎohǔ

3. 题干中要包含问题的焦点

题干本身要有意义并且应该是一个清晰的问题，应该清楚地点明问题的实质，让应试者明确被询问的究竟是什么，为应试者提供解题的方向，不要让应试者猜测你要问他什么。

【例 18】
老丁：
A. 脸特别白　　B. 眼睛很小　　C. 个子不高　　D. 长得很瘦

这个题的题干看起来简练，但没有点明问题实质，更明确的提问是：“老丁有什么特点？”

【例 19】
那孩子：
A. 找不到家　　B. 挨了批评　　C. 病倒了　　D. 摔伤了腿

试改成“那孩子出了什么事？”或者“那孩子遇到了什么麻烦？”。

4. 确保答案的正确性和唯一性

无正确答案或正确答案不唯一是多项选择题的大忌，必须竭力避免。答案不唯一的问题在某类题型里可能更容易出现。

例如，在听力理解题中，有一个题型是播音员说一句话，应试者会看到四个书面答案，这四个书面答案是对播音员说的话的应答，其中只有一个正确。这种题目的命题难度很大，主要是很容易出现正确答案不唯一的问题。

【例 20】

好久没见你了。

A. 请稍等一会儿。　　B. 下星期五见吧。

C. 我刚出差回来。　　D. 在家好好休养。

正确选项定为C,但B的意思是"(既然好久没见,那咱们)下星期五见吧",这应该也是合理的应答。

5. 考查理解能力的题目应避免考查常识性问题

如果语料是众人皆知的常识性内容，很难用来考查应试者的一般语言能力。如果问的问题应试者不需读懂或听懂语言材料就能回答，测验的效度就会受到威胁。

例如，语言材料是介绍二氧化碳的，而测验题目问"二氧化碳是由哪两个元素组成的？"，那么即使应试者回答对，我们也无法判断其是否是因为听懂了语言材料才回答对的。

下列题目也可以认为考的是常识，因为做对题目根本就不需要听懂或看懂语言材料：

【例 21】

哪种人比较容易得糖尿病？

A. 胖人*　　B. 瘦人　　C. 吃得少的人　　D. 爱锻炼的人

上述问题在语言测验实践中是经常发生的，而且是非常影响测验效度的，作为题目编写者，要想避免此类问题，一个简单的办法就是反复问自己："我出这个题目究竟想考查什么能力或知识？这种能力或知识是我应该考查的吗？"

6. 除了考查语法的题目，所有备选答案在语法上与题干应该能够连贯

备选答案若含有语法或逻辑性错误，或者与题干搭配不当，都可能暗示应试者该答案是错的。

【例 22】

这次事故造成的伤亡情况是：

A. 有 1 人伤亡　　B. 有 5 人伤亡

C. 有 51 人伤亡　　D. 没有任何伤亡

D 与题干存在语义矛盾，其他三个选项与题干也不太连贯，试将题干改为"这次事故中："。

【例 23】

女的觉得男的怎么样？

A. 他做得不对　　B. 应该早点来

C. 别去找经理　　D. 该打个电话

几个备选答案都不能直接回答"怎么样"，除了 A，其实都是回答"应该做什么"的，试把问题改成"女的是什么意思？"。

7. 考查理解能力的题目，备选答案应尽可能回避语料中原有的措辞，特别是正确答案需要换一种表达方式

【例 24】

（听力原文中有一句是说某人“最大的特点是不能顺着他，越顺着他他越看不起你，就得和他争”。）

问：男的认为“某某人”最大的特点是什么？

A. 很喜欢旅游　　B. 不能顺着他*

C. 很了解历史　　D. 知识很丰富

选择题的选项（特别是正确选项）不能用原文中的语言表达方式，这是出于保证测验效度的考虑。如果不做变换，我们就无法判断应试者答对了该题目，是否只是因为他记住了他所听到的语言形式，而没有真正理解意义。试将 B 答案改为“不愿被顺从”。

8. 题干应尽可能多地包含试题内容

备选答案中共含的内容、重复性的词语或表达方式（如相同的叙述或修饰成分等）应提炼到题干中去，使选项尽量简洁。

【例 25】

这篇报道告诉了我们：

A. 事故的原因　　B. 事故的地点

C. 事故的结果　　D. 事故的时间

可以把选项中重复的“事故的”几个字移到题干中，改为“这篇报道告诉了我们事故的：”。

同样，为了简洁，题干里也要尽量删去不必要的词语，做到绝不多用一个字，以减轻应试者除了阅读材料本身以外的阅读负担。

【例 26】

这篇文章主要说明，碳酸饮料会危害什么人的健康？

A. 老年人 B. 孩子 C. 妇女 D. 中年人

可以把题干中的“什么人的健康”几个字删去，使题干变成完成句子式的，这种技巧在编写阅读理解试题时经常使用。

9. 避免题目间或选项间的互相牵连，避免题目与题目之间或答案与答案之间互为解题依赖，避免相互包含或相互暗示

分别有以下两种情况：

（1）避免使用意义相反或相互释义的备选答案。

【例 27】

作者认为那个老太太非常：

A. 善良 B. 残忍 C. 漂亮 D. 勇敢

A 与 B 互为暗示；另外，四个选项中只有 B 是“消极义”，很可能提供了不必要的暗示。

【例 28】

别着急啊，万事开头难。

A. 一切事情开头都不难 B. 什么事情开始都较难*

C. 任何事开始都很容易 D. 一万件事中有一件开始难

A 与 B 根本对立，暗示其中必有一个对；而 A 与 C 相互包含（甚至完全同义），又暗示这两个都不对。这种相互暗示很容易被应试者利用或误用。

（2）题目与题目之间应有相对的独立性，不能使应试者因为会做第一个题目便自然会做下一个题目，或因为不会做这个题目便也不会做另外的题目。

【例 29】

121. 这个故事发生在什么时间？

A. 上午　　B. 下午　　C. 晚上　　D. 夜里

后面接下来的一个问题是：

122. 作者交代了事情的：

A. 原因　　B. 结果　　C. 时间　　D. 地点

显然，第 121 题暗示了第 122 题的正确答案是 C。

【例 30】

109. 根据这篇文章，长期吃“保健食品”会导致哪种营养物质缺乏？

A. 糖　　B. 脂肪　　C. 维生素 C　　D. 维生素 B_{12}

110. “保健食品”中哪种营养添加剂使用多会导致缺乏 B_{12}？

A. 蛋白　　B. 烟酸　　C. 核黄素　　D. 维生素 D

第 109 题和第 110 题也是互相提供了解题依赖。

10. 所有备选答案应该在难度上大体相当

【例 31】

看着这么好的绿地被破坏，谁不生气啊？

A. 可惜　　B. 愤慨 *　　C. 失望　　D. 着急

四个选项中，B 明显偏难，很可能造成不必要的暗示。

11. 所有备选答案在形式上应尽量避免任何可能的不必要的暗示

（1）各选项若含有数字，可以按数字大小排列：

【例 32】

文中的主人公年龄大概是：

A.20 岁　　B.30 岁　　C.40 岁　　D.50 岁

（2）各选项若字数不等，或从少到多排列，或从多到少排列：

【例 33】

A. 香山　　B. 颐和园　　C. 中山公园　　D. 八达岭长城

（3）各选项若字数不等，还可以采取删字补字的技巧，来使备选答案长短一致：

【例 34】

106. 下列哪一项是“外控型员工”的特点？

A. 记性好　　B. 工作消极被动

C. 神经脆弱　　D. 非常自信

修整过的答案为：

A. 记忆力比较强　　B. 工作消极被动

C. 神经系统脆弱　　D. 非常相信自己

修改方法是：先确定正确答案，原则是准确、简洁。然后再对其他选项删补，这是一个比较细致的工作。目的只有一个，就是避免使备选答案给应试者提供任何多余的暗示。

12. 迷惑选项应该确实具有一定迷惑作用

每个迷惑选项（干扰项）都不应该是随意拼凑的，而是精心编制的，这样才能有真正的迷惑作用。有的时候，一个题目的最后一个备选答案绞尽脑汁也出不来，于是命题者就容易随意拼凑。

【例 35】

这本书总算翻译完了，明天可得好好玩玩了。

问：从这句话可以看出什么？

A. 译这本书用了很少精力　　B. 译这本书用了很多精力*

C. 为了好好玩，很快翻译完了　　D. 总起来看，这本书翻译完了

这个题目除了 A 和 B 互相暗示的毛病之外，就是 D 答案有明显的拼凑痕迹。

要编写出具有一定迷惑作用的干扰项，必须充分挖掘语言材料中包含的各个要点、难点，仔细揣测应试者可能在哪个环节出现问题，做到有依据地编写。

有时为了拼凑答案，命题人仅仅把几个选项的意义做程度上的区分，这也是不妥的，很可能造成答案的不客观，如：

【例 36】

老万觉得自己的生活幸福吗？

A. 比较幸福　　B. 非常幸福　　C. 不太幸福　　D. 说不清楚

13. 听力理解题目尽量不要用否定的形式提问

【例 37】

女：这次假期打算出国玩吗？

男：不啊，我又没钱，假期还是打工赚些钱吧。

女：也对，等赚了钱之后再去也不迟。

男：只怕钱赚够了，我又没时间了。

问：男的不可能做什么？

A. 出国* B. 赚钱 C. 假期 D. 打工

修改后：

问：男的担心什么？

A. 出不了国 B. 赚不到钱 C. 没有假期 D. 没有空闲*

14. 听力理解题或阅读理解题的内容和形式应灵活多变

例如，相邻的题目应考查不同的语言技能，根据同一段材料编写的题目的考查点不应停留在同一个层面上，应该涉及文章大意、作者观点态度、主要事实和重要细节等各个方面。

下面的一些提问方式焦点不很明确，应尽量少用。

这句话是什么意思？

男的是什么意思？

关于男的我们可以知道什么？

下列哪种说法正确？

下列判断正确的是哪一项？

15. 避免出故意刁难应试者的怪题、“诡题”

我们测试的目的是考查应试者的语言水平而不是别的，在出题时，要避免故意诱导应试者犯错误的企图，不出过分刁钻的偏题、怪题。例如，使用否定之否定的表达方式，编出“以上都是”“以上都不是”之类的选项来迷惑应试者，因为这种迷惑或许是偏离测试目的的，下面的语法题目就不太好：

【例 38】

我是__________喜欢这里啊!

A. 多么多么多么地喜欢　　B. 多么地多么多么喜欢

C. 多么多么地多么喜欢　　D. 多么喜欢多么多么地

这个题目看起来很巧妙，但有故意刁难之嫌。

总而言之，命题原则无论有多少条，核心都是一个，尽最大可能减少对应试者的一切不必要的暗示，编写出能够有效地测试出应试者的知识和技能的题目来。

二　题目分析方法

测验题目编制完成后，一般需要进行预测。所谓预测，就是把按照题目细则编写好的题目，让一组最能代表测试目标团体的被试预先做一遍，目的是检验这些题目的质量是否符合预定的标准。预测完成以后，需要对各个题目做一些统计分析，即题目分析（item analysis）。题目分析主要是用统计的方法来描述各个题目的一些内在特性。具体来说，题目分析要解决如下一些问题：（1）检验题目难易度是否合适，是否太难或太易，一般认为，一个题目若有 20% 到 80% 的被试能够做对，就比较恰当。（2）检验各个题目在区分被试水平方面起了多大作用，一个好的测验（特别是标准化的水平测验）每个题目都应该对区分被试的水平做出一定贡献。（3）检查多项选择题各个干扰项是否起到了干扰水平差的被试的作用，干扰作用有多大。（4）检查每个题目选择各个干扰项的人数的分布情况，看各个干扰项的干扰作用是否大体相当。（5）检验各个题目的答案唯一性和正确性，如果一个题目的某个“非正确”答案有过多的高水平被试选择，就可能存在正确答案不唯一或预设的正确答案并非正确答案的问题。经过题目分析，就可以在考虑哪些题目能够进入实测所用的正式试卷时，做出恰当的决策。另外，题目分析也为进一步修改题目提供了很多信息。

注意，我们这里所介绍的题目分析方法，主要适用于多项选择题、是非判断题等 0/1 计分的题目。

（一）难易度

难易度（facility）指某个题目的答对率，即答对某题目的被试占全部参加测试的被试的比例。难易度实际上不是难度而是易度。难易度用 P 来表示，P 值越大，题目越容易。计算公式如下：

$$P_i=\frac{\text{答对此题的人数}}{\text{总人数}}$$

例如，某测验第 20 题，答对人数为 100，总人数 300，则此题难易度为：

$$P_{20}=\frac{\text{答对此题的人数}}{\text{总人数}}=\frac{100}{300}\approx 0.333$$

如果把一个测验的各个题目的难易度相加，然后再除以题目的数量，就得到了整个测验题目的平均难易度。对于标准化的水平测验来讲，各个题目的难易度范围一般应在 0.2—0.8 之间，而整个测验的平均难易度一般应在 0.5 左右。这样的难度控制，有利于最大限度地区分被试的水平。多年来，汉语水平考试（HSK）的难易度控制得一直很好，各个不同版本试卷之间的难易度浮动很小。例如，HSK［初、中等］预测后筛选出的用来拼合正式试卷的题目平均难易度一直保持在 0.53 左右，而且难易度的分布比较好，很难和很易的题目都比较少，大部分题目难易度期望值在 0.3—0.7 之间。

难易度 P 是随样本变化的，如果两个不同样本的被试之间水平差距很大，一个样本的水平很高，另一个样本的水平很低，那么，同一个题目在两个不同的样本中就会有不同的难易度。因此，不同题目的难易度如果从相同或相似的样本计算而来的是可以比较的，但如果是从同质性很低的两个样本计算而来的，就难以比较了。

（二）区分度

区分度（discrimination）指一个题目对于鉴别被试的水平所起的作用有多大。一个有一定的区分度的题目，应该是水平高的被试答对的可能性大于水平低的被试答对的可能性。一个区分度很高的题目，答对的被试中，水平高的人占全部被试的比例应该远远高于水平低的人占全部被试的比例。当然，什么样的被试是高水平的，什么样的被试是低水平的，可以用外部标准来划分（如，教师的评价，某一个公认有效的测验上的成绩），也可以用内部标准来区别（如，本测验上总分的高低）。

计算题目的区分度有不同的方法，这里介绍两种。

1. 区分度指数

区分度指数（discrimination index）用极端分组的方法来计算，步骤如下：

（1）把所有被试按测验总分，从高到低排队，如果一个测验包含若干分测验，就应该按分测验分数排队。

（2）取全体被试中分数最高的 27% 的人作为高分组，取全体被试中分数最低的 27% 的人作为低分组，中间的 46% 的人不参加计算。

（3）按下列公式计算区分度指数：

$$D_i=\frac{\text{高分组答对此题的人数}-\text{低分组答对此题的人数}}{\text{一个组的人数}}$$

例如，测验一共有 100 人参加，第 3 题高分组的人（正好是 27 人）都答对了，而低分组的人都答错了，则区分度指数为：

$$D_3=\frac{27\text{ 人}-0\text{ 人}}{27\text{ 人}}=1$$

“1”是区分度指数的最大值，一般不可能得到。

再如，测验一共有 200 人参加，第 8 题高分组的 54 个人中有 30 个人答对，低分组的 54 个人中只有 10 个人答对，则区分度指数为：

$$D_8=\frac{30\text{人}-10\text{人}}{54\text{人}}\approx 0.3703$$

这是一个不错的题目，有一定的区分度。

再如，测验一共有 200 人参加，第 15 题高分组的 54 个人中有 8 个人答对，低分组的 54 个人中却有 20 个人答对，则区分度指数为：

$$D_{15}=\frac{8\text{人}-20\text{人}}{54\text{人}}\approx -0.2222$$

这个题目区分度指数是负的，表明题目对于区分被试能力起了相反的作用，是一个很差的题目，应该抛弃掉。

区分度指数 D 是一个从−1 至 +1 之间的数，D 越大，表明题目区分能力越强，一般 D 在 0.3 左右的题目就可以认为有一定鉴别作用了。

D 值计算非常简便，适合于教师自编的测验。但 D 值的计算没有利用一个测验所有的分数提供的信息，因此不够精确，标准化的语言测验一般不采用。

2. 点双列相关系数

从实质上看，区分度是用来描述各个题目与某个外部标准或测验的其他题目之间的相关联程度的。由于点双列相关系数（point-biserial correlation coefficient）专门用来计算一列二分变量与一列连续变量之间的相关联程度，为了确定一个题目的区分度如何，我们可以把只有一个正确答案的多项选择题或是非判断题等看成是二分变量，而把测验总分当成连续变量来计算它们之间的点双列相关系数。点双列相关系数的计算公式如下：

$$r_{pbi}=\frac{\bar{x}_p-\bar{x}_q}{s}\sqrt{pq}$$

其中，r_{pbi}= 点双列相关系数，$\bar{x}_p$= 答对某题目的所有被试的测验总分的平均分，$\bar{x}_q$= 答错某题目的所有被试的测验总分的平均分，s= 测验总分的标准差（见相关教育统计学教材），p= 题目的易度（答对的比例），q= 题目的难度（答错的比例）=1−p。

例如某测验第 11 题的点双列相关系数的计算：

被试	1	2	3	4	5	6	7	8	9	10
总分	93	85	82	87	76	91	95	88	70	89
答案	1	0	0	1	0	1	1	0	0	1

$\bar{x}_p$=（93+87+91+95+89）/5=91

$\bar{x}_q$=（85+82+76+88+70）/5=80.2

s=7.35

p=5/10=0.5

q=1−p=0.5

$$r_{pb11}=\frac{\bar{x}_p-\bar{x}_q}{s}\sqrt{pq}=\frac{91-80.2}{7.35}\sqrt{0.5\times0.5}=0.735$$

第 11 题的点双列相关系数为 0.735，有非常好的区分度。

点双列相关系数比区分度指数要精确得多，但计算比较麻烦，大规模的测试结果要计算点双列相关系数只能使用计算机。点双列相关系数取值范围也是−1 至 +1，一般能达到 0.2 以上，就说明该题目具有一定的区分作用。HSK［初、中等］正式试卷的几乎所有题目点双列相关系数都在 0.25 以上，这是保证 HSK 高信度的一个重要条件。

（三）选项分布情况

多项选择题的设计原则是使每个干扰项都能起到迷惑水平低的被试的作用，如果一个干扰项根本没有人选择，那么这个选项就形同虚设，被试靠猜测回答正确的概率实际上就增大了。题目分析除了帮助我们了解题目的难易度、区分度以外，还可以告诉我们各个选项被选择的人数的分布情况，一个好的题目，不仅应具有较强的区分作用，而且各个选项被选择的次数也应该比较均匀。

总之，题目分析能够揭示一个题目很多方面的特性，为我们提供很多有用的信息。标准化测验的题目分析一般把这些信息汇总到一个题目分析表里，这样测验有多少个题目，就有多少个题目分析表，详细而直观。

下表是例 3 的题目分析表：

题目分析表样式（例 3 的题目分析结果）

考生人数：368		难易度：0.8234		区分度：0.2492
答案	选择人数	平均分数	双列相关	点双列相关
A	13	21.31	0.4160	0.1686
B	35	25.89	0.2107	0.1202
C*	303	30.25	0.3668	0.2492
D	16	23.00	0.3380	0.1476
E	1	34.00	−0.1272	−0.0278

从上表可以看出，此题正确答案是 C，选择人数为 303 人，答对人数占总人数的 82.34%，题目偏易，点双列相关系数为 0.2492，区分度尚可；各选项选择人数分布情况一般，B 选项吸引了不少被试，但选择此选项的被试平均分数明显高于选择 A 选项的人，此选项可以修改，以求各选项分布均匀；只有一个人没有选择答案（E 表示未选），但此考生的测验分数为 34，远远高于选择其他答案的人，说明他水平很高，因此 E 的点双列相关系数为负。从这里可以看出，点双列相关系数是比较敏感的，例如，有的题目只有少数几个人答对，但如果这几个人平均分数很高，则该题目的点双列相关系数就会较高。

表中的“双列相关系数”是另一个表示区分度的指标，与点双列相关系数比较，它的估计偏高一些，因此一般要求达到 0.3 以上。

题目分析技术虽然能够让我们了解题目的很多特性，但题目的另外一些特性却不能简单地靠统计分析来确定，像题目内容方面的特性，如，是否有冒犯、是否为教学大纲规定的重点等，就需要专家根据一定的原则来主观评判。一个题目究竟好不好，关键要看这个题目是否能测到要测的东西，同样，一个测验好不好，关键也是要看它能否测到要测的能力，即要看测验的效度究竟如何。

思考和练习

1. 什么是客观性题目？什么是主观性题目？都有哪些客观性题型？
2. 多项选择题核心的编写原则是什么？为什么要遵循这样的原则？
3. 如何用极端分组法来计算题目区分度指数？
4. 一个难易度适中、区分度高的题目是否绝对是好的题目？为什么？

第四节　语言测验的质量评估：信度和效度

我们根据特定的目的编制测验，并对特定的被试实施测验，我们首先希望测验能够准确地反映出我们所要考查的东西，即我们希望测验是有效的；其次，如果重新对被试施测，我们希望得到同样的结果，即我们希望测验的分数是稳定的、可靠的。不光是语言测验，任何一种测量工具都存在可靠性（即信度）和有效性（即效度）的问题。信度和效度是测验质量评估的最重要的两条标准。

一　测量的信度

（一）信度的基本概念

测量的信度（reliability）指测量结果的可靠性、一致性和稳定性程度。一个高质量的测验，对同样一组被试反复多次测量，其结果应该保持不变。也就是说，信度指在不同的时间或不同的测试条件下，使用同一测验（或者使用同一测验的不同版本），对同一组被试实施多次测验所得结果的一致性或稳定性程度。

任何一种测量都存在误差，假定我们用同一个测验对同一组被试测量多次，我们每一次得到的结果可能不完全一样。例如，同一个被试，第一次得到80分，第二次得到90分，第三次得到70分，假定这个被试的水平没有变化，那么究竟哪一次的结果反映了他的真实水平呢？我们无法确定，因为任何一次测量的结果（即我们观察到的分数）既包含了能够反映他真实水平的分数即真分数（true score），又包含了种种原因造成的误差分数（error score），如被试的情绪状态和身体状况、测试环境或其他条件都可能影响其正常水平发挥。观察分数（observed score）、真分数、误差分数之间的关系可以表示为：

$$X\text{（观察分数）}=T\text{（真分数）}+E\text{（误差分数）}$$

实际上，被试的真分数是得不到的，我们得到的只是被试的卷面分数，即观察分数。但我们可以想象，一个观察分数包含的误差分数越少，这个观察分数就越接近真实分数，这个测验就越可靠。我们还可以想象，如果我们用同一个测验无限次地测量同样的被试，而且假定其真实水平没发生变化，那么多次测量结果的平均值就是其真分数，但这只是理论上的，实际上不可能这样做。

对于信度的测量学定义是，信度指测量结果所反映出的系统变异的程度，即指一组测量分数的真变异数与总变异数的比率，可用公式表示为：

$$r_{xx}=\frac{S_t^2}{S_x^2}\text{ 或者 }r_{xx}=\frac{S_x^2-S_e^2}{S_x^2}=1-\frac{S_e^2}{S_x^2}$$

其中，r_{xx} 为信度系数（reliability coefficient），S_t^2 为真变异数（真方差），S_x^2 为实得变异数（实得方差），S_e^2 为误差变异数（误方差）。

真变异数指考生的真分数的方差，这一般是得不到的，实得变异数就是我们所观察到的考生分数（考生卷面分数）的方差，误差变异数指由于测量的误差造成的分数的变异量。从公式可以看出，误差变异数占实得变异数的比例越小，信度系数会越高，如果误差变异数为0，信度系数就是1，这是信度系数的最大值，表示观察到的变异数等于真变异数，但这一般是不可能得到的；同样，如果信度系数是 0，则表示测量到的分数变异（实得方差）根本不包括真变异数而全部是误差变异数（误方差），对于语言测验来说，这种情况也不太可能出现。因此，信度系数是 0.00 至 1.00 之间的一个数。一般来说，标准化语言测验的内部一致性信度系数应该达到 0.90 以上，而北京语言学院（现北京语言大学）开发的"汉语水平考试（HSK）"的内部一致性信度系数能够达到 0.98，这是一个极高的信度系数。

理解测量信度的概念，关键是要理解任何测量所得到的分数变异中都包括了误差变异。被试、测验本身、测试条件或环境以及阅卷评分等方面都可能是误差变异的来源。

（二）测验信度的估计

由于测验误差的来源不同，估计信度系数的方法也不尽相同，几种方法各有利弊，这里分别做简单介绍。

1. 再测信度

使用同一测验对同一组被试在不同的时间施测两次，然后计算两次分数之间的相关程度，就得到了该测验的再测信度（test-retest reliability）系数。再测信度系数反映的是测量结果的稳定程度，所以也叫"稳定性系数"，再测信度系数越高，该测验的稳定性越好。计算公式如下：

$$r_{xx}=\frac{N\Sigma x_1x_2-(\Sigma x_1)(\Sigma x_2)}{\sqrt{N\Sigma x_1^2-(\Sigma x_1)^2}\sqrt{N\Sigma x_2^2-(\Sigma x_2)^2}}$$

式中，x_1、x_2 为同一被试两次测验的观察分数；N 为被试人数。

再测信度虽然能检验测验跨时间的稳定性，但使用时要小心，必须考虑到两次测验间隔期间被试方面可能发生的各种变化。另外，再测信度的估计更适用于题目数量较多的速度测验而不适用于难度测验，这是因为速度测验产生的练习效应相对较小。

2. 等值复本信度

一个测验（特别是标准化测验）往往有不同的版本，这些不同的版本（即等值复本）也叫“平行试卷”，一个测验的各平行试卷被认为具有相同的难度、相同的内容和相同的形式，而只是包含了不同的具体的测验题目，因此说是“等值”的。等值复本信度（equivalent-form reliability）指用同一测验的两个平行试卷分别对同一组被试施测，两个试卷可以在同一天连续施测，也可以在一段时间内分两次施测，施测后计算出的被试在两个试卷上得分之间的相关系数，即为复本信度系数。与再测信度不同，复本信度反映的是测验的等值性。

复本信度的优点是，由于使用了不同的试卷，减少了练习和记忆等因素的干扰。但等值复本信度对测验的等值性要求很高，可以说除了具体题目不同以外，测验的复本即各平行试卷应该在测验的内容、题型、难度、数量、时限、指导语等各个方面都必须一样或非常相似，然而只要题目是不同的，复本就很难说是真正的“等值”。除了标准化的测验，大多数测验都很难获得完全平行或等值的复本。因此，复本信度用处也受到限制。

3. 分半信度

分半信度（split-half reliability）指将一个测验的全部题目按照一定标准分成两个相等的部分，然后计算出被试在这两个部分的观察分数的相关系数，此相关系数即表明测验的分半信度。分半可以采用前后分半的方法，如前 50 个题目是一半，后 50 个题目是另一半。更常用的分半方法是，将整个测验按奇数题和偶数题分成两半。

分半信度计算的是一半题目即半个测验的信度，而要表示整个测验的信度，需要对所求出的相关系数进行适当的校正。校正的公式如下：

$$r_{xx}=\frac{2r_{hh}}{1+r_{hh}}$$

其中，r_{xx} 为校正后的信度系数，r_{hh} 为两个分半测验分数之间的相关系数。

4. 内部一致性信度

分半信度虽然反映的是测验的内部一致性程度（internal consistent reliability），但有些局限，而且估计得比较粗略。国内外测验特别是标准化测验更常用的内部一致性信度系数主要有两种：

（1）用库德—理查逊（Kuder-Rechardson）的 KR20 公式估计的信度系数。

$$r_{KR20}=(\frac{K}{K-1})(1-\frac{\Sigma p_i q_i}{S_t^2})$$

式中，K 为测验题目总数；p_i 表示第 i 题的难易度（通过率），$q_i=1-p_i$ 表示未通过第 i 题的人数比例；S_t^2 为测验总分的方差。

KR20 公式特别适用于采用 0/1 计分的客观化测验（如 HSK［初、中等］）。使用此公式不需要将测验分成两半，而且也不需要计算相关系数，简便易用。

（2）克龙巴赫 α 系数。

克龙巴赫 α 系数（Cronbach α）特别适用于估计多重计分的测验的内部一致性信度。大多数非标准化测验，如教学中的成绩测验都是采用多重计分，例如，作文、简答题、论述题等主观性测验题目都是根据被试答对题目的程度来评分，而且不同分测验计分方式可能完全不同。这时，就可以采用克龙巴赫 α 系数，计算公式如下：

$$\alpha=\frac{K}{K-1}(1-\frac{\Sigma S_i^2}{S_t^2})$$

式中，K 为测验题目总数，S_i^2 为某一试题（0/1 计分或非 0/1 计分）的考生得分的方差，S_t^2 为测验总分的方差。

5. 评分者间信度

作文、口试等主观性测验误差的一个重要来源就是评分者，对于同一被试，由于各评分者掌握评分标准不一，导致所给分数不可靠，因此，有必要估计评分者之间的一致性程度。评分者间信度的估计常常采用斯皮尔曼等级相关系数（Spearman rank-order correlation coefficient）和肯德尔和谐系数（Kendall's coefficient of concordance），也叫"肯德尔 W 系数"，前者适用于两个评分员之间的一致性检验，而后者适用于两个以上评分员之间的一致性检验。斯皮尔曼等级相关系数的计算方法见相关统计方法教材。W 系数的计算公式如下：

$$W=\frac{\sum R_i^2-\frac{(\sum R_i)^2}{N}}{\frac{1}{12}K^2(N^3-N)}$$

式中，K 为评分者人数，N 为被试数，R_I 为每一被试被评定的等级总和（例如，一个被试评分员 A 给 8 级、评分员 B 给 7 级、评分员 C 给 9 级，则这名被试被评定的等级总和 R_i=8+7+9=24）。

对于水平测验来说，评分者间信度系数（W 系数）应该能达到 0.90 以上。

（三）影响测验信度的一些因素

考虑到测量误差来源不同，影响测验信度的因素也是多方面的，除了被试状况和测试环境方面的影响以外，主要有以下几方面因素：

一是测验的长度即题目数量。一般来讲，测验题目数量越多，信度越高，但题目数量也不是可以无限制增加的，当题目数量过多时，被试会产生疲劳或厌倦，信度反而会降低。

二是测验题目的同质性。测验题目的同质性主要靠题目的区分性（如较高的点双列相关系数）来保证，一个测验所有题目都有较好的区分性，则内部一致性信度便会较高。HSK 之所以有很高的内部一致性信度，一个重要的因素就是所有题目都经过预测筛选，而筛选的一个重要标准就是题目区分性指标。

三是题目难易度分布。测验题目难易度虽然与信度没有直接关系，但如果题目难易度分布不好，就会造成分数范围缩小，分数的变异程度减小，因而降低信度系数。另外，过难的题目会增加猜测的可能，也会使信度降低。

四是被试样本的异质程度。被试的水平差距越大，即被试异质程度越高，分数的变异范围就越大，信度系数就会越高。显然，对于不同的被试样本，由于被试异质程度不同，所计算出的信度系数也就不会完全相同。

二　测量的效度

（一）效度的基本概念

测量的效度（validity）指测量的有效性或准确性，即测量对它所要测的东西准确测量的程度。一个测验能在多大程度上测出它要测量的东西，或者说该测验能在多大程度上达到预期的测验目的，这就是效度问题。在谈效度时，我们要回答这样的问题："这个测验是不是测到了它要测的东西？如果测到了它要测的东西，那么，测得有多准？"因此，效度是针对特定的测量目的而言的，任何一个测验，说它有效，只是说它对于完成其特定的测量目的而言是有效的，一个测验不可能适用于任何测量目的。另外，需要说明的是，测验的效度不是或有或无的概念，而是一个程度的概念，效度只有高低之分，一个测验不可能完全无效，也不可能完全有效。

效度的测量学定义是，有效变异（即跟测量目的有关的变异）与实得变异之比：

$$S_v^2 / S_x^2$$

效度的指标比较复杂，有时也可以用相关系数来表示。

（二）效度的类别

根据评估测验的有效性时的不同角度，效度大致可以分为内容效度、效标关联效度和构想效度几种。

1. 内容效度

内容效度（content validity）指测验的内容（测验项目）对所欲测量的内容范围或行为范围取样的代表性和恰当性程度，即指实际测验内容与预定测验内容之间的一致性程度。

任何一个测验都可以看成是预定测验内容或行为范畴的一个样本，作为样本，其代表性如何就是内容效度问题。例如，教师在给学生教授了一门汉语课程以后，他需要编制一个测验，以便了解学生是否真正掌握了该课程的内容，他不可能把该课程的所有内容都包括在测验试卷中，他只能通过有限的一些测验项目（样本）来了解学生掌握全部课程内容（总体）的情况，那么，这些有限的题目在多大程度上可以代表整个课程内容，这就是内容效度所关心的问题。

成绩测验最应该讲求内容效度，因为它是依据特定的教学大纲、特定的教材或教程来编制的，测验题目必须体现大纲的要求，必须反映教学的重点和难点，总之，成绩测验最强调测验题目的代表性。

为了提高测验的内容效度，首先需要根据测验目的，确定好测验内容的范围，而测验的全部题目必须在这个范围之内。要保证题目的代表性，就要仔细分析已界定的内容范围，并根据适当的比例划分内容层次，测验的项目要体现出这种层次比例，而选取的方式最好是随机的。

对于测验内容效度的评判没有比较可靠的实证性的办法，主要通过经验判断等定性分析的方法来进行，例如，请有关专家对测验项目与预先确定的内容范围进行符合性评判，看测验项目是否与所需测量的内容范畴关系密切。

与内容效度容易相混淆的一种效度是所谓的表面效度（face validity）。表面效度指一个测验从表面上看是否测了它所要测的知识或能力。表面效度被认为是“外行人”谈论的效度，它并不真正反映测验对所要测的东西测量的准确程度有多高，因此不是真正的效度。例如，要考查被试的汉语书面表达能力，既可以用直接写作文的方式，也可以用改错句的形式，前者表面效度可能就高，因为被试会觉得这的确在考他的书面表达能力。然而实际上，究竟哪一种形式的测验对于测量被试的书面表达能力更为有效，却不是从“表面上”就能一下子判定的。效度的基本概念告诉我们，不能轻易相信一个看起来考了 X 的测验就真的考了 X。不过，表面效度虽然不是真正的效度，但由于它可能会影响被试的动机、兴趣等，从而影响测验的结果，因此也不能忽视。

2. 效标关联效度

效标关联效度（criterion-related validity）指测验结果与效标的一致性程度，它评判的是测验结果（分数）与某一个特定的准则（效标）的关系的密切程度如何。

效标指衡量测验有效性的外部标准，通常指测验所要预测的行为。例如，我国高等大学入学考试的效标应该是被选拔出进入高等大学学习的考生未来在大学学习的成功程度，汉语水平考试（HSK）的效标可以是根据其他可靠的手段评定的考生实际运用汉语的熟巧程度。根据测验的不同性质和用途，用来评判其效标关联效度的效标也是多种多样的，像学业成就、工作表现、特殊训练成绩、团体的能力划分、教师对学生的等级评定、其他相关测验的成绩等，都是常用的效标。效标的质量直接影响测验效标关联效度的评定，效标自身的稳定性、可靠性（即信度）是效标质量的最重要的标准。

效标关联效度是一种实证性效度，一般可以通过计算测验结果与效标之间的相关系数来求证。

根据效标证据收集的时间不同，还可以把效标关联效度进一步划分为预测效度和共时效度两种。

（1）预测效度。

预测效度（predictive validity）是以参加测验的被试未来的表现为效标来评定测验的有效性，看测验结果是否能够有效地预测被试未来的行为。预测效度关心的是测验分数与一段时间以后被试的行为表现（如工作实绩等）之间的相关程度，测验分数与未来的工作实绩或学业成就相关越高，测验预测效度越好。例如，要考查汉语水平考试（HSK）的预测效度，可以把参加过 HSK 的考生在以后的专业学习中的成绩作为效标，看 HSK 成绩对专业学习成绩有没有一定的预测能力，当然，考生的汉语水平并不是影响专业学习成绩的唯一因素，甚至不是最重要的因素，也许考生的专业知识基础才是决定性的因素。

（2）共时效度。

共时效度（concurrent validity）以测验实施相同或相近的时间里搜集到的其他经验性资料为效标，即所谓共时，是说效标资料与测验数据能够同时获得，效标资料也可能在测验实施前已经获得了。例如，HSK［初、中等］每年 5 月在全国范围内举办，其共时性效标资料可以是 6 月的学生结业考试成绩。与预测效度相比，共时效度的资料比较容易获得，而且由于样本容量等因素，所求出的相关系数会高于预测效度。

共时效度的主要问题是有循环论证的嫌疑，比如，把学生汉语水平考试分数与其某课程的测验成绩做相关分析，如果相关系数高，是说明 HSK 效度高还是说明课程测验效度高，如果相关系数低，是 HSK 效度低还是课程测验效度低，也许都高也许都不高，这里存在谁证明谁的问题。求证共时效度，关键在于采用什么作为效标。一般来说，选择什么作为效标，跟测验的种类有关，教育测验通常以相应的学科成绩或教师评定作为效标，能力倾向测验常采用特殊训练成绩作为效标，而一般标准化测验则通常采用另一个被证实可靠和有效的标准化测验作为效标（这对于 HSK 这种权威性测验来说是比较困难的）。

3. 构想效度

在所有的效度中，最难理解也是最重要的就是构想效度（construct validity），也有人叫“结构效度”。构想效度指测验结果与理论构想或特质之间的一致性程度。构想效度涉及测验结果在多大程度上与测验设计者根据某种关于能力或（心理）特质的理论所做的预测一致。可以说，任何一种测验都是建立在某种理论假设即构想的基础上的，简单地说，构想效度要检验的就是测验是否真的测到了测验编制者所构想的那种东西（如能力）。例如，汉语水平考试的设计者在脑子里实际上是有一个关于所谓的汉语水平是由什么东西构成的理论构想或假设的，尽管他没有说出他脑子里的“构想”，但我们可以把汉语水平考试的题目看成是他关于汉语水平的“构想”的操作性定义，要检验汉语水平考试的构想效度，我们实际上是提出这样的问题：“汉语水平考试的题目究竟考了什么？HSK 的结果是不是表明测验测到了测验编制者所要测量的东西？”应该说，构想效度反映的是效度概念的本质，即“测验在多大程度上测到了所要测量的东西”。

构想效度的建立是一个过程，在这个过程中，测验编制者首先提出关于能力或特质的理论假设即所谓构想，然后对构想进行操作性定义即编制测验并实施测验，最后对测验结果进行分析，检验测验结果与构想的一致性程度。当测验结果被证明与理论构想一致时，可以说测验具有构想效度；然而，当测验结果不支持理论构想时，抑或测验对于构想的操作性定义出现了问题即测验有问题，抑或是理论构想本身有问题即理论根本不成立，这正是构想效度的复杂性所在。

构想效度的评定比较复杂，还没有很可靠的实证方法，常用的有相关分析、因素分析（factor analysis）、多特质—多方法分析（multitrait-multimethod，MTMM）等。

（三）影响效度的一些因素

事实上，前面提到的影响测验信度的因素也会在不同程度上影响测验效度。简单地说，一切妨碍测验完成预定的测量目的的因素都会降低测验的效度，主要有如下几点：

一是样本的异质程度。被试间的水平会影响测验分数的变异程度，水平差距越大，分数变异越大，所求出的相关系数即效度系数就会比较大；相反，被试太同质，分数变异小，效度系数也会相对降低。

二是效标的质量。效标选取是否恰当、是否与测验所测内容有真正的相关关系以及效标本身的可靠性都会影响效标关联效度。

三是测验本身的质量。测验的内容、题目难度以及难度分布、题目区分度等特性会影响测验效度，例如，测验过难或过易都会使分数分布过于集中，从而造成分数变异减小，影响效度系数。

四是测试实施的程序。测验的实施在可能的情况下最好标准化，这样既可以提高测验的信度，也有助于提高测验的效度。

（四）信度和效度的关系

信度和效度是测验质量评估的两个最重要的方面，尤其是高效度更是测验编制者共同追寻的目标。测验的信度和效度虽然是两个不同的概念，但两者之间是相互关联的。信度和效度的关系是：

第一，测验信度是测验效度的必要前提，效度受到信度的制约。一个缺乏信度的测验是不可靠和不稳定的，根本谈不上测量所要测的东西的准确程度，失去可靠性，有效性也就不复存在了。例如，两个评分者给同一名被试的作文评分，一个给最高的分数，一个给最低的分数，即评分者间信度（inter-rater reliability）很低，那么我们就无从得出这个被试写作水平高低的结论。

第二，信度高的测验不一定效度高。在语言测验及其他很多教育测验中，常常会有这样的情况，虽然多次施测的结果非常稳定，但却不能达到测验所要达到的测量目的。一个可靠的语法知识测验，不一定能检验出被试的理解能力。再如，在作文评分中，一个评分员使用的评分标准是看被试观点是否与他自己观点一致，与他观点一致他就给高分，不一致就给低分，而且他始终掌握这一标准，评分很稳定，评分者内信度（intra-rater reliability）很高，但它所评出的分数并不能反映被试在写作能力方面的差异。

高效度是语言测验追求的目标，却又是一个不容易达到的目标，需要我们深入研究和探索。

思考和练习

1. 为什么说信度和效度是语言测验最重要的质量标准？
2. 信度的基本概念是什么？如何从测量学的角度理解信度的概念？
3. 如何理解测验效度的概念？
4. 信度与效度是什么关系？

第五节　汉语作为第二语言的考试评介

一　汉语水平考试（HSK）

1984年，北京语言学院（现北京语言大学）成立了“汉语水平考试设计小组”，专门研制汉语的标准化考试，1988年，汉语水平考试——HSK［初、中等］正式开考。随后，北京语言学院汉语水平考试中心又陆续推出了HSK［高等］、HSK［基础］，汉语水平考试（HSK）成为系列考试，涵盖了从低到高共十一个级别的等级水平。

汉语水平考试（HSK）的用途是测量考生的一般汉语能力，获得一定级别的证书可作为留学生进入中国高校学习的依据，也可以作为聘用机构录用汉语人员的依据。HSK的目的在于测量考生的一般语言能力，它不以任何特定的教材或教学大纲为命题依据，不同于一般的以考查学生是否掌握某门课程为目的的成绩考试。

HSK是一个系列考试，包括三卷、四等、十一级。三卷指的是HSK［基础］、HSK［初、中等］、HSK［高等］三种试卷。四等十一级指的是：HSK将考生的水平分为四等，即基础、初等、中等、高等，分别对应十一个证书级别（其中一、二级不颁发证书），基础对应一到三级，初等对应三到五级，中等对应六到八级，高等对应九到十一级。

HSK[基础]和HSK[初、中等]只有笔试试卷。HSK[基础]有听力理解、语法结构、阅读理解题型，HSK[初、中等]除了这三部分以外，还增加了综合填空题型。HSK[高等]的笔试试卷包括听力理解、阅读理解（含快速阅读）、综合表达等题型。除此之外，HSK[高等]还有作文、口语两种试卷。

HSK是一种标准化程度相当高的考试，从命题、拼卷、施测一直到阅卷评分、报告成绩，考试的全过程都遵照严格的工作规范和质量标准来操作。

北京语言学院（现北京语言大学）开发的HSK的科学化程度在国内外语言测试领域有口皆碑，其可靠性和有效性得到了世界范围内的广泛认可。特别值得一提的是，HSK在试题难度的控制、分数的等值化等技术环节上，与国外标准化语言水平测验相比有很突出的特点。多年来，HSK的试卷和题目难度一直非常稳定，做到了“水涨船不高”。无论教学水平和考生能力有什么变化，HSK的标准始终稳定不变。这正是HSK最具科学性、技术含量最高、最有特色的地方。HSK在考试分数等值技术手段的运用方面取得了很大的成功。“等值”就是要通过数学的方法，使不同次考试的考生考出的水平能够具有可比性，使不同的试卷之间建立等价关系，进而将考生在不同难度的试卷中答对题目的数量，换算成标准试卷上答对题目的数量。HSK通过等值的技术手段，很好地解决了试卷难度浮动的问题。

HSK的信度、效度方面的研究成果较多，所有这些成果都表明HSK的信度、效度达到了令人相当满意的程度，代表了汉语作为第二语言的考试最高的质量。

HSK还有这样一些优点：坚持使用真实语料，努力在考试中体现语言的交际性；坚持对客观题进行预测，只有预测合格的题目才进入正式试卷；HSK[高等]的口语和作文的评分员培训有严格的规范和科学合理的操作流程。

二　HSK[改进版]

汉语水平考试（HSK）推出后，虽然它的信度、效度良好，但也存在一些问题。一个问题是 HSK［高等］的难度不够，如果考生的汉语能力达到了接近母语者的水平，HSK［高等］就考不出来了。第二个问题是，它的等级分数的划分不尽合理。这首先表现在，基础和初等的级别划分有重合，三级既是基础的最高级，又是初等的最低级。其次，中等和高等之间还有一个重合，初中等的高水平考生很难得到八级证书，但是如果他们去参加高等考试，倒有可能获得九级证书。造成这个问题的原因是 HSK 等级分数划分得太细，比较容易造成决策的失误。第三个问题是，只有高等才考口语和作文，不能充分满足用户的要求。

为了解决这些问题，北京语言大学汉语水平考试中心经过长期的准备、详细的调查和精心的研制，于 2007 年 4 月正式推出 HSK［改进版］。HSK［改进版］最重要的成就在于，解决了原来的 HSK 等级分数重合的问题，其分数能够清楚地体现出初、中、高三个等级的区别。

HSK［改进版］的用途是：作为中国高等学校录取来华留学生的相关参考依据；为各类机构在招聘、晋升等过程中评价相关人员的汉语水平提供决策依据；作为汉语学习过程中评估汉语能力的可靠工具。

HSK［改进版］初级、中级、高级等三个级别的考试均含有主试卷、口语试卷、写作试卷。

HSK［改进版］的一个重要特点是，创新性地采用了很多融合型的题型，以体现分立式测评与综合式测评相结合的设计思路，更好地体现语言交际性的特点。例如中级主试卷的读后概述填空、听后选择配伍答案（八选五），高级主试卷的摘要式重述听后选择填空，以及中级口语的看图说话、中级写作的看图写作等，都是令人耳目一新的题型，后续的一些研究结果表明这些题型的信度和效度良好。

HSK［改进版］的另一个重要特点是，与原来的 HSK 相比，它的分数体系和分数解释更科学、更合理。HSK［改进版］不再采用若干个小级别的方式，而是以合格和优秀两档来划分，划分依据考生的正态化 Z 分数来进行。HSK［改进版］的报道分数采用以正态化标准分数（Z 分数）为基础的导出分数形式，分数的转换过程为：原始分数→等值→百分位等级→正态 Z 分数→导出分数

（改进版 HSK 分数）。听力理解、综合阅读以及总分都是以 500（初级）、1500（中级）、2500（高级）为平均分，125 为标准差的导出分数，其中总分的正态 Z 分数通过单项正态 Z 分数加和求平均得到，导出分数的范围分别为 0—1000 分（初级）、1000—2000 分（中级）、2000—3000 分（高级）。

经过检验，HSK［改进版］的信度和效度均达到了较高的水平，保持了原 HSK 的质量优势。遗憾的是，由于形势的发展和一些特殊的原因，HSK［改进版］并未得到大规模的宣传和广泛的推行，未能在汉语作为第二语言的教学和考试领域发挥其应有的作用。

三　实用汉语水平认定考试（C. TEST）

实用汉语水平认定考试（C. TEST）是北京语言大学根据用户的需求专门设计开发的一个新的汉语考试，于 2006 年正式推出。C. TEST 最初有两种不同水平的试卷，即 C. TEST（A—D）和 C. TEST（E—F），前者为中高级，后者为初级，两种试卷涵盖了从高到低（A、B、C、D、E、F）共六个等级。2011 年，北京语言大学应日本用户的邀请，研制出 C. TEST（G）的考试，并于 2012 年推向市场。C. TEST（G）主要用于比 F 级水平更低的汉语入门级学习者。

C. TEST 的用途是测试母语非汉语人士在国际环境下社会生活以及日常工作中的汉语实际运用能力。它的主要目的是考查应试者在商务、贸易、文化、教育等国际交流环境中使用汉语的熟练程度，对应试者的汉语实际应用能力给予权威的认定。

C. TEST 的主要特点是，它是第一个（目前也是唯一一个）专门考查社会生活及日常工作中汉语实际运用能力的实用型对外汉语考试。如果说老版和改进版的 HSK 相当于汉语的“托福”（TOEFL），那么 C. TEST 就相当于汉语的“托业”（TOEIC）。

C. TEST 的另一个特点是它在成绩报告单和证书上面的创新。C. TEST 的个人成绩报告单提供了更多有用的信息，比如应试者本人选择的答案、标准答案以及每个题目的答对率。C.TEST 的证书不仅提供了应试者获得的分数和证书级别，还为考生的实际汉语水平提供了诊断性的评价，这将有助于应试者准确认定自己的汉语实际水平。

C. TEST 的题型也有不少亮点，比如 A—D 级听力理解的看图回答问题，要求考生一边看图表、一边听录音，然后根据问题选择正确答案。只有既看懂了图表、又听懂了录音，才能正确回答问题，只看不听或者只听不看都是不行的。

受考试设计初衷的影响，C. TEST 的题目无法进行预测。在没有预测、不能筛选题目的条件下，C. TEST 的题目合格率（区分度达标的题目在全部试题中所占比例）能够达到 90% 左右，这不能不说明命题人员所具有的技术实力。

四　C. TEST 口语面试

C. TEST 口语面试于 2007 年正式推向市场。C. TEST 口语面试是国内唯一一个专门测量母语非汉语者的汉语口语水平的面试型口语考试。它的用途是：对应试者在商务、贸易、文化、教育等国际交流环境中的汉语口语交际能力做出科学和权威的评价。考试的结果将为用人单位在人员招聘、选拔、晋升等决策过程中评价相关人员的汉语口语交际能力提供参考依据。

在 2012 年之前，C. TEST 口语面试以现场面试为主要形式，由两位面试官同时对一名应试者进行考查与评价。2012 年起，主要以在线远程面试（网络面试）为主，由一名面试官对一名应试者主持面试并实时评分，由另外一名面试官根据面试录像进行复评。

C. TEST 口语面试不设立分等级的独立的考试，所有应试者均统一报名参加同一考试。C.TEST 口语面试分数等级与客观卷证书等级相挂钩，从高到低包括 A—F 等六个等级。比 A 级水平更高的考生将获得“专业级”证书，这意味着该考生的汉语口语达到了接近母语者的水平。

C. TEST 口语面试的考试程序和评分过程做到了标准化。每位应试者将参加 10—15 分钟的考试，考试过程分为热身、反复评估、结束等阶段，其中反复评估阶段又包括估计、摸底、定位、探顶等环节。

除了标准化，C. TEST 口语面试还具有实用性（考试内容实用，场景真实、自然）、交际性（面对面双向互动交流）、科学性（考试组织科学合理、面试官培训严格有效、评估过程科学严谨、考试过程和结果严格监控）等特点。

最近，北京语言大学开发了汉语口语面试官培训慕课（MOOC）体系，这为面试官的远程培训，尤其是本土面试官的培训提供了强有力的支持，为面试官队伍和考试规模的扩大创造了条件。

五　汉语综合统一考试

该项考试的全称是“中国政府奖学金本科来华留学生预科教育结业考试汉语综合统一考试”，它由国家留学基金管理委员会委托北京语言大学汉语考试与教育测量研究所（简称“汉考所”）研制、开发。汉语综合统一考试是中国政府奖学金本科来华留学生预科教育结业统一考试（简称“预科结业统考”）的一部分（预科结业统考除包括汉语综合统一考试之外，还包括数学、物理、化学的学科考试）。汉考所 2013 年开始接受研制、开发预科结业统考的任务，并于当年 7 月首次试考。从 2014 年起，汉语综合统一考试每年在国内的预科教育院校举行，并很快成为衡量中国政府奖学金本科来华留学生预科教育结业水平的唯一标准。

汉语综合统一考试主要考查学生的听力、阅读和写作能力，依据学生的专业分为文科类、经贸类、理工类、医学类四个版本。

汉语综合统一考试是集基础汉语和专业汉语为一体的考试，它具备普通语言水平测试（例如 HSK）和专门用途语言测试的双重性质。基础汉语考试部分以语言能力为考查核心，兼顾语言知识的考查，实现了对语言能力的全面测评。专业汉语考试部分测试来华预科留学生运用汉语获取专业知识的能力，而非专业知识本身。在测评方式上，汉语综合统一考试采取分立式与综合式相结合的理念，体现了考查内容的互动和互测原则。

汉语综合统一考试最大的特点是它的试卷结构。考试试卷由听力理解、综合阅读和书面表达三大部分构成，全卷包含 12 种题型，121 道题目，其中基础汉语 81 题，专业汉语 40 题。不同专业试卷的基础汉语 81 题相同，专业汉语 40 题各不相同。该设计模式可以在一份试卷中实现对考生的日常交际能力、基础语言知识、专业领域的语言运用能力的全面测评。同时，还可以通过四个版本中共同的 81 道题目，实现对不同专业考生汉语水平的比较，为教师和教学单位提供教学参考。

汉语综合统一考试的分数体系也有自己的特点。为了使不同专业考生之间的成绩可以相互比较，更好地了解考生在考试群体中的相对位置，试卷中基础汉语和专业汉语两部分均采用以正态化标准分数（Z 分数）为基础的导出分进行分数报道。首先，分别计算出考生基础汉语和各专业汉语原始分数的百分位等级。然后，根据百分位等级和正态化标准分数转换表进行正态化转换，计算出每位考生基础汉语和专业汉语的正态化 Z 分数。基础汉语按 Y=80+15Z 进行线性转换，专业汉语按 Y=35+10Z 进行线性转换，从而得到每位考生基础汉语和专业汉语的导出分。其中，基础汉语导出分满分为 100 分，专业汉语的导出分满分为 50 分。最终的导出总分为基础汉语导出分与专业汉语导出分之和，即全卷分数满分为 150 分。汉语综合统一考试的分数处理方式使得学习不同专业汉语的考生所得的分数之间具有了可比性。

由于考试用途的限定，汉语综合统一考试的题目都没有经过预测，又需要同时考查基础汉语和专业汉语两部分，题目数量、考试时长都很有限，在这样严苛的条件下，考试的信度、效度、区分度以及试题质量合格率一直稳定地达到了相当高的水平。假以时日，这个高质量的考试有望发挥更大的作用。

六　汉语口语考试（SCT）

汉语口语考试（Spoken Chinese Test，SCT）由北京大学和美国培生公司（Pearson）协作开发，旨在运用自动信息处理技术来测量非母语者的汉语口语水平。

SCT 最大的特点就是考试方便灵活、系统自动评分。该考试运用自动信息处理技术，使考生能够在任何时间、任何地点，通过电话或计算机参加考试，考试结束后系统自动评分，考生可以立刻得到成绩。

SCT 每次考试的总时长为 25 分钟，有 8 个题型，共 80 道题目。考试结束之后，系统生成一个总分和语法、词汇、流利度、发音、声调五个诊断子分数。

相关的研究表明，SCT 能有效预测考生的口语能力，是可靠、有效的口语考试。

上述几种汉语作为第二语言的考试，除了汉语综合统一考试外，其他五种考试都是典型的语言水平考试。这几种水平考试特别是汉语水平考试（HSK），取得了很大的成功，代表了当今汉语作为第二语言考试的最高学术水平。这些考试之所以得到学术界和用户的认可和好评，在国内外产生广泛和深远的影响，原因很多，但最重要的一个原因就是：考试的设计者和研发者在整个研发过程中始终把科学性作为水平考试研发的核心“价值观”去坚持，把高信度、高效度作为始终如一的追求目标。这几种水平考试的成功研发，为汉语作为第二语言的测试的研究提供了丰富的经验。随着对外汉语教学事业的发展，汉语作为第二语言的测试的研究将会日趋深入，新的、可靠而有效的汉语作为第二语言的测验亦将会不断诞生。

我们需要注意的是，语言水平考试不能为了达到尽快扩大考试生源等功利性的目的，一味扩大考试规模，而忽视对语言水平考试的科学性的追求。例如，随意降低考试的难度水平或任由不同测验版本的题目难度大幅度浮动而缺乏科学、有效的难度控制，致使考试信度、效度难以保证。在各种用途的语言考试中，水平考试最讲求的就是科学性或者说是学术性，所谓科学性是要体现在考试研发的整个过程中的，但最重要的是在考试研发的设计理念上把科学性放在第一位，如果从设计之初就不把科学性当回事，这样的“水平考试”意义不大，也很难得到广泛认可。

关于语言水平考试，目前还有一个提法就是所谓的“考教结合”“以考促教”。我们认为，这是对“水平考试”的本质缺乏正确认识。水平考试与成绩考试的一个明显区别是，水平考试的测试内容不以特定的教学大纲、教学课程或教学方法为依据。它是在特定的语言理论指导下开发的旨在考查学习者现有的实际运用语言的能力的考试，为了可靠地、有效地、客观地而且公平地考查被试的现有的真实语言水平，它根本不应该也无法以任何教学大纲、任何教材以及任何教学方法和教学手段为依据，那么它怎么可能“考教结合”呢？或者换个角度说，如果一个考试是“考教结合”的，那这个考试就根本不是水平考试。“考教结合”如果是针对成绩考试来说倒是恰当的，因为成绩考试必须以教学机构所规定的学习者需要掌握的教学大纲内容、教材内容或教程内容为依据，它强调目标、教学、测量的完全一致性。如果在推行水平考试时要“考教结合”，就如同是说“我开发一个水平考试，目的是想准确测量你的水平，但是为了你能考出好成绩，我还得教给你怎么考好我要考的内容”，这在逻辑上是有问题的。

思考和练习

1. 北京语言学院（现北京语言大学）开发的汉语水平考试（HSK）的科学性主要体现在哪些方面？

2. HSK［改进版］的分数体系和分数解释有什么特点？

3. C. TEST 与 HSK 在测试目的和用途上有何不同？

4. 为什么说 C. TEST 口语面试是一种标准化考试？

5. 为什么“考教结合”的做法不适于语言水平考试？

主要参考文献

北京语言文化大学汉语水平考试中心《汉语水平考试研究文集》，经济科学出版社，2000。

高兰生、陈辉岳《英语测试论》，广西教育出版社，1996。

桂诗春、宁春岩《语言学方法论》，外语教学与研究出版社，1997。

柯惠新、黄京华、沈浩《调查研究中的统计分析法》，北京广播学院出版社，1992。

李筱菊《语言测试科学与艺术》，湖南教育出版社，1997。

刘秋芳《英语口语测试与教学》，上海外语教育出版社，1999。

盛炎《语言教学原理》，重庆出版社，1990。

王权《现代因素分析》，杭州大学出版社，1993。

叶佩华、陈百一、万梅亭、郝德元《教育统计学》，人民教育出版社，1982。

张厚粲主编《心理与教育统计学》，北京师范大学出版社，1988。

张凯《标准参照测验理论研究》，北京语言文化大学出版社，2002。

张凯《语言测验理论与实践》，北京语言文化大学出版社，2002。

张凯主编《语言测试概论》，商务印书馆，2013。

张凯《语言测试概论：几个问题》，北京语言大学出版社，2016。

赵琪凤《构想效度研究》，北京语言大学出版社，2016。

郑日昌等《考试的教育测量学基础》，高等教育出版社，1990。

Alderson, J. C.,Clapham, C. & Wall, D., *Language Test Construction and Evaluation,* Cambridge University Press,1995.

Alderson,J.C. & North, B., eds., *Language Testing in 1990s: The Communicative Lagecy*, Modern English Publications and the British Council,1991.

Anastasi, A. & Urbina, S., *Psychological Testing* (Seventh Edition), Prentice-Hall, Inc.,1997.

Bachman,L.F., *Fundamental Considerations in Language Testing*, Oxford University Press,1990.

Bachman, L. F. & Palmer, A. S., *Language Testing in Practice*, 1996, 上海外语教育出版社，1999。

Baker,D., *Language Testing*,Edward Arnold,1989.

Barnwell, D. P., *A History of Foreign Language Testing in the United States*, Bilingual Press, Arizona,1996.

Carroll,B.J., *Testing Communicative Performance*,Pergamon Press,1980.

Davies, A., *Principles of Language Testing*,Basil Blackwell,1990.

Davies, A., etc., *Dictionary of Language Testing*, University of Cambridge Local

Examination Syndicate,1999.

Frederic M. Lord & Melvin R. Novick, *Statistical Theories of Mental Test Scores*, Addison-Wesley Publishing Company, Inc, 1968. 中译本：M. 罗德、R. 诺维克《心理测验分数的统计理论》，叶佩华主译，曾桂兴等副主译，福建教育出版社，1992。

Heaton,J.B., *Writing English Language Tests*, Longman,1975.

Henning, G., *A Guide to Language Testing*,Newbury House, 1987.

Holland, P. W. & Rubin, D. B., eds., *Test Equating*, Academic Press, 1982.

Hughes, A., *Testing for Language Teachers*, Cambridge University Press,1989.

Lado, R., *Language Testing: The Construction and Use of Foreign Language Tests*,Longman,1961.

Long, J. S., *Confirmatory Factor Analysis,* Sage Publications, Inc.,1983.

Lweis R. Aiken《心理测验与考试——能力和行为表现的测量》，张厚粲译，中国轻工业出版社，2002。

Lynch, B. K., *Language Program Evaluation: Theory and Practice*, Cambridge University Press,1996.

Mc Namara,T., *Measuring Second Language Performance*,Longman,1996.

Oller,J.W.,Jr., *Language Test at School,Longman*, 1979.

Oller,J.W.,Jr., ed., *Issues in Language Testing Research*, Newbury House, 1983.

Spolsky, B., *Measured Words*,Oxford University Press, 1995.

Wood, Robert, *Assessment and Testing: A Survey of Research*, 1993, 外语教学与研究出版社，2001。

Woods, Anthony, Fletcher, Paul & Hughes, Anthur《语言研究中的统计方法》（*Statistics in Language Studies*），陈小荷等译，北京语言文化大学出版社，2000。

第八章　汉语本体研究与对外汉语教学

语言教学最为基本的问题是要解决教什么的问题。具体到对外汉语教学来说，深刻认识和熟练掌握汉语的语音、词汇和语法这三大要素以及作为汉语独特的书写符号——汉字的内在系统及其特点，是对外汉语教师所应必备的本领。本章将围绕汉语语音、词汇、语法以及汉字的内在系统和特点进行简要介绍，并分别讨论它们的教学问题。

第一节　汉语语音与语音教学

语音是语言的物质外壳，是各个语言系统最外在也最敏感的形式特征所在。语音教学是第二语言教学的基础，是培养学生听、说、读、写技能和社会交际能力的首要前提。汉语语音教学的目的是让学习者掌握汉语语音的基础知识和普通话正确、流利的发音，为用日常口语进行交际打下良好的基础。从对外汉语教学的角度说，汉语教师应当具备四方面的语音基本功：准确的发音、辨音和正音能力；熟练掌握《汉语拼音方案》；掌握并探求语音教学方法；掌握语音学（包括汉语普通话、普通语音学和比较语音学等）的基础理论知识。

20 世纪 80 年代，对外汉语教学的语音研究和语音教学研究取得了一定的成果，人们对汉语语音理论和语音教学规律的探索，不断从宏观走向微观，从定性走向定量，从经验走向实验，为进一步的理论和实践研究打下了很好的基础。遗憾的是，20 世纪 90 年代中后期以后，汉语语音研究和语音教学都有明显的滑坡趋势，但随着实验语音学的理论方法在对外汉语教学领域的运用，汉语语音研究（特别是语音感知研究）和语音教学研究展现出新的生机。

一　语音系统与语音变化

（一）语音学的几个基本概念

语音是由人的发音器官发出来的具有一定意义的声音。语音是语言的物质外壳，语言要通过语音来传递信息、表达情意进行社会交际活动。语音具有物理的、生理的和社会的三重属性。下面我们来简要了解一下普通语音学的几个最基本概念。

发音部位。发音时气流在发音器官受到阻碍的那一部分称作发音部位，阻碍气流的主要部分称作收紧点和阻碍点。例如：[p] 的发音部位是双唇，[f] 的发音部位是唇和齿。

发音方法。发音时发音器官用什么样的方式来阻碍气流通道以及发音的动作过程。它体现在四个方面：口腔内收紧点的收缩程度和对气流的控制方式，气流的延长和强弱，带音（浊音）和不带音（清音）等。例如：发 [p‘] 时要送气，发 [p] 时不要送气。

音素。从音色的角度划分出来的最小的语音单位。如汉语里的 a、o、i 是不同的音素。各种语言的语音系统大都是由十几个或几十个不同的音素组成的。音素可以分为元音和辅音两大类。

元音。由声带颤动而产生的乐音。如 a、e、u 等。

辅音。声腔中的气流通路受到阻碍时所发出的噪音。如 b、d、g、r 等。

声调。由声带颤动的快慢所造成的音高。声带颤动越快，音调越高，也就是频率的数目越大。如“妈”比“马”的音调要高一倍。

音节。由音素构成的在听觉上最容易分辨出来的语音单位。如汉语普通话中的“我去学校”就是四个音节。

（二）现代汉语的语音系统

简单地说，在现代汉语中，声母和韵母按一定的方式组合起来就构成音节。与世界上许多语言不同的是，汉语的音节有高低升降的变化，这就是声调。下面我们来细致地观察一下汉语的音节系统。

1. 声母

声母是汉语音节中开头部分的辅音。汉语普通话的基本音节中，共有 21 个辅音声母，它们是：b、p、m、f、d、t、n、l、g、k、h、j、q、x、zh、ch、sh、r、z、c、s。汉语普通话中也有少量的音节没有声母，但为了音节系统的整齐和音节界限的分明，我们用 y 或 w 来表示部分零声母音节。如：移（yí）、王（wáng）等。

我们可以根据发音部位和发音方法把汉语的声母分成七类，这对于掌握汉语的辅音声母是非常重要的。

发音部位	发音方法	声　母	例字
双唇音	上唇和下唇形成阻碍	b、p、m	把、跑、每
唇齿音	上齿和下唇形成阻碍	f	飞
舌尖前音	舌尖和上齿背形成阻碍	z、c、s	做、才、四
舌尖中音	舌尖和上齿龈形成阻碍	d、t、n、l	到、他、年、了
舌尖后音	舌尖和硬腭前部形成阻碍	zh、ch、sh、r	这、出、上、日
舌面音	舌面前部和硬腭中部形成阻碍	j、q、x	就、去、西
舌根音	舌面后部和软腭形成阻碍	g、k、h	个、可、换

2. 韵母

韵母是汉语普通话音节中声母后面的部分。普通话里有 38 个韵母，主要由元音构成，少数元音里包含 n 和 ng 这两个鼻辅音。根据韵母的构成成分，可以把韵母分为三类：

单元音韵母（9 个）：由一个元音构成的韵母，也叫单韵母。它们是舌面元音 a、o、e、i、u、ü，舌尖前元音 -i，舌尖后元音 -i，儿韵母 er。

复元音韵母（13 个）：由两个或三个元音构成的韵母，也叫复韵母。具体又可分成：

二合前响复韵母：ai、ei、ao、ou。

二合后响复韵母：ia、ie、ua、uo、üa。

三合中响复韵母：iao、iou、uai、uei。

带鼻音韵母（16个）：由元音和鼻辅音构成的韵母，也叫鼻韵母。其中：

以n为韵尾的是前鼻音韵母。它们是：an、ian、uan、üan、en、in、uen、ün。

以ng为韵尾的是后鼻音韵母。它们是：ang、iang、uang、eng、ing、ueng、ong、iong。

3. 声调

声调指整个音节高低升降的变化。汉语普通话的声调有四种基本调值，通常用五度标记法来表示，它们可以归并为四个调类。汉语普通话的声调知识可简要列成下表：

调类	调值	调型	调号	例字
阴平	55	高平	ˉ	妈 mā
阳平	35	中升	ˊ	麻 má
上声	214	降升	ˇ	马 mǎ
去声	51	全降	ˋ	骂 mà

声调在汉语普通话音节中，与声母、韵母是相互依存、紧密结合的。声调由于具有区别意义的作用而占有极为重要的地位，它也是汉语语音教学最为重要和基础的一个环节。

4. 汉语普通话音节结构的特点

概括地说，汉语普通话音节有如下几个特征：（1）音节结构比较简单，最复杂的音节也只有四个成分，如“床（chuáng）”；（2）元音在音节中占优势，一个元音可以自成音节，如“啊（ǎ）”；（3）汉语的音节可以没有辅音，在一个音节中没有两个辅音相连的情况；（4）音节中可以没有声母、韵头和韵尾，却一定要有韵腹；（5）做韵头的只有高元音 i、u、ü，只有 n 和 ng 这两个辅音可以做韵尾成分；（6）声母和韵母之间有一定的相互选择的组配关系，因而音节数量有限。《现代汉语词典》共收音节 418 个，其中还包括一些特殊音节和口语或方言词中所用的音节。这 400 多个“声韵组合”的音节，加上四声的区别，总共也只有 1200 个左右。这些声音便构成了汉语普通话全部语素的语音外壳，反映在文字上，一个音节写出来就是一个汉字，如果一个音节写成了两个汉字，那便是儿化词。把握汉语音节结构的这些特点，对于进行汉语和外语语音系统的比较十分重要。

（三）汉语普通话的语音变化

我们知道，同一个音节，在连续发音（语流）的情况下，或多或少会有一些与单说时不同的地方，有的音改变了原有的发音部位，有的音改变了原有的发音方法，有的甚至声、韵、调全变了。这种现象叫连读音变（语流音变）。人们在连续发音的情况下，发音器官的前后动作要相互适应、相互协调，因而使相互关联的音节产生语音变化。普通话中最典型的语流音变包括连读变调、轻声、儿化等。让学习者掌握汉语语音变化的规律，是汉语语音教学的基本任务。

1. 连读变调

汉语是有声调的语言，每个音节都有固定的声调模式，但是在语流中，一些单字的声调会发生变化，这是连读变调。汉语的连读变调有两类：一类是一个词（或二字组合）内部可变可不变的变调（如可轻声），以及各个词和词组之间的变调，这种情况下不变也无妨，只是听起来不太自然，或对语气有些影响而已；另一类是一个词（或二字组合）内部必然的变调，如不变调就影响了词义，比如“大意”和“大·意”，或者听起来很不自然，比如当两个去声音节相连时，第一个去声就要变调，比如“看戏”的“看”，如按本调 51 念就非常别扭，只能念成 53 才行。

汉语的连读变调是普遍存在的一种语音现象，“一、七、八、不”的变调、三声变调、四声变调等，其中的规律都值得我们深入研究。外国人学习汉语普通话的语音，普遍感到最困难的是声调，而四个声调中最难掌握的又是第三声。这是因为，在语流中，第三声在多数情况下都要发生变调，或变半三声，或变第二声，似乎念本调的机会不太多。就拿四个三声连读变调来说，“展览馆”“跑百米”“我也有”“甲乙丙”，它们的变调模式各不相同。

汉语的连读变调基本上是以二字连读变调为主，三字连读是以单字和二字连读调型的结合为基础的，但有时也有自己的规律，成为三音节调型模式。单字、二字组、三字组的音调模式相互搭配，再加上轻声和一些变化，便成为汉语语调的基本单元。

2. 轻声

轻声是在汉语普通话语流中出现频率较高的一种特殊语音现象。当我们把普通话音节连起来读或说的时候，其中的一些声母、韵母和声调就会因连读而发生各种各样的变化，有的音节在变化中失去原来的声调而改变了调型，同时变得又短又轻。我们把这种失去原来的调型、变得又短又轻的声调叫作轻声，把读轻声的字叫作轻声字。《汉语拼音方案》规定，轻声字在用汉语拼音字母拼写时不标调号。如：“头”，本是第二声，拼作 tóu，但在“舌头”中却变成了轻声，用汉语拼音拼写时写作 shétou。

轻声的最大特点是轻而短，并表现出明显的依附性，即一般是依随在其他音节后面的音节才有可能读轻声。如“爷爷（yéye）”“好不好（hǎo bu hao）”“进来吧（jìnlai ba）”。单独的轻声音节是不存在的。在现代汉语里，有些词的轻声具有辨别词义或区分词性的作用。如“东西（dōngxī）—东·西（dōngxi）”，轻声辨别了词义；“买卖（mǎimài）—买·卖（mǎimai）”，轻声区别了词性。1987 年版的《现代汉语词典》中，轻声条目有 2561 条。可见轻声是十分重要的一种语音变化现象。当然，轻声也分有规律和无规律两类情形，需要我们认真研究并在教学中加以应用。

3. 儿化

汉语普通话里，儿韵母 er 常常用在其他音节的后面，使这个音节的韵母变为卷舌韵母，并与原音节中的声母结合成一个音节，如“hái(孩)+er(儿)—háir（孩儿）”。普通话语音中韵母的这种变化叫韵母“儿化”。韵母儿化的音节在用汉字书写时，一般用两个汉字来表示。可是在用汉语拼音字母拼写时，只需要在原来的音节之后加上表示卷舌作用的“r”就行了。如“花儿（huār）”“门儿（ménr）”。

对于学习汉语的外国人来说，正确掌握韵母儿化的发音是非常重要的。因为儿化韵母是一个极为典型的形态音位，它具有区别词性、词义和表示感情色彩的作用。如“画—画儿”和“盖—盖儿”是区别词性的，“头—头儿”和“笑话—笑话儿”是区别词义的，“小球儿”“门缝儿”“小狗儿”“慢慢儿”等表示说话者不同的感情色彩。

连读变调、轻声和儿化，是汉语语音的主要音变方式。对这些音变规律的认识和把握，是进一步掌握汉语语调模式的重要基础。

二　《汉语拼音方案》与正词法

（一）汉语记音的工具——《汉语拼音方案》

由于汉语的书写符号是汉字，而汉字本身不是表音文字，没有直接表音的功能，因而在学习汉语时，我们总要借助于某种记音符号来给汉字标音。现在较为通行的记音符号有三种，即《汉语拼音方案》、注音字母（注音符号）和国际音标。从 1958 年起，《汉语拼音方案》便在全国小学进行教学，高年级补学。同时在推广普通话、对国内少数民族和对外国人进行汉语教学时，都采用它作为注音学习的工具。

《汉语拼音方案》由字母表、声母表、韵母表、声调符号、隔音符号五部分组成，它的主要用途是：在字典、词典中给汉字注音；用于推广普通话和幼儿园、小学的注音识字；用来作为各少数民族语言创造和改革文字的共同基础；用来编索引、电报、旗语、产品代号；用于翻译中国的人名、地名和科技术语，联合国规定，外文中的中国人名、地名一律用汉语拼音；用来编制汉语汉字信息处理的程序符号。

（二）《汉语拼音方案》的优点与不足

自《汉语拼音方案》公布以来，中国大陆的对外汉语教学一直采用该方案作为汉语语音教学的工具，汉语教材、工具书和其他有关读物也普遍用它来标注语音。实践证明，《汉语拼音方案》采用拉丁字母，有结构简单、方便有效、易学易记的优点。对于母语使用拉丁字母的学习者来说，无疑是一个有利的条件，也发挥着积极的正面作用。

但是，从外国人学习汉语的角度来看，方案中的某些设计和规定，在教学操作中也存在一些不太合用的地方。这是因为方案设计考虑的主要是以汉语作为母语的中国人使用的情况，而不是考虑外国留学生的使用情况。利用《汉语拼音方案》教汉语语音，多少会受到学生母语拉丁字母读音的干扰。比如，用表示清、浊对立的符号来记录汉语的送气、不送气音，这容易使英语国家的学生在拼读音节时将浊音与汉语的不送气音 b、d、g 等同起来。再比如，把 iou 省略为 iu，也很容易让外国学生把 iu 看成与 ia、ie 相同的二合元音韵母。

由于绝大多数外国学生都有使用拼音文字的传统和习惯，因而在对外汉语语音教学中如何更好地发挥《汉语拼音方案》的积极作用，扬长避短，减少和克服它给教学带来的不利影响，这是对外汉语语音教学需要认真研究的一个实际问题。

（三）汉语拼音正词法

1988 年，经中国国家语言文字工作委员会和国家教育委员会批准，正式公布了《汉语拼音正词法基本规则》。这就给对外汉语教材及各种读物注音的规范化、标准化提出了明确的要求，创造了有利的条件，也为这一领域汉语拼写的统一工作提供了理论遵循。如何在对外汉语教学领域推行《汉语拼音正词法基本规则》，同时研究解决在应用这一基本规则时所遇到的各种理论和实际问题，特别是分词连写问题，是对外汉语教学界需要认真做好的一项基础工作。为此，对外汉语教学界要研究制定在本领域推行《汉语拼音正词法基本规则》的实施细则。一方面，要遵循正词法的制定原则，尽量使习惯的拼写法统一到正词法上来；另一方面，对正词法允许灵活处理或者不易掌握的规则，需要从对外汉语教学的实际出发，做出选择和补充。

三　汉语的韵律特征

由于汉语音节构成的特殊性及其悠久的韵文传统，形成了汉语特有的韵律特征。这种韵律特征在一定程度上影响和制约着汉语口语和书面语表达的准确性、流利性和典雅性，在对外汉语教学，特别是中高级汉语教学中，韵律特征教学占有基础地位，值得我们高度重视。

（一）汉语韵律特征的构成

汉语是非常讲求韵律的语言，主要由以下几方面因素构成：第一，汉语是有声调的语言，每一个音节都有一个确定的调型和调值，音节与音节之间就会形成调型和调值的差异；第二，由于音节声调调值的不同，会形成平仄格律模式的差异，这在汉语的诗词曲赋等韵文中有特别的作用；第三，一个词（音节）一旦进入具体的话语组织层面，就会出现轻重音的对比，这种轻重音节的差异往往又与语义、情感等因素相关联，因而是必须要掌握的韵律特征；第四，现代汉语的词一般是双音节的，但也有单音节、多音节（三音节及以上）的，这种单、双音节的词在言语中交替组合，就会形成不同的音节组合模式，有人称之为“音步”。总之，汉语的韵律特征是汉语语音类型特征的重要体现，也是我们观察汉语学习者语感培养水平的一个重要侧面。过去，汉语语音教学对韵律特征应当说重视不够，这很不利于外国学生对汉语语音系统的整体把握，这种状况应当得到改变。

（二）汉语韵律特征的感知

对汉语母语者，特别是语感比较好的母语者而言，无论是口语还是书面语的表达，都会有很好的韵律表现。但是，对汉语第二语言学习者来说，由于各自母语的韵律特征同汉语的韵律特征不同，加之处于汉语学习的初始阶段，他们基本上还没有汉语的语感，对汉语的韵律特征不甚了解。因此，了解外国学习者对汉语韵律特征的基本意识，培养他们对汉语韵律特征良好的感知能力，也就成为汉语语音教学的重要任务之一。

对外国学习者汉语韵律特征感知能力的培养，要特别关注以下几个方面：一是汉语相近、相关音素（元音、辅音）之间的细微差异的辨别；二是汉语基本音节组合模式（音步）在表达中的适应性与变化性；三是汉语平仄格律对韵文的影响。要对外国学习者进行大量的汉语韵律特征的感知实验，了解他们在不同阶段对汉语韵律特征的感知意识、感知能力和感知水平，从而确立对他们进行汉语韵律特征教学的基本策略。这方面的研究已经取得一定的可资借鉴的成果。

（三）汉语韵律特征对汉语词汇和语法的影响

汉语是非常讲求韵律的语言，因此在语言表达中，韵律特征的和谐与否，就成为评判一个人语言表达能力高下的重要标准。这主要表现在以下两个方面：

第一，词汇韵律的选择性。汉语中往往存在着一个概念可以有几个不同的词语来表达的形式，比如“电脑”和“计算机”，同样一个意思，一个是双音节词，一个是三音节词，从韵律的角度说，就有一个选择哪个词更适合当前表达需要的问题。当然，汉语中更多的是单双音节对立的词，如“爱—热爱”“想—想念”“花—鲜花”等，这种单双音节的不同，在表达上有时候差异很大，从而影响表达的流利性和准确性。

第二，句法组合的韵律合法性。由于汉语的词天然地存在单音节、双音节、多音节的差别，还有基本音步的制约，因此汉语词语在进行句法组合时，就必然存在词语组合的韵律合法性问题：有的音节和音节的组合是不合汉语韵律要求的，至少是不好的。比如“煤炭厂（煤炭＋厂）”就不如“煤厂（煤＋厂）”合法。近10多年来，一批学者开展了汉语韵律句法学研究，描写了大量的汉语音节组合的合法和不合法的现象，并从韵律句法学的角度做出了理论解释。这些成果，将有助于开展对外国学习者汉语韵律特征的教学。

（四）汉语韵律特征的教学

对外国学习者开展汉语韵律特征教学，主要应当从以下两方面入手：

第一，在教学中展示汉语韵律特征所表现出来的种种现象，也就是大量的韵律特征对立现象的反复刺激，让学习者切实感知这种现象的独特性和价值，从而培养他们对汉语韵律特征的感知能力。比如，有针对性地展示汉语单双音节同义词的对立，让他们感受其中的表达差异。

第二，在教学中要给出足够的实例，细致分析汉语不同的韵律特征在表达上所能造成的正误或好坏。比如同为“1+2”的韵律模式，“纸老虎”是对的、好的表达，而“* 鞋商店”则是错的、不好的表达。在现代汉语中，“* 我今天买和看了一本书”是不合法的表达，最好说成“我今天买了也看了一本书”，如此等等。

四　“洋腔洋调”的表现形式及其产生原因

（一）“洋腔洋调”的表现形式

“洋腔洋调”指外国人在用汉语进行口头表达的过程中出现的各种各样的语音语调形态甚至错误。语音、语调和语义是三位一体的和谐统一体，其中任一部分产生偏差，都会出现“洋腔洋调”。外国成年人学习汉语时的“洋腔洋调”是一种普遍的中介语现象，它表现在外国学习者汉语口语表达的单字音节、语流音变、语调模式和音义配合关系等各个层面。我们应以正确的观念和心态对待“洋腔洋调”，正确地加以利用或引导，从而改进学习者的口头表达面貌。

1. 单字音节层面

外国学习者的“洋腔洋调”在声调、声母和韵母等方面都有表现，具体有如下形式：一是错读汉语的音节成另一个音。比如，由于字母和字形的影响，外国学习者很容易把汉语的清音 b、d、g 念成浊音。二是用自己母语里相似的音来代替汉语的音素。比如，有些语言如英语的元音［i］和［iː］有长短松紧之分，以英语为母语的学习者就容易把汉语的[i]发成松元音。三是发音“过头”，也就是某一个音素的发音部位偏离或发音方法不当。比如，外国学生发汉语的圆唇元音时，开口度过大或过小，都会造成“洋腔洋调”。

2. 语流音变层面

如前所述，汉语的语流音变有连读变调、轻声、儿化等多种方式，每一种情形内部又有各自不同的表现，有些语流音变是有规律的，而有些又没有什么规律。这种复杂的情况对于外国学习者来说，掌握起来十分不易。例如，以英语为母语的学习者会把汉语的“很好”（hěn hǎo）发成英语的[hen haw]，其中的三声变调是他们的困难所在。再比如，以英语为母语的学习者常常把汉语“后重”词的重音移到第一个音节上，变为“重轻”或“重中”，如把 shítáng 念成 shítang。这些都是对语流音变把握不准所致。

3. 语调模式层面

由于普通话的声调进入语流以后，调型会发生变化；而普通话的语调模式是建立在声调基本不变的基础上的，尽管汉语的语调也有表示不同语气和感情的抑扬顿挫的变化。因此，把握不好声调和语调的关系，也会出现洋腔洋调。还是拿英语来说，由于英语是非声调语言，而汉语是声调语言，英语和汉语的语调模式不同，所以很多英美学习者在进入汉语语流学习后，以其母语的语调来代替汉语的声调，使声调错误急剧上升，并且语调也不对，具体表现在他们往往把句中的每个音节都发成中平调，在该增强音量的地方不增强，在该减弱音量的地方不减弱，因而使句子没有抑扬顿挫之感，再加上缺少汉语节拍的制约，所以说出来的话显得呆板、不自然。

4. 语调与语义的配置关系层面

语调和语义是对立统一的，人们说话时语调各部分的配合，主要是由语义信息来决定的，但是语调反过来也会影响语义。语调和语义的配置完全协调，才能准确地传情达意，达到交流思想的目的。而对外国学习者来说，要完全掌握这种配置关系（比如句调和句尾的变化、重音的移动、停顿的位置、语速的变化等）也是相当困难的。比如语法重音，中国人能自然而然学会的语法重音，外国人是最难掌握的。“想起来了”这句话，不同的重音表达完全不同的意思：“ˈ想起来了”表示回忆起某事，“想ˈ起来了”则表示要起床。这其中的音义关系如果把握不准，自然也会产生“洋腔洋调”。

（二）“洋腔洋调”产生的主要原因

对外汉语语音教学面对来自不同国家和地区的学习者，他们不仅母语各不相同，而且文化水平、知识素养、接受能力以及努力程度等更是千差万别，他们在汉语语音学习的过程中会遇到不同程度的困难，产生各种类型和层次的“洋腔洋调”。

总体来说，学习者母语语音系统的干扰和影响是产生“洋腔洋调”的最主要原因。如果我们把汉语语音与其他语言的语音加以系统比较就会发现，汉语语音的突出特点所在也往往是学习者“洋腔洋调”产生最为集中的地方。

每个民族的语言都有它自己的语音特征。一般说来，每个人只对自己母语里有区别意义的音位特别敏感并容易分辨、容易发出，而对本民族语言中没有的音位则很难发准。这就是语音的感知问题。在第二语言学习过程中，外国学习者会忽略或感知不到目的语某些音位中的一个或数个区别性特征，把目的语的音位与其母语的音位完全等同起来，并按照其母语音位的发音模式去发目的语的音位。这种用母语语音代替目的语语音的现象，便是“洋腔洋调”最直接的表现。例如，汉语中的送气音与不送气音的对立是具有区别意义的作用的，但这种对立在英语中则不能区别意义，英美学生常常把汉语的送气音发成不送气音。

同世界上的许多语言，特别是印欧语言比较起来，汉语的最大特点是它的声调。汉语作为声调语言，对母语是语调语言的学生来讲，是有特殊困难的。把汉语声调与其母语语调相混淆，是外国学习者“洋腔洋调”产生的最突出特征之一。我们知道，语调语言中的旋律音调模式是句子结构的一部分，而不是词的一部分；声调语言中的声调类型主要是词的结构的一部分，而不是句子结构的一部分。因此，语调语言的语调调型与每个词的调形并无直接的联系，而随着语调旋律的起落，词的调形也随之升降平曲。因为词本身只有调形而没有固定调型，在任何旋律中说到这些词时，只要重音不错，它们就能被听懂。而声调语言则不同。它的词有其固定的调型，如果放在不同的语句中说出，即使旋律和音阶有所变动，词调的基本走势还是保留的，这些调型在一般正常的谈话中，都保持其一定的模式来满足区别词义的功能。因此，即使认为汉语也有语调，那么这种语调也是不同于其他语言的语调的，它的旋律是由词调和连读变调的基本模式作为基本单元构成的。由于外国学生把握不住汉语声调与语调之间的关系，把握不住汉语语调与其母语语调之间的关系，便会产生“洋腔洋调”。

另外，学习者由于掌握目的语知识的不足，把所学的不充分的、有限的目的语知识，套用在新的语言现象上，结果也会产生一些“洋腔洋调”。例如把半三声变成全三声，把连续的几个三声一律读成全三声，就是对三声变调规则泛化使用而产生的结果。

五　语音教学的思路、原则与方法

（一）语音教学的基本思路

长期以来，由于汉语语音系统本身的复杂性和教学安排上的限制，人们对基础汉语教学阶段的语音教学，产生了两种不同的认识及价值取向，从而形成了两种不同的教学思路：“音素教学”和“语流教学”。

“音素教学”指语音训练从汉语单字的音素（声母、韵母）以及声调的单项训练开始，逐步过渡到词组、句子和会话练习。音素教学强调打好语音基本功，即从音素入手，教好一个个音素的发音后再教词、教句子。在教学实践上，一般都是在汉语教学刚刚开始时的长期班中安排一个相对集中的“语音阶段”，这一阶段大约 10 天到两周的时间。在语音教学阶段，一般是按照普通话语音系统的规律并根据音素和声调的难易，循序渐进地进行语音训练，使学生能够有一段专门的时间来基本掌握汉语的声母、韵母和声调，并熟悉《汉语拼音方案》。这样做的好处是能让学生较为系统地学习语音，集中力量打好语音基础。《汉语教科书》及其后的《基础汉语》《基础汉语课本》基本上都是这样安排的。音素教学的思路代表了20世纪50—60年代语音教学的指导思想，并且在很大程度上一直被沿用下来。

20世纪70年代，随着句型教学法理论的引入，人们提出了"语流教学"的思路。语流教学强调从会话入手，一开始就教句子，音素在会话练习中得到训练和纠正。语流教学不设相对集中的语音教学阶段，只是在开始时用很短的时间快速介绍《汉语拼音方案》，将所有的声母、韵母和声调先过一遍，然后再把语音教学与词汇、语法和课文教学结合起来，强调在语流中学习语音，细水长流地进行语音教学。《初级汉语课本》基本采用的是这一思路。语流教学的指导思想是，语音不可能在短短的一个阶段学会，而只能先让学习者有一个初步的全面了解。由于拼音采用拉丁字母，对大部分学习者来说并不陌生，初步弄清楚《汉语拼音方案》并不难，而要真正掌握汉语的声、韵、调系统则需要长期的艰苦练习，语音教学应当贯穿整个汉语教学的始终。应当承认，语音教学的最终目的是要让学生能够正确、自然、流畅地说话，形成长短不等的语流。因而，语流是至关重要的教学难点，而这恰恰又是我们语音教学的薄弱环节。当然，由于影响语流的因素要比影响音素的因素更难把握，语流教学也存在许多操作上的困难。

（二）语音教学的原则与方法

1. 语音教学的基本原则

汉语作为第二语言的语音教学，是一个非常复杂而又有一定系统性的教学过程。由于语音在语言系统中的基础地位，因此一般都需要对语音进行一定程度的专门教学，这已经为几十年的教学实践证明是行之有效的。围绕这一总的教学思路，我们认为，对外汉语语音教学应当遵循如下基本原则：

（1）音素教学与语流教学相结合。任何一个语言的语音系统，都有其内在的系统性。而音素教学强调对语音系统的基本训练，这是毋庸置疑的。但是，语音教学的目的并不仅仅是声、韵、调本身，而是要学会把音节连成准确、自然、流畅的语流，这就需要进行系统的语流训练。只有坚持音素训练与语流训练相结合，才能够既为学习者打下良好的语音基础，又能够让他们形成良好的语流表达能力。

（2）针对不同学习者的特点进行教学。对外汉语语音教学的对象主要是来自世界各地母语背景各异的成年人。这一特点决定了语音教学的针对性必须包括两个方面：一是要针对成年人语音学习的生理和心理特点，二是要针对学生的母语和汉语的不同特点，以这两点为基础进行教学设计。这就要求我们把汉语与学习者母语的语音系统进行充分的比较，找出两者之间的相似和相异之处，以便能够充分利用学习者母语的语音特点。我们也只有在充分比较的基础上，深刻认识外国学习者学习汉语语音的困难所在，才能在语音教学设计时有的放矢。

（3）不同的教学阶段与不同的教学目标相互适应。我们知道，在一定的教学单位里，过高的目标会使人丧失信心，过低的目标又使人得不到满足。因此，我们应根据不同的教学对象提出侧重点不同的教学要求，根据不同的教学阶段提出不同高度的教学要求。赵金铭（1985）提出简化音系教学的思想，就是这一原则的具体体现。

2. 语音教学的微技巧

在长期的汉语语音教学实践中，广大对外汉语教师摸索出了一整套的微技巧。下面，我们对这些教学微技巧做些简单的介绍。

（1）演示法：主要通过直观手段体现发音部位、发音方法。如使用形象的板书、借助实物、利用演示等。例如，教 p、t、k、q、c、ch 这些送气音时，可以在嘴前放一个小薄纸片，展现送气的效果。

（2）对比法：对学习者的母语与汉语语音系统中相近似的音素进行比较，或对汉语语音系统内的各个相关音素进行比较。比如，比较汉语的 h[x] 与英语的 [h]；比较汉语中的 z、c、s 和 zh、ch、sh。

（3）夸张法：把平时说话时的发音部位与发音方法适当夸张，造成清晰、形象的效果。例如，把轻声音节轻而短促的特征加以放大等。

（4）手势法：借助手势辅助展示口腔发音时的运动过程和状态是一个很有效的方法。

（5）拖音法：延长音程以导出新音是教舌尖元音 -i 的一种简易有效的办法。

（6）带音法：用一个已经学过的发音部位相近的音素带出一个新的音素。这是发音教学中用得最多的一种方法。比如，用 i 带发 ü，用 o 带发 e，用 sh 带发 r，等等。

（7）分辨法：通过听觉、视觉来甄别一个音素发音的正误。比如，不断成对地发 b[p] 音和 [b] 音，只要学生能够听辨出其中清浊的差异所在，一般是不难模仿准确的。

（8）固定法：突出容易模仿的一点，然后固定其发音部位的方法，可以收到一定的效果。比如发 o 这个音，先固定好 o 舌头在口腔内的形态，然后逐渐圆唇到合适的程度。

（9）模仿法：语音教学中最基本的方法，有直接模仿和自觉模仿两种形式。模仿法必须同其他方法配合使用，才能收到好的效果。

需要说明的是，这些微技巧并不是万能的，某些技巧或许只与某些特定的音素或语音特征相适应。随着计算机和多媒体技术的日渐成熟与普及，汉语语音教学手段的现代化已成为一个重要的问题。我们相信，在现代教育技术平台上，汉语语音教学手段必将会得到进一步的改进和提高。

3. 声调教学改革

声调是汉语语音教学的难点和重点所在。一方面，汉语是声调语言，不同于语调语言；另一方面，世界上有声调的语言也不少，如北欧的挪威语、瑞典语，非洲东部的班图语以及美洲的大部分印第安语等，但各种声调语言的性质并不相同。大多数声调语言的声调只限于高、中、低的差别。像汉语这样每个音节都有固定的声调，不但有高低之分，而且有升降曲折之别的的确很少见。汉语声调的这一突出特点，给外国人汉语语音学习带来了很大的麻烦。声调因而成为大多数外国学习者学习和掌握汉语语音的最大障碍。声调教学也因此成为语音教学改革所要探索的重点。

总的来说，目前声调教学存在如下薄弱方面：一是教学计划薄弱，表现在语音教学尤其是声调教学缺乏层次性和有序性上；二是教材薄弱，我们一直缺乏一部实用性强的、能够突出汉语声调特点的、以声调和语调训练为中心的基础教材；三是教学手段薄弱，我们目前对于声调的特征只是采用五度标记法来标明四个声调的调型，所以大多数教师在教学过程中往往采用手势来帮助学生认识和理解汉语声调的调型特征。这种教学手段固然比较形象，能发挥一定的作用，但是这种方法并不能说明汉语声调最本质的问题。有学者认为，声调的性质取决于音高的变化，而音高的变化决定于声带的松紧。这应当是进行声调教学改革的突破口。要搞好声调教学，提高声调教学的效果和效率，必须在教学计划、教材和教学方法、教学手段等各方面进行全方位改革，并以此为动力，推动汉语语音教学乃至整个汉语教学的改革。

思考和练习

1. 为什么说汉语是一种“声调语言”？
2. 请用“洋腔洋调”现象说明第二语言学习中母语与目的语的关系。
3. 你如何看待“音素教学”和“语流教学”各自的特点？

第二节　汉语词汇与词汇教学

汉语词汇研究与词汇教学，是对外汉语教学系统中极为基础的一个环节。对外汉语词汇教学的基本任务是培养外国学生识词、辨词、选词、用词的能力。围绕这一目标，我们应当深入研究汉语词汇系统和词义系统的基本结构及基本特征，并从语言对比的角度把握汉语同其他语言在词汇和词义系统上的关系。

一　现代汉语词汇系统的基本特征

（一）现代汉语词汇系统的构成要素及其切分

1. 词和语素

对外汉语词汇教学，首先要教会学习者“识词”。那么，对汉语来说，什么是“词”呢？根据语言学的一般定义，词是语言的建筑材料，是有固定语音形式的、最小的、能自由运用的意义单位。所谓自由运用，是指能独立回答问题或充当句子成分，汉语的实词大多能如此。例如：“我明天不去北京。”中的“我”“明天”“不”“去”“北京”都是词，如果把其中的“明天”拆开，成为“明”和“天”，那么，“明”和“天”在这句话中就不是词，而是语素了。语素是最小的音义结合体，是最小的有意义的语言单位。它同词的根本区别在于不能自由运用。例如，“人”和“民”是两个语素，合在一起为“人民”，是一个词；拆开来，“人”既是语素也是词，我们可以说“人来了”，但“民”只是语素而不是词，我们不能说“民来了”。词和语素的关系非常复杂，它是汉语词汇教学首先要遇到的一个难题。

2. 汉语词汇系统的构成

词汇是一个语言系统中词语的总汇。我们可以从各个不同的角度对汉语词汇进行系统构成的划分。从内容上讲，我们可以把词汇分为基本词汇与一般词汇。基本词汇指语言系统中那些反映人们最基本的日常生活所必需的事物、行为和性状等概念的词汇。这些词汇所反映的概念，在人类语言中是普遍存在的。比如，人类生活的衣、食、住、行，自然界的风、雨、雷、电，人类认知世界的真、善、美、假、丑、恶，等等。基本词汇往往也是一个语言系统中最具活力、最能产的成分。因此在第二语言教学中，基本词汇具有特别重要的价值。从形式上讲，词汇由词和熟语构成。熟语包括成语、俗语、谚语、歇后语、惯用语等。汉语熟语一般具有特定的形式和特殊的文化渊源，是外国学生汉语词语学习的难点之一。从来源上讲，汉语词汇由历史传承词语、新造词语、方言词语、古语词语、行业词语、外来词语等各个部分组成。

3. 汉语词的构成

从汉语词内部的结构关系来讲，现代汉语的词首先可以分为单纯词和合成词。单纯词就是由一个语素构成的词。现代汉语在双音节词（包括多音节词）占主导地位的格局下，仍保留了一部分古代汉语传承下来的单音节词。这些单音节词都是单纯词，单音节单纯词形成的是“一个音节一个语素一个汉字”的基本格局，例如“钱”“人”“跑”“哭”“难”“大”等。汉语里也有少数多音节单纯词，它们往往是联绵词，或双声（“仿佛”“流连”“澎湃”等）或叠韵（“犹豫”“灿烂”“彷徨”等），这些词的两个音节拆分后，各自没有独立的意义。

合成词是由两个或两个以上的语素构成的词。在合成词中，语素有两类：一类是词根，是词的主要意义基础；一类是词缀，是附加在词根上的构词成分。词根与词根组合构成复合词，这是汉语词的主体；词根与词缀组合构成派生词，由于汉语词缀有限，因而形成的派生词也就不多。

从语法关系来看，汉语复合词同短语具有一致的结构关系，这是汉语结构的一个显著特点。根据汉语复合词内部词根与词根的关系，我们可以把复合词分成以下几类：

陈述型：后词根陈述前词根，如“体察”“神交”“手软”“面善”。

支配型：前词根表示动作行为，后词根表示动作行为支配的对象、方式等，如“打针”“看病”“埋头”“出席”。

偏正型：前词根限制、修饰后词根，后词根是复合词的中心，如“花园”“海浪”“山峰”“人心”。

补充型：前词根表示动作行为，后词根表示结果或趋向等，如“解决”“提高”“说服”“摧毁”。

联合型：前后两个词根具有相同、相近、相反或相关的意义联系，两个词根互为补充说明，如“重复”“反正”“解释”“尺寸”。

重叠型：同一语素重叠而成，如“妈妈”“常常”“连连”“刚刚”。

汉语派生词主要有三种类型：

前缀 + 词根：如“老板”“阿妹”“小伙”。

词根 + 后缀：如“鬼子”“花头”“男性”“感化”“作家”。

词根 + 叠音后缀：如“红彤彤”“喜洋洋”“气鼓鼓”“穷兮兮”。

（二）汉语词汇成分在切分上的困难

对外汉语词汇教学的特殊性之一，是来自词汇成分在切分上的困难。这种困难表现在动态和静态两个方面。

从动态的角度看，汉语书面语的一个显著特征是词语连写。而拼音文字的词，不仅在词典上有明确而固定的形式，就是在文本中也是前后有间隔的，词与词之间界限分明。而汉语的书面语是词语连写的，呈现在读者面前的一串文字中，词与词之间的界限是潜在的而不是表层的，它需要读者在对句子的分析与解读中建构词与词之间的关系。这种词语连写的书面语习惯无疑给大多数外国学习者，尤其是母语为拼音文字的学习者认读汉语词语带来困难。对于外国学习者而言，要在一个连续不断的字符串上，至少在语言心理上切分出一个一个的词，的确不是一件容易的事。

如果说汉语书面语词语连写所带来的困难还是技术层面的话，那么汉语词汇系统本身所存在的一定成分之间的相互纠葛，就是词汇切分困难所形成的深层次的根本原因。汉语词汇系统内部的种种纠葛，来自于以词为中心的各种成分在一定程度上的交叠。

汉语词汇系统的内部纠葛，首先来自语素和词的某种交叠。虽然能否自由独立运用是区分词和语素的最基本标准，但由于汉语词汇来源的复杂性，要一清二楚地分别出每一个语素每一个词并不容易。汉语语素可分为成词语素和非成词语素两类。成词语素在文本中就有两种解读：或独立成词组合为短语，或是语素组合为词。例如“白”这个语素，在“白布”这个字串中是词，在“白菜”这个字串中是语素。它们都表现为一个书写符号“白”，这种“一个音节一个语素一个汉字”的构词格局是相当普遍的。甚至像“葡萄”这样的字串，在“我吃葡萄”中是词，在“我喝葡萄酒”中又是语素。汉语这种词、语素和汉字之间纠结交叉的关系，的确给外国学习者的汉语词汇学习带来困难。

其次，汉语词汇系统的内部纠葛，还来自词和短语的部分交叠。汉语中的单纯词与语素有交叠现象，而合成词中的部分复合词又与短语难以分清，这就是汉语词汇系统左右为难的局面。比如，我们把“鸡蛋”看作词而把“鸭蛋”看作短语，我们把“白面”看作短语而又把“白粉”看作词，显然，这种系统内部的交叠现象是难以为外国学习者所自然理解和接受的。

汉语词汇系统内部的这种纠葛，还体现在缩略语和离合词上。缩略语是以词的形式出现的短语，如：

半导体——半导体收音机
人大——全国人民代表大会
政协——中国人民政治协商会议
三讲——讲学习、讲政治、讲正气

这些缩略语形式频繁使用以后，人们甚至意识不到它们本来的短语面目了。

与此相反，汉语中也存在另一种词的特殊形式——离合词。离合词主要指汉语支配型复合词中的一部分，当它们进入某种具体文本时，常常要在两个语素中间插入其他的句法成分，从而使这两个语素处于分离状态。比如：

毕业——毕了业　　革命——革资本家的命
鼓掌——鼓了三次掌　　见面——见了三次面
离婚——离过两次婚　　放心——放不下心

这些离合词实际上表现出的是一种短语的句法行为。这种又合又离的现象，也给外国学习者的词汇和语法学习带来了许多麻烦。

对外国学习者进行汉语词汇教学，一个重要的前提是要充分认识、理解和把握汉语词汇结构的基本特点，即以语素为基础，按照汉语短语结构的基本规则构词，从而使形成的复合词在结构上与短语保持一致性。这种一致性，一方面给汉语词汇学习带来词义理解上的便利，另一方面也给汉语词的辨识带来了困难。如何挖掘这种一致性特征的有利因素，如何克服它所带来的不利方面，是汉语词汇教学所要解决的一个重要课题。

（三）汉语的词和汉字的关系

在讨论汉语的“词”是什么的时候，除了词和语素、词和（短）语之间存在纠缠不清的关系外，还有另外一个重要因素，就是词和字的关系也非常复杂。

对一般使用拼音文字的语言而言，基本不存在词和字纠结的问题，因为拼音文字仅仅是作为一种书写符号而存在的，而汉字却大为不同。汉字作为汉语的书面语书写符号系统，是形音义的统一体，因而与汉语的基本构成单位“词”，特别是汉语的单音词之间就有着千丝万缕的联系。要在理论上搞清楚汉语词和字的关系，便成为对外汉语字词教学中一个非常重要的问题。

在汉语学界和汉语教学界，存在着一种把汉语词和字等同甚至混作一谈的认识，认为字即词、词即字，甚至有学者提出“字本位”的思想，即以汉字为基础讨论汉语的基本结构和语义单位问题。我们认为，由于汉语、汉字在形音义上的特殊性，汉语的词（特别是单音词）和汉字之间的确存在着一定的交叠关系，值得我们在研究和教学中特别加以重视和利用。我们认为，汉语的词和汉字，分属于语言和文字两套不同的体系，汉字是附丽于汉语之上的书写符号，它不能等同于汉语的词语本身，它不是汉语的基本构成单位。

对于汉语的词和汉字而言，虽然有时会有因“一形一音一义”而交叠的情形，但大多数情况下，汉语的词和汉字并不完全存在一一对应的关系，这是我们必须认识清楚的地方。首先，现代汉语的词以双音节和多音节为主体，而汉字“一字一音”，词和字自然不能一一对应，比如“天安门”作为一个词，它需要用三个汉字书写。其次，汉语的单音词，有一部分能够与单字在形式上一一对应，但也有不能一一对应的情形，汉语中的多义词有多个意义，但却只使用同一个汉字书写，比如，词“商”有“商议”“商业”等不同的义项，却使用同一个汉字“商”；当然，也有用同一个汉字书写不同的词的情形，比如，汉字“商”，既用来书写“商朝”的“商”，也用来书写除法中所得的数“商”。再次，还有一个汉字所书写的单位不是一个词而只是一个语素的情形，比如，在现代汉语中，汉字“匙”所书写的只是一个语素，它可以构成“钥匙”“匙子”，汉字“匙”与词也不是一一对应的关系。总之，我们认为，尽管汉语的词和汉字有着千丝万缕的联系，但毕竟它们分属于两个不同的符号系统，这是要严格加以区分的，否则，将不利于我们汉语教学的科学性。

二　汉语词义的内部系统性

（一）汉语词义系统的构成要素

1. 词的概念意义和附加色彩

词是最小的能自由独立运用的音义结合体，音是词的形式，义是词所反映的内容。一般来说，一个实词，其完整的词义应当由概念意义和附加色彩两部分构成。

词义是人们对外部世界的客观事物或现象进行主观感知、认识并加以概括而在意识中所形成的一种反映。这种反映，首先要以事物或现象的客观性为基础，从而形成词的概念意义。其次，这种反映也会体现人们对事物或现象感知、认识和概括的主观性特征，从而形成词的附加色彩。比如，有人在他人不知道的情况下拿走别人的财物并占为己有，这是人类社会常见的一种客观现象。面对这种客观现象，人们普遍会采取鄙视的主观态度。那么，这种客观现象与主观态度结合起来，反映在汉语中就形成词义“偷”，而反映在英语中就形成词义“steal”。

词的附加色彩主要指附加在概念意义之上的感情色彩、形象色彩、语体色彩、时代色彩、外来色彩、方言色彩等。在概念意义相同的情况下，准确把握各个词的附加色彩，是对外汉语词汇教学的重要任务之一。

感情色彩指词所体现出的人们喜怒哀乐等主观态度的褒贬差异，这种主观态度往往与词的概念意义融为一体。比如，同为让人离开的概念意义，“走”和“滚”所附加的感情的强弱程度是不同的。

形象色彩指词所概括的客观事物或现象是否具体生动可感。比如，“水果”是抽象的概念，无具体形象；而“苹果”“梨”等就可唤起生动的形象，因而形象色彩强些。

语体色彩指某词适用于某种特定的交际范围或文体。语言的符号性决定了不同词语之间具有或口头或书面、或庄重或随意、或典雅或诙谐等不同的表现风格。词语的这种差异往往为第二语言学习者所不易察觉和掌握。比如，“爸爸”和“父亲”都指上一辈直系亲属中的男性，但“爸爸”是口语词，一般用于面称，“父亲”是书面语词，较少用于面称。

2. 词的基本义和转义

从词的概念意义来看，有的词只有一个概念意义（即一个义项），这就是单义词，如“海岸”“麻雀”等；有的词可以表示两个或两个以上互有关联的概念意义（即多个义项），这就是多义词，如“配角”有两个概念意义：戏剧、电影等艺术表演中的次要角色；比喻做辅助或次要工作的人。词汇系统中越是基本的、常用的词，就越可能是多义词。

一个多义词中最常用、最主要的概念意义是词的基本义。词的基本义往往是其转义产生和发展的基础。随着人们认知范围的不断扩大，对客观世界和主观世界探索的不断深入，语言系统在比喻、引申等认知方式的推动下，使旧有词的意义适当增加，形成一个词承担多个概念意义而成为多义词的现象。如“寄”的基本意义是“托人递送”，在此基础上产生了“寄托、托付”，后引申为“依附于某人、某地”，再引申为“认的（亲属）关系”，如“寄父”等。“寄”的这些义项，其基本义和转义的发展脉络是相当清晰的。

（二）汉语词义系统的联系与区别

对外汉语词汇教学的重要任务，不仅是要教给学习者识词的能力，而且还要教给他们辨词的能力。由于汉语词汇在书面上不仅是音义结合体，而且还有汉字字形的差别。因此要辨词，就要在音、形、义三个层面进行。

1. 同音词

在音的层面，主要辨别的是同音词。同音词指声、韵、调完全相同的词。现代汉语的声母、韵母和声调所组成的有效音节只有 1200 多个，而汉语的语素（汉字）多达五六万，通用汉字（语素）也有六七千。因此，在汉语词汇系统中必然存在相当多的同音词，即使在双音节词占主导地位的现代汉语词汇系统中，也存在相当数量的双音节同音词。在《汉语拼音词汇》（增订稿）（1963）所收的 59 100 多个词中，同音词就有 5500 多个，占了近 10%。如“案件—暗箭”“年轻—年青”“占有—战友”“就是—就势—旧事”。

2. 同形词

在形的层面，主要辨别的是同形词。我们把同音词中那些汉字的书写形式也相同而意义完全没有关联的词叫作同形词。例如：

风化 1：风俗教化	风化 2：自然风化
生气 1：不高兴	生气 2：有活力
仪表 1：仪器	仪表 2：人的外表

无论是同音词还是同形词，都对外国学习者快速、顺利地辨识汉语词语造成了相当的困难。尤其是同形词，它与多义词的不同更是我们应当提醒学习者注意的。

3. 同义词

从义的层面来看，词语辨识的主要任务是辨析同义词。同义词指在某一概念意义（义项）上相同或相近的一组词。例如：

小心—注意：都指提醒别人。

美丽—漂亮：都指人（物）的外貌好。

优良—优秀—优异：都指某一方面很出色。

由于汉语词汇十分丰富，来源极为广泛，因此存在大量的同义词。准确把握同义词之间的词义联系和差别，特别是把握同义词附加色彩上的差异，是外国学习者学好用好汉语词语的基本功。

同义词辨析可以从词的概念意义、附加色彩和语法功能三个方面进行。

在词的概念意义方面，同义词存在表现重点、概括范围和语意强度等多方面的差别。比如，"询问—咨询"都表示因不知道某事而打听的意思，但"咨询"是就某一特定的内容向专业人员或机构打听情况，而"询问"重在查询不知道的事情，这是表现重点的不同。再比如，"生命—性命"都表示有生命物体的活动力，但"生命"可引申用于政治、艺术、学术等方面，范围广、抽象程度高，而"性命"一般仅指人或动物的生命体本身，这是概括范围的不同。又比如，"侵犯—侵害"都有伤害他人的意义，但是"侵犯"所造成的伤害大、程度深，常用于比较正式的外交、法律方面，"侵害"的语意相对要弱一些。

同义词在意义方面的细微差别，往往也会在语法功能方面表现出来。我们可以进一步把一组同义词的语法功能（词性、充当的句子成分、搭配的词语、形成的句法结构、要求的时体特征等）逐一加以比对，从而得到更为细致而深入的认识。比如，"希望—愿望"都表示实现目的的意思，但"希望"既是名词又是动词，而"愿望"只是名词。

随着人们对汉语词汇教学与习得研究的不断深化，"易混淆词"逐渐进入理论探讨的范畴。"易混淆词"就是突破传统的"同义词""近义词"等汉语本体研究的视角，从不同母语背景的汉语学习者对汉语词语关系理解和把握的实际出发，把凡是能规律性地造成汉语二语学习者在理解和使用汉语词语对时容易混淆的词语，就叫易混淆词。易混淆词的形成主要有两类原因：一类是由汉语词语之间在形、音、义上存在某种相似或关联性造成；一类是由二语者的母语和汉语之间在某些词语关系上的不对应造成。具体来说，主要有以下几种类型：一是理性意义基本相同的词，如“解释—说明”；二是有共同语素的词，如“通信—寄信”；三是语音相同或相近的词，如“注意—主意”；四是汉字字形相近的词，如“提示—揭示”；五是方言词与普通话词，如“吃—食”“穿—着”；六是汉语词—学习者母语的词语不对应，如“生活—live（住、生活、活着）”；七是汉语词—学习者母语汉字词，如汉语的“经验”与日语的“经验、经历”。应当说，易混淆词是基于对外汉语教学实践而提出的一个新的词语辨析框架，它对深化汉语词汇教学理论、改进汉语二语词汇教学实践，都是有积极意义的。

三 汉外词汇对比与偏误分析

对外汉语词汇教学，不仅要从汉语词汇系统内部的音、形、义三方面着手，而且还要从汉外语言的词汇对比着眼，这是由汉语作为第二语言教学的本质特点决定的。

人类所生存和依赖的世界是同一个，人类所面对的社会生活也有许多方面是相同的，再加上人类思维发展的水平和认知能力大体相当，必然使得以概念为基础的词义存在相当的共性，各种语言的基本词汇应当是这种共性的集中体现，不同民族语言的词义系统因而有相同或相近的一面。但同时我们也要看到，不同民族语言的词义也存在着相当大的差异，这种差异一方面来自不同语言中部分词的概念意义的不同，另一方面，即使那些概念意义相同的词，也会因附加意义的不同而形成不同的词义，或是因词义所负载的文化意义不同而具有不同的价值。汉语第二语言学习者基本上都是掌握了母语词汇系统的成年人，当他们面对一个新的词汇系统时，就必然要把汉语的词汇同自己的母语词汇加以对比，因此，不同语言的词汇系统，尤其是词义系统方面的差别，就会成为他们所要学习和掌握的重点与难点。

对外汉语词汇教学的一个重要基点，就是要有汉外语言的词汇对比意识。汉语第二语言学习者来自世界各地，他们已经掌握了各自不同的母语系统及其词汇系统。我们的重要任务之一，就是要把汉语的词汇系统尤其是词义系统，与世界各主要语言的词汇系统和词义系统加以细致的对比，从而使外国学习者能够了解汉语词汇与他们各自的母语词汇及其词义系统的共同点和差异点所在。汉外词汇对比，可以从整体和局部两个角度切入。整体切入的是汉语独有的所谓“文化词语”；局部切入的是汉语和外语都有的所谓“对应词语”。这两个方面构成了汉外词汇对比研究的完整内容。

（一）汉语文化词语

每一种民族语言的词汇系统都负载着很多文化信息。词汇在很大程度上受到民族特有的社会状况、宗教信仰、风俗习惯、价值观念、审美情趣等因素的影响和制约。一个民族文化系统中特有的部分，体现在词汇层面就是文化词语（或曰“国俗词语”）。“文化词语”就是反映本民族文化特有的概念而在别的语言中基本无法直接对译的那些词语，也就是说，是别的语言中很难找到与之完全对应的“非等值词语”。这是汉语词汇教学中非常需要重视的内容之一。

梅立崇（1993）认为，可以把汉语的国俗词语（文化词语）分为五类：（1）名物词语，指反映汉民族所创造的特有的物质文化词语，如“华表”“旗袍”“元宵”“四合院”“麻将”“京剧”等；（2）制度词语，指反映汉民族社会特有的政治、经济、文化、军事等各方面的词语，如“离休”“中顾委”“包产到户”“半边天”“红娘”“广场舞”等；（3）熟语，指基于汉民族所创造出的特有的语言表达形式，诸如成语、惯用语、俗语、谚语、格言、歇后语等，如“草木皆兵”“草船借箭”“刻舟求剑”等，这些熟语往往蕴含着独特而深厚的文化渊源和文化典故，富有历史和现实的双层性；（4）征喻词语，指在汉民族文化思想和精神基础上形成的具有象征意义和联想意义的词语，如“红豆”“喜鹊”“梅花”“荷花”“月亮”“蝴蝶”等；（5）交际词语，指反映汉民族在社会交际生活中所使用的表示打招呼、道别、致谢、道歉、恭维、赞扬、谦敬以及禁忌等行为时所使用的词语，如“吃饭了吗？”“哪里哪里！”等。文化词语是在不同语言词汇系统对比下的产物，对外国学习者讲解汉语文化词语，对于培养外国学习者的跨文化交际能力至关重要。在中国文化“走出去”的现实条件下，也更具时代价值。

（二）汉外对应词语的比较研究

“对应词语”指不同语言所表达的概念意义基本相同或相当的词语。比如，汉语的“鱼”和英语的“fish”。应当说，不同语言的词汇系统中，对应词语是大量存在的，否则不同语言之间的翻译和交流就不能实现。但是，对应词语并非完全等值，即使在概念意义基本相同的情况下，也会存在各种细微的差别，这必然会影响到第二语言学习者的词汇理解和掌握。汉语第二语言学习者来自各种母语背景，为了更有针对性地开展对外汉语教学，我们应当尽可能多地把汉语同世界上的各种语言进行对比研究，尤其是要进行对应词语的对比研究。

由于历史的原因，汉语与韩国语、日本语有着长久而密切的联系，这就形成了一种特殊的语言现象，韩国语和日本语中都存在着大量的汉字词。“汉字词”指从汉语中借用并用汉字书写的那部分词语，它们与汉语中的对应词语“音近”而“义通”。就韩国语而言，在韩国语词汇系统中，汉字词约占一半以上。“汉字词”大多是韩国语和汉语词汇中的基本词汇，在这些汉字词中，中韩同形词又占有非常大的比重，其中有词义基本相同的（如“纪念”），也有词义部分相同的（如“安宁”），还有词义完全不同的（如“告诉”）。这种复杂现象给韩国学习者学习汉语词汇带来了便利，同时也有一定的负面干扰作用。汉语同韩国语、日本语在词汇方面存在的一些特殊现象，在汉外词汇对比研究中具有特殊价值。

（三）外国人汉语词汇学习的偏误

在外国人学习汉语的过程中，词语偏误的产生是大量的。由于外国学习者母语词汇系统与汉语词汇系统之间并不是完全一一对应的，因此，外国学习者已经掌握的母语词汇系统会对其目的语汉语的词汇系统的学习产生干扰作用，即会把汉语的词汇同其母语的词汇做不恰当的比附，从而产生词语偏误。根据鲁健骥（1987），这种词语偏误主要由四方面原因造成：

一是学习者母语和目的语的对应词之间在词义上互有交叉而造成偏误，这往往发生在多义词中。比如，英语的“to know”有“知道”“会”的意思，但是反过来，汉语的“知道”与“会（有能力做某事）”却是两个词。当人们问“阿里今天为什么没来？”时，说英语的学习者可能回答“我不会。”，这就是对“I don’t know.”做了不恰当的比附的缘故。

二是学习者母语和目的语的对应词因各自的附加色彩不同而造成偏误。比如，英语中的“fat”在汉语中可对应“胖”和“肥”。但“胖”一般仅指人，为中性色彩；而“肥”可指衣物、动物和人，而指人时明显含贬义色彩。

三是学习者母语和目的语的对应词因各自的搭配关系不同而造成偏误。比如，英语中“to wear （put on）”的搭配词语可以是各种衣物鞋帽等，但汉语的对应词“穿”“戴”却各有各的搭配关系，“穿衣服”“戴帽子”不能颠倒，说成“* 戴衣服”“* 穿帽子”那是不行的。

四是学习者母语和目的语的对应词因各自的用法不同而造成偏误。比如，英语中的“to meet（见面）”“to marry（结婚）”都是及物动词，可以直接带宾语，说成“I met him.”“I married her.”。但是汉语中的“见面”“结婚”却是不及物动词，要说成“我跟他见了面”“我跟她结了婚”。可是，英语国家的学习者常常说成“* 我见面他”“* 我结婚她”，可见他们还未能掌握汉语中这类动词的特定用法。

四　对外汉语词汇教学

（一）对外汉语词汇教学的目的

对外汉语词汇教学的目的，就是要培养外国学习者识词、辨词、选词、用词的能力。这种能力的培养，应当从汉语词汇系统的内部和外部两方面着手。

“识词”，不仅要求外国学习者能够熟练地识记汉语词语的音、形、义，同时还要求学习者能够在汉语不分词的书面语表达形式下，具有区分词与语素、词与短语的能力。也就是说，在一组连续的字符串中，学习者能够分辨出哪个字符串代表的是词、是语素、是短语。

“辨词”，就是要求外国学习者能够准确地把握每一个汉语词语在音、形、义各方面的相互联系与区别。一方面要能够在汉语词汇系统内部准确区分同音词、同形词、同义词以及多义词的不同义项，把握它们在概念意义、附加色彩以及句法功能等方面的差异；另一方面还要能够把汉语和学习者母语的对应词语联系起来，把握对应词语之间的联系与差别。

“选词、用词”，就是要求学习者能够根据具体的交际语境，从语义表现、句法要求、语用得体性等方面，综合权衡已经掌握的词语并最终加以选用，组词造句。可以说，学习者“用词”能力的高低是汉语词汇教学效率高下的最直接、最生动的体现。

从“识词”到“辨词”再到“选词、用词”，构成了对外汉语词汇教学的基本任务。遗憾的是，从对外汉语教学的总体安排来看，词汇教学仍然是非常薄弱的一个环节，这恐怕与我们长期缺乏对词汇教学的目的和任务的明确认识有关。近年来虽有人已经在开展集合式强化词汇教学实验的探索，但总体来说，汉语词汇教学的目的、任务、课程体系和训练方法等问题，都还有待于做更为深入系统的研究。

（二）汉语词汇统计与词汇等级大纲

汉语同其他语言一样，其总的词汇量多达几十万，可谓浩如烟海。而一个语言能力正常的汉族成年人，一般个人的词汇量也有数万之多。对外汉语词汇教学首先要解决的一个基本理论问题是，在基础汉语教学中应该教哪些词语。这就是汉语词汇统计分析与词汇等级大纲制订的问题。

北京语言学院（现北京语言大学）先后完成了《外国人实用汉语常用词表》（1964）、《报刊词语三千六百条》（1983）、《现代汉语频率词典》（1985）、《对外汉语教学常用词表》（1984）、《北京口语调查》（1991）等研究课题。

其中，最具代表性的研究成果当属《现代汉语频率词典》。

1979 年 11 月，北京语言学院组织校内外力量，启动了《现代汉语词汇的统计与分析》研究课题。该课题 1985 年 7 月通过专家鉴定。《现代汉语频率词典》集中体现了该课题的主要研究成果。其中包括：按音序排列的 31 000 条词语频率总表；按频率递降顺序排列的 8000 条高频词表；按使用度排列的 8000 条常用词表；按报刊政论、科普文章、日常口语、文学作品分别列出的常用词频率词表；23 000 条低频词表；汉字频率及构词能力的统计分析；汉语词汇的音节及词长分析；常用汉字构词词典。《现代汉语频率词典》不仅对汉语词汇的使用频率给出了系统的描述，而且还第一次对汉语词汇的使用度进行了统计分析。

1992 年，国家汉语水平考试委员会办公室考试中心制定并出版了《汉语水平词汇与汉字等级大纲》，共收词 8822 个，包括甲级词 1033 个，乙级词 2018 个，丙级词 2202 个，丁级词 3569 个。该大纲依据现代汉语的动态性字词频度统计，同时又根据教学的实际需要，进行必要的专家干预而形成。其主要作用是：为初中等和高等汉语水平考试命题提供依据；作为我国对外汉语教学总体设计、教材编写、课堂教学和教学测试的重要依据；作为我国少数民族汉语教学及中小学语文教学的重要参考；作为编制汉语水平四级通用字典及其他辞书编纂的框架范围。

（三）词语选择编排与解释方法

词汇的选择编排与解释方法，表面看来只是一个技术问题，而实际上，它是对外汉语词汇教学理论研究的一个重要方面。所谓词汇的选择编排，是指根据特定教学对象和教学内容的要求，对所教词语在数量、等级、内容和出现顺序等方面进行选择并加以有序安排的过程。对对外汉语教学来说，词语解释的方法无论在教材编写、课堂教学或词典编纂中，都占有十分重要的位置。

因为教学对象、教学任务、教学手段以及语言的词义系统关系不同，所以词语解释的方法也就千差万别。我们要思考的是，究竟要对哪些母语背景的学习者、对哪类词语要采取什么样的释义角度和方法，从而达到怎样的释义深度。

（四）词语教学的基本方法

词汇作为语言的构成单位，在第二语言教学中具有基础性作用。词汇因其数量大、个性特征强、来源多样而成为对外汉语教学中必须要特别重视的部分。探索富有具体针对性的、有效的词汇教学方法便显得尤为重要。长期以来，人们一直在探讨有效的词汇教学方法，形成了词本位教学法、字本位教学法和语素教学法三大流派。其中，语素教学法是目前对外汉语词汇教学中较为普遍采用的一种方法。客观地说，语素教学法有利于扩展学习者的词汇量、有利于调动学习者学习的自主性，有利于与汉语语法教学相结合，有利于巩固既有的词汇。经过数十年的摸索，对外汉语教学界所使用过的具体词汇教学方法有实物展示法、体态语展示法、定义法、言语解释法、以旧代新法、构词法等，实践表明，这些词汇教学方法还是相当有效的。随着现代语言教学理念和手段的不断更新，人们也开始探索新的词汇教学方法和手段，人们更加重视利用多媒体、利用学习者的母语、利用语境因素，更多地在词汇教学中渗入文化内涵、更多地进行词语比较，加强词（语）块组合教学、加强词语联想教学等。这些新的词汇教学方法和手段的发展，相信会大大促进词汇教学。当然，教无定法，教学方法的创新永无止境，这是我们必须要长期认真思考的课题。

思考和练习

1. 如何看待汉语词汇的基本特征对词汇教学的影响？
2. 请谈一谈你对汉语与某一语言中的词汇关系的认识。
3. 外国学习者汉语学习用的词典应当具备什么特征？

第三节　汉语语法与语法教学

运用汉语进行社会交际能力的核心之一，便是对现代汉语语法系统的掌握。如何让外国学习者尽快掌握汉语语法系统的基本特征，获得汉语语法规则的系统知识和运用能力，是对外汉语教学的最基本和最核心的任务之一。长期以来，面向对外汉语教学的语法研究和语法教学研究，一直是汉语语言学家和汉语教学工作者关注的一个焦点，也是取得研究成果最多、最为系统的一个领域。

一　现代汉语语法的基本特点

（一）语法

语法主要指语言中组词造句的一整套规则，在成句的基础上，还有一整套连句成篇的规则。这两个层面的规则组合在一起，便成为语言系统的语法规则。比如，现在有这样一些词："牛肉""我""吃""了""明天""完""要"。我们可以选用这些词按照语法规则组成如下不同意义的句子：

（1）我吃牛肉。　　（指饮食习惯）
（2）我要吃牛肉。　　（指意愿）
（3）我吃了牛肉。　　（指事件发生）
（4）我吃完牛肉了。　　（报告事件结束）
（5）我明天吃牛肉。　　（指生活安排）
（6）牛肉我吃。　　（谈论食品价值）
（7）牛肉吃完了。　　（报告食品状态）

这七个词之所以能组成七个意义不同的句子，就是运用汉语不同的语法成分和语法规则造句的结果。当然，这七个句子所表达的语义不同，因而连句成篇的方式也就不同。比如：

（1a）我吃牛肉，你呢？
（2a）我要吃牛肉，你怎么不买？
（3a）我吃了牛肉，不好吃。
（4a）我吃完牛肉了，可以走了。
（5a）我明天吃牛肉，你去买点来。
（6a）牛肉我吃，羊肉我不吃。
（7a）牛肉吃完了，还有别的吗？

可见，不同的句子在连接成段（篇）的时候有不同的语篇选择要求，它是语法规则在篇章层面的表现。从对外汉语语法教学实践来看，仅仅教给外国学习者组词造句的规则还是远远不够的。对外汉语教学语法应当包括连句成篇的规则。

（二）现代汉语语法的基本特点

对外汉语教学最根本的特质在于，教学对象为来自世界各地的成年外国人，他们已经完全掌握了母语的语法系统，便会用母语的眼光来观察、认识和理解汉语的语法系统。这就反过来要求我们对现代汉语语法的基本特点有一个比较清楚的认识，从而能够在面对不同的教学对象时做到心中有数、有的放矢。

概括而言，现代汉语语法的基本特点表现在以下几个方面：

1. 语法形态手段较少

从世界语言类型的角度看，汉语是分析型语言，它对语法范畴（性、数、格、时、体、态）的表达，一般不依靠或不必强制性地依靠固定的句法形态（如动词变位、词尾等）。汉语中除了“了”“着”“过”等少数时体成分外，几乎没有什么严格意义上的形态成分。由于汉语是一种形态较少的语言，有些外国人就认为汉语没有语法。这一点在对外汉语语法教学中应当受到特别的重视，汉语不是没有语法，而是有一套完整的、不同于印欧语言系统的语法。

2. 词序对语义表达具有重要的作用

汉语语法关系的表现，一般不依靠印欧语言那样的形态手段，也不依靠日语那样的格助词，而在很大程度上依靠词序。相同的词语，按不同的顺序排列组合，就会表现出不同的语法关系和语义关系。例如：

（8）谁都认识小王。（所有的人认识小王。）

（9）谁小王都认识。（小王认识所有的人。）

（10）小王谁都认识。（a. 所有的人认识小王。b. 小王认识所有的人。）

3. 虚词是重要的语法手段

汉语里有大量的虚词，介词、连词、副词、助词、语气词等。这些虚词在语法关系和语义关系的表达中起着重要的作用。尤其是汉语的副词，不仅数量多，而且相互联系紧密，差别细微，是汉语语法研究和语法教学的一大难点和重点。虚词不仅意义复杂，而且用法灵活，何时必用、何时可用可不用，有各种条件的制约。汉语虚词的隐现（“的”的隐现、“了”的隐现）问题是汉语语法灵活性的表现，也是汉语语法教学的难点之一。

4. 词法和句法具有高度一致性

现代汉语词汇以双音节复合词为主。而由词组合成的短语，在结构上一般又往往与复合词具有平行一致的关系。这就使许多短语，尤其是陈述、支配、补充型短语，加上一定的语调就自然实现为句子。这样，汉语的词、短语和句子的结构就在一定程度上具有平行性。

这种现象，对于外国学习者掌握汉语的句法结构规则具有正、负两方面的影响。从积极的方面看，词法的掌握必然会有助于句法的学习，句法结构的理解会帮助认识词语内部的结构关系，加深对词义的理解；从消极方面看，有时也会造成学习者对汉语词和短语难以区别的局面，从而导致句法错误的出现。

复合词	短　语	结构关系
眼红	眼睛红肿	陈述
看病	看电影	支配
人心	人民心愿	偏正
说明	说清楚	补充
上下	上下左右	联合

5. 主题比主语更为突出

汉语的主语与印欧语言的主语不是同一概念。印欧语的主语往往与谓语有性、数、人称等一致的语法关系，因而充当主语的成分是有一定限制的，甚至要有所谓的形式主语。而汉语则不同，各种语义角色，比如施事、受事、与事、工具、方所、时间等，只要能成为被陈述的对象都可以占据主语的位置，几乎没有什么语法关系的限制。从这个角度看，汉语句子的主语也往往更多具有主题的色彩。比如：

（11）我和小王昨天用这把刀在砧板上切了一斤肉。

这句话里的许多成分都可以移到句首做主题（话题）：

（12）我和小王切了一斤肉。
（13）这把刀我和小王切了一斤肉。
（14）这块砧板我和小王切了肉。
（15）这斤肉我和小王切了肉丝。

这样的句子格局，充分体现了汉语主题优先的结构特征。它对于外国学习者来讲，完全掌握并不容易。

同世界许多语言比较起来，汉语的确有其自身的独特之处。从本质上认识、理解和把握汉语语法的基本特征，必将有助于不同母语背景的学习者掌握汉语语法的学习规律，从而提高对外汉语语法教学的水平。

二　语法教学的基本内容

对外汉语语法教学的基本内容，应当围绕培养外国学习者组词造句、连句成篇这个基本目标来进行。一般来说，汉语语法教学的基本内容，应当是语素、词、词组、句子和语篇这五级语法单位。这其中，词、短语和句子是语法教学最基本和最核心的内容。

（一）语素

随着语法教学研究的不断深入，人们逐渐认识到，语素在汉语语法教学中具有独特的价值，因而有学者开始强调语法教学要向语素层面延伸。一方面，由于大量的汉语词汇是由有限的常用语素通过复合法或派生法构成，并且这些常用语素有的本身就是单纯词，如“山＋水→山水”“学＋者→学者”。另一方面，汉语的复合词又同大部分的短语具有基本一致的语法关系，如“心软—心慈手软”。这就为在有限的语素和有限的构词法基础上有效扩大学习者的词汇量，让学习者较为透彻地理解汉语的句法规则提供了有利的条件。因此，把语素教学纳入汉语语法教学的系统之中，应当是十分必要的。

（二）词

词是语法教学的核心内容之一，是组词造句的基础，因此有人主张“词本位”。在词层面，主要的教学内容应当是词类问题。词类问题包含三个方面：词类划分、词性确定和兼类词辨认。词类是划分词在句子中的功能类别。汉语的词可划分为名词、代词、数词、量词、形容词、动词、助动词、副词、介词、连词、助词、叹词和象声词共13类。词性是确定某一个词的功能类别，如“人民”是名词，“热爱”是动词，“永远”主要是副词。由于汉语的词没有形态变化，很多词所能担当的句法功能并不单一，因此词性的确定就一直成为语法研究和语法教学中的一大难题。汉语的词还存在不少兼类现象，如名词和动词兼类（如“锁”）、形容词和副词兼类（如“实在”）、动词和介词兼类（如“比”）等。汉语词类问题是语法教学中一个不可回避的问题，在对外汉语教材或工具书中标不标词性、怎样标词性、标什么词性等，也都颇费斟酌。不同的词类有不同的语法特征和语法要求，这对外国学习者理解和掌握汉语的结构规律都是至关重要的。

（三）词组

在汉语语法教学体系的建构中，有不少人主张“词组本位”，足见词组在汉语语法结构系统中的重要地位。词组是词与词组合而成的语法单位，它不仅可以自由地充当句子成分，而且汉语的大多数词组加上一定的语调就能实现为句子。可以说，汉语的词组在整个语法系统中处于中心地位。汉语词组从结构关系上看，可以分为联合词组、偏正词组、补充词组、动宾词组、主谓词组、方位词组、数量词组、介宾词组、“的”字词组、复指词组、连动词组、兼语词组、固定词组等。如果从词组的句法功能看，可以把它们分为名词性词组、动词性词组、形容词性词组等类型。研究汉语词组的结构关系、功能类型及其成句条件，特别是不同句型对不同词组的选择要求，是对外汉语语法教学的重要研究课题。

（四）句子

句子是语言里最基本的表述单位，一个句子表达一个相对完整的意思。对外汉语语法教学最直接的目的，就是教会外国学习者学会说出并理解汉语的句子。对句子的组成规则、句子与句子之间的关系以及句子与语篇的关系这三方面的研究和教学，便成为对外汉语教学语法的重要任务。我们可以从句子功能、句子成分和句子结构这三个方面来认识汉语的句子。

1. 句子功能

我们从表达功能的角度，把句子分成四类：陈述句、感叹句、疑问句和祈使句。

陈述句是说话者报道一个事实，一般用降调。如："我们去了上海。"

感叹句是说话者表达一种强烈的感情，一般用高平调或低降调。如："黄山太美了！""我可真倒霉！"

疑问句是说话者对听话者提出问题，有四个小类：一是是非问，如："他在看书吗？"二是特指问，如："你去哪儿？"三是选择问，如："他读文科还是读理科？"四是反复问，如："你昨晚有没有看球赛？"汉语的疑问表达形式繁多，疑问等级差别细微，是较难把握的表达功能类别。

祈使句是说话者对听话者提出某种要求，如商量、请求、命令或警告等。如："我们明天去爬山吧！""小心汽车！"

汉语句子的功能类别由于有语调和标点符号的标示作用，基本是清楚的。但在有些情况下，也会发生功能错位，如用疑问句的形式表达祈使句的功能。这是需要特别注意的地方。

2. 句子成分

句子一般都由主语和谓语两部分组成，它们构成句子的基本成分。而句子的连带成分则有宾语、补语、定语和状语。

主语是句子所陈述的对象。在汉语中，主语是一个模糊的概念，不仅有许多句法成分都能够充当主语，而且由于汉语的主语和谓语之间实际上往往构成的是一个"话题—述题"的表达框架，因而主语的语义角色相当复杂。

谓语是句子中对主语进行陈述的部分。汉语句子谓语的特殊之处在于，能够直接充当谓语的句法成分，除了动词、形容词之外，还有部分名词、疑问代词、数量词组、主谓词组、介宾词组等，从而构成汉语的特殊谓语句式，如名词谓语句、主谓谓语句等。对于外国学习者来说，汉语句子谓语的复杂成分是学习中要特别加以注意的地方。比如，汉语的形容词短语可以直接做谓语，如："她很漂亮。"可是外国学习者往往会加一个"是"，说成："* 她是很漂亮。"

宾语是动词的连带成分，表明与动作行为相关联的事物。汉语句子的宾语和动词的语义关系十分复杂，有不同的语义类型：有的表示动作行为的对象（如"吃面包"），有的表示动作行为的结果（如"盖房子"），有的表示动作行为的处所（如"住宾馆"），有的表示动作行为的工具或方式（如"打毛线"），有的表示动作行为的存现主体（如"放着书"），等等。这些都是外国学习者难以理解之处。另外，汉语的双宾语也是语法教学的一个重点。

定语作为句子里修饰、限制主语或宾语的成分，总是放在主语或宾语的前边。定语和中心语之间基本上构成限制性和描写性两种语义关系。结构助词"的"是定语的标志，它的隐现也是非常值得研究的。另外，当多项定语同时使用时，有排列顺序的问题。

状语是句子里修饰、限制谓语的成分，因而也是谓语的连带成分。状语和谓语之间的关系，基本上可以分为限制性和描写性两大类。状语的标志是结构助词"地"，"地"的隐现问题、多项状语连用时的顺序问题，都是语法教学中的难题。汉语里有一些语义关系，既可以用状语也可以用补语来表达，那么这时候两者的区别是什么？诸如此类的问题，都是对外汉语语法教学所要面对的。

补语作为谓语的连带成分，概而言之是表示动作行为产生的结果。根据形式和意义相结合的原则，我们可以把补语分为八个小类：结果补语、程度补语、趋向补语、可能补语、时量补语、动量补语、数量补语、介宾补语。结构助词"得"是程度补语的标志。补语是汉语句子成分中在形式和意义上都最为繁复的一类，也是汉语句法特点最突出的体现者。这其中，补语的语义指向问题、各补语小类之间的相互关系问题、与其他句法结构的配合使用问题等，都是汉语语法教学的重要任务。

3. 句子结构

从结构上我们可以把汉语的句子分为单句和复句两大类。单句是一个意义相对独立的句子，复句是由两个或两个以上的单句（分句）按照某种内在的逻辑关系组合起来的句子。例如：

（16）小王早上没吃早饭。

（17）小王现在很饿。

（18）小王早上没吃早饭，（小王）现在很饿。

（19）小王现在很饿，（小王）他早上没吃早饭。

句子（16）和（17）都是单句，把句子（16）和（17）连接起来构成更大的句子（18）或（19），就成为复句了，因为句子（18）和（19）内部前后两个分句之间在逻辑上具有明确的因果关系。由于复句主要讲的是意义关联，因此我们这里只着重谈谈单句的结构问题。

单句，根据句子主语和谓语的有无，可以分为主谓句和非主谓句。只有主语或谓语的句子是非主谓句。非主谓句有三种情况：无主句、不完全主谓句和独词句。

（20）下雨了。

（21）你去干什么？——打电话。

（22）谁呀？——我！

句子（20）没有明确的或习惯上不需明说的主语，是无主句；句子（21）中“打电话”的主语“我”在语境中被省略，是不完全主谓句；句子（22）的问答都是独词句。非主谓句结构比较简单，对语言习惯和具体语境的依赖性较强，在语法教学上比较容易处理。

主谓句是完整地包括主语和谓语两个部分的句子。一般的句子都是主谓句。主谓句按谓语的语法成分分成四个小类：动词谓语句、形容词谓语句、名词谓语句和主谓谓语句。

（23）我们都吃饭了。

（24）我们都很着急。

（25）今天星期一。

（26）小刘身体很虚弱。

句子（23）是动词谓语句，句子（24）是形容词谓语句，句子（25）是名词谓语句，句子（26）是主谓谓语句。形容词谓语句、名词谓语句和主谓谓语句都是汉语句子结构中比较特殊的类，具有特别的表达功能，当是汉语语法教学的难点所在。

从汉语教学语法的角度看，句子是语法教学最中心的环节，处于语法教学的核心地位。长期以来，汉语的句子得到了较为系统而深入的研究。这集中体现在句型的统计与分析上。我们已经建立了一套针对对外汉语教学特点的科学而实用的句型系统，这对教材编写和课堂教学都是极为重要的。但仅有句型系统还不够，还需要建立基于语义的分类系统、基于语用的分类系统等，这些对深化汉语语法教学是非常有意义的。

在结构分类的句型系统中，我们常说到汉语的特殊句式，如连动句、兼语句、“有”字句、“是”字句、“是……的”句、“把”字句、“连”字句、被动句、存现句、比较句、重动句、双数量句等。这些特殊句式在汉语语法系统中具有特殊的句法、语义和语用价值，因而也是语法研究和教学的重点与难点所在。

（五）语篇

语篇指在言语表达中由一个明确的中心思想贯穿、在结构上相互关联而意义上密切联系的一组句子组成的或大或小的段落、篇章。一个语篇中，句子与句子之间有并列、选择、总分、解说、因果等各种语义关系。结构上有直接组合和关联组合的不同，语篇内部是有层次的。我们来看下面这段小小的语篇：

（27）对我们这些身边工作人员，总理一贯要求严格，然而他非常尊重

每个人的劳动，细微周到地关心每个人的生活，不管是秘书还是警卫，是服务员还是炊事员。（张华林主编《在中南海的日子里》）

这个语篇实际上只是文章中的一个小段落，它的中心思想是周恩来总理爱人民，各句之间通过各种语义关系连接起来。

外国学习者在初中级阶段对汉语句子结构的掌握可以达到较好的水平，但在语篇掌握方面，即使到了高级阶段也往往问题不少。这一方面是由于汉语语篇研究本身相当薄弱，拿不出多少可以直接用于教学的理论知识，也就是说，我们对连句成篇的规则和手段知之甚少；另一方面，长期以来我们忽视了语篇教学，致使学生得不到系统的语篇结构和连接手段的有效训练。对于外国学习者尤其是高年级学习者来说，汉语语篇教学的确是非常必要和重要的。

（六）语块、构式和话语

近年来，在对外汉语教学中，一些基于整体观念的新概念逐渐为人们所认识并在实践中加以应用，这其中，尤以“语块”“构式”和“话语”为重点。

1. 语块

现代语言学的语块理论认为，在人们的语言生成机制中，并不是所有的句子都是由一个个词汇单位在语法规则的作用下生成的。语言系统中存在着大量的“词汇—语法”预制单位——语块（chunk），这些语块可以作为人们组词造句的单位而直接使用，从而提高语言生成的速度和准确性。我们所说的“语块”，一般指以下四种类型的单位：（1）单词和聚合词，如“铁石心肠”“随你的便”；（2）搭配词，如“跳得欢”“蹦得老高”；（3）固定表达，如“顺便说一下”“不见不散”；（4）半固定表达，如“向……致以……敬意”“要是……的话，就……”。语块在对外汉语教学中的应用，能够深化我们对汉语“词汇—语法”关系的认识，也有利于创造更为有效的语法教学方法。

2. 构式

“构式（construction）”越来越成为汉语语法研究和教学的一个热门词。人们认识到，并不是所有的语法结构体的语义和功能，都能从其构成成分的分析中获得合理解释，换句话说，语言结构体的成分之间，往往具有“1加1大于2”的效能，比如“一个人住一间房”这种结构，具有数量配比的语义，那么这种语义不是靠“一个人”“住”“一间房”三个成分之间的简单排列就能得来的，而是由汉语存在的“数量短语”+“数量短语”所形成的特定构式所带来的。研究表明，汉语中存在大量的构式，如“有的是NP”（数量多）、“连……也／都NP／VP”（序位化）、“把NPVP得”（表惊羡）等。构式不仅是一个具有完整意义的结构单位，更是一个“形式—意义—功能”三者统一的匹配体，一个构式必定有特定的形式、特定语义和特定的语用功能。由于汉语缺乏形态，很多语法意义都要靠整体的构式去完成，因而在对外汉语教学中，重视和加强对汉语构式的研究与教学，是符合汉语特点和规律的正确方向。

3. 话语

对外汉语语法教学基本上一直局限于句子层面，人们以为教会了学习者说出一个个句子，语法教学的任务也就完成了。实践表明，外国学习者对汉语语法的完整理解和应用，必须要到比句子更大的话语（discourse，或曰“篇章”）层面去检验。汉语语法教学，特别是中高级汉语语法教学应该引入话语分析。话语主要指在现实的会话场景中，由发话人和听话人围绕某一特定交际意图而共同完成的一段自然、准确和得体的会话。在对外汉语话语分析和教学中，话轮、会话交际意图、话语推进与连贯的进程，应当成为我们关注的重点。

电视剧《父母爱情》第一集中，安杰（女主角）准备参加舞会，下人力车时不小心崴了脚，姑娘们在旁边议论：

①姑娘A：什么臭毛病！有公共汽车不坐，偏要剥削人。

②姑娘B：就是！

③姑娘 A：这种地方，就不该让她这样的人来。

④姑娘 B：你看人家不还是来了吗？人家长得漂亮，又会打扮，是个美人。

⑤姑娘 A：是美人又怎么了？美人有什么用啊？长得美又不值钱。

⑥姑娘 C：资本家的女儿不值钱。

这段话语基本可以分为两个话轮：①②③为一个话轮，主要是两个姑娘一唱一和对安杰正面表达不满，意思层层推进得出结论；而④⑤⑥为一个新的话轮，主要是三个姑娘换了一个角度连讽刺带挖苦地对安杰表达鄙夷的情感。这两个话轮之间的会话意图又是统一的：都表达对安杰的不友善态度。

像这样的话语分析，过去在对外汉语语法教学中是很少关涉的，那是因为人们可能以为，从单句到话语是一个自然习得和进步的过程。但现在人们已经认识到，事实绝非如此简单，外国学习者即便对单句掌握得已相当好，但要在真实的会话场景中自然、准确和得体地生成话语，这中间还有很长的路要走。

三　语法对比、偏误分析与语法习得

人们逐渐认识到，仅仅了解汉语语法教学的基本内容，仅仅把目光关注于汉语语法事实本身还是不够的。更为重要的是，既要充分认识汉语语法结构系统的特点和规律，又要充分认识外国学习者汉语语法学习的特点和规律，就必须进行汉外语法的对比研究，进行外国学习者汉语语法的偏误分析和语法习得过程的研究，这样我们才能深化对教学语法研究和教学规律的认识，从而提高语法教学的针对性和科学性。

（一）汉外语法对比

20 世纪 70 年代后期以来，在吕叔湘先生的大力倡导之下，在王还先生的带动之下，汉外语法对比研究逐渐成为对外汉语教学语法研究的一个崭新领域。人们把汉语同英语、日语、法语、俄语、德语等各语言，从词法、句法的各个层面进行了大量的对比研究。汉外语法对比，主要集中在句法结构和虚词方面。比如有人对汉语和英语的时体表达系统进行对比。语法对比研究，不仅进一步深化了人们对汉语语法结构系统本身内在规律的认识，而且也提高了针对不同母语学习者的教学针对性。

（二）相关语法项目比较

人们认识到，要想对汉语语法自身的特点和规律有一个清晰的认识，除了要进行汉外语言的语法对比研究之外，还要在汉语语法系统内部进行相关语法项目的比较研究。汉语语法系统中存在大量在句法、语义或语用上既相互联系又相互区别的语法项目，如汉语中的同义句式，真正搞清楚它们之间的联系与区别并非易事。

同义句式指句子的语序不同或构造不同而表达的内容基本相同的一组句子。在语言表达中，因不同的语用需要而对它们灵活地加以选用。这对汉语母语者来讲也许是习焉不察的完全自动化的过程，却成为外国学习者非常艰难的语言学习过程。请看下面的句子：

（28）我丢了钥匙了。

（29）我钥匙丢了。

（30）我把钥匙丢了。

（31）钥匙我丢了。

（32）钥匙被我丢了。

这五个句子的实词相同、实词与实词之间的语义关系相同、句子的基本意思（内容）相同。那么，在什么时候、在怎样的条件下，需要选用哪一个句式来表达最为准确、恰当呢？这就要求我们对这些同义句式进行比较研究。

汉语语法系统中，类似的现象是大量存在的，尤其是跟虚词相关的语法项目。如比较句的否定形式“没有”“不比”“不如”，如虚词“一连”和“连连”，等等，都需要我们认真比较，详加辨析，才能真正找出它们之间的联系与区别，解决外国学习者汉语语法学习中的一个个实际难题。

（三）语法偏误和语法习得

对外汉语语法教学最重要的基础之一就是要掌握学习者学习汉语语法的基本规律。在对外汉语教学的起初阶段，我们对此认识不足，也没有做过系统的研究。从20世纪70年代末开始的病句分析，到80年代中期兴起的偏误分析，再到90年代以后逐步发展起来的中介语研究及语法习得规律研究，使得对外汉语教学语法研究的领域逐步扩大。

广大对外汉语教师从20世纪70年代就开始了对外国学习者汉语学习的病句和错句进行收集、整理与研究。《外国人学汉语病句分析》（佟慧君，1986）和《汉语病句辨析九百例》（程美珍等，1997）是这方面的代表。外国学习者掌握汉语语法的过程是一个不断学习、不断发生错误、不断修正错误的过程，这其中必然会有大量的语法偏误产生。了解外国学习者的语法偏误，也有助于进一步理解汉语语法系统和汉语语法教学的内在规律。根据鲁健骥（1994）的考察，母语为英语的汉语学习者，其语法偏误主要有遗漏、误加、误代、错序四大类。比如：

（33）*他有照相机，也［有］录音机。（遗漏“有”）

（34）*从前我每星期都看［了］一个电影。（误加“了”）

（35）*这个故事我没听懂，所以我［不能］听见。（用“不能听见”误代“听不见”）

（36）*我洗干净了［把衣服］。（“把衣服”错序）

外国学习者学汉语时类似的语法偏误是多发的、有规律的。不同母语背景的学习者也会有不同的语法偏误发生。

随着语言学习理论研究的不断深入与中介语语料库的建设开发和利用，人们已不再满足于对外国学习者语法错误做一般的病句分析和偏误分析，而开始把目光转向系统地探讨外国学习者汉语语法习得顺序及语法习得过程的研究，开始探讨某一语法项目或某一语法系统，从最初出现到初步掌握再到完全掌握全过程的内在演进轨迹和制约因素。如王建勤（1997）对汉语否定副词“不”和“没”的习得过程的研究，施家炜（1998）对现代汉语22类句式习得顺序的研究，就是这种研究的示范。

汉外语法对比也好，汉语内部各相关语法项目的比较也好，病句和偏误分析也好，汉语语法习得顺序研究也好，都是为了更加全面、深入地认识汉语语法的结构系统，认识汉语语法学习的内在过程和规律，从而更加科学地把握汉语语法教学的基本规律。

四　语法教学的基本理论问题

（一）语法教学的目标、原则和研究观念

1. 语法教学的基本目标和基本原则

对外汉语语法教学的总体目标，是要培养外国学习者用汉语组词造句、连句成篇的汉语表达能力。这种能力的培养是一个长期而艰苦的过程，并且这种能力的构成也不是单一的，它涉及句法、语义和语用三个方面。教学语法体系的一个重要方面就是要很好地处理初、中、高级三个教学阶段与句法、语义和语用三个方面之间的互动关系。赵金铭（1996）对此做出了全面的阐述。他认为，习得者在学习汉语的过程中，首先得解决正误问题，就是得把词语的位置摆对；其次要解决语言现象中的异同问题，要涉及深层而具有隐性的语义理解；最后要解决高下问题，就是语言的得体性问题。这样的过程反映在语法教学的阶段划分上，便正好是初、中、高级三个阶段。三个阶段的语法教学主旨各有侧重。初级阶段，所讲语法为形式语法，讲究句法结构，掌握汉语的句型和词序，是一种语法模式教学。中级阶段所讲语法侧重语义语法，注意句中成分的语义关系及语义搭配，因此语汇的意义（包括词汇和语法意义）及使用的教学，占据相当的位置。高级阶段所讲语法侧重语用功

能语法，着重语用的选择和词语的应用，目的在于表达得体。整个语法教学过程历时两年，自始至终贯彻语言格式和词语的用法教学，特别注意例外的出现，因此，语汇的教学比以往更受到重视。这是一种不同于教母语为汉语的学习者的一种教学语法框架。

总体上说，汉语语法教学的基本目标，如果分解开来，就是要围绕句法的限制性、语义的正确性和语用的选择性这三方面来进行。现在的语法教学研究在句法的限制性上已经有了相当多的可资利用的成果，但是在语义的正确性，尤其是语用的选择性方面，研究还相当薄弱，需要我们下大功夫。

2. 教学语法研究的基本观念

现在，人们对对外汉语教学语法的性质和目标有了更为深入的理解，树立了一套不同于一般理论语法的研究观念，其核心是对外汉语教学语法的研究取向，主要是四个基本观念：第一，汉语作为第二语言的教学语法观念，即对外汉语教学语法是教学语法而非理论语法，而且是教外国人的语法而非教本族人的语法。第二，组装语法的观念，即对外汉语教学的语法主要是从意义到形式的组装语法，而不能完全是从形式到意义的分析语法。第三，注重用法和讲求条件的观念，即要在大量语法事实调查描写的基础上，在研究语法规则的同时，更要重视研究语法项目的用法及其使用条件。第四，注重语法对比的观念，即不仅要在语际对比中研究语法，而且还要在汉语语法系统内部对相关语法项目进行比较研究。

（二）对外汉语教学语法体系

1. 教学语法体系的建立

对外汉语教学语法体系，指专门为外国学习者编写的教材中所使用的语法教学系统。现行的对外汉语教学语法体系是在《汉语教科书》（1958）的基础上建立起来的。该书共有 196 个语法项目，其语法体系由词类的划分、句子的分类、句子成分、时间和情貌、几种动词谓语句和表达共六个部分组成。

该书从整体上看是重结构形式的，同时编者也注意到语言交际中表达意念的各种方式。作为一本语言教科书，《汉语教科书》在语法点的选择、切分和由易到难循环前进的编排方式上都与教本族人的语法完全不同，每课的语法点和生词量都有控制。在安排语法项目时，巧妙地对相应的语法项目进行汉外对比，对汉语内部相关的语法项目进行比较，较好地体现了外国学习者汉语学习需求的针对性。

《汉语教科书》所确立的这套教学语法体系，对后来各种对外汉语教材都产生了直接的影响。20 世纪七八十年代陆续编写出版的《基础汉语》《汉语课本》《基础汉语课本》和《实用汉语课本》，在语法项目的选取和编排上基本都参照了《汉语教科书》。这样的体系，在后来出版的几种重要语法大纲（如王还主编的《对外汉语教学语法大纲》、孙瑞珍主编的《中高级对外汉语教学等级大纲（词汇・语法）》以及刘英林主编的《汉语水平等级标准与语法等级大纲》等）中也都基本上得到了继承。即使是像刘月华等编著的《实用现代汉语语法》、房玉清编著的《实用汉语语法》这样的语法参考工具书，也没有改变这一基本格局。

《汉语教科书》所确立的对外汉语教学语法体系，沿用至今数十年而没有发生根本性的改变。人们逐渐认识到这一体系所存在的理论基础单一、体系陈旧等问题。20 世纪 80 年代末以来，有不少学者开始呼吁改革对外汉语教学语法体系，并就改革的理论问题进行了探讨，提出了设想，规划了蓝图。

2. 语法项目的选择、切分与编排

一个完整的对外汉语教学语法体系，不仅要包括教学语法项目的基本内容，而且还应当体现对以下基本问题的处理方式：语法项目的选择及等级划分，语法重点与难点的确定，语法项目的编排、描述与解释，等等。这些问题其实也最能体现对外汉语教学语法的基本特点和性质。

一般说来，对外汉语教学语法体系是针对某种具体的教材和课堂教学过程而言的。由于学习者的学习目的、学习要求和学习方式、年龄、母语背景、水平等级、学习时间等不同，因而在对他们进行汉语语法教学时，首先要根据这些因素的差别进行语法项目的选择，就是要确定教哪些项目不教哪些项目、先教哪些项目后教哪些项目、重点教哪些项目等。比如，对日本学习者和欧美学习者，他们所要学习的语法项目是否应当有所差别，差别在哪儿；短期汉语进修生和长期的本科生的语法项目在教学要求上是否有所区别；阅读课程和听力课程的语法项目是否有所不同。这些问题都应当促使我们在教材编写和课堂教学过程中认真、细心对待。

要想根据教学对象的不同需求来进行有选择、有针对性的语法教学，就必须进行语法项目难易度的等级切分。汉语语法项目数以百计，一方面，这些不同的语法项目之间由于各自复杂程度的不同，对学习者来讲会呈现出难易度的差异。比如，汉语"把"字句和连动句对外国学习者来讲是难易度不等的两个语法点。另一方面，就某一语法项目内部的不同方面来讲，也有难易程度的差别。比如，汉语的趋向补语是一个大的语法项目，其内部既有简单趋向补语和复合趋向补语的差别，也有实际的趋向意义和引申意义用法的不同，这就要求我们对每一个语法项目及各自内部的不同方面进行认真细致的描写和分析，从而为语法项目的等级切分打下基础，这也就能够根据教学对象的实际情况，来确定语法项目的重点和难点。一般来说，汉语的"了"、"把"、补语、主谓谓语句等，都是教学中的重点和难点，需要特别加以重视。

语法教学中，语法项目具体内容的选择、等级的切分、重点和难点的确定等，最终都要表现在教材和课堂教学过程中人们对语法项目的系统编排、描述与解释上。任何一部教材或一门课程，都不可能把汉语语法项目全部搜罗，穷尽列举，它只能根据各自的需要和特点有所选择、有所突出。这就需要我们对所选用的语法项目进行科学系统的编排，使它们构成一个相对完整的体系。总体来说，语法系统的编排要处理好易和难的关系，处理好基础项目和生成项目的关系，处理好重点与非重点、难点与非难点的关系，使各个语法项目之间形成有内在逻辑联系、相互支撑、相互依存而又便于使用的教学系统。比如说，如果补语这个项目学习者尚未接触就学习"把"字句，这显然是不协调的。汉语语法系统本身是一个非常庞大而复杂的系统，语法项目的选择编排也就不是那么容易的事情。

如何对具体的语法项目进行描述和解释，是对外汉语语法教学的重要方面。显然，我们既不能大量使用语法学的术语和概念，也不能像教小学语文那样完全进行汉语表达技能的训练。外国学习者的特点给我们进行汉语语法项目的描述与解释提出了难题。由于语法研究和语法教学之间的差异，必然有一个把语法研究成果转化为语法教学内容的过程。这种转化过程直接表现在语法项目的描述与解释上。比如，汉语的“把”字句，从语法研究的角度说有“处置”“致使”“位移”“变化”等不同的语法意义，无论采用哪种意义解释，都不宜把这些术语直接搬到教材或课堂上用以描述和解释“把”字句。我们所要做和所能做的是，以此为基点寻找适应外国学习者易于理解的表现方式和手段，来呈现“把”字句的语法意义，特别是要呈现其用法规则。我们要能从学习者的角度，用便于他们理解和接受的方式，把汉语语法项目描述和解释出来，从而实现已有汉语语法研究成果向语法教学内容的转化，这是教学语法所要研究的重要方面。

（三）语法项目的认知解释

如何解释汉语语法项目，这是一件“八仙过海，各显神通”的事情，但我们更倡导语法项目解释的认知原则。卢福波（2018）提出了汉语语法教学的八个基本原则，其中就有以认知为核心的语法解释原则。她认为，解释原则指对所学语法项目做出合理的、恰当的、理据性分析和认知性解释。解释原则的核心理念是认知理念，语法教学之所以要突出认知理念，是因为人类的能动性本能和人类认知新语言与认知世界的相同原理。因此，汉语教学时不能把人当作机器，简单地“刺激—反应”式地重复模仿，应让学习者理解性地、创造性地根据实际语境的需要，适宜地、合理地、灵活地进行表达。从语言学习的角度看，语言是一种受规则支配、具有诸多可变因子的复杂体系，不是简单不变的习惯体系，所以语言学习是一种有意义的控制性过程，它要求对所学语言进行高层次的决策和处理，能够使用特定的方式去调用认知能力，有认知性的理解和把握，有符合认知理据的能动的创造性运用。因此，以认知理念为基础的第二语言教学重视对事物类属、相关及综合、输入与提取的全面处理，将学习过程与认知过程统一起来。“渗透认知理念”的提法实际上是一种教学思想、教学方法的体现。我们主张，在认知解释的大原则下，结合具体的语法项目创造各种具体的语法教学方法，都应当能达成良好的教学效果。

思考和练习

1. 如何理解汉语词法和句法之间的一致关系对汉语语法教学的影响？
2. 你认为句子在语法教学中应占据怎样的位置？
3. 理论语法与教学语法的不同点表现在哪些方面？

第四节　汉字与汉字教学

现代汉字作为记录现代汉语的书写符号系统，其自身在读、写、认方面的特殊性，导致它与汉语语音、词汇、语法之间形成一种错综复杂的关系。外国学习者汉字认知和学习的特点以及存在的种种困难，使得汉字研究和对外汉字教学成为对外汉语教学系统中一个非常棘手的问题，也占有十分重要而独特的地位。要提高汉字研究和对外汉字教学的效率，就应当充分认识和把握现代汉字的特点和规律，深刻认识外国学习者，特别是非汉字文化圈的学习者认知和学习汉字的特点与规律，从而探索对外汉字教学的特点与规律，为提高对外汉语教学效率服务。

一　现代汉字的基本属性和基本特征

我们把古今通用的字和现代白话文专用的字合称为“现代汉字”。现代汉字是现代汉语的用字。它是对外汉字教学，尤其是基础阶段对外汉字教学的主体。从对外汉语教学的角度讲，我们首先要从世界语言和文字关系的角度，把握现代汉字的基本属性特征，这是我们从事对外汉字教学的前提。

（一）汉字是语素文字

文字是记录语言的符号体系，这是世界上所有不同语言的文字所具有的共性。文字性质的认定，取决于这种文字的基本单位记录的是什么样的语言单位。从文字的基本单位所记录的语言单位来看，世界上的文字主要有三类：记录音素的是音素文字，如英文、法文；记录音节的是音节文字，如日文的假名；记录语素的是语素文字，如汉字。音素文字和音节文字都是表音文字，也叫拼音文字。表音文字的基本单位是字母，语素文字的基本单位是字。

任何一种语言的音素都是有限的，不过十几个或几十个，记录这些音素的音素文字的基本单位——字母也就是有限的，只有十几个或几十个。例如英文字母有 26 个，德文字母有 27 个，俄文字母有 33 个，它们记录的是各自语言中有限的几十个元音和辅音音素。字母所代表的音素就是这个字母的音值，每个字母都只有确定的音值而没有意义。如英语单词“book[buk]”就是用“b-o-o-k”这四个字母来记录[b-u-k]这三个音素的，“b-o-o-k”这四个字母本身并无意义。

再来看看语素文字。语素文字的代表就是汉字。汉字记录的语言单位是汉语的语素，语素是语言系统中最小的音义结合体，如“人、飞、大、非”等汉字记录的都是现代汉语的语素。对一个语言系统来讲，语素虽然不是无限的，但肯定要比有限的几十个音素多得多。汉字作为语素文字，是用不同的字形来表示不同的语素。一方面，它要区分读音不同的语素，如“吃”和“喝”；另一方面，它又要区分读音相同的语素，如“每”和“美”。汉语用汉字来记录语素，因而语素的音和义就成了相关汉字的音和义，这样，汉字的形体和它所表示的语素的音和义就紧密结合在一起了，所以汉字是形音义的统一体。如汉字“水”，其字形为“水”，不同于“小”；其字音为“shuǐ”，其字义为“H_2O”。尽管有极少数汉字单独不表示语素，只有形和音，没有义，不是形音义的统一体，但这并不能改变汉字是语素文字的基本属性。

（二）现代汉字的形声体系

与拼音文字相比，汉字作为一种独特的表意文字，根本点在于其具有一种特殊的形音义关系，这集中表现在形声字上。现代汉字是在古代汉字的基础上历经字形、字音、字义等多方面的演变而成。尽管如此，我们仍可在一定程度上沿用"六书"说来分析现代汉字的形体结构，这对外国学习者认识汉字、学习汉字是有益的。"六书"说是以隶变前的汉字，主要是以篆书为研究对象而建立起来的分析汉字结构体系的理论。东汉许慎著《说文解字》总结、整理成完整而系统的"六书"说，其中形声字最为重要。

现代汉字中，除了少量的独体字外，大量的是合体字；在合体字中，大量的又是形声字。据统计，汉代的《说文解字》共收字 9353 个，其中形声字 7679 个，约占总字数的 80%；清代的《康熙字典》共收字 47 035 个，其中形声字 42 300 个，约占总字数的 90%。现代通用汉字中，形声字也占绝对多数。

形声字就是在一个合体字中,既有表示义类的形符,又有表示谐音的声符。现代汉字的形声字，主要有六种形声格局：

（1）左形右声：炮、枝、槽、姑；
（2）左声右形：期、彩、雅、彰；
（3）上形下声：芜、室、符、骂；
（4）上声下形：垄、娑、盅、舅；
（5）内声外形：阁、疯、凰、匾；
（6）内形外声：闻、斑、辦、衍。

由于汉字形体的演变以及古今音的不同，现代汉字中很多形声字变得既不表形也不表音了，但仍然有相当多的形声字不同程度地具有表意和表音的作用。严格说来，现代汉字声旁的有效表音率在 30% 左右。这与拼音文字的差别是相当明显的。拼音文字的形音联系是直接的、同步的；而汉字的形音联系却是间接的、分离的。即使形声字具有一定的表音功能，那也是以认识一定数量的成字部件为前提。比如，要认识“晴”这个形声字，须以认识“青”这个声符为前提。在教学中，如果能对形声字进行恰切的分析和归纳，弄清楚声旁字与由它组成的形声字的读音关系和常用程度，还是可以帮助外国学习者更有效地认记字形的，而且这也有利于了解字形与字音、字义之间的关系。

（三）现代汉字的基础部件与基本结构

1. 现代汉字的基础部件

现代汉字绝大多数是合体字，这就带来汉字部件的拆析与组合问题。正确引导外国学习者把握汉字的基本部件和基本结构，是对外汉字教学的重要任务。

我们把由笔画组成的具有组配汉字功能的构字单位叫作汉字部件。汉字部件是可以层层拆析的。一个汉字中不能再拆析的部件叫作基础部件。如“照”这个汉字的部件层层拆分如下：

照 = 灬 + 昭　　昭 = 日 + 召　　召 = 刀 + 口

对于“照”来讲，它的基础部件就是“灬”“日”“刀”“口”。

汉字部件可以分为成字部件与非成字部件。成字部件指那些本身是独体字同时又可以充当部件的构字单位，如“女”“王”“东”“于”“日”等。而非成字部件是指成字部件以外的那些构字单位，如“脚”中“厶”“卩”。独体字就是由一个成字部件构成的汉字；合体字就是至少由两个部件构成的汉字。

根据对《汉字信息字典》所收 7785 个汉字的统计，汉字的部件构成如下：

汉字部件数	1	2	3	4	5	6 个以上
所占百分比	4%	34%	40%	16%	4%	2%

由此可见，在《汉字信息字典》所收的7785个汉字中，由2—4个部件构成的汉字占总数的90%。这应当是汉字教学的重点所在。

2. 现代汉字的基本结构

现代汉字作为语素文字，在形体结构上同拼音文字最本质的区别在于：拼音文字是一维的线性结构，而汉字则是二维的方块结构。从汉字书写的角度说，它是一个从基本笔画到基本部件再到完整汉字（独体字和合体字）的逐步生成的体系。汉字的基本笔画有“丶、一、丨、丿、㇏、㇀”，在此基础上衍化“乛、亅、乚、㇆”等20多种笔画，再由这些笔画构成一个个部件（偏旁部首、常用固定的书写形式和独体字），由这些基本部件通过二维组合而构成完整的汉字（主要是合体字）。这样，方块汉字就具有了非线性的排列方式，这就是汉字的基本结构。从书写程序上看，汉字的书写要求各部件在各个汉字中均占有确定的位置，上下、左右、高低、大小，不能随意改变，各个部件之间形成一种层级关系。这对习惯于书写线性结构的拼音文字的外国学习者来说是一个难题。

现代汉字的基本结构类型可以归纳如下：

<table>
<tr><td colspan="3">独体</td><td>人、东、干、日</td></tr>
<tr><td rowspan="7">合体</td><td rowspan="2">包围</td><td>全包围</td><td>国、圆、回、团</td></tr>
<tr><td>半包围</td><td>问、区、发、句、起、建</td></tr>
<tr><td rowspan="3">横向</td><td>全横向</td><td>行、洋、班、谢</td></tr>
<tr><td>横纵交叉</td><td>鞋、慢、别、能</td></tr>
<tr><td>横围交叉</td><td>随、腿、抛、谜</td></tr>
<tr><td rowspan="2">纵向</td><td>全纵向</td><td>盘、者、受、蚕</td></tr>
<tr><td>纵横交叉</td><td>众、药、热、楚</td></tr>
</table>

现代汉字的基础部件和基本结构是相辅相成的一对概念，结构因部件而产生，部件因结构而存在。尽管汉字教学有基本笔画、笔顺、部件、整字等多个层面，而学术界对基础部件和基本结构的划分意见不一，但基础部件和基本结构的教学，无疑应当成为汉字研究和汉字教学的中心和重点所在。

（四）常用字与非常用字

由于汉字是语素文字，因而同拼音文字相比，可以说是数量巨大。面向对外汉字教学的汉字研究的另一个重点就是要研究现代汉字的常用字。1952年6月，中央教育部公布了《常用字表》，其中包括一等常用字和次等常用字共1500个。1956年8月，中国文字改革委员会印发了《通用汉字表草案初稿》，共收汉字5790个，分为常用字1500个，次常用字2004个，其他为不常用字。1981年3月，我国正式颁布了《信息交换用汉字编码字符集》。字符集分“基本集”和“辅助集”。基本集收6763个通用汉字，其中第一级字（即常用字）为3755个，第二级字（即次常用字）为3008个。这个统计反映了现代汉字运用的实际情况。1988年，国家语言文字工作委员会和国家教育委员会联合发布了《现代汉语常用字表》，其中常用字2500个，次常用字1000个，共计3500个。同年，国家语言文字工作委员会和新闻出版署联合公布了《现代汉语通用字表》，收字7000个。

对外汉语教学界也结合汉语教学的实际需要，研究常用汉字问题。北京语言学院（现北京语言大学）语言教学研究所编制的《汉字频率表》，按频率高低统计得到前2500个汉字可覆盖（180万字）语料的99.12%，前4000字则覆盖率为99.96%。1992年出版的《汉语水平词汇与汉字等级大纲》规定了甲级字800个，乙级字804个，丙级字590个，丁级字670个，丙级和丁级字附录41个。四级共收字2905个。这是目前对外汉字教学的基本标准。

由此可知，尽管汉字数量庞大，但现代通用汉字当在6000—7000之间，常用汉字当在3000左右，而且高频汉字的覆盖率相当高。这就给对外汉字教学，尤其是基础阶段的汉字教学提供了一个比较明确的教学范围。

面向对外汉语教学的汉字研究，要立足汉字作为语素文字的本质特征，把握它与拼音文字的本质差异，充分挖掘形声字的有利因素，深入研究汉字部件和汉字结构的互动关系，集中深入了解现代常用汉字的各种属性特征，为对外汉字教学提供良好的条件。

二 外国人汉字认知和学习的特点与困难

对外汉字教学与对中国人进行的母语汉字教学相比，其最本质的差别在于教学对象是外国学习者而非中国人。可以说，对外汉字教学的所有特点和规律都与此相关。对外汉字教学，一方面要充分认识现代汉字本身的特点和规律，另一方面，也是更为重要的方面，就是要充分认识、把握外国学习者认知与学习汉语的特点和规律。这是由对外汉字教学的教学对象的特殊性所决定的。

（一）汉字文化圈内外的学习者不同的“字感”

中国周边的许多国家，特别是东南亚和东北亚地区的一些国家，在一定的历史时期内，大量吸收中华文化的营养，从而形成了以汉字为代表的汉字文化圈。朝鲜是使用汉字最早的。早在春秋战国时期，朝鲜人就已经开始使用汉字。朝鲜的古代文献，大多是用汉字书写的。公元 1443 年至 1446 年，朝鲜政府制定并公布了拼音文字方案（即“谚文”）后，谚文才和汉字混合使用。1948 年后，朝鲜民主主义人民共和国才全部使用谚文，而韩国仍继续使用汉字和谚文的混合文字。越南使用汉字也很早。公元前 2 世纪秦汉时期，汉字就传入越南。公元 13 世纪，越南人仿照汉字创造了越南文字“字喃”，和汉字混合使用。1945 年后，才完全用拼音文字代替汉字和字喃。公元 1 世纪东汉时期，汉字便从朝鲜传入日本。日本派了大批的“遣唐使”来中国学习。日本的古典作品全是用汉字书写而成。日本的文字，直到今天还夹用着一部分汉字。1946 年 11 月，日本政府公布了《当用汉字表》共 1850 个。1981 年 3 月，日本公布了《常用汉字表》（修正案），共 1945 个，代替《当用汉字表》作为日本使用汉字的规范。新加坡的华族占该国人口的 75% 左右，他们都使用简化汉字。现在政府规定的汉字简化字、异体字和字形，基本上和我国的汉字相同。

从学习汉语的角度说，来自汉字文化圈国家的学习者，他们在日常生活和文化教育中，或多或少地会接触甚至使用一些汉字，因此他们对汉字起码是不陌生的，有的还会有一种亲近感，甚至有一定的汉字认读和书写能力。尽管这些汉字文化圈的学习者在汉字学习过程中也存在这样那样的问题，但他们所表现出来的汉字优势却是客观存在的。这种优势归结起来就是，他们的汉字“字感”比那些非汉字文化圈的学习者要好得多。

那些非汉字文化圈的母语文字为拼音文字的学习者，初学汉字时首先遇到的是汉字认知上的挑战。这种挑战首先表现在视觉系统上，要让眼睛习惯对“点、横、竖、撇、捺”的组合所表示意义的方式的辨认，从而在字义和字形之间建立一种联系；其次是训练视觉记忆对这些字符的储存；另外，还有手眼运动配合对字符的再现，也就是从对一维空间的线性结构记音符号的认知，转变为对二维空间的方块结构表意符号的认知。事实证明，非汉字文化圈的学习者初学汉字时，常常把汉字看成一幅很难懂的画，或是奇形怪状的图案，或是线条的谜。因此，非汉字文化圈的学习者在汉字学习过程中，必然会表现出与中国人和汉字文化圈的学习者截然不同的认知特点。

（二）母语为拼音文字的学习者汉字认知的特点

根据王碧霞等（1994）的研究，母语为拼音文字的学习者在学习汉字时，对汉字的认知主要存在三个明显的特点。

1. 由听觉感知转变为视觉感知

辨认汉字形体对母语为拼音文字的外国学习者来说是一件相当困难的事情。这可以从两个方面来理解：

第一，拼音文字是表音文字，文字与语音的关系密切而直接，拼音文字的字形，为单向线性排列的视读单位，构造比较简单。以先左后右或先右后左的一维结构的方式呈现在读者眼前，形成的视角映像复杂程度低。拼音文字主要依靠听觉感知。而汉字是多向行进的，由笔画构成部件，由部件通过上下、左右、内外三种基本位置排列组合成整字，汉字因而呈二维的平面结构，投入视网膜的映像的复杂程度要比拼音文字高得多，再加上汉字表音是不直接的，它更多地需要视觉感知。汉字构造复杂，符号繁多，表音度低，表意程度高，内含的信息量丰富，对视觉感知的要求高，母语为拼音文字的初学者显然很难达到。而拼音文字学习者在对母语的长期使用中所形成的牢固的视觉感知习惯，这种习惯与汉字的认知学习要求不相适应。

第二，使用拼音文字的读者在对文字的识记中，较多地使用声音通道。汉字的识记则完全不同。汉字本身不直接携带语音信息，使用汉字的读者在文字加工中主要是靠识别字形来唤起字义，汉字的字形在视觉的短时记忆中起着重要作用。因此在汉字使用中，读者更多地依靠视觉通道。这一视觉习惯的改变也增加了母语为拼音文字的学习者识记汉字的难度。

2. 汉字处理的脑机制尚未形成

大量的心理学实验证明，人脑既有对语言的综合加工能力，同时又有不同的分工，体系相异的文字在人脑中处理的途径不同，在对汉字与拼音文字的认知过程中，大脑所经历的工作程序也不相同。它表现在以下两个方面：

第一，性质不同的文字，人脑加工的方式和部位不同。人类大脑两半球对语言的知觉加工与记忆能力具有不对称性，就脑功能的分工来说，左脑擅长加工语言素材，右脑擅长加工图形、空间刺激等，左脑对分析及次序处理工作表现出明显的优势，而右脑对整体的辨认则有较强的视觉感知能力。研究证明：拼音文字是在左脑处理的。汉字具有极强的图形性，在对汉字的认知过程中，人们总是借助于对汉字的整体识别来区分不同的意义，然而汉字并不是图形文字，每个汉字包含着丰富的语义信息，因此人脑对汉字进行信息处理时，不像处理拼音文字那样只有单侧脑参与，而是左右脑并用。这说明，母语为拼音文字的学习者在对汉字的识记过程中需要建立起一套新的与处理母语文字不同的脑机制。

第二，对文字信息进行编码时的工作程序也不同。人们学习一种文字时，要从形、音、义入手。拼音文字提供的是语音和语法形态信息。文字与语音的关系直接且密切，文字的音符固定。汉字跟语音的关系间接而松散，汉字表音的有效率低，汉字的读音对书写没有很大的启示作用，这便给初学者带来一定的困难，在听、写练习中，学习者接收到的语音信息需要重新经过大脑的加工，如对字形的回忆、同音字的鉴别等，才能获得对词义的理解。在汉字的识记中，大脑通过字形与音、义建立联系，即既要经过语音编码，又要经过形态编码。如前所说，汉字的表音度低，汉字的义符虽然有助于外国学习者对汉字的记忆，但汉字符号繁多，很难一一牢记。由于历史演变的原因，有的义符已经失去原来的意思，这在一定程度上容易造成联想的阻断，增加学习者记忆汉字的难度。

3. 汉字的积淀不足

在汉语学习的过程中，学习者接触到的汉字多是在词的形式中出现的。在词的识记中，人们总是首先在记忆库里去检索，寻找相应的音形义相结合的语言单位。皮亚杰认为，这种对词的检索即理解词义的过程，同时也是一个同化和顺应的过程，如果在记忆库里找到了，就被认可、被同化了；反之，就会暂时挂在某个单元之下，等待下一次同化，这在汉字学习中也是如此。汉字的笔画和字形是在长期的使用过程中逐步形成的。长期使用汉字的读者，大脑中储存了丰富的汉字信息，建立起对汉字的检索网络，因此大脑对字形、字义的识别几乎是自动到位的。而初学汉字的母语为拼音文字的学习者，由于识字不多，积累的汉字量尚少，缺乏对汉字的积淀，他们头脑中有关目的语的心理词典还是不完善的，因而在对汉字的识别中，无法达到自动激活的程度。

汉字作为汉语的书写符号，经过几千年的历史演变和文化浓缩，其字形蕴含着丰富的视觉信息，与拼音文字相比，在相同的单位面积中，汉字所能容纳的信息量高过其他文字。汉字的丰富内涵使学习者在学习汉字的同时，还必须掌握一定的汉文化知识，这就增加了学习难度。由于母语为拼音文字的学习者对汉字的感知能力不强，因而无法较好地捕捉到汉字字形所携带的大量信息，这都跟学习者尚缺乏对汉字的积淀有关。

不难看出，母语为拼音文字的学习者在认知和学习汉字的过程中，必然会表现出一系列与汉语母语者或汉字文化圈的学习者所不同的特征。对这些特征的理解和认识，必将有助于对外汉字教学效率的提高。我们目前对母语为拼音文字的学习者汉字认知和学习特点的认识、把握还相当肤浅，需要做更为深入的研究。

（三）外国学习者汉字学习的困难和常见书写错误

众所周知，汉字学习有“三难”——难读、难写、难认。“难读”指汉字是表意文字，字形和字音的联系不是直接的，不像拼音文字那样可以拼读出来，而需要背记。现代汉字中虽然有百分之八九十的形声字，但是，形声字的读音规律性并不强，而且也要以认读声符字为基础。“难写”指汉字笔画多，笔顺严格，部件组合的结构复杂。“难认”指汉字总字数多达六七万，现代汉语通用字也多达六七千，其中常用字三千多。即使要记住这三千多个形状不同而又十分相似的字，所要花费的时间和精力，无论如何也要比拼音文字多得多。

外国学习者初学汉字，既要辨认字形本身的结构，又要建立字形与字音、字义之间的联系，而记认汉字又是一种复杂的思维活动，这就是汉字所以难学、难记的原因。相比较而言，形、音、义三方面，字形的掌握是初学汉字的主要难点。即使像来自日本这样的汉字文化圈的学习者，在学习汉字的“优势”背后，同样存在着许多问题。而对母语为拼音文字的学习者来说，汉字书写方面的错误就更多更复杂了。

外国学习者，尤其是拼音文字背景的学习者初学汉字，常犯的字形方面的错误可以归纳为笔画、部件、结构、整字等几个层面。

在笔画层面，笔画是构成汉字的最小单位。每个汉字都由固定的笔画构成，每个笔画有固定的书写笔顺，因而写对、写好汉字的基本功在于笔画。由于外国学习者初学汉字，对汉字笔画缺乏应有的训练，写起汉字来常常出现笔画增减、笔形失准、笔顺颠倒等问题，如“语—话”“身—身”“变—变”“定—定”。

在部件层面，汉字部件是由笔画到整字的中间环节，是把握汉字结构、拆析分解汉字的基础。由于汉字部件多达数百，外国学习者掌握起来有一定的难度。肖奚强（2002）从部件的角度讨论外国学习者成系统的三类汉字偏误：

部件的改换，有形近改换（口—日）、义近改换（走—足）和类化改换（女性—女姓）等；部件的增加和减损，有增加义符（掌握—撑握）和减损义符（城堡—城保）等；部件的变形与变位，有母语迁移变形（将“⺮”写成“kk”）和部件镜像变位（将“领”写成“页令”）等。

在结构层面，汉字二维的方块结构是区别于拼音文字单向一维线性结构的本质特征之一。由于大约95%的汉字都是由两个或两个以上的部件组合而成，因而汉字的结构关系和结构类型就相当复杂。习惯于书写拼音文字的学习者，往往不能很好地把握汉字的内在结构关系，出现或混乱不清或松散不匀的结构问题。

在整字层面，由于汉字数量多，形音义三者关系复杂，形近、音近或义近的汉字相对较多，因而导致不少写别字的现象出现。最常见的问题是形近字混用，如“干—千”“计—讨”“日—目”“主—圭”。

三 汉字与汉字文化

在第二语言教学中，把记录语言的文字单独拿出来进行讨论和研究的，恐怕只有汉语和汉字了，更有甚者，就把汉语难学归因于汉字问题，足见汉字在汉语第二语言教学中所占有的地位。而汉字之所以如此重要，在相当程度上是因为汉字代表了一种文化，一种与汉语有千丝万缕联系的文化。所以进行汉语和汉字教学，汉字文化是我们必须认真对待的问题。

（一）汉字文化圈与非汉字文化圈

在世界范围内，有所谓“汉字文化圈”和“非汉字文化圈”的分别。“汉字文化圈”指那些在历史上因受到汉文化影响而曾使用汉字进行文字书写的国家，有的至今还在部分地使用汉字。比如，日本、韩国、朝鲜、越南等，这些国家曾经或现在还在使用汉字进行书写；在东南亚地区，由于华人华侨的影响，汉字使用也较为普遍。来自这些国家和地区的汉语学习者，对汉字乃至汉语词汇有着一定的熟悉度和亲近感。像日本和韩国，官方还规定了1000多个教育用的基本汉字。这对他们熟悉汉语、汉字是十分有利的。相对而言，那些来自“非汉字文化圈”国家和地区的汉语学习者就没有这样的便利了。所以，我们讲汉字难学难教也是相对而言的。作为对外汉语教师，要有明确的区分“汉字文化圈”和“非汉字文化圈”学习者的意识，这将有助于汉语、汉字教学以及汉字文化教学的总体设计。

（二）汉字结构形体的文化价值

汉字，不仅是一种独特的书写符号，更是一种独特的文化符号。其独特的结构形体，在世界文字体系中具有的独特的文化价值，也是我们必须科学认识的。

首先，汉字数千年来的形体演变本身就是一种独特的文化符号现象，在现代社会散发出耀眼的文化魅力。汉字从甲骨文到金文到篆文再到隶书行书楷书，这一系列汉字形体变化本身就是一个与历史、语言相互交融的奇特的文化现象，在世界文化史上也是少见的。从汉字教学的角度说，适当、适时地从文化的角度给外国汉语学习者展示汉字形体演变之美，当是大有裨益的。

其次，汉字作为世界上目前硕果仅存的义素文字，有着完全不同于拼音文字的结构特征，因而其作为书写符号的背后的文化价值，是值得我们高度重视的，也是我们民族独特的文化传承基因的体现。拼音文字是按照一定的语音规则用字母或符号拼写出来的，可以说其文字结构是单一的线性结构，文字与语音相关联，而不直接与意义相关联；但汉字的情形却不同，汉字是以象形为基础，以指事、会意为辅助，以形声为主体的一套完整的符号体系。即使在现代汉字中，这种以意义为造字基础的结构体系也完整地保留下来。据统计，现代汉字，形声字占90%左右，这一汉字的基本面充分显示了汉民族在创造汉字时的高度智慧：表音和表意兼而有之，从而造就了汉字形音义统一体的独特品格，一字一音一义，已成为汉语结构当中最基本的元素。因此，把汉字放在形音义三维结构中来对待，其作为书写符号的文化价值便一目了然。从汉字文化教学的角度说，做足汉字形音义三维结构的文章，一定会使我们的汉字教学有别样的气象。

再次，汉字方块状的形体结构，也造就了汉语独特的诗词文化。由于汉字存在一个汉字一个音节一个语素（单音词）的基本配置，从而为汉语的诗词文化提供了天然的书写优势：可求对仗工整，如格律诗、汉赋等，亦可求长短错落，如词、小令等。这种基于汉字独特方块结构而形成的诗词表达的形式美，在世界语言的诗文中也是非常难得一见的。再有，由于汉字的方块形体，造就了其在书写上的多向顺序：从左到右、从右到左、从上到下等，这就给汉字提供了非常自由的书写空间。

（三）汉字字义所蕴含的文化价值

汉字是义素文字，不仅具有强大的文化凝聚功能，而且在其形体当中，也蕴含了多重字义信息，而这些字义信息在相当程度上体现了汉民族社会早期对世界的认知观念，也就是某种文化价值信息。总体而言，汉字所包含的文化价值信息不外乎有物质文化、精神文化两个层面。

汉字字义所蕴含的汉民族社会的物质文化信息，指汉字在造字之初就体现出汉民族对物质世界的基本认识。如汉字“禾”，本来指“稷”，就是谷子的样子，在汉字中，以“禾”为形旁的汉字（稷、稼、秕）大多与农植物有关，反映了汉民族社会早期农业文明的基本状态。汉字字义所蕴含的汉民族社会的精神文化信息，指汉字在造字之初就体现出汉民族对精神世界（思维、思想、价值、观念）等的基本认识。如“思、怒、志、念”四个汉字，都以“心”为形旁，表明古代汉民族社会把这四个概念都归结为与“心”有关的心理活动的认识。总之，汉字由于直接与意义相关，因而其字义所蕴含的文化信息是极为丰富的。如能适当结合汉字字义所蕴含的基本文化信息来开展对外汉字教学，那一定会赢得学习者的欢迎。

（四）汉字书法艺术

谈到汉字文化，不能不说汉字书法艺术。汉字在漫长的演变发展的历史长河中，一方面起着交流思想、传承文化等重要的社会功能；另一方面，汉字在起源之初，尽管简单而又混沌，但已经具备了一定的审美情趣，可以称为“史前艺术”。汉字书法始于黄河中游的仰韶文化时期的甲骨文，历经数千年的发展，从图画、符号到创造、定型，由古文大篆到小篆，由篆而隶、楷、行、草，各种形体逐步形成，逐渐产生了世界各民族文字中独一的、可以独立门类的书法艺术。不同时期的书法艺术都表现着不同特定时期的社会经济发展和人们的价值取向。

书法在中国文化中占有突出的地位。中国各地的楹联、牌匾、碑文等要由著名书法家书写，过去的帝王将相也爱用书法题字。中国人有所谓“字如人形”的观念，即从书法的形态看人的内在品格。在国家重视中国传统文化和推动中国文化“走出去”的大背景下，书法作为中国传统文化之一的现代教育，必然会得到长足的进步。

教学实践表明，在对外汉语教学第一或第二课堂上，适当适时增设一些汉字书法体验课程或书法理论课程，对促进外国学习者增强对汉字理据性、审美功能性和文化传承性的认识是大有好处的。教给学习者一定的汉字书法鉴赏能力、一定的书写能力（硬笔和软笔）及一定的书法理论修养，可以使我们的对外汉语教学内涵更加丰富而深刻，也会使外国汉语学习者能更加深刻地体验和体会到博大精深的中华文化。

四 对外汉字教学规律的探索

汉字系统本身的复杂性和外国学习者汉字认知和学习的规律与特点，决定了汉字教学在整个对外汉语教学中的重要地位。对于外国学习者来说，汉字学习是一个相当困难而漫长的过程。拼音文字除了学习几十个字母和为数不多的一些拼写规则之外，几乎不用花费什么时间来专门学习文字。而汉字则不同，它不仅是一个需要专门学习的知识系统，更是一项需要专门训练的技能。它同对外汉语语音、词汇教学相伴随，相交叉，形成一种错综复杂的关系。数十年来，人们一直在探讨汉字与其他语言要素之间的教学关系。从某种意义上讲，对汉字如何认识和处理，关涉到整个对外汉语教学理论体系建构的重大问题。这也是对外汉字教学规律探索的重要方面。

（一）对外汉字教学的教学目标

概括地说，对外汉字教学的教学目标是培养外国学习者的汉字能力。根据施正宇（1999）的阐述，汉字能力指用汉字进行记录、表达和交际的能力，包括写、念、认、说、查五个要素。其中，写、念、认各以汉字的形、音、义为理据，是成就汉字能力的基础要素，属本体范畴；说和查是以熟练掌握汉字的形、音、义为基础，来称说和使用汉字，是写、念、认诸要素在应用领域的延伸，属应用范畴。具体地说："写"就是书写，是在向量特征的规定下正确书写符合汉字拓扑性质的字形，并使之达到正字法的要求。"念"指根据汉字形体所提供的信息，准确地念出它所承载的字音，是根据个体字形所提供的语音信息念出一个音节或一串音节。"认"是根据字形提示的意义信息，辨认并区别字义与词义。"说"即称说，指用已知的有关汉字形、音、义的知识来称说未知的字形，简言之，就是把字说给别人听。"查"即指汉字、汉语工具书查检、使用，包括用笔画（含笔顺）、部首、拼音等排序方式进行检索、查看。

从汉字教学的实际来看，在写、念、认、说、查五项能力的培养中，查的能力培养是最为薄弱的环节。目前有关汉字、汉语工具书检索的教学几乎是空白。许多外国学习者都是无师自通地使用按英文字母顺序排列的拼音检字法。音序检索的前提是已知字音，但见形而不知音、义却是学习者学习过程中首先遇到的问题，音序法对此无能为力。当前亟须规范音序、形序、义序的编排方式，特别是形序的取部位置和归部原则，以及字形简化、字义演变后义序的立部原则，这样才能有助于达到快速、准确检索的目的。

汉字的定序是一个亟须深入研究的问题。拼音文字通过字母表确定字母的顺序，简单明确。而汉字字数繁多，又缺少完备的表音符号，建立字序十分困难。目前最常用的字序有两种，就是部首法和音序法。部首法是传统的字序法，从汉字的字形着手，把具有相同偏旁的字归并为一部。对外国学习者来讲，部首法繁难得很。音序法是根据字的读音来排定字序。当前使用最广的音序法是汉语拼音音序法。按照汉语拼音字母表里字母的顺序排列字母的先后。同音字再根据笔画数的多少由少到多排列。笔画数相同的按起笔的笔形横、竖、撇、点、折顺序排列。起笔笔形相同的，按照第二笔笔形，依次类推。音序法简明严谨，不会出现模棱两可的情况，使用起来也比较方便。不过，使用这种查字法一定要能读准字音，读不准字音就无法查到。

汉字、汉语工具书的使用，是建立在写、念、认等能力基础之上的，使用过程中检索方式的选择以及检索效率的高低，是对学习者汉字能力的综合考查。从实际情况来看，适合于外国学习者，尤其是适合于拼音文字背景学习者的准确、高效的汉字检字法尚待研究。令人欣慰的是，随着计算机多媒体技术的日臻成熟和完善，《多媒体汉字字典》的出现给对外汉字教学带来了新的生机。《多媒体汉字字典》采用音、形、动画的多媒体形式解说《汉语水平词汇与汉字等级大纲》甲级汉字 800 个、甲乙级词汇 5000 余个。点动鼠标，就可以得到有关该字各方面的多重信息。拼音、笔画数、部首等多种检索方法，也可适应不同使用者的需求。这对更新汉字教学观念，改进汉字教学方式和手段，是很有益的。

（二）探索语与文的相互关系

汉字教学，在对外汉语教学的总体设计中究竟放在什么位置？怎样处理语音、词汇、语法与汉字的关系？怎样处理口语和汉字阅读的关系？什么时候教汉字、怎样教汉字效果最好？这一系列的问题都是对外汉字教学需要解决的根本性问题。根据李培元、任远（1986）的介绍可以看到，对外汉语教学界就汉字教学与口语教学的关系曾进行过多次尝试，从中不难看到对外汉字教学的艰巨性与复杂性。

1. 先语后文

1950 年，对外汉语教学刚刚起步时，基本上采用“先语后文”的办法，也就是在五六个月内，学习者只接触拼音（威妥玛式注音法）而不接触汉字，在学习者掌握了几百个生词以后，才开始同时学习汉字。经过一学年的试验发现，这个方法虽然在初学阶段分散了难点，但是后期学生在学新词的同时，既要学新的汉字，又要补学旧的汉字，实际上是集中了难点。到了 1951 年，对外汉字教学借鉴祁建华的速成识字法，重新试验“先语后文”的办法，在学完七八百个单词和基本语法以后，不讲新课，停十来天，专门突击学过的单词所包含的汉字。由于汉字不是外国学习者的母语文字，加上学习汉语的时间很短，因而这种方法会导致外国学习者汉语生词、语法的回生，集中认写汉字也非常困难。

2. 语文并进

“语文并进”法，即在语音阶段先教汉字的基本笔画以及笔画较少、构字能力很强的部件。从学习语法、课文开始，一方面进行听、说训练，一方面同时要求学习者认、写汉字。这样做的好处是：第一，较早地教汉字，符合学习者尽早接触汉字的心理需求；第二，均匀地分散学习汉字，有利于学习者记忆；第三，有利于把听、说、读、写看作是有机的相互促进的整体。“语文并进”法所带来的问题是，汉字教学完全从属于课文和单词，打破了汉字本身的系统性和内在规律，不利于学习者尽早形成对汉字的理性认识。这也说明，正确对待和处理汉字教学的相对独立性，也是一个非常重要的理论问题。

3. 拼音汉字交叉出现

针对“语文并进”法的缺点，为了使汉字的出现次序符合汉字本身的系统性，1975 年，对外汉字教学曾试验过教材用拼音加汉字、使拼音与汉字交叉出现的办法。即生词与课文中只出现本课计划教授的以及已学过的汉字，其余的使用拼音。这种办法最主要的好处是可以有效控制所出现的汉字。这显然要比课文中包含什么字就出什么字的办法好得多。但是这种方法也有问题，一是拼音汉字交叉出现并不符合汉语实际应用的需要，二是实际操作的难度比较大。

4. 听说与读写分别设课

“语文并进”必然形成“语文一体”的教学体系，就是学说什么话，就教写什么汉字，语言与文字、听说与读写同步前进。这样的教学体系，不仅不能按汉字的结构规律出汉字，而且由于汉字难学，听说训练也受到了很大影响。1975 年，对外汉语教学进行了听说与读写分别设课、分开教学的实验。语音阶段（两周）只出现拼音，不出现汉字，课上除教拼音方案外，主要是听说训练。语音阶段结束后，开始增加读写课，听说课和读写课的比例是 3 ∶ 1。听说课教材开始以拼音为主，同时出现读写课上学过的汉字，没有学过的以拼音代替，或用拼音为生字注音，听说课后期的教材则过渡到全部使用汉字。读写课初期的教学重点是汉字，所用的单词和句型都是听说课学过的，但教学内容不需要与听说课完全一致。后期的读写课，逐步过渡到大量阅读和写作训练。这种做法可以加强听说训练，也可以有计划地出现汉字。这一教学安排带来的主要问题是，两种相对独立的课型如何相互联系，紧密配合，如处理不好很容易产生脱节。

在对外汉语教学的整体安排中，汉字教学占有如此重要的地位，它与口语教学关系如此复杂，恐怕在世界第二语言教学领域也是极为少见的。如何准确把握汉字教学的相对独立性，同时又把汉字教学同口语教学、听力教学、阅读教学、语法教学等有机融为一体，的确是需要研究的一个重大理论问题。

（三）法国“字本位”教学法

在国际汉语教学领域，把汉字的作用推到极点并从汉字出发确立汉语教学的起点和思路的，当属法国白乐桑所倡导的“字本位”理论。其代表作是《汉语语言文字启蒙》。这部由白乐桑与张朋朋编写、法国 La Compagnie 于 1989 年出版的初级汉语教材，力图体现汉语字与词关系这一特点，循汉语之本来面目进行教学。因此，该教材使用的可称为“字本位”教学法。

白乐桑提出：“汉语的一个重要特点是，其汉字是表意文字，个体突出，以单字为基础，可以层层构词。”他的这种“字本位”思想，是以“字”为汉语的基本结构单位，认为“字”是汉语教学的起点。突出体现在字的书写、理据、扩展三个环节上。字的“书写”，在字表中有每一个字的跟随式笔画序列字；在正文中有手写体课文字帖。字的“理据”包括两方面，一是合体字的部件组合，一是古代表意性比较明显的汉字或偏旁的形体，以及所表示的意义。字的“扩展”是“以单个汉字为基础可以层层构词”。通过字与字的组合，让学习者在学会一个一个词语的同时，学会词语的组合原则和语义的聚合群，在有限的汉字基础上提高开放式扩展词语的能力，以及能动地把握汉语语义的能力，力求学习者做到在不同的语境下仍能凭借字释词辨义。

《汉语语言文字启蒙》把这种“字本位”的思想贯彻在教材的各个方面。这本教材从介绍汉字的概貌开始，其中特别突出了汉字的笔画。正文之前列有两个可以称之为“字本位”的“本原”表：汉字偏旁表——作者从现代字典部首中选择排列了92个有意义的偏旁，用法语逐一说明这些偏旁所表示的语义类别；400字字表——这400个常用字，根据作者统计，占常用字的66.27%，教材用字限制在这400字之内。作者在正课之前介绍“笔画—偏旁—常用字”，这样一种排列顺序，显示了一种书写逻辑——汉字是由小到大，由部件组合而成的；同时又不是简单的书写逻辑，其主线是语义逻辑，即汉字是有意义的结构单位。这正是“字本位”思想的主旨。

白乐桑的“字本位”汉语教学思想，把“汉字”放在汉语教学系统的突出位置，把它当作汉语教学的起点和一种思路，是对汉字和汉语教学特殊关系处理的一种尝试。作为西方学者所提出的这种教学思想和思路，其中合理的成分值得我们吸收与借鉴。

（四）现代信息技术对对外汉字教学的作用

现代信息技术，包括多媒体技术、互联网技术、云端技术等，已经相当程度上改变着人们的学习和生活方式。现代信息技术对对外汉字教学的影响和作用，已成为我们必须面对和深入探索的重要课题。一方面，现代信息技术在很大程度上减少了我们在传统纸媒上认读和书写汉字的机会；另一方面，现代信息技术给对外汉字教学和研究提供了新手段和新平台。

概而言之，现代信息技术能在以下方面为对外汉字教学提供帮助：多媒体技术能够完整、细致地展示汉字形音义多方面信息，给学生提供直观的学习素材；信息处理技术能够把汉字的笔画、偏旁、部件、结构等信息加以分解和整合，形成汉字集群信息数据库，从而便于学生随时随机地调用学习；互联网技术有利于建立移动网上汉字学习平台，从而提高人—机和人际的互动学习效率；现代数字墨水等技术能够大样本地将学生书写汉字的过程进行完整的记录，这非常有利于汉字习得研究；大数据技术有助于大规模汉字学习过程的各种数据整理、挖掘和有效利用，从而建立科学实用的汉字教学模型。

将现代信息技术用于汉字教学，目前总体上还处于理论探讨的阶段，但是在不久的将来，它一定会进入并改变对外汉字教学的模式与方法。作为对外汉语教师，必须要有利用现代信息技术服务和改进对外汉字教学的信念，同时更要学习并掌握一定的现代信息技术，能够开展基于现代信息技术的汉字教学实验，从而提高对外汉字教学的效率。

思考和练习

1. 汉字的形声字占优势能够说明汉字具有直接的表音功能吗？
2. 汉字文化圈内外的学习者，对汉字的认知差别在什么地方？
3. 如何处理汉字教学与语音教学、词汇教学和语法教学之间的关系？

主要参考文献

国家汉语水平考试委员会办公室考试中心《汉语水平词汇与汉字等级大纲（修订本）》，经济科学出版社，2001。

李培元、任远《汉字教学简述——对外汉语教学发展史之一章》，《第一届国际汉语教学讨论会论文选》，北京语言学院出版社，1986。

卢福波《语法教学的基本原则与操作方法》，《语言教学与研究》2008年第2期。

鲁健骥《中介语理论与外国人学习汉语的语音偏误分析》，《语言教学与研究》1984年第3期。

鲁健骥《外国人学习汉语的词语偏误分析》，《语言教学与研究》1987年第4期。

鲁健骥《外国人学汉语的语法偏误分析》，《语言教学与研究》1994年第1期。

鲁健骥《对外汉语教学思考集》，北京语言文化大学出版社，1999。

梅立崇《汉语国俗词语刍议》，《世界汉语教学》1993 年第 1 期。

施家炜《外国留学生 22 类现代汉语句式的习得顺序研究》，《世界汉语教学》1998 年第 4 期。

施正宇《论汉字能力》，《世界汉语教学》1999 年第 2 期。

王碧霞等《从留学生识记汉字的心理过程探讨基础阶段汉字教学》，《语言教学与研究》1994 年第 3 期。

王还《对外汉语教学语法大纲》，北京语言学院出版社，1995。

王建勤《“不”和“没”否定结构的习得过程》，《世界汉语教学》1997 年第 3 期。

肖奚强《外国学生汉字偏误分析》，《世界汉语教学》2002 年第 2 期。

赵金铭《简化对外汉语音系教学的可能和依据》，《语言教学与研究》1985 年第 3 期。

赵金铭《对外汉语教学的三个阶段及其教学主旨》，《世界汉语教学》1996 年第 3 期。

赵金铭《汉语研究与对外汉语教学》，语文出版社，1997。

赵金铭主编《新视角汉语语法研究》，北京语言文化大学出版社，1997。

赵金铭主编《语音研究与对外汉语教学》，北京语言文化大学出版社，1997。

第九章　现代教育技术与对外汉语教学

现代教育技术在电子技术、传播技术和信息技术等现代科学技术的影响下，已经发展成为一门新兴的学科，并对整个教育产生了影响。

美国教育传播与技术协会（Association for Educational Communication and Technology，AECT）在1994年发布的有关教育技术的定义为：教育技术是对学习过程和教学资源进行设计、开发、运用、管理和评估的理论与实践。2004年，该协会又给出了新的定义：教育技术是通过创造、利用和管理合适的技术性过程和资源，以促进学习和提高绩效的研究，及符合伦理道德的实践。2017年，在该协会的学术年会上，学者们围绕“引领学习的变革”（Leading Learning for Change）展开了交流和讨论，全方位地展现了教育技术领域的研究现状与未来发展趋势，也预示着教育技术在未来教育中的重要作用。学者们一致认为，当前教育技术研究的重点，已经从对新兴技术的关注与使用，逐渐转向对教学及学习本身的反思。

现代教育技术的研究内容包括教育对象、教育内容、教育方式、教育场所与时间、教育资源、教师发展和教育体制等，涉及教育的各个方面。提高教学质量、提升学习效率和解决教学中的实际问题，既是教育工作者关心的重要问题，也是教育技术工作者关心的核心问题。

第一节 计算机辅助语言教学

一 计算机辅助语言教学概说

（一）基本概念

计算机辅助教学（Computer-Assisted Instruction，CAI）从广义上讲，包括用计算机辅助制定教学大纲、编写教材、教学，开展测试和管理等。狭义的“计算机辅助教学”是计算机应用的一个方面，专指“教学”。它是“利用计算机辅助教师教学，以对话的方式与学生讨论教学内容，安排教学进程，进行教学训练的方式与技术”（张效祥，1998）。CAI常通过计算机软件系统来实现，被称为“计算机辅助教学系统”。一般所说的课件（courseware），指用来存储、传递、交换、解释、处理教学信息，并对它们进行选择、评价和控制的教学程序（软件），是CAI的一种表现形式。专门用来设计制作CAI的软件，也叫CAI开发工具。

教学活动中，随着从教到学认识的转变，CAI的名称也逐渐转变为CAL（Computer-Assisted Learning，CAL）。国际上通行用CALL（Computer-Assisted Language Learning，CALL）作为计算机辅助语言学习的简称。现在，计算机辅助语言学习已经成为应用语言学一个新兴的、正在迅速发展的分支。

CAI系统具有直观性、个别化、保护性、自由性、公平性等优越之处，但也存在软件设计、技术水平等方面的局限性。

（二）研究内容

语言教学许多领域的研究都离不开计算机的支持，随着计算机的普及和相关技术的成熟，计算机已不再只扮演教学“辅助者”的角色，而发展成教学与学习的基础。

1. 计算机辅助教学大纲制定

计算机技术在汉语教学领域广泛而深入的应用，促进了汉语、汉字以及对外汉语教学的理论研究，为各类汉语教学大纲的制定提供了科学的依据。

例如，《汉语水平词汇与汉字等级大纲》《汉语水平等级标准与语法等级大纲》《汉语国际教育用音节汉字词汇等级划分》等，都是面向对外汉语教学并运用定量统计与定性分析相结合的方法研制出的。

2. 计算机辅助教材编写

计算机辅助教材编写，不仅可以分析和控制字、词、语法点、功能项目与文化项目的选取与复现率，还可以提高教材编写效率。比如，参考语料库确定语言项目的排序、选择用例；利用计算机自动标注拼音、生成词表等。

在新的技术条件下，教材的形态（包括载体、组成和结构等方面）不断变化，人们对教材的认识和使用也逐渐发生变化。

3. 计算机辅助教学

计算机辅助教学的基本类型有操练与练习型、个别指导型、对话与咨询型、游戏型、模拟型等。在具体的汉语计算机辅助教学设计过程中，可以根据教学内容的需要和教学目的的要求，以及学习者的特性，有选择地使用以上各种类型。

计算机辅助教学可以用于课堂教学、课下学习和自学：（1）在课堂上运用 CAI，可以通过综合运用各种媒体，起到提示、启发、帮助理解、提高兴趣等方面的作用，弥补传统教学手段的不足；可以利用网络资源，补充语言教学材料。其形式可以是全班同学面对一个与计算机相连的大屏幕上课，也可以是由一台教师计算机控制每个学生的终端机上课。（2）在课下运用 CAI，可以让学生对课堂内容进行更多的、进一步的、有针对性的听说读写训练。例如，教师在课堂上讲授了“把”字句，课下学生就可以利用教师所发放的课件进行“把”字句的练习。这种方式一方面可以弥补因课堂时间有限造成的只有部分学生获得练习机会的缺憾，另一方面可以对课堂教学内容进行巩固训练。（3）在自学中运用CAI，可以不受时间、空间的限制。应用于自学的CAI课件具有比纸版本教材更详尽的讲解，更丰富的声音、图画、动画或视频手段，既有练习，又有测试，甚至还有个别化教学指导。

4. 计算机辅助语言测试

利用计算机进行语言测试为实现测试的标准化奠定了基础。测试的标准化要求对大量的试题就其代表性、适用性和科学性进行客观分析。测试标准化的基础是建立有一定规模、按一定结构储存、标注了属性的数据（如试题）。试题库管理软件的使用不仅可以调用库内数据生成试题或试卷，还具备对各种考试的结果和具体试题回答情况进行分析，以及根据分析结果修改或补充试题的功能。计算机化语言测试还涉及自动阅卷、测试成绩归档和其他一些试卷分析及测试管理方面的相关配套项目。

2010年起，国家汉办／孔子学院总部在中国的上海、北京等城市，以及美国、加拿大等地进行汉语网络考试的试点。新HSK网考支持在线发放试卷、在线作答全部题型、网络回传考试作答数据，整个考试过程实现了无纸化操作。计算机辅助第二语言评估的研究还有许多课题有待继续，比如从真实语料中自动生成试题、利用计算机在虚拟环境下开展对语言运用能力的评价等。这些都是未来计算机辅助语言测试的研究目标。

5. 计算机辅助教学管理

计算机化教学管理主要包括教学资料管理、教学和学习信息管理。这些管理实质上是建立某种目的的数据库，如教学资料库、学生信息库和学习分析数据库等。利用计算机的快速、自动检索和图表处理功能，可以提高管理工作的效率和准确性。同时，新技术的应用将会改变教学管理、教学考核评估的模式和教学过程，使之更加科学、合理与高效，并有利于教和学的信息关联，发现与教和学相关的因素。

二　计算机辅助语言教学的理论基础

计算机辅助教学的设计和应用需要理论的支持与指导。考察计算机技术的发展和外语学习理论的发展，我们不难看出：计算机技术的发展为计算机辅助语言学习创造了良好的环境；同时，外语学习理论的发展又为计算机辅助语言学习提供了理论支持。

（一）行为主义学习理论

早期计算机辅助教学以行为主义理论为基础。这种理论强调学习的起因源于对外部刺激的反应。学习者在语言环境中接受语言输入，通过机械性的语言操练，形成语言习惯。与之相应的CAI设计是按教学单元进行的，先确定学习目标，然后根据目标设置几个学习路径。学生通过CAI软件学习并练习语法、句型，掌握陈述性知识。早期汉语计算机辅助教学主要以行为主义为理论基础，主要原因是它易操作，容易在计算机上模拟和实现。

（二）认知学习理论

20世纪80年代，人工智能技术兴起后，心理学家的地位越来越重要，计算机辅助语言教学越来越重视认知学习理论，重视交际能力的培养。因此，在认知学习理论指导下，计算机辅助语言教学特别重视交互，通过设计互动练习，帮助学习者在语言场景中掌握语言形式的使用。相信当汉语认知理论、语言学习理论的研究与实践取得丰硕成果的时候，汉语计算机辅助教学便有了可参照的依据和模型。

（三）建构主义学习理论

建构主义学习理论强调学习者的主动性、建构性，提出合作学习和情境化教学思想，弥补了交际式计算机辅助语言教学以知识传递和辅导为中心缺乏协作的弊端。20世纪90年代中后期，多媒体技术和网络技术的迅猛发展，为这一理论的具体实施创造了条件。计算机辅助语言教学设计借助网络环境开展协作式学习，使学习者通过技术平台在目的语环境中进行交互学习。

计算机辅助语言教学具有复杂性和系统性。它的理论基础还包括语言传播理论和系统论。根据语言传播理论，可以探讨汉语知识传播中如何进行有效的编码、如何创造情境以及如何顺利解码。根据系统论，可以从多维角度全面把握教学中各环节、各相关因素，优化计算机辅助教学系统设计。随着技术及相关理论的发展，计算机辅助教学在扩大教育规模、提高教学效率、降低教育成本方面将发挥更大的作用。

三　计算机辅助语言教学系统设计的基本原则

汉语计算机辅助教学系统是一个由硬件、软件组成的计算机应用系统。计算机硬件方面，除了包含基本的多媒体配置外，还需要满足汉语教学的特殊需要，如配备汉字书写设备。计算机软件方面，包括基层的操作系统及其与汉语教学有关的软件技术，如图形软件、语音识别与合成技术、汉字手写识别技术、人工智能技术等。计算机辅助语言教学系统的设计是其开发和应用的前提。符合教学基本原理的设计，才有可能产生好的教学效果。

进行系统设计时，在教学内容与形式方面，应该遵循一些基本原则。

（一）教学内容方面

第一，教学内容要正确、规范。CAI 的内容可能包含文字、声音、图片、动画或录像等多种媒体形式。无论是哪种媒体都有其行业标准。比如，汉语发音应符合普通话标准；拼音标注应符合《汉语拼音方案》和《汉语拼音正词法基本规则》；汉字书写应依据《现代汉语常用字笔顺规范》。

第二，媒体素材要有效。CAI 中包含的媒体素材并不是越多越好，也并不是越复杂越好。媒体素材的有效性包括：素材运用要恰当，不可滥用，以免喧宾夺主；运用素材的目的要明确，不能有二义性，不能引起混淆；素材的质量要符合教学要求，字体、音质、画质、录像要有一定的清晰度；文字解释要尽可能做到易懂，如采用对比的手法或表格的形式；图标要直观，含义要明确，最好能提供在线帮助；解说速度按教学需求设置，等等。

（二）教学形式方面

第一，教学形式要体现交互性。交互性代表了传统媒体和现代媒体的根本区别，是计算机辅助教学的重要特征。它的作用是使学习者能够融入所提供的学习环境，自由地选择学习内容和学习进度。交互的关键是引导学习者主动参与各种学习活动。另外，交互方式要恰当，且要简洁、明确，不要给使用者在操作上带来困难。交互的形式有多种，应根据具体内容和教学需要选用。因此，计算机辅助教学系统中的功能说明、导航系统、建议学习程序或提示信息也很重要。

第二，教学形式要与教学内容相互匹配，体现出语言知识和技能的特性。也就是说，特定的教学内容需要以特定的教学形式配合技术手段来呈现。当然，这还有赖于相关基础研究的进展，比如语言知识表达研究。

为了保证 CAI 系统的质量和有效性，还应进行系统评估。系统评估必须确定评估的内容、原则与标准。一个成功的计算机辅助教学系统应该为学生提供一个良好的学习环境。它能综合应用多媒体、超文本、人工智能等计算机技术，克服传统教学方式单一、片面的缺点，实现教学目标的最优化。

事实上，汉语计算机辅助教学的效果不仅有赖于 CAI 系统的质量，也会受到来自教师、学生以及教学环境等各方面因素的影响。因此，有必要对影响计算机辅助教学效果的各种因素进行考察和分析。首先是教师因素，包括教师对使用计算机辅助教学的态度和能力、采用的教学方法等；其次是学生因素，包括学生的学习动机、学习方法、使用计算机的能力等；另外，还有环境因素，包括汉语计算机辅助教学的质量、社会的需求和认可度、使用环境等。在相关因素分析的基础上，设计出有利于计算机辅助教学的整体环境。

四　汉语教学中文信息平台

20 世纪 70 年代，以计算机为核心的现代科技，并不能直接为汉语教学服务。到了 80 年代，计算机界和语言文字学界对汉语、汉字进行了规模空前的深入统计、分析、整理、研究和探索，取得了丰硕的成果，也为之后中文信息处理技术的发展奠定了基础，同时也开启了在对外汉语教学和研究中应用现代科技的先河。

计算机用于对外汉语教学与研究，最基本的条件是应具有中文信息处理环境，也就是人们常说的中文信息平台。另外，对外汉语教学可能涉及多文种平台，即能同时处理两种或两种以上语言的操作系统。

中文信息平台的输入和输出技术都直接关系到汉语教学的应用。以汉字输入方法为例，在计算机上输入汉字，是汉语信息处理的第一步，也是汉语学习者使用文字进行交互的基础条件。如何把汉字输入到计算机中，是汉语自然语言处理和使用汉字交互时需要解决的首要问题。目前，汉字输入法大致可以分为键盘输入、模式识别输入和多渠道输入等方式。这些输入法各有千秋，有些方法可以在汉语教学中发挥作用。（1）利用“拼音—汉字转换法”可以训练学生正确地掌握汉语拼音。比如，当输入的拼音不正确的时候，计算机屏幕上就不会出现所要的汉字。（2）利用“手写输入法”可以训练学生正确地掌握汉字的笔画和笔顺。比如，通过联机识别能判断学生书写汉字时的笔画和笔顺是否正确，如果不正确，计算机就不会显示该汉字；更进一步，如果整个汉字最终书写正确，而其中的笔画或笔顺不正确，也应该给出相应的提示信息。（3）利用“声音输入法”可以训练或纠正学生的发音。比如，人们希望使用语音识别技术来判断汉语发音的准确性，声调的正确性，乃至词语、句子的正确性。人们还希望语音识别技术有一定的模糊度，即首先能“听懂”或“理解”外国人说的话，然后告知发音是否准确，声调和语调是否正确。

五　汉语教育技术发展历程

汉语教育技术经历了 40 多年的发展，取得了阶段性成果，也积累了一些经验。

（一）汉语计算机辅助教学受到同时期科学技术和外语教学法及中文信息处理技术的共同影响

汉语计算机辅助教学经历了几十年的发展，回顾这一历程，我们可以把它划分为开创和起步阶段、发展阶段，以及当下广泛应用的新时期。其间的发展受到多方面因素的影响，并且这些因素是同时作用的。

第一，来自技术方面的影响，体现为汉语计算机辅助教学伴随技术的发展而发展。早期的汉语 CALL 在电脑终端上运行，屏幕是黑白的，人机交互只能靠键盘，且受电脑的运行速度、存储空间和分辨率的限制，呈现出来的汉语教学信息比较单一，符合教学需要的交互方式也很少；进入多媒体和网络时代后，通过多媒体方式呈现汉语教学所需要的信息、开展多样化的人机交互成为可能。网络技术改变了原有的教育教学形式，可以满足不同学习者的不同学习需求，如不受时空限制、可以利用优质共享资源，使得外语个性化学习和协作学习成为可能。

第二，受到同时期外语教学理念和方法的影响。如早期的教学系统设计受到当时行为主义思潮的影响，注重操练和机械练习；之后又受到交际法的影响，教学系统设计中注重通过情景、任务和活动形式以交互方式来实现教学目标，它强调的是语言形式的运用，而非语言本身。

第三，受到同时期中文信息处理技术的影响。20 世纪 80 年代，中文信息处理中词语检索和分词技术便应用到了汉语 CALL 设计中，如给学习者提供带间隔的文本、统计教材中生词的复现率等；平行语料库技术开始应用于阅读、写作和翻译教学。

（二）以技术为标志的汉语计算机辅助教学各阶段的代表作

有文献记载的第一个成型的汉语计算机辅助教学系统，是由郑锦全于 1972 年在美国伊利诺伊大学香槟分校研发的 PLATO 系统。该系统包括汉字笔顺、汉语发音和汉语阅读理解等部分的课程。到了 20 世纪 80 年代，汉语教学界面向汉语教学和研究最广泛和最基本的需要，建立语料库并利用人工分词与计算机统计字、词频率相结合的方式，出版了《现代汉语频率词典》。

90年代，汉语教学界不仅利用汉语本体语料库开展汉语教学研究，还建立了大规模汉语中介语语料库（储诚志、陈小荷，1995），这使得多方面、成系统地对汉语作为第二语言学习和教学理论进行研究成为可能；1997年，中国对外汉语教学学会秘书处发布了在对外汉语教学界应该充分利用现代科技，在传统教材基础上研制多媒体教学软件，加强对外汉字教学的建议，《多媒体汉字字典》（郑艳群等，1999）应运而生，被认为是“顺应世界潮流，应用当代技术”，“融字典、词典和对外汉语教材为一体，开创教材新媒体”的成功尝试（赵金铭，2000），该字典特别设置了笔画数和部件检索，便于外国人使用。进入21世纪，陆续涌现了许多汉语教学网站，如谢天蔚于1997年创建了“在线学汉语”网站（http：//www.learningchineseonline.net），它是以北美为主的面向世界汉语教学教师和学习者的互联网门户网站。日本早稻田大学砂冈合子教授成功地实践了Tutorial远程汉语口语教学。2014年9月，北京大学对外汉语教育学院制作的《中文入门》正式在Coursera平台上线，成为近年来汉语网络教学领域的重大事件。

汉语计算机辅助教学的实际应用远比文献记载的要多，但是重要的应用和思考都会体现在文献资料中。不仅如此，有些文献中体现出的观点应该成为阶段性汉语计算机辅助教学系统设计的指导思想，有些超前于技术时代的教学设想至今仍有指导意义。比如，陈明远（1982）提出用形式语法描述汉字；王方宇（1986）提出智能化自动机器教学构想；张普（1991）论述了汉语信息处理技术与对外汉语教学结合的必然性、必要性和可能性；仲哲明（1999）认为，现代教育技术的运用必将导致教学模式和教育思想观念的深刻变革；郑艳群（2001）指出，无论是课堂上的网络还是网络上的课堂，都是传统教学理论和方法所无法胜任的，都需要有现代教育技术在理论和方法上的指导。

思考和练习

1. 什么是计算机辅助语言教学？它包括哪些主要研究内容？
2. 举例说明计算机辅助语言教学在汉语教学中的应用。
3. 分析影响汉语作为第二语言教学教育技术发展的各方面因素。

第二节　汉语多媒体教学

一　多媒体技术应用于语言教学的意义

多媒体既代表科技媒体技术，如电脑屏幕、投影仪等传播设备；又代表感官通道，如听觉和视觉；还代表呈现方式，如屏幕文本和动画 / 影像、打印文本和插图。

多媒体计算机技术被认为是继纸张、印刷术、电报电话、广播电视和计算机之后，人类信息处理手段的又一次飞跃。多媒体计算机技术的发展极大地改变了人们的生活方式，推动了许多相关产业的发展和调整，也使得计算机系统朝着人类接收和处理信息的最自然的方式发展，它为语言教学提供了强有力的技术支持。

汉语教学应用多媒体技术有其理论基础。汉语的声调、汉字的笔顺书写、词语的释义、语法教学中意义的表达和语用环境的表达等，应用多媒体技术符合人类认知和理解事物的感官和心理特征。汉语知识本身的特性决定了它的表达方式应该是多媒体化的，需要多媒体技术的支持。这正是汉语教学应用多媒体技术的意义。

多媒体技术应用于语言教学有多方面的作用，如节省板书时间，客观上增加了学习者练习的时间；增强直观性，易于理解；声、图、文、像结合，可以为语言学习提供多感官的输入；体现交际性原则，有利于培养语言交际能力。

二　汉语多媒体教学的理论基础

（一）汉语语言学理论

汉语语言学的研究成果可以为多媒体汉语教学所吸收和利用，多媒体技术应用的背后有其语言学和语言教学的规律。比如，在对外汉语词汇教学中，图片可以作为一种直观释义的手段。它不以揭示事物的性质为目的，而是根据成年人的特点，使目的语教学与学习者已有的背景知识建立起联系。多媒体汉语教学研究离不开基础理论研究。比如，通过归纳名词图片表达的基本方法及对 HSK 名词进行语义属性标注的基础上，可以发现不同语义类别的名词与图片表达方法之间是有对应关系的。这一结果可以为名词图片释义和名词图片素材库建设提供依据。

（二）第二语言习得与认知理论

第二语言习得研究中的一个重要内容就是从外部因素解释第二语言习得机制，以及输入、交互对第二语言习得的作用。克拉申的“输入假说”强调大量的、可理解的输入对语言获得的重要性。理解语言离不开语境，当语境与话语的关系密切时，理解就容易发生。因此，由多媒体展现的直观形象的内容去了解语言点的形式、所要表达的意义和使用条件，与单纯用言语形式讲解和文字描述相比，可以达到事半功倍的效果。比如，汉语不同的环境、场合下打招呼的用语是不同的，因此可以通过典型的画面呈现并标注出打招呼的方式和常用语（如两人走在路上打招呼可以用“你好！”“吃了吗？”，在会场等场合打招呼用“你好！”“早上好！”“你来了？”等），甚至点击文字处可以听到发音，这样的输入方式便是高效的可理解输入。由于这些场景属于学习者已有的知识背景，其输入方式与几百字的有关“打招呼”的文字描述相比，易懂、易学、易掌握，尤其对于那些没有阅读能力或阅读能力有限的汉语学习者。

美国教育心理学家理查德·梅耶在《多媒体学习》（2006）中提出多媒体学习的认知理论，有助于指导我们更加全面和深入地认识学习者的认知过程，并进一步思考学习者的编码问题。比如，什么类型的汉语知识需要用什么样的多媒体或什么样的多媒体组合形式来表征。

（三）教育心理学理论

根据教育心理学理论，多种媒体的运用可以引发多感官刺激。下面几项心理学的实验结果有助于指导对外汉语教学中多媒体技术的应用：人类是通过眼、耳、鼻、舌、身这五种信息通道来完成对信息的获取的；人类各种感觉器官的功能作用是各不相同的，其中，通过视觉获得的知识的比率占绝对优势，其次是听觉、嗅觉、触觉和味觉；对于同样的教学内容采用不同的教学方式，学生获得知识所能保持的记忆量，无论是短时记忆还是长时记忆，都是不同的，视听并用比单用视觉或单用听觉的效果更好；在认识同一信息时，直接看实物所用的时间最少，其次是看图片，而用语言描述所用的时间最多。以上结果说明，充分调动学生的五种感官，特别是视觉，并且使视、听协同作用，能获得更好的教学效果。按照加涅（1999）的认知心理学理论，教学中应努力利用形象、直观的图形图像作为视觉表征，这一手段不仅可以帮助学习者建立起母语和目的语之间的关系，而且还是重要的记忆、存储、提取的编码手段。

多媒体技术应用于汉语教学，实现了声、图、文、像并用，顺应了语言教学的需求，符合人类的认知特点，是一种客观需要。然而，媒体运用的成功与否，还要看其设计是否能有效地运用教学理论，并准确地发挥媒体的特性。

三　汉语多媒体教学的一般方法

（一）汉语知识多媒体教学方法

利用多媒体开展汉语语言要素教学，把汉语的特性和教学难点用相应的多媒体技术手段表达出来，可以帮助理解，加强记忆，提高教学效率。比如，动态演示汉字的笔顺和书写过程；利用夸张的图示或延长发音时间的方式，强化展示发音方法和技巧；利用表格、色彩等区分和归类手段对近义词进行辨析；在语法教学中使用公式、符号等方式代替对句法结构的文字讲解；用静态或动态的图像代替例句的简单列举，展示其语义和语用含义，给学习者创造身临其境的语言使用场景。

（二）汉语言语技能多媒体教学方法

多媒体技术应用于汉语言语技能教学，可以丰富教学形式，使之与学习者实际的交际需要结合起来，更加有层次、有针对性地训练学生的各项技能。具体而言，常用方法包括视、听结合创造声情并茂的朗读环境，利用视频设置情境引导学生进行对话表演，利用超链接和互动技术训练学生的阅读技能，用动态的方式讲解如何划分段落、给段落写主题句、列提纲的写作方法和技巧，等等。

运用多媒体课件开展汉语课堂教学，首先要选择适宜的教学资源，并在此基础上对资源进行合理加工，使之与汉语知识的特点和汉语技能教学的需要相契合。在教学中应用多媒体技术应本着适时、适量和综合利用的原则。

近年来，多媒体语言教学呈现出丰富的形式，在电子图书、CD 和网络教学中，都有多媒体的身影。汉语教学多媒体化已经成为一种常态。多媒体汉语课堂教学研究一直在进行。包括多媒体技术给传统课堂教学模式带来怎样的变化，应用多媒体技术组织教学的优越性有哪些，开发新型教学资源的必要性和可行性方案，多媒体技术给传统的课程设置带来怎样的挑战，媒体的选择和应用问题，等等。

思考和练习

1. 结合实例，阐述多媒体技术在汉语教学中的作用。

2. 以实例分析应用多媒体技术开展汉语教学的理论依据。

3. 设计一个多媒体汉语知识或言语技能教学的例子，说明多媒体技术在其中的作用。

第三节　汉语远程教学

一　远程教学的基本概念、发展历程与现状

（一）远程教学的基本概念

远程教学是应人们学习和受教育的需求而产生的一种教学形式，其突出特点在于它可以突破时空限制，提供更多自由、便利、高效、低成本的学习机会。国内外许多学者与机构都曾给出远程教学的定义。联合国教科文组织2002年出版的《教师培训指导手册》对远程教学所下的定义为：一种教学过程，其中绝大部分的教学由在空间和时间上远离学生的教师进行。随着时代和技术的发展，远程教学的概念也在不断变化。现阶段远程教学的主要特征是基于网络技术传递和反馈教学信息，为学习者构建一个虚拟语言学习环境。

（二）远程教学的发展历程与现状

从科学技术应用的角度看，远程教学经历了函授、广播电视教学、现代远程教学等阶段。现代远程教学是在计算机技术、多媒体技术和现代通信技术等高新技术基础上诞生和发展起来的教育形式。

目前，世界各地许多学校已经开展或准备开展远程教学，通过构建数字化图书馆、数字化校园和网络大学（学院）来满足信息化社会全球高等教育和终身教育发展趋势的要求。就汉语远程教学而言，相关院校或机构不仅利用网络和远程电视会议等方式开展教学，还积极探索新的教学形式，如MOOC、微课、混合学习及翻转课堂等。面授教学与远程教学、线上教学与线下教学、群体教学与个别化教学、课堂教学与自主学习等方式，在“互联网+”时代呈现出多元融合的趋势。

二 汉语远程教学的形式及特点

（一）汉语远程教学形式的分类

从不同的分类角度，汉语远程教学可以划分为不同的形式。比如，按照信息的传输时效可以分为实时型与非实时型，按照学习模式可以分为以教为主型与自学型，按照组织形式可以分为集体教学与个别化教学，等等。

（二）常见教学形式及特点

1. 以网页为主的网络课件教学

网页一般有原始性和服务性两类。原始性的汉语教学网页是针对教学需要而设计的网上汉语课程，或针对汉语知识学习，或针对听说读写技能训练；服务性的网页是与各种汉语教学主页相连接的一种主页形式，可以为使用者提供方便。有些网页课件既包含了学习资料，也包含了相应的练习和测试。有的学校甚至把完整的汉语教材或课程制作成网络课件，学生在网页功能的提示下，通过与系统交互的方式学习汉语。

电脑网络技术发展迅速，以前的网页多以静态为主，现在动态网页越来越多，而且更新速度越来越快。但是，将学习材料搬到网上并不意味着就是有效的远程教育。目前网上的许多资料或课件多为辅助性的，可供学生在学习汉语的时候有选择地使用。如今，已出现让学生在网上进行语言学习并获得学分的情形，而这在以前相当一段时间内被认为是不可能的。

2. 通过电子邮件交流

通过 E-mail（电子邮件）交流，教师可以向学生发放教材、作业，并进行个别辅导；学生可用电子邮件的方式向教师提交作业或报告，与同学或朋友交流。

3. 远程直播

远程直播指在师生分离的情况下，学生利用网络通过相应的接收设备同时看到上课的实况，而这些学生可能在同一空间，也可能分散在不同空间。这种方式实现了资源共享，使得师资缺乏的地区能够享受优秀教师的授课，使得一个教师可以同时为更多的学生授课。授课的内容也可以保存下来，供学生随时点播。

采用远程直播的方式，如果学生处在同一空间，通常各教学点还会配备教师进行现场辅导（面授），帮助发放学习材料，指导学生进行分组会话练习等。处在不同空间场所的学生都可以向主讲教师提问，但存在人数多而机会少的问题。

4. 参与论坛讨论

利用网络平台为学习者构建交流的平台，采用论坛的方式组织学生讨论，也可以成为一种教和学的方式。在论坛中，学生可以用汉字发布自己想问的问题，或对别人的问题进行讨论和回答；或提出一个讨论话题；教师可以随时对学生在论坛里写的汉语加以修改，甚至辅导教师可以扮演成学习者参与讨论。

这种方式不受时间限制，学生可以在不暴露真实姓名和身份的条件下自由自在地用汉语进行交流。这样的方式也可以扩展为一个相互讨论的空间，有时学生还可以召开使用汉语、汉字交流的网络会议。

5. 利用互联网进行的双向交流

利用互联网进行双向交流，其特点是在同一时间内，让处于不同地域、场所的两人或多人通过电脑进行视频或文字交流。这种交流是实时的，可以是视频的，也可以是语音的，还可以是纯文本的，分别面向不同的应用目的。

6. 远程会话训练

远程会话训练是由一名教师以远程的方式同时面对少数学生授课，这些学生相互之间也可能处于不同空间。教师和学生可以实时看到其他人的影像，同时听到他们的声音。它不以教师、课堂和书本为中心，而是以学生为中心进行教学。因此，在教材编写、教材使用方面应随着学习主体的变化而变化。日本早稻田大学 Tutorial 远程汉语会话教学就属于此类，多年来取得了显著成效。

7. 远程电视讨论

利用远程电视会议系统可以使处于远端的多个会场的人同时参加一个会议，讨论一个共同的话题。师生之间可以在屏幕上看到对方，看到参加者的反应。这种形式更多地应用于群体学习者的教学。为了达到汉语会话训练的目的，各分会场选取的人数不宜太多，否则练习机会少。这其中，讨论的各方还要约定统一的时间、商定讨论的主题、解决相互间因时差带来的不便等问题。

汉语远程教学应该利用技术的手段促进师生间、生生间的交互，提高教学的有效性。有条件的时候，可以适当地配合短期集中面授型汉语训练、汉语地区短期实地语言实习和中国文化讲座等。

随着硬件技术和软件技术的不断发展，远程教学的具体形式还会有所增加或改变。近年来蓬勃发展的慕课（Massive Open Online Courses，MOOC）值得关注，它对未来的外语教学将产生深远的影响。三大知名的 MOOC 平台 edX、Coursera、Udacity 上都有外语教学慕课。MOOC 的出现，从内容、方式、时间、场所上为多元化学习提供了很大的发展空间。关于外语慕课也有很多问题有待解决和研究，比如，如何增加用外语沟通和交流的机会，如何促进知识的内化和应用，MOOC 自身的发展以及与传统课堂教学的相互关系等。

三　汉语远程教学研究的主要内容

（一）教学模式

1. 传授式教学

传授式教学指教师通过计算机多媒体技术、网络技术呈现语言知识、提供范例并对语言知识进行讲解。这种方式比较适合陈述性语言知识的教学，如语音和汉字知识的教学。传授式教学比较适合性格内向、审慎型学习风格的学生。但是，这种教学模式并不适合言语技能与交际能力的训练，需要与其他方式结合起来。该模式通常以网页或网络课件、网络视频的方式出现。

2. 探索式教学

探索式教学指由教师围绕学习内容向学生提出相关问题和要求，学生利用大量的学习资源寻求问题的答案，教师在必要的时候为学生提供帮助，最后由师生共同进行讨论或给予评价。比如，在语法学习中，教师不直接教授语法规则，而是给学生大量的例句，让学生分小组归纳出相应的规则。这种教学方式有利于学习语言知识和训练言语技能。数据驱动学习（Data Driving Learning，DDL）理论是探索式教学的理论基础，它通常需要借助网络平台或语料库来完成。

3. 协作式教学

协作式教学指在教师的指导下，学生以小组为单位对同一问题进行观察、比较、分析和综合等交互活动。协作式教学是随着学习理论研究的深入而发展起来的。学习理论认为，教学中仅强调个别化是不够的，特别是言语技能的获得需要更多地依赖于教师、同学之间的交互作用和群体动力。这体现了以教师为主导、以学生为主体的教学理念。比如，在学习相关的文化主题时，学生以小组为单位搜索、整理相关多媒体、网络资源，然后在网络课堂中进行汇报。这种教学模式有利于促进交互，培养学习者用汉语表达思想、进行交际的能力。

（二）教学主体

1. 远程教师

目前已经出现了网络汉语教师或远程汉语教师，他们有的在幕后策划组织远程教学，有的在网络上定时为学习者答疑解惑。随着远程教学的发展，汉语教师的职能、与学生的关系、教师队伍的结构都在发生变化。教师不再受限于教室、黑板、粉笔，这已是不争的事实。

处在转型期的汉语教师，应努力适应教学形式的变化，对远程教学的发展有一定的洞察力，包括：研究新技术对语言教学理论所产生的影响，探索现代教育技术如何指导汉语远程教学，总结并发展汉语远程教学模式；开展国际性的分工合作，发挥各自的优势，共同策划和编写教材，共同组织教学，共享教学资源，成为国际远程教学的合作者；利用一切可用的信息技术手段，建立与学生沟通的渠道，成为学生主动建构知识的帮助者和指导者。随着汉语远程教学的发展，还需要组织和发展更多的远程辅导者和语伴共同参与到教学中来。

2. 远程学习者

部分选择远程教学的学生对远程教学认识不足，甚至有些误解。他们有时候对这样的学习方式过于轻视，有时随意不遵守学习计划，忽视了主动性因素。更严重的是，他们在学习中一旦遇到困难，就灰心丧气，拖延作业或停止学习，直至因进步缓慢或跟不上进度而退课、退学。

为了保证远程教学的质量，远程汉语学习者应该有明确的汉语学习目的或动机，有强烈的用汉语交流的愿望，能比较熟练地驾驭电脑和网络新技术。

（三）学习环境与教学资源

现代远程教学对网络学习环境的依赖是空前的。除了技术因素，从教学和学习的需要来看，应努力构建汉语教学所需的“生态环境”，通过完备的教学资源实现教学目标。

教学资源是学习环境的重要组成部分，包括网络课程、教学课件、语言学习与练习材料、汉语知识库、学习工具、学习与交流平台、远程汉语教师和语伴等，这些都可以看作是教学资源。

（四）学习评估

随着人们对学习过程、学习绩效的重视，汉语远程教学也越来越重视形成性评估，比如，把学习者的登录次数、在线学习时长、参与论坛讨论的情况等都纳入学习评估的指标体系。远程教学的学习评估通常是通过网络平台或在线工具完成的。

学习评估是汉语远程教学的一个组成部分。没有评估就不能准确掌握学生的学习情况，也就不能对学生后续的学习给予指导和帮助，也不能保证实现和完成学习目标。学习评估包括终结性评估与形成性评估。语言测试是实施终结性评估常用的手段。

四 汉语远程教学面临的若干问题

（一）技术问题

1. 通信和移动技术

汉语远程教学从技术上讲，有赖于高速宽带网、移动终端和接入卫星线路等 IT 基础建设的不断完善和升级，以使汉语远程教学成本更低、效率更高、使用更方便、应用更广泛。以计算机为媒介的交际（Computer-Mediated Communication，CMC）为解决一些长期以来制约远程教学的问题（如网络上语言教学的互动与反馈研究），提供了全新的视角。

2. 汉语信息处理技术

在汉语信息处理技术方面，远程教学还面临着一系列问题。比如，汉语语音识别与语音合成、汉语中介语语音识别、汉语偏误自动识别等。解决了语音识别与合成的问题，远程口语教学和口语测试才有望面世；解决了偏误自动识别的问题，才能更高效地给予学习者相应的反馈。

3. 人工智能技术与虚拟现实技术

远程教学师生分离的特点使学生渴望计算机像一位知识渊博、经验丰富的教师，在需要的时候及时给予帮助，而人工智能技术有助于实现这一点。

远程汉语教学还需要真实化的情境，通过虚拟现实技术可以模拟语言学习的课堂环境和社会环境，创建虚拟语言学习环境，将课堂学习和课外自然习得有机地结合起来。

（二）理论问题

1. 建立大数据远程汉语教学研究的基本框架

大数据时代的远程教学系统赋予研究者最大的财富就是由学习者的学习行为和学习结果产生的大数据，对这些数据的挖掘和利用所得到的量化研究结果将是创新远程学习效率提高方式的强大驱动力。我们可以从学习的大数据出发，研究学习者在学习过程中所表现出的学习行为规律；也可以从特征和模型出发，研究学习设计；还可以从推送服务出发，开发和应用学习环境（郑艳群，2016）。

2. 远程语言教学和学习理论

语言教学与学习理论应该在远程教学模式下有所发展，有所延伸，或者说应该建立远程语言教学与学习理论，以便在远程的环境下更有效地实施语言教学。

3. 现代教育技术理论

有关现代教育技术对教学理论、教学方法影响的研究会越来越多，也越来越深入，这对于今后根据教学理论和教学方法指导汉语远程教学具有重要意义。

（三）实践问题

1. 提高汉语教师对现代教育技术的认识和相关技能

语言教学长期以来被人们认为是不需要现代科技支持的，属于弱技术相关学科，汉语教学的相关技术和研究成果又相对滞后，造成汉语教师使用现代科技的技能总体水平不高，积极性也不高，这制约了汉语远程教学的发展。对汉语教师而言，应充分认识现代教育技术的作用，并将教育技术的理论和方法应用于实践，以适应教学需要，变革教学方式。

2. 重视国际或区域合作

成功的远程教学，离不开国际间的友好合作。社会化、国际化的分工合作有利于发挥各自的优势，有利于资源的有效利用，实现包括教师和教学资料的资源共享，有利于国际汉语远程教学的快速发展。开展远程教学合作的双方应考虑一些环境和条件因素，如时差、软硬件环境、教师素质、行政程序、教学管理、后勤保障等。

思考和练习

1. 设计一种网络远程汉语教学方式，说明其功能和用途。
2. 你认为就语言教学而言，远程教学是否会取代课堂教学？为什么？
3. 我们可以用什么方法、从哪些方面对汉语远程教学进行研究？

第四节　汉语教学语料库及资源库

一　语料库的基本概念和基础知识

（一）语料库语言学

1. 语言学研究方式的变革

语言学研究需要以语言事实作为依据。用卡片大量摘录语言材料的传统方法因受到数据规模的限制而效率较低，随着计算机技术的飞速发展及存储容量的增大，大量的电子文档组成了大规模的电子语料库，并出现了相当成熟的可用于检索电子文档中语言事实的文本信息检索技术。在这种条件下，采用统计、概率等量化的数学方法来研究语言的目的就不仅仅局限于探索语言中某些局部的规律，其主要目的是将语料库作为唯一的信息来源，并通过统计方法来获取语言中所蕴藏的各类知识。

2. 语料库及其分类

语料库是真实的语言材料经过取样且数字化后的集合。建设语料库的目的是通过对客观存在的大规模真实文本中的语言事实进行定量分析，支持语言学研究和自然语言处理系统的开发。

语料库的分类有多种维度。按照语料规模，可以分为小型语料库、中型语料库和大型语料库；按照语料是否经过加工，可以分为生语料（原始语料）库和熟语料（赋码语料）库；按照语体，可以分为书面语语料库和口语语料库；按照语种可以分为单语和双语（多语）语料库；按照时间，可以分为历时语料库与共时语料库，或纵向语料库与横向语料库，等等。

3. 语料库语言学的研究内容

关于什么是语料库语言学，存在着两种认识：一是以现实生活中人们运用语言实例为基础进行的语言研究；二是以语料库为语言描写的起点，或以语料为验证有关语言假说的研究方法。

语料库语言学研究的主要内容包括：（1）基础语料库的建设。对语料进行抽样，存入计算机后将其作为全部语料的代表进行统计分析。这其中重要的问题是语料库的规模及选材分布，它会直接影响到统计数据的可靠性和适用范围。（2）语料加工研究。包括自动分词、词性标注、句法分析、语义和语用分析等。由于原始的"生"语料只能用来进行字频和句长等统计，或提供简单的关键字检索，因此必须为原始语料加上分词标记，才能实现在词语一级的统计和检索。实际上，面向不同的教学研究，语料库有不同的加工层次。（3）标注其他信息，建立"熟"语料库。一般来说，语料库中包含的语言信息越多，对语料库属性标记得越全面，对数据的利用率也就越高。（4）研究从语料库中获取语言知识的技术与方法。包括查询、样本采集、统计和语料库管理等。语料库必须提供检索和统计的手段才能真正达到使用的目的。（5）在有语言信息标记的语料基础上开展面向不同目的的研究。

语料库的建设、加工与应用密切相关。一方面，面向不同的应用目的，有不同的语料库建设与加工方法；另一方面，语料库建设与加工的水平，决定了其应用水平。

（二）语料库在汉语教学中的应用

语料库技术在汉语教学中的应用是多方面的，主要应用领域包括教学大纲的制定、语言文字的计量分析、语言知识的获取、作品风格分析、词典编纂、全文检索系统、自然语言理解系统、机器翻译系统、自动文摘系统等。

在汉语教学研究中，应用语料库技术可以进行汉语目标语、汉语中介语、学习者母语、汉语教材及测试等方面的相关研究。同时，结合大数据技术，通过计量教学研究和数据挖掘的方法，可以验证已有的认识，或发现新的规律，从而促进教学研究的深化。

现代汉语语料库、汉语中介语书面语语料库、汉语中介语口语语料库、汉外双语或多语语料库、汉外平行语料库、各种汉语教学用素材库或资源库、不同层级的汉语题库等，是对外汉语教学和研究中基础且重要的资源。

（三）语料库研究的发展趋势

1. 重视基础语料库的发展

从广度上发展出更多基础语料库的类型，通过不同视角对汉语教学进行研究。如汉语中介语口语语料库、汉语教学师生话语语料库和汉语学习者错字别字数据库等。

2. 重视对语料进行不同层次的标注

汉语语料库多级加工面临的首要问题就是分词和词性标注，目前这方面的研究已经相对成熟，在更深层次对语料进行语音、构词、句法、语义以及语用等层次的标注也有了进展。考虑到语料库的可扩充性，可以在现有标注的基础上，进行横向扩展和纵深的加工。

3. 重视各种处理和检索工具的研发

检索工具有不同类型，如通用工具和专用工具，分词和词性标记工具、句法标记工具，双语（或多语）语料对齐工具，辅助校对工具，统计工具，等等。为了适应广大研究者不同的研究需要，应重视这方面的研发工作。

4. 重视基于语料库的工具书编纂工作

目前国际上大型的、著名的工具书都是基于语料库编纂的。不仅在用例的选取方面，而且在收词和编排等方面，都是如此。

在语料库的支持下，面向第二语言教学，可以创新工具书的类型、结构及内容，改进工具书编纂的某些传统原则和方法，使其具有教材类学习资源的某些功能，满足学习者多样化的学习需求。比如，在编纂汉语学习词典时，在体例编排、释义形式和检索方式上吸取先进的理念，并在实践中进行创新。

二　汉语本体语料库及应用

建设汉语本体语料库是一项有意义且非常基础的工程。作为开展汉语教学研究的最基本的物质保障，现代汉语语料库具有“大规模”和“真实性”两个基本特征，可以为汉语教学工作者提供有力的帮助，如辅助制定教学大纲、编写教材、查找例句、编写教案、编制试题、编纂词典，基于汉语教学的需要考察并揭示更多汉语规律。

现代汉语语料库的建立要经历原始语料收集、提取等过程。对现代汉语语料库的加工主要是进行语料的分词和词性标注工作，这是实现检索与统计的前提。而分词必须要有一个可操作性强、高度具体化的分词规范。现代汉语语料库在建立和加工之后，必须提供检索和统计的手段，这样才能真正达到使用的目的。有些检索软件是基于字串的检索，有些检索是基于分词并带词性标记的，可以检索例句，并给出上下文，或切换到句子所在段落。

目前有代表性的汉语本体语料库有：国家语委—现代汉语语料库、国家语委—古代汉语语料库、北京大学中国语言学研究中心—CCL 语料库、北京大学—《人民日报》标注语料库、北京语言大学—BBC 语料库、哈尔滨工业大学信息检索研究室—对外共享语料库资源、清华大学—汉语均衡语料库 TH-Acorpus、台湾中研院—古代汉语语料库、台湾中研院—近代汉语语料库、台湾中研院—现代汉语语料库、香港城市大学—LIVAC 共时语料库、中国传媒大学—传媒语言语料库、台湾中研院—近代汉语标记语料库、台湾中研院—现代汉语平衡语料库、台湾中研院—汉籍电子文献（瀚典全文检索系统）。

三　汉语中介语语料库及应用

中介语有两个主要的性质和特点：一是不断发展变化；二是它的发展变化有一定的内在规律，表现出一种普遍性或群体性的特征。正因为中介语的规律性和系统性，人们才可以描写中介语的面貌，揭示中介语发展的总体特征和群体特征，并找出影响中介语发展的主观和客观因素。

建立汉语中介语语料库的基本目的，是为对外汉语教学的学科建设做一项基础性的准备工作，同时也为有关的汉语本体研究、汉外语言对比和语言共性研究，以及其他相关的研究工作提供来自汉语中介语方面的语料和数据。汉语中介语语料库通常设置学习者性别、国别、母语背景、学时等级以及目标语环境、语料题材和体裁等属性。说它是基础性的准备工作，是因为它可以为对外汉语教学总体设计、教材编写、课堂教学、成绩测试和水平考试的研究工作提供依据；在教学实践方面，它可以帮助教师了解学生的学习过程和影响学习进步的因素，从而优化学习的条件，自觉地按照学习规律组织教学；在二语习得方面，通过对中介语语料库的研究，可以更好地归纳和描述汉语中介语系统和汉语习得过程。

随着人们对汉语教学与研究中语料库技术认识的不断深入、驾驭语料库技术能力的不断提高、对各种类型语料库的不断建设，以及语料库相关研究的不断丰富与成熟，研究者不仅可以单独利用汉语中介语语料库，还可以联合利用学习者母语语料库与汉语中介语语料库，或联合利用汉语目的语语料库与汉语中介语语料库，乃至综合利用上述三类语料库进行研究，使得汉语教学研究的规律在更广阔的视野内能得到全面认识和挖掘，从而指导 CALL 系统的研发。

比如，利用汉语中介语语料库提取学习者汉语程度副词的例句，并归纳程度副词的偏误类型，进而与文献中对程度副词偏误类型的描写进行对比，就可以对以往的研究结果进行补充或修正，对教学、教材编写、测试及词典编纂等提出建议。

目前有代表性的汉语中介语语料库有：北京语言大学—HSK 动态作文语料库、北京语言大学—汉语中介语语料库、北京语言大学—首都外国留学生汉语文本语料库、北京语言大学—汉语学习者口语语料库、北京语言大学—HSK 动态口语语料库、福建师范大学—汉语中介语语料库、华中师范大学—中介语语料库、暨南大学—留学生汉语中介语语料库、暨南大学华文学院—留学生口语语料库、鲁东大学—韩国留学生汉语中介语语料库、南京师范大学—外国学生汉语中介语偏误信息语料库、四川外国语大学—汉语中介语语料库、苏州大学—小型外国学生口语中介语语料库、台湾师范大学—汉语学习者汉字偏误数据资料库、香港中文大学—语言习得汉语口语语料库、中山大学—汉字偏误标注的汉语连续性中介语语料库。

四 汉语教学资源库建设及应用

资源在教学中起到越来越重要的作用，教学资源的概念也越来越宽泛。汉语教学资源库建设应遵循语言学习理论、语言教学理论和跨文化教学理论，同时还要遵循现代教育技术的基本理论。

（一）汉语教学资源库类型

1. 从资源的内容来看

从资源内容的结构和单位来看，它既可以是教学中微观的素材，也可以是成教学体系的课程；从教学目标来看，既包括面向汉字、语音、词汇、语法等语言知识教学的教学资源库，也包括面向汉语听、说、读、写、译技能训练的教学资源库。

就素材库来说，它存储的是汉语教学所用的形形色色的基本“元件”，教师可以根据自己的设想或者根据他人所提供的“图纸”，搭建成自己所需要的教材或者课件。各种各样的素材库便构成了理想的教学资源库。

2. 从资源的多媒体形态和载体形式来看

从资源的多媒体形态来看，它可以是单媒体的，也可以是多媒体的。采用什么样的形态应根据语言学特性以及语言教学的需要。如汉字的发音、笔顺动画就需要以多媒体形式呈现；用色彩区分或强调文字内容中的重要信息时，除色彩的运用要符合一定的规律外，还要对应用对象有所考虑。

从资源的载体形式来看，它可以是纸质的，也可以是数字化或纸版与数字化贯通的。一些汉语教材在出版的时候配有专门设计制作的教学课件随书附光盘或在网上发布，为保障教学的顺利进行提供了便利。实际上，教材在设计和编写之时就应该对这些问题予以考虑，使教材建设向着全方位、立体化的方向发展，以适应现代学习者的需求。

事实上，我们已经从一些汉语教材中感受到了教材现代化的气息。比如，有些教材在练习题目后面附带二维码，学生通过扫描该二维码便可上网完成练习或查看答案，有些还具有辅助教学的提示或帮助功能。

3. 从资源的应用形式和对象来看

从资源的应用形式来看，它可以碎片化应用，也可以整体应用；从资源的应用对象来看，既可以是面向汉语学习者的汉语学习资源，也可以是面向汉语教师教育的教学案例库。

4. 从资源的应用场所来看

教学资源可以应用于课堂，或充实课堂教学内容，或辅助课堂教学；可以应用于课下，或为课堂教学提供辅助材料，或为巩固训练提供材料；也可以应用于远程网络教学。

（二）创造性地认识并利用资源

我们通常接触的纸质教材、教学大纲、工具书、多媒体素材库、教学语料库、课件、数字化网络课程等，可以称为教学资源；教学案例库、视听教材库也被看作是资源；还有建设或发展中的各类资源或素材，如包含有各种汉字属性的汉字素材库，课堂教学用生词讲解、课文讲解参考素材，有关汉语词语搭配的词典，等等，它们都在信息化教学中发挥着作用。在后方法时代，资源建设也为教师发展创造了条件（崔永华，2015）。

可以看出，汉语教学资源库既包含静态的汉语知识内容，如汉字、词汇、语法、句型、情景等知识性素材，也包含动态的汉语教学过程内容，如经典的示范、讲解的视频录像等。汉语教师或者教材编写者可以从资源库中得到教学科研所需要的资料，从而节省大量的人力和财力，提高教学和工作效率。更重要的是，建立对外汉语教学多媒体素材库是工业化时代所产生的模块化、标准化思维方式的自然推论，也是数据库技术应用的必然拓展。模块化和标准化的核心是同一客体的拷贝和重复使用，它与高效率、高速度和规范化密切相关。资源库和素材库在汉语教学领域也应产生这样的效果。

为了使素材库在教学中发挥更大的作用，有针对性地满足多元教学需求，应该对资源中的丰富素材加以管理，进行多属性标注。多属性标注的意义在于体现资源的特点和完整的科学体系、体现资源的多种功用、实现多功能的有机结合，同时有利于资源的维护和更新。

时代在发展，教学技术在时代发展中变革，人们对资源的认识也在发生着变化，目的是促进新时期信息技术环境下汉语教学的开展。李泉、全香兰（2014）认为，不应忽视隐性资源的学术与应用价值，如教师的知识与能力、方法与策略等。郑艳群（2014）将这类资源称为汉语教学软实力，认为汉语教学软实力的增强，必将提升信息时代汉语教学生产力。而在大数据时代，与汉语学习者学习信息相关的信息库也必将对教学的开展起到支撑的作用，成为另外一种形式的资源。

思考和练习

1. 谈谈语料库建设、加工与应用三者之间的关系。

2. 与汉语教学有关的语料库类型有哪些？各自有什么作用？

3. 设计一个使用汉语中介语语料库开展汉语教学研究的实例，并具体说明其作用。

4. 设计一个与汉语教学有关的资源库，并阐述其在汉语教学中的作用。

第五节 第二语言教育技术研究的热点和趋势

在信息时代的汉语教学中，技术不再只作为教学的组成部分融入教学，而已经成为教学赖以生存的支柱；不再只单纯地充当辅助工具，而已经引发教学模式，乃至教学结构和学校形态的深刻变革。

一 新技术应用对第二语言教学变革的影响

我们所处的信息时代，是一个科技日新月异、知识更新周期不断缩短的时代，在这一大背景下，我们应该打通有形的物化技术和无形的智化技术之间的界限，将教学活动中所运用的各种物质工具，诸如各类教具、教学媒体等，与解决教学问题过程中所用的技巧、方法和理论结合起来。

了解与教育技术相关的技术内容，值得关注和参考的是由美国新媒体联盟（New Media Consortium，NMC）每年定期发布的《地平线报告》（*Horizon Report*）。该报告预测近期、中期、中长期可能在教育中普及应用并成为主流的新兴技术，探讨这些技术在教育领域的潜在影响，以及在教学、学习和创造性探究中的应用，在该时间段内可能会改变现有教育的挑战和趋势，并按照今后五年里可能会对教育产生影响的程度对这些趋势进行排序。其中，关于自适应技术、移动技术和物联技术在教学中应用的动态，都是我们开展汉语教育技术研究和实践的参考。当下崭露头角的在线汉语教学或在线汉语学习课程及服务等产品的售卖，正是这些技术应用的体现。当然，理想的系统还应通过物联网技术向学习者定向发送学习资料或建议，监督其学习情况或按需给予帮助。

虚拟现实（Virtual Reality，VR）是一种通过电脑、传感器、显示器、自动控制和人工智能等技术创造出来的可以对视觉、听觉、嗅觉、触觉等感知器官产生刺激的环境。它能给人以身临其境的、完全的或者某种程度上的真实感觉。对于第二语言教学，它会是一个有效的工具。在虚拟语言学习环境中，虽然不如在教室听课那样真切，但是不受有无教师和课堂的局限；虽然不像真实目的语环境那样能提供足够丰富的信息和强烈的刺激，但不受时空的局限，而且信息和刺激都是经过筛选和浓缩了的。在这样的环境中，可以在很大程度上反复进行“输入→内化→输出→反馈”的循环过程。

其他值得关注的技术还有大数据技术、云计算技术、眼动技术、事件相关电位（ERP）技术、深度学习、机器学习，它们都将在不同的方面直接或间接对未来的第二语言教学起到辅助和促进作用，促进新时期汉语教学的发展。

二　信息技术环境下的第二语言学习研究

（一）信息技术环境下的语言教学研究

信息技术环境下的语言教学研究主要内容有两个：第一，信息技术在语言教学中的作用。比如，超文本和超媒体技术可以更加科学有效地组织和编排教学内容和教学步骤，各种多媒体教学资源的共享可以实现资源的最优化利用。第二，信息技术在语言教学中的应用。比如，利用物联网技术提供丰富的教学辅助材料、利用多样化的人机互动方式实现个别化教学、利用网络技术创设虚拟语言教学环境等。

（二）信息技术环境下的语言学习研究

信息技术环境下的语言学习研究包括对学习者学习动机、学习过程、学习行为、学习心理、学习策略、学习效果及评估等的研究。其中，学习行为研究可能涉及学生使用学习工具的习惯、在社交平台中的参与度、利用技术平台进行练习和理解的过程等。

信息技术的发展带来了教学和学习方式的变革，语言教学成功与否，在很大程度上取决于教师是否具备一定的信息素养。教师信息素养教育与新技术条件下的教师发展日益受到关注，成为教育发展的重要内容。

三 汉语教育技术理论和方法研究

（一）在教育技术研究框架下进行汉语教育技术理论与实践研究

教育技术的定义明确指出了教育技术的研究范畴。因此，从教育技术全面支撑教学设计，从而推动汉语教学发展的角度思考，一切有关促进汉语学习过程和教学资源的设计、开发、运用、管理和评估的理论与实践研究，都属于汉语教育技术领域的工作。在教育技术理论指导下对汉语教学进行研究，正是汉语教育技术研究的目标和任务。加强汉语教育技术理论研究，可以更好地解决汉语教育技术研究中遇到的具体问题。

（二）利用教育数据挖掘的方法进行汉语教育技术研究

受现代科技的影响，不仅第二语言教学方式发生了诸多变化，而且针对第二语言教学的研究方法和研究范式也随之发生了变化。其中，利用教育大数据，通过数据挖掘开展教育研究就是最为突出的特点之一。它不仅是教育研究的趋势和方向，更是推动教育创新和发展的基础和力量。大数据研究方法可以帮助研究者处理教育教学中复杂的数据来源和数据类型。就汉语教育技术研究来说，它的意义体现在如下方面：第一，全面认识汉语教学与技术因素之间的相关关系，发现更多技术环境下汉语教学的规律。第二，用丰富的汉语教育技术知识指导技术环境下教师的教学行为，进行相关的教师培养和培训。第三，用丰富的学习分析结果，提供技术环境下的学习支持，开展技术环境下的汉语习得研究并为教学提供支持（郑艳群，2016）。这类研究的主要特征是，通过对汉语教学的计量研究来描写教学软实力，并探究技术的进步在哪些方面会带来哪些机会，从而促进汉语教育技术理论和实践研究的深化。

思考和练习

1. 教育技术领域出现了哪些新技术？举例说明这些技术在汉语教学中的应用。
2. 在新技术条件下，汉语教学和学习研究出现了哪些新课题？
3. 举例说明数据挖掘方法在汉语教育技术研究中的应用。

主要参考文献

北京语言学院语言教学研究所《现代汉语频率词典》，北京语言学院出版社，1986。

陈明远《语言文字的信息处理》，知识出版社，1982。

储诚志、陈小荷《建立“汉语中介语语料库系统”的基本设想》，《第四届国际汉语教学讨论会论文选》，北京语言学院出版社，1995。

崔永华《试论后方法时代的汉语教学资源建设》，《国际汉语教学研究》2015年第2期。

加涅《学习的条件和教学论》，华东师范大学出版社，1999。

李泉、金香兰《论国际汉语教学隐性资源及其开发》，《语言教学与研究》2014年第2期。

理查德·梅耶《多媒体学习》，商务印书馆，2006。

王方宇《有关计算机辅助中文教学的一些问题》，《第一届国际汉语教学讨论会论文选》，北京语言学院出版社，1986。

张普《论汉语信息处理技术与对外汉语教学》，《语言教学与研究》1991年第1期。

张效祥《计算机科学技术百科全书》，清华大学出版社，1998。

赵金铭《汉字教学与学习的新思路——评〈多媒体汉字字典〉》，《语言教学与研究》2000年第4期。

郑艳群《课堂上的网络和网络上的课堂——从现代教育技术看对外汉语教学的发展》，《世界汉语教学》2001年第4期。

郑艳群《技术意识与对外汉语教学模式创建》，《华文教学与研究》2014年第2期。

郑艳群《大数据远程外语教学研究的基本框架和特点分析》，《国际汉语教学研究》2016年第4期。

仲哲明《现代教育技术在汉语教学中的改革》，《语言文字应用》1999年第4期。

第十章　对外汉语教学前景展望

第一节　对外汉语教学与研究所取得的重大进展

对外汉语教学，现在称为汉语国际教育，学科属性是汉语作为第二语言教学。经过几十年的建设与发展，已经基本确立了学科的地位，明确了学科的基本属性，搭建起了研究的基本框架。近十几年来，对外汉语教学发展迅速，无论在学习人数、教学规模还是在师资队伍、教材编写等方面，都取得了新的进展。在教学思想、教学模式及教学方法上都有了新的思路，第二语言习得研究也成果丰厚，在学科的研究理念和方法上更加体现了汉语作为第二语言教学的特色。

这首先体现在国家级的科研规划中有了对外汉语教学的席位，并取得了一些重要的研究项目。对外汉语教学从所教内容来看是一种汉语教学，从教学对象来看是一种外语教学。作为一种语言教学，我们在展示对外汉语教学研究的走向时，就必须把它置于国家人文社会科学研究的总体框架中通盘考虑。

早在国家哲学社会科学“九五”（1996—2000）研究规划期间，对外汉语教学研究的迅速发展，与我国的对外政治、经济、文化交流和改革开放事业的发展息息相关，受到学术界的极大关注。在这样的大背景下，“九五”期间，对外汉语教学研究呈现出蓬勃发展的局面。《国家哲学社会科学研究“十五”（2001—2005）规划要点》中，在“语言学”门类下列有“外语教学理论与教学模式研究”和“汉语教学理论与学习理论研究”两项。《国家哲学社会科学基金项目2001年度课题指南》中，在重点项目下列有“第二语言教学与习得研究：包括中国人学习外语、少数民族学习汉语和外国人学习汉语的教学研究与习得规律、习得过程、习得顺序研究”。此后，在课题指南中每年都列有对外汉语教学的研究课题，2017 年社科基金项目课题指南（语言学）中，就有两项给了对外汉语教学，它们是：汉语作为第二语言习得的理论与应用研究；汉语能力标准的评估与测试研究。由此可见，国家在社科领域对对外汉语教学研究的重视，同时，也在某种程度上显示了对外汉语教学研究所取得的重要成果。

一 理论建树初具规模

对外汉语教学是一门科学。科学赖以存在的基础，是因为它建立在朴素的客观规律之上。对外汉语教学尽管头绪纷繁，却是有规律可循的，从理论上探索这些规律，把几十年来国内外汉语教学的经验加以总结，从中归纳出若干规律，形成自己的理论框架，是对外汉语教学学科成熟的标志。朱德熙（1989）说，“现在世界上有各种理论，汉语有其特殊性，我们应该提出自己的一种理论来，我认为是完全有可能做到这一点的”。现在，对外汉语教学已经初步形成了自己的理论体系，这个理论体系由基础理论和应用理论两部分组成；基础理论包括语言理论、语言学习理论、跨文化交际理论和一般教育理论等；应用理论指教学理论和教学法（教学法的部分内容具有理论性质，因此不妨也把它归入理论范畴）。至于对外汉语教学的学科理论，则是一种综合的、跨学科的理论，它是建立在综合应用语言研究、语言学习、语言教学和跨文化交际等方面研究基础之上的。

目前所称的“对外汉语”指作为第二语言或外语的汉语。“对外汉语教学”指把汉语作为第二语言或外语的教学。故而，研究作为第二语言或外语的汉语，与研究作为母语的汉语有着很大的差别。研究对外汉语，其目的在于让学习者了解词语的用法、造句的规则以及表达的方法，以培养学习者的汉语交际能力。在内容上要求既能阐释汉语同其他语言的共同之处，更要揭示出汉语的特点以及学习者在学习过程中可能遇到的难点。因此，在研究方法上，语言对比分析和语言心理认知都是重要的研究方法。这种汉语研究服务于汉语作为第二语言或外语的教学，是学科基础理论的重要组成部分，体现了本学科的研究特点。至于对外汉语教学学科的教学理论与学习理论研究，本来就与其他语言（比如英语）作为第二语言教学的教学理论与学习理论有共通的部分，只不过对外汉语教学的教学理论和学习理论是以汉语为依托、充分体现汉语特点的、具有我们自己特色的教学理论和学习理论。总的说来，对外汉语教学的理论框架虽然搭起，研究还有待于更加深入。真正称得上对外汉语教学理论研究的文章为数还不够多。当然，我们不需要所有的人都去从事理论研究，但我们必须有我们自己的理论研究者。如果说一个理论研究十分薄弱的学科犹如建立在沙滩上的大厦，绝不为过。我们期待着更多的对外汉语教学理论研究成果面世。

二　研究对象更加明确

具有独特的研究对象，是一门学科赖以建立的前提。对特殊对象的深入研究，是一门学科朝着精密科学发展的必然途径。对外汉语教学的特殊研究对象，朱德熙（1989）认为有两个方面：一方面是汉语研究，这是对外汉语教学的基础，是后备力量，离开汉语研究，对外汉语教学就无法前进；另一方面是对外汉语教学本身的研究，而这绝不仅是教学经验的问题。对外汉语教学特殊的研究对象，确切地说，就是作为第二语言或外语的汉语学习和教学，即研究外国人学习和习得汉语的规律和相应的教学规律。研究的内容则是作为第二语言或外语的汉语学习和教学的全过程。从“学”的角度，要研究学习者是如何学会并掌握汉语的；从“教”的角度研究总体设计、教材编写、课堂教学和语言测试等全部教学活动。其研究目的是为了揭示作为第二语言或外语的汉语学习和教学的内在规律，以便指导教学实践。只有研究对象明确，才能产生具有指导意义的具体研究成果。我们根据研究对象，可以分别开展学科理论研究、汉语本体研究和方法论研究。在积极引进、借鉴国外第二语言教学理论、学习理论的同时，结合汉语和汉字自身的特点和我国的汉语教学实践，对外汉语教学已建立起学科的基础理论研究框架。

在此基础上，对教学本身进行了广泛的、多层次的、多角度的专题研究，并进一步深化了对教学原则、教学方法和教学技巧的研究。值得提及的是，在教学法的探讨上，不再追求理想的教学法。在教学法路子上，更加注重对教学原则进行深入的、结合实际的研究。这应看作是一种进步。语言教学理论是一种应用理论，是学科得以存在的主要依据。它的成熟程度在某种意义上代表着这个学科的成熟程度。当然，我们也清醒地意识到，迄今为止，全面体现语言特点、汉语习得规律和汉语教学规律的教学路子，依然在孜孜以求、不断探索之中。世界各国的同行们都处于探索过程中。力求逐渐加深认识，不断改进研究方法，争取良好的教学质量，这是我们今后努力的方向。关于语言学习理论的研究，亦即第二语言习得研究，也取得了明显的进步。研究之始是进行汉外语言对比研究，进而进行外国人学习汉语的偏误分析并引进中介语理论。近年来，在外国人习得汉语的顺序、习得过程和习得规律的研究方面也取得一定的进展，特别是基于认知视角的第二语言习得研究，方兴未艾，基于多元视角的第二语言习得研究也蓬勃兴起，出现一片学术繁荣景象。

三　对外汉语教学的研究方法已具有自身的特点

既然对外汉语教学研究的对象是汉语的学习和教学问题，那首先要把“学什么”和“教什么”研究清楚。所以，第一位是汉语本体研究，但在研究方法上、侧重点上，不同于一般的汉语研究。

在汉语本体研究的方法上，突出的特点是运用比较语言学的方法，进行汉外语言的比较，从而找出学习的难点。“所谓难点，就是中国人看来容易，外国人学起来困难的地方。在语音、语法、词汇三方面，汉语都有自己的民族特点，这些特点往往就是难点。”（王力，1985）研究语法结构、语音规律，对本国人来说，一般规律也就够了，但对外国人来说，只掌握一般规律是学不会汉语的，常常一用就错，这种错误往往启发研究者去注意中国人自己习焉不察的问题，于是促使我们在研究方法上更注重“习惯用法”和“例外现象”的研究。这种从教学中发掘出来的研究课题，具有对外汉语教学本体研究的独特视角。其研究不仅推动了对外汉语教学本身，也对现代汉语研究起到了促进作用。

至于研究如何“教”和怎样“学”，与其他语言作为外语教学是有共性的。这也就是在创始阶段我们不断引进、介绍各种外语教学法的原因。外语教学法的研究，在国外已经有一百多年的历史，关于这方面的著作已经很多。我们的对外汉语教学，无疑应该借鉴国外先进的教学法，吸取其精华，为我所用。但在研究汉语教学法时，“一不能忘记汉语本身的特点，二不能忽略中国传统语文教学千百年经验的合理成分，三不能忽视国外某些教学法它们一方面显示其优越性另一方面却也暴露出一些严重问题的这种缺陷”（张清常，1990）。这是十分中肯的话。

对外汉语教学的教学法研究已经经历了几十年，并正在寻求自己的教学法路子，可以说以结构为纲的综合教学法一直占据主流地位。如果我们以历史的态度对以往的教学法进行冷静的分析和科学的总结，就会发现现在还没有任何一种教学法是完整的、唯一可行的，而且可以普遍适用的。应该更加充分地考虑不同的语言教学目的和不同的教学阶段对教学有着不同的要求，因而“放诸四海而皆准”的教学方法是根本不存在的。没有一种教学法是全能的，也没有一种教学法是毫不足取的。应该根据不同的教学目的、不同的教学对象采用行之有效的教学方法，已成为大家的共识。今后，我们应在对外汉语教学中不断总结自己的经验，兼采众长，摈弃其短，探索汉语教学的新路子。在具体的研究方法上，近年来在研究中比较注重教和学的调查研究，注重从汉语和汉字的特点出发，充分利用大数据，注意统计分析，并创造条件搞各种教学试验，以期寻求更体现汉语特点、更适合学习者需求的科学的汉语作为第二语言教学法。

四 研究领域正在拓宽，社会文化因素在对外汉语教学中作用的研究引起研究者的极大关注

对外汉语教学肇始之时是关注汉语教学中文化背景和文化知识的介绍，继而进入了跨文化交际的研究领域，开始研究不同文化背景的人们在交际中所遇到的问题及其应对策略。不同的语言所包含的民族文化是有一定差异的，这种文化差异是第二语言学习的障碍之一。近年来，关于如何在语言教学中排除跨文化交际障碍的讨论，成为研究的热点之一。在语言教学中注入文化因素应考虑到外国学习者的母语和汉语在文化上的异同，不要喧宾夺主，不要把语言课上成文化课。

目前，在世界第二语言教学中，目的语文化的传授已经置于一个更宏大的背景之中，呈现全球化和多元化的趋势，学习者在自身文化和异文化的交流与碰撞中，不断领悟与体验，文化不再作为语言学习的对象，而是作为语言学习的背景。这也就是我们所说的文化的学习应该是润物细无声，文化是耳濡目染，文化是潜移默化。文化的教学与学习，本来就是语言教学学科内涵中所必备的，这完全是由语言文化的一体性决定的。语言是文化的载体，文化通过语言而呈现。从某种意义上说，教语言与学语言必定伴随着文化，只不过是与独立传授文化的讲授课程有所区别而已。

五 研究成果十分可观

总体说来，业内一些对外汉语教学研究重要项目，皆与国家社科基金课题指南密切相关，已经取得了丰硕的成果。近年来，如从立项热点进行考察，就会发现立项热点和重点与指南高度一致。如从入选数量上看，粗疏地排个顺序，大致如下：

第一，汉语第二语言习得研究。如《第二语言学习者汉语声调范畴习得模拟研究》（王建勤）、《外国留学生汉语书面语习得与认知研究》（崔希亮）、《外国人习得相似词语的认知研究》（方绪军）。

第二，面向对外汉语教学的数据库建设。如《大数据视角下汉语课堂教学建模研究》(郑艳群)、《大数据背景汉语语块数据库建设与应用研究》(荀恩东)。

第三，对外汉语教学内容和教学模式研究。如《对外汉语教学中的汉字教学研究》（万业馨）、《对外汉语远程可视化教学模式研究》（郑世珏）、《外国留学生汉语书面语词汇进步模式研究》（张江丽）。

第四，汉语第二语言测试研究。如《对外汉语考试的理论框架与测试模型研究》（刘壮）、《汉语口语测试任务难度研究》（聂丹）。

对外汉语教学的这些研究，从一个新的角度开拓了汉语应用语言学研究领域，从理论体系、研究方法、研究视角上为对外汉语教学不断发展，提供了理论上和教学实践上的支撑。从上述国家社科基金项目的入选，不难看出学术界对对外汉语教学界研究选题意义、研究内容、研究方法的首肯。同时，也显示出对外汉语教学界研究项目所具有的理论意义与实践意义。

思考和练习

1. 作为一门学科，对外汉语教学研究近年来有何重大进展？
2. 对外汉语教学的研究对象及研究方法是什么？
3. 我国对外汉语教学亟须研究的课题是什么？请举例说明。

第二节　对外汉语教学与研究存在的问题及前景展望

对外汉语教学是一门科学，研究是无止境的。几十年的努力与探索，虽已初见成功，但依然存在很多亟待解决的问题。我们对目前对外汉语教学界存在的问题进行梳理之后，可以用一句话来概括：研究的步伐跟不上社会的需求。季羡林（2000）对对外汉语这样评价：“随着中国国际地位的提高和经济发展的飞速前进，外国人学习汉语的积极性也日益提高。但是我国语言学界在这方面的研究和所采取的实际措施，远远不能令人满意。在这里，我们也必须努力工作，奋发图强，以便赶上时代前进的步伐。”

一　在基础理论研究上尚需重大建树

在西方发达国家，把自己的母语作为第二语言或外语进行教学与研究，已有百年历史。无论是理论上还是实践上，均成果斐然。汉语作为第二语言教学，虽经几十年的发展，目前势头也很猛，无奈汉语目前还被视为世界“非普遍教授语言”之一。21 世纪要使汉语成为一门世界主要外语语种，还要付出相当大的努力。

自 20 世纪 50 年代起，我国对外汉语教学界就有“重表达、重实践、重对比”的研究传统，这自然是传承了清代朴学求实的学术传统，然而在某种程度上忽视了理论的探讨。在教学上积几十年的经验，不可谓不宝贵，然而未能升华为我们自家的教学理论和学习理论，这需要我们继续努力。今后，我们应该在对语言的充分描写与科学对比的基础上，结合外国人学习汉语过程中的难题，努力发掘汉语的本质特点，在引进西方教学理论和学习理论、开阔理论视野的同时，结合汉语特点和教学实际，深入进行理论探讨，力求在汉语教学理论和学习理论方面，提出我们自己的理论构想与框架模式。

近年来，海外孔子学院灿若群星，随着海外汉语学习者人数的与日俱增，大量汉语教师和汉语教师志愿者被派往海外，新的矛盾暴露，新的问题随之产生。缺少适应海外汉语教学需求的合格的汉语教师，缺乏适合海外汉语学习者使用的汉语教材，原有的汉语教学方法难以适应海外汉语教学实际，成为制约提高汉语教学质量、提升汉语教学水平的瓶颈。所谓要解决“三教”问题就是此时提出的。

具体问题要解决，但是与此同时不能轻视理论研究，不可淡化学科建设。如果视基础理论研究为多余，只想尽快满足世界汉语教学对教师、教材和教法的需求，没有在根本问题上做深入的理论探讨，将过多的精力用于技法的提升，以至于在社会上对对外汉语作为一个学科产生了不同认识，某种程度上就会干扰学科建设。

二 在教学实践上尚需重大突破

汉语作为第二语言 / 外语教学，既与世界第二语言教学有共同点，也因汉语、汉字的特点，而具有不同于其他语言作为第二语言教学的特点。汉语是有声调的分析型语言，汉字的结构与书写方式不同于各类拼音文字，汉语语法又有一些独特之处，因之，母语没有声调、以拼音文字为书写形式的屈折语言的学习者对汉语感到特别陌生，特别是在汉语学习的基础阶段。这就要求对外汉语教学要讲求符合汉语实际的教学方法。几十年来，对外汉语教学在继承传统和不断吸取各种教学法长处的基础上，结合汉语、汉字特点，以结构和功能相结合为主的教学方法为业内广泛采用，称之为汉语综合教学法。所谓之综合，即集各种语言教学法之优点，在教学中对语音、词汇、语法和汉字进行综合，对听、说、读、写、译各种技能进行综合。博采众长，为我所用，不独法一家，这既是对外汉语教学的传统，在教学实践中也证明是符合对外汉语教学实际的有效教学方法。

对外汉语教学研究的目的，在于应用，用于教学实践，来丰富、提高教学实践。几十年来，我们的对外汉语教学大多遵循单一的教学模式，在总体设计上大同小异，少有新意。今后，我们要在“使外国人在较短的时间内，高质量地学好汉语”方面，广开言路，多方实验，鼓励创新，在教学模式方面进行全方位的探讨，在充分调查研究的基础上，寻求科学的教学原则，采用灵活多样的教学方法，努力提高教学质量。为不同母语不同文化背景、不同学习目的的学习者编写不同的汉语教材，实施不同的教法，采用不同的测试手段，真正达到因材施教，英才教育，提高并展示对外汉语教学的水平与质量。在新形势下，探讨海内外汉语教学共性和个性问题是构建汉语国际教育学科的基本着眼点，解决“汉语难学”和“汉字难学”的问题是汉语国际教育学科的核心目标，在此基础上汉语国际教育学科研究体系与研究基本内容得以清楚地呈现。教学思想现代化，就是对传统的教学观念、传统的教学方式和传统的教学模式进行变革，以适应现代学习者的要求。

教学手段的现代化，指应用现代高新技术手段改进教学，如研制多媒体汉语教材，从事多媒体汉语教学；运用多媒体网站技术，建立对外汉语教学中心网站，实现网上汉语教学，并使对外汉语教学研究成果网络化，开辟远距离的对外汉语教学。实现网上对外汉语教学后，将会出现一种不同于以往的教学景象。基于网络连接的课堂，打破了传统的课堂在时间和空间上的限制，是一种规模巨大、前所未有的开放的大课堂。而基于网络的对外汉语教材，不同于以往的纸介教材，是一种全新的、全方位的、立体化的教材。依据上述两点，我们必须有一批网络汉语教师，他们不再是依靠一本书、一支粉笔，在课堂上站在黑板前从事教学活动，而是在计算机前根据学习者的不同情况提供网上咨询和指导。而学习者可以根据个人的学习需要，确定学习时间和空间，是一种真正意义上的个性化教学，这将是一种全新的对外汉语教学模式。

三 对外汉语教学与研究的前景展望

对外汉语教学是国家教育事业的重要组成部分，在世界范围内推广汉语教学，介绍中国文化，以及促进国际合作与文化交流方面，发挥着越来越重要的作用。世界上想学汉语的人越来越多，并呈现大众化和低龄化的倾向。学习汉语的目的已从传统的学术型需求转为实用型需求，汉语逐渐成为一种世界应用型语言。对外汉语教学事业发展迅猛，据不完全统计，海外学习汉语的人数已达 5000 万，每年来华留学生人数也突破了 30 万人次。

从 2004 年全球第一所孔子学院在韩国挂牌成立，孔子学院得到长足发展。据《中国语言生活状况报告》（2016），截至 2015 年，孔子学院总数已达 515 所，孔子课堂 1000 多个，注册学员超过 300 万人，分布在 140 个国家和地区，中外专、兼职教师达 40 000 人。

孔子学院如此迅猛发展，与国家综合国力日益增强息息相关，是国家战略发展的需要，也是国家软实力增强的体现。国家主席习近平曾在“全英孔子学院和孔子课堂年会”上发表重要讲话，指出，“语言是了解一个国家最好的钥匙。孔子学院是世界认识中国的一个重要平台。孔子学院属于中国，也属于世界”。这就可以解读为，孔子学院是一个有助于构建人类命运共同体的广阔平台。兹事体大，我们对外汉语教学工作者有一种神圣的使命感。汉语在加快走向世界，汉语正走在国际化的进程之中，海内外的国际化的汉语教学正推动着这不可逆转的伟大的进程。

1950 年 7 月清华大学设立“东欧交换生中国语文专修班”，从此，我国的对外汉语教学翻开了崭新的一页。老一辈语言学家吕叔湘、周祖谟诸先贤，筚路蓝缕，开启对外汉语教学事业的先河。王还、邓懿、杜荣、李培元、钟梫诸元老为之奋斗一生。1961 年至 1964 年国家培养的四批出国汉语师资，成为 20 世纪后 30 年对外汉语教学的中坚力量。这批师资怀着高度的使命感和责任感走出国门，向世界推广汉语，介绍中华文化，足迹遍布五大洲。然而，随着岁月的流逝，前辈学者或已仙逝，那批出国汉语师资虽不少人还在发挥余热，大都已垂垂老矣。值得欣喜的是，长江后浪推前浪，一代有志于对外汉语教学事业的青年学者正脱颖而出，成为汉语国际教育的一支强大的生力军，活跃在海内外汉语教学的广阔舞台。

2007 年国务院学位办设立“汉语国际教育硕士专业学位”，目前已有百余所高等院校招收和培养汉语国际教育专业硕士。2014 年国家汉办选拔了 5000 名汉语教师志愿者赴世界各地从事汉语教学。据国家汉办较早的统计，获取对外汉语教师资格证书资格者共 3690 人，国内从事对外汉语教学的专职、兼职教师共计约 6000 余人。数千名对外汉语教师在国内教授来华留学生，几千名汉语教师和志愿者在世界各地教授汉语、传播中国文化，这支师资队伍正在共同为向世界推广汉语做出贡献。

对外汉语教学作为外语教学或第二语言教学，经几代人的苦心孤诣、惨淡经营，目前在世界上汉语作为外语教学领域已占主流地位。这当然是我国综合国力增强、在国际上的影响越来越大的结果。但也应该归结于汉语是我们的母语，我们怀着无限热爱与敬畏之情去对待汉语。我们正是抱着对对外汉语教学这一“国家和民族的事业”的赤诚之心，正是怀着对自己的母语——汉语——的深切之爱，或从教学中所遇到的问题出发，深入发掘汉语，涉及语音、词汇、语法、汉字各个方面，充分描写，详加剖析，妥为解释，最后将其研究成果反馈于对外汉语教学实践；或探讨汉语教学学科理论、教学理论、学习理论，独抒胸臆，发人之所未发；或探讨汉语技能教学与学习规律，既注重内省，更兼顾实证。

对外汉语教学能有今天蓬勃发展、欣欣向荣的局面，是国家繁荣昌盛的表现。党和国家十分重视对外汉语教学事业的发展，1997 年教育部批准设立“语言学及应用语言学”博士点，内设“对外汉语教学”方向，从而为对外汉语教学的发展找到了一个生长点。2000 年 9 月教育部正式批准建立“教育部人文社会科学百所重点研究基地”北京语言大学对外汉语研究中心，这是全国对外汉语教学领域唯一的一所基地，是对对外汉语教学学科建设所采取的重大举措。这是一个面向全国、服务于整个对外汉语教学学科并向世界上所有把汉语作为第二语言教学与研究的同行开放的中心。

对外汉语教学作为一项国家和民族的事业，其重要性，无论如何强调都不为过，对此一定要有战略发展的眼光。作为一门科学，它是隶属于“语言学及应用语言学”名下的一个三级学科。作为一门科学，应在学术上有其科学的内涵与外延，应为其学术研究设定体系框架。对外汉语教学是一种跨学科的研究，它不仅包括基础理论研究，更是一种面向应用的研究，二者兼及，不应偏废，故而对外汉语教学是一种综合性的研究。它研究的终极目标是如何提高汉语作为第二语言的教学质量和学习效率。对外汉语教学作为一门科学，经过几十年的学术传承，已形成并正在发展自己的学术研究特色。对外汉语教学与研究，大有可为，理论探讨不断深入，教学实践蔚然成风，昭示着这一学科的广阔发展前景。

思考和练习

1. 对外汉语教学今后应加强哪些方面的研究？

2. 我国对外汉语教学发展前景如何？亟待研究的课题是什么？请举例说明。

主要参考文献

季羡林《卷首语》，《语言文字应用》2000 年第 1 期。

王力《在第一届国际汉语教学讨论会上的讲话》，《语言教学与研究》1985 年第 4 期。

张清常《〈对外汉语教学法〉序》，载张亚军《对外汉语教学法》，现代出版社，1990。

朱德熙《在纪念〈语言教学与研究〉创刊十周年座谈会上的发言》，《语言教学与研究》1989 年第 3 期。

后　记

本书原是作为应用语言学系列教材之一，此次修订本着为满足应用语言学学习者的需求，并为对外汉语教师培训提供较为全面的参考资料的原则，故仍以阐释基本概念、基本理论、系统知识为主，结合学科发展和教学实际，介绍本学科的科学本质及其特色。

修改主旨，在于把握住“对外汉语教学”或曰“汉语作为第二语言教学”作为一门科学的认识，在揭示其作为一门学科的内涵与外延的主导下，增加近十年来的研究、变化与发展。对原书的基本框架不做大的变动，增加本学科各分支领域的新的研究进展，适当删改较为陈旧的知识与表述，总体上体现“对外汉语教学”在现阶段所展现的科学性。

既以增新为主，那么原书的基本内容便大体保留，所述的来龙去脉、理论依托、性质特点以及具体描述，只是在科学、准确方面予以推敲与润饰。在原书的基础上，做了适当“瘦身”，以突出教材的特点，更加体现教材的适用性和实用性，突出相关问题的基本原理、基本知识，有些地方适当降低难度，例如有关考试原理部分，就适当简化。修订的总原则是增新、瘦身和降难。

本书集体讨论了修订原则，确定了修订内容，但各章依然分别由个人撰写，第二章、第四章，由毛悦担任修订，其他各章均由原作者修订。

修订人员如下：

第一章：赵金铭
第二章：毛　悦（原作：马箭飞）
第三章：李　泉
第四章：毛　悦（原作：马箭飞）
第五章：李　泉
第六章：王建勤
第七章：郭树军（第五节：黄理兵）
第八章：张旺熹
第九章：郑艳群
第十章：赵金铭

此次修订后，依然难免有不当之处，还请读者不吝赐教，以便日后进一步修订完善。

编　者

图书在版编目(CIP)数据

对外汉语教学概论/赵金铭主编.—修订本.—北京：商务印书馆，2019(2023.2重印)
ISBN 978-7-100-16619-5

Ⅰ.①对… Ⅱ.①赵… Ⅲ.①汉语—对外汉语教学—教材 Ⅳ.①H195.4

中国版本图书馆CIP数据核字(2018)第213117号

对外汉语教学概论
(修订本)
赵金铭 主编

商 务 印 书 馆 出 版
(北京王府井大街36号 邮政编码100710)
商 务 印 书 馆 发 行
北京艺辉伊航图文有限公司印刷
ISBN 978-7-100-16619-5

2019年5月第1版 开本710×1000 1/16
2023年2月北京第6次印刷 印张27
定价：96.00元